古代中国

〔法〕马伯乐——著
肖菁——译

北京理工大学出版社
BEIJING INSTITUTE OF TECHNOLOGY PRESS

前　言

尽管人们经常评说中国古代历史，但却无法将它上溯到太久远的时代，与远古时期相关的文献的价值也不高。我们只是对某几个时期有些认识，而非连贯的历史，在这中间又间隔着我们几乎一无所知的时期。殷朝末期（约公元前 12 至 11 世纪？）中国的状况开始为我们所知是得益于近期的考古发现，它赋予了那个时代些许生机；但这之后的几个世纪，即历史上周朝到达顶峰的时期，对我们来说却是一片空白；直到（公元前）9 世纪末，（对历史了解的）阴影才开始逐渐减退；我们对从（公元前）8 世纪末开始的两个半世纪，即公元前 722 年到公元前 480 年期间的历史是比较了解的，这多亏了覆盖这一时期的编年史；此后直到公元前3世纪结束的这段时间，迷雾重又显现，只是没有像远古时代那般浓重，相关的文献甚少且内容无法确定。欧洲、日本和中国的汉学家们已开始努力地梳理了相当一部分这段时期的历史，但关键性的工作还处于起步阶段。这也就是说当我尝试用近期主要的研究思路来写中国远古历史时，我需要摒弃很多假设，这些假设由于长期的存在被视为既成的事实，但同时我又不能用大量的篇幅来讨论我这样做的原因，因为这超出了本书的范围；我只能在注释里指出那些被我摒弃的传统理论，并在其中几个最重要的地方扼要地阐述这些传统理论所引发的主要反对意见。

读者会发现本书不同章节中参考书目的数量和编排有很大的不同。在纯粹讲述历史的章节，参考书目很少，这是因为我们只有一个信息来源，因此无须每时每刻提起这些出处。相反，在涉及社会、宗教和文学的章节就有必要尽可能针对每一个事实给出多样而又分散的文字出处；同时应该至少简明地阐述我们接受或排斥某些本土传统文学的原因，考量哪些作品是真实的原作并给予这些作品一个日期。

本书所涵盖的历史时期的人名较难掌握。每个人都有一个与其部族相关的称谓，即“姓”，姓只与宗教活动有关；有一个家庭的称谓，即“氏”，氏可以是封地或职位的名字或表示亲族关系的级别；有一个属于个人的名字，即“名”，名是出生三个月后所起；还有一个称谓叫“字”，字是男子在成年礼时所选的名字；最后还有一个过世后的谥号。帝王及王侯由他们的谥号来指代，其他人则用属于个人的名，有时名后会跟一个括号，括号里是此人的字。对于来自封地或职位的“氏”，我采用直译，在涉及封地的氏前加上词缀“de”，在涉及职位的氏前加入冠词“des”（中世纪意大利家族的名字也采用同样的写法）。由此，如果一个人名为“盾”（Touen），他的家庭拥有或曾经拥有封地“赵”（Tchao）并因此封地获得了他们特有的名字，此人就会被指代为“赵氏盾”（Touen de* Tchao）。如果一人的名是“会”（Houei），他的家庭曾担任过“士”（Che）的职位并因此获得了属于其家庭的氏，此人就被称作“士家的会”（Houei des Che）。这些与封地及职位等相关联的氏在远古世界消失后演变成了真正的姓氏，人们已经忘记了部族的族姓，以至于上述人名以现代的方式通常会被译为“赵盾”、“士会”——我认为这种译法对远古时代来说是不合适的，那个时代这些称谓（指前文提到的姓、氏、名、字、号）有着尽人皆知的特殊含义。**

本书没有特别的索引。在这套中国历史丛书的最后会有一个总体的索引。

* 此处法语的“de”表示从属关系。——译注

** 作者在这里讲述的是如何以法语书写远古时期的中国人名，在翻译中我直接使用这些人物的中文名（如赵盾、士会等），因为这是我们习以为常的名字，而没有按照作者的法语描述方式来直译。——译注

目录

第一部 起源

第二部 社会及宗教生活

第三部　霸权时代

第四部 战国时期

第五部 古代文学与哲学

第一部　起源

第一章

华夏的原始面貌

在西亚文明达到顶峰的同一时期，在亚洲大陆的另一端，在渤海湾及黄海沿岸辽阔低洼的大平原上，生活在黄河两岸的农耕的人们在潜移默化之中开始了文明社会的生活，他们并未意识到他们所创造的未来有多么宏伟，但正是他们奠定了华夏帝国的根基。

华夏文明的发展完全没有理会地中海（文明），至少在初始阶段，它并未受到西方的影响。中国人对西方的了解仅限于从史前就与他们有商贸往来的斯基泰—西伯利亚人传递来的一些元素[1]。中华文明在太平洋岸边展开[2-3]、在崇山峻岭的高原及从西藏高原向东而下直至大海的平原地区展开。华夏文明由两个截然不同的世界组成，这两者在土地、气候、植被、物群等方面都无相似之处并被横跨的巨大山脉所分隔，每一侧都有一条重要的河流贯通——几个世纪以来华夏的文明就在这样的景象中发展着[2]。这片广袤的领土远非一个整体，相反它被划分为众多不同的区域，如同一个个隔断，相互间很难沟通。

北边的山西就是这些隔断中的一个：它的西南部地势逐渐降低到达黄河，汾水谷地宽阔的山口打开了通向富庶盆地的通道，而汾水就这样跨过了一个又一个盆地；南部与东部却截然相反，高耸的太行山和五台山像一座高墙横亘在平原与高地之间；沁水河谷虽然给高原的主人提供了一条通向河南平原的通道，但它并没有将平原的人们集中到这块土地的中心，人们沿着沁水逆流而上；再往东北部通路就更少而艰难了。由此我们将会看到山西的主人、晋国的领主们长期与他们西边的邻国处于战争状态而极少与东边的邻国有直接的往来；他们偶尔通过沁水河谷南下到黄河平原，达到古时的卫国[3]。

3–4 在华夏世界的最西部，渭水流域也构成了一个近乎封闭的隔断：大面积的秦岭在它的南边提供了理想的屏障；北边和西边居住着野蛮部落，他们的身后便是沙漠；与中原其他地区唯一的联系便是黄河，但黄河在华山脚下折向东流，在航运上有颇多不便：冬季浅滩水量不足，夏季水流又过于湍急。这里再次证明了地理环境对历史有着重要的影响：这个区域的主人秦国伯爵在几个世纪中很少与中原其他地区打交道，而是奋力地在这片东方大平原上与黄河决堤抗争。

在南方，长江盆地则是另一片天地，与北方有着显著的不同：只有从海上才能较容易地来到这片河网交错的平原，黄河、淮河和长江的很多支流在这里相互交织；向西，当山脉开始出现时通路就开始变少了。海拔并不算高的淮阳山有着东方昆仑山般的气势，由一排排平行的山脉组成，山峰陡峭，山间并不太难走的通路延绵不绝，最好走的南阳府通路长四十多公里，一路的海拔都没有超过450米；经信阳的通道，即今日京汉铁路所经过的地方，长度稍短但跨越了较高的山岭。逐渐西进，道路就变得越来越险阻：从渭水谷地到达汉水流域，其间要越过数座超过千米的高峰。因此长江盆地的主人、楚王在北方对手的眼中行踪莫测 4–5，他可以择机进攻中原诸国，进攻之后便撤回自己的领地，北方的对手却因畏惧淮阳山山路绵延，路上极易有埋伏而不敢追踪而来。只有在长江下游建立起来的强国才能越过楚国的防御，将其击垮。

最后需要一提的是在东北部古时被称为“齐”国的地方，在现在的直隶和山东两省交汇处。齐国也被天然屏障围绕着：那时黄河下游支流流经的河道与现在不同，河水泛滥，在齐国的北部和西部形成大片的、近乎不可逾越的沼泽；南部有泰山，泰山向东延展入海，齐国四面都得到了很好的保护。与这些边界清晰又受自然保护的区域不同，泰山以南的东部大平原是个交通便利，运河四通八达的地区，军队可以不受任何阻碍地在此行进——这里富饶却没有防御能力，注定要永久地成为被蹂躏的战场。我们在整个远古时代看到的就是它被来自北部、南部和西部的人掠夺，从未能成功抵抗任何侵略者。由此可见，这样的领土构成为中国古代历史强加了很多无法改变的条件。

此外值得一提的是华夏的文明并不是从一开始就覆盖了我们今天所看到的广阔疆域，而是慢慢地、一步步形成的。在远古时期，文明社会只存在于北方的一小部分，中部某些地区及黄河盆地，即便在这些有限的区域，中原人也远非唯一的居民：灌溉平原为中原人所独享，但所有的山脉，以及各个领地最深入的地方都控制在野蛮部落手中[4]。

[6] 山西高原为狄族的活动范围[5]。南边的六个部落为红狄，即赤狄，居住于沁水上游的上党及常山。最西边的是东山皋落氏，直接控制着黄河左岸，这里平原消失在山峦中，两座山峰夹着今天的垣曲县所在地[6]。在东边的是潞氏，他们的名字来自现今的潞府县。与他们相隔不远在北边的是留吁，在今天的屯留县周边，占据着山西省的东南角。再向北是廧咎*如和铎辰[6-8]，其确切的居住地不详。与他们相邻的是甲氏，赤狄中最东边的部落，其活动范围到达黄河岸边现今广平府（直隶）的鸡泽县。在赤狄的北边是白狄，分为三个部落，占据着整座高耸的五台山及山脚下属于真定（直隶）的领土。东边的肥氏和鼓氏在今天的新乐周边；

* 廧咎，音 qiáng gāo。

西边的鲜虞氏活动范围为唐县附近的中山。南部狄族（赤狄）和东部狄族（白狄）的归顺花费了几个世纪的时间：虽然（公元前）593 年赤狄就被削弱，但白狄的最后一支，鲜虞，一直在五台山抗争，直至周朝行将结束的（公元前）296 年才被降服。此外，山西的西部和中部全境曾被“西狄”占据，但因该部落很久以前已经归顺，部族的名字已不为人知。早在远古时期，移居中原的人们就一直占据着汾河谷地与黄河交汇处，并延伸到上游的平阳府，并在这个区域成立了诸多小诸侯国：如耿国、霍国、赵国，等。在我们并不了解的但非常久远的年代，他们的活动范围还到达过富庶的太原府盆地，赵国的封侯从公元前 5 世纪起就拥有了晋阳的封地。由于山峦阻隔了黄河和汾水，山区的狄部与东部的同族被分割开来，无法（与中原人）进行对抗：公元前 7 世纪初狄部投降，在他们的领地上建立了两座城堡，即屈城和蒲城，大约在今天的吉州和隰 * 州。居住在再往北边的部族是唯一保持了独立的部族，之后还成立了一个小国“代”，这个名字来自山西北部一个地名，代州。这些部族的北边居住着游牧民族。从远古时代起，这些游牧民族就生活在蒙古高原的大草原，与沙漠接壤，被称为“三胡”：在西边黄河岸边的两个胡人部落是林胡或称儋林（位于山西最北部的朔平地区），在世纪元年前后这里聚集了大量的自治的胡人；另一个部落是楼烦，比前者的活动范围稍稍

* 隰，音 xí。

向南 8–9，在今日的岢岚一带；再向东靠近大海的地方是满洲族，东戎或东胡，或称无终。更远处的北方是被称为“貊”的部落，他们没有城市、宫殿、房屋及祭祖的庙宇，以耕种黍麦为生[7]。

黄河的南边和西边所受到的野蛮部落的侵扰并不比北方少。这些区域的野蛮部族被称作“戎”。将洛水和它的支流伊水分隔开的山区是洛戎、伊戎及扬拒等戎部的聚居地，他们的势力范围能控制到周朝东部的都城，洛邑，近今天的河南府；向东南一些是蛮戎，或称茅戎，居住在淮阳山西北部靠近汝州（河南）一带。向西，渭水平原也被戎部包围着：骊戎居住在南部的华山山脉，边界一直延伸到（渭）水边，其他的部落居住在陕西的西部和北部，在渭水、泾水和洛水发源的高原山区，高原也将这些河流与黄河分隔开来：这里有绲戎、翟貆戎，靠近今天的巩昌府，以及绵诸戎，近渭水边的秦州；在东北部的是乌氏，在泾县附近，更为重要的是义渠戎部，他们抵抗中原人达数个世纪之久，最终才在公元前 315 年彻底失去了他们的独立；他们的中心在今天的泾阳附近。这些部落在原始时期占据着整个河谷地区，在公元前两千年中期前后，来自东部大平原的中原人将他们一步步瓦解，或者更为可能的是这些部落的大部分投降或被中原人同化；在他们之后也有一些逐渐消失的残部仍然占据着平原的一角，这些孤立的部群生活在中原人之中，如大荔、羌戎及洛水沿岸同州的彭戏氏[8]。

9–10 南部的长江盆地是蛮人的领地，他们在公元前 11 世纪被征服，较晚受到中原人的影响，但很快又恢复了独立直至周朝末期。他们的文明之路是通过（与中原人）接触，而非征服。东部沿海地区，淮夷部生活在江苏的北部，与山东交界的低洼的平原地区，在淮河及其支流下游及由这些河流组成的湖泊地带；他们的西部依靠着徐部，徐部在原始时期占据着黄河与淮阳山之间的整个地区，位于淮河及其支流的中游，但进入有史记载的时期，他们被鲁国和宋国的诸侯接连进攻，其势力范围缩小到原有领地东部的一部分，在今天安徽北部的泗州一带，西边只留下一些无足轻重的残部：其中最重要的部落，徐戎直到公元前 7 世纪（他们在公元前 668 年才投降）还占据着当时济水发源的沼泽地带，在曹州府与开封府之间，即现代三个省份直隶、山东及河南的交汇处。山东半岛的山区也是野蛮部族的领地，在有史记载的时期，散落的莱、介、根牟虽然演变成中原的诸侯国莒国、纪国及邾*娄国等，但在其他众多的诸侯国之中，他们仍然保留着曾为游牧民族的记忆。

如上所述，在有史记载时期的初期中原文明的属地有着清晰的界定：它分为两个不同的区域，大量的野蛮部族将这两个区域分隔开，每个区域都处于黄河流域的一个平原，其中最为重要的一个区域位于黄河下游平原，在山东半岛的南北两侧通过狭窄的河道通向大海，北部进入渤海湾，南部进入黄海，向西以山西

* 邾，音 zhū。

高原陡峭的墙垣及黄河进入河南前变得狭窄的河道为界；另一个范围较小的区域位于渭水洛水汇入黄河的小平原，在南部的 10–11 华山与北部的陕西高原之间。两个区域都与野蛮部落为邻，但对野蛮部落一词不应产生错觉：如果说最北方的无终和代戎似为通古斯及匈奴人（中部的陆浑及其他几个在有史记载时期的中期迁移到中部的部族也可能如此）；如果说南方的蛮部算作蜀（四川）地的藏族人及巴地的苗族人的近亲，可能还包括了楚国的西南部；（其他）大部分部族，如狄部，几乎所有的戎部，徐部，淮部，甚至楚国、吴国及越国的底层的国人都来源于中原人，他们保持着较为落后的生活方式，生活在山区、沼泽和森林中，与平原的人们所发起的文明运动相隔甚远[9]。古希腊人也是如此对待色萨利及马其顿等野蛮部族。“夏人”，即诸夏，和与其为邻的野蛮部落的区别无非来自社会的差异，而文字、政治体制及物质的进步更清晰地加剧了平原的人们相对于山区部族的优越性。这些差异在《左传》中借一位（公元前）6 世纪戎部首领的表述较准确地总结出来：“我诸戎饮食衣服，不与华同，贽币不通，言语不达。[10]”

11–12 一小块文明之地处在野蛮部落之中，这便是中原在“天空之下”（即“天下”）的世界中的格局。这一格局自然地反映在中原人对世界，对其形态及居民的认知[11]。他们将世界想象成一架大车，方形的大地是车的基座，圆形的天空是车的顶盖。天有九层，每层之间被一道门隔开，由虎豹看守，由上天的主人“上帝”的阍*者指挥。最底层的门，阊阖门，是天与地的分界，西风从这道门吹落世间。最高一层位于大熊星座的是天宫紫微宫，“上帝”居住的地方，并从这里管辖天与地。这座宫殿特别由天狼，即天狼星，把守，它会将靠近宫殿的人都杀掉：“豺狼从目，往来侁**侁些；悬人以娭***，投之深渊些，致命于帝，然后得瞑些。”天空虽有九层，但它的下面却不是穹顶：它下面是个平面，像一个车轮。天地之间并没有隔断限制人们，而是简单地在大地的八端[12]有支柱支撑着天空，将其与地分开，并防止天空掉落下来。天空一动不动地歇息于这些支柱之上，在它的下方流动着[12–14]太阳、月亮和星辰。最初的时候这八支支柱是相同的，而天与地是平行的。但在一次灾难之后，西北方的支柱，即不周山倒下了，这里的天空朝向地面跌落，从这时起，天空向西北倾斜而大地向东南（倾斜），北极星不再在天空的中央，日月星辰每晚从东“流”到西，地面上的河流则从西向东流。天空的下面流动着“天河”，也被称之为“天汉”，或“云汉”，也就是人们所说的银河，它将织女与她的丈夫牛郎永远地分开了；也是通过这条天河，天国的水与地下深渊里的水融汇在一起。在苍穹中涌动着一种裂痕，称为列缺，闪电便从这裂痕中闪现出来；苍穹还被打开了几个门，通过这些门天地可以互通：在北极是寒冷之门，而南极是炎热之

---

* 阍，音 hūn。
** 侁，音 shēn。
*** 娭，音 xī。

门，其余未可尽数。

太阳和月亮并不是完全属于天上的物体。像个火球一样的太阳，形如莲花，在地上度过夜晚：每个早上他升起时，他的母亲羲和在“甘渊”中为他洗涤，甘渊也被称作“咸池”，之后他穿越阳谷，为所经过之处带来黎明，再通过巨树空桑或扶桑的树枝升上天空，巨树有千里之高，其叶形似芥菜籽；太阳就这样在他母亲为他驾驭的车里开始每天的行程，直到晚上，在西边的崦嵫*山沉落；当太阳消失后，若木的花闪烁着光亮，它们其实是星星，照亮着下面的大地。有时太阳和月亮在他们的路途中会遭到怪兽的攻击，麒麟会吃掉太阳，三只脚的蟾蜍会吞掉月亮，这便是日食和月食的产生[13]。羲和有十个儿子，生活在空桑树下，在每十天的一个周期中他们轮番升上天空。但远古时代有一天早上，他们一起[14-15]爬上了树枝，大地开始被灼烧，要靠善于射箭的羿用弓箭将其中九个太阳射下来。至于月亮，或月亮们（因为姮娥有十二个月亮女儿），她们住在大地的西边，每一个月亮轮流升起一个月，照亮宇宙。

大地在下面铺展开来，从中心划分成不同区域：最中间的是华夏的九个省，即“九州”，被野蛮部落狄、戎、蛮、夷四处包围着；这些区域是人类居住的区域，南边和东边直接连向大海，而北边和西边延伸着大片的沙漠，那是干旱女神“魃”的领地；

* 崦嵫，音 yān zī。

她的领地被两条河分隔，在北边的是向东流的赤水，在西边的是向南流的黑水。再远些（九州之外）是“四海”，四海互相连通，包围着人类居住的世界，如同希腊的大洋河。四海之外是“海外”，是神灵和一些奇特的生物居住的广袤土地：在那里居住着风神，其中两个风神负责在每年夏至日出和冬至日落时阻止太阳向北的行程；那里也住着负责水的神仙，水伯，又名天吴，长着虎身、八个人头和十条尾巴；还有西方的女神西王母，掌管瘟疫的女神，以及其他许许多多男神、女神、侏儒、妖怪等。中原人用自己的想象力创造出众多奇怪的生灵，让他们生活在遥远的沙漠，还有一些神灵是后来从希腊人和印度人那里学来的，如胸上有孔的“贯胸”、长腿的“长股”、身高百尺的巨人“龙伯”、身长五寸的侏儒“僬侥”，等等。再向远处，由于“天圆而地方，则是四角之不掩也”，大地的四角是太阳永远也不会照耀的地方。在西南角，是古莽国，那里冷暖、日夜都无法分辨，居民终日沉睡，五十日才醒来一次。在西北角，是九阴之地，没有天空的遮掩也从没有太阳[15–16]的照射：中央站立着一个蛇身人头的神，“烛龙”，其身长过千里；他不吃，不喝，不睡；风和雨能阻塞他的喉咙；当他睁开眼的时候，九阴就是白天；当他闭上眼，则为夜晚；当他呼吸时就产生风；当他吸气时便是冬天；呼气时便是夏天[14]。在对面的东南角则是无底的大深渊，地上的河水和天河的水都倾泻在这里，但深渊的水却不会增加也不会减少。再向外，便是空无之地：“下峥嵘而无地兮，上寥廓而无天。”

这便是古代中原人看待世界的方式，而且与大部分（其他）古代人们的所思并无差异，中原人将他们自己置于荣耀的位置，在大地的中心，即“中国”，是野蛮部落中唯一的文明所在。这些黄河沿岸的中原人是如何从史前开始就与相邻的野蛮民族区分开的呢？从身形来看，中原人与现代直隶、山东及河南的后裔没有很大的差别[15]。他们身材中等但结实；面貌为黄色但他们一直自认为白皙；他们有着直而顺滑的黑发；面部鼻子不突出，颧骨较高，眼睛靠近头顶并微微吊起，嘴很大，牙齿 $_{16\text{–}17}$ 坚固又彼此分开，胡须稀少。这便是我们看到的世纪元年前后的作家所描述的有地位的男子的理想画像：“齿长一寸，龙颜虎口”，或者“目如重云，鼻如龟龙，口如方器，耳如相望”，或简述为“广颡长耳，大目疏齿，方口……”，于是在公元 4 世纪当中原人与来自印度和伊朗的佛教传教士接触时，他们惊讶于后者深邃的眼睛和突出的鼻子，就像前一个世纪的中国人见到欧洲人时的反应一样[16]。公元前 7 世纪对一位年轻妇女的描述与当今中国年轻女子几乎无异：“手如柔荑，肤如凝脂，领如蝤蛴*，齿如瓠**犀，螓首蛾眉”，更如“鬒***发如云，不屑髢****也……扬且之皙也”以及“巧笑之瑳”。中原人中高大的男士并不罕见：孔子的父亲就很高，孔子本人便

---

* 蝤蛴，音 qiú qí。

** 瓠，音 hù。

*** 鬒，音 zhěn。

**** 髢，音 dí。

继承了父亲的美好身形。总之如果今天在河南、直隶南边或山东西边的乡村走一走，所见到的农夫与《诗经》中所描述的是同一类型的。

最为普遍接受的理论[17]是将中原人看作亚洲北部、蒙古及满洲游牧民族的一支，他们来到黄河沿岸并在那里定居，发展自己的文明。暂且不管他们的民族起源是什么（如同所有历史人群一样，他们的血脉从一开始就应该是相当混杂的），在寻找与他们最初的文明相像的（证据时），所有（考古发现）都指向相反的方向。中原人的语言与北方部族$_{17-19}$的语言毫无关联，哪怕些微的联系也没有。相反它与南部部族，即居住在印度支那北部及云南、贵州和广西傣族的一些重要的方言很接近，同时它与藏-缅语系也有着或许不那么明显但却是无须争辩的联系，后者可能是它的远亲，或者在远古时期它就从藏缅语言中借鉴了一些重要的词汇元素，如对数字的叫法[18]。我们所能找到的最久远时期的中-傣语言已经有着现代语言的明显特征。每个字都是单音节的，由辅音组合的发音相对贫乏，但双元音的组合很丰富：两个辅音只有在字的开始处才能连在一起，而且第二个辅音应该是流音；只有六个辅音可以允许出现在字的结尾处，三个是闭口音，三个是鼻音（喉音、齿音和唇音）。相反，双元音和三元音组合作为字的结尾很常见。另外，这些语言的发音体系中一个主要的元素是它的声调体系：每个字有一个声调，这个声调的变化最初可能是由字的结尾来决定的，而声调的高低取决于字首是哑音还是发声的音节[19]。所有这些单音节的字都是绝对$_{19-20}$固定不变的，不存在任何形式的形态变化[20]；有一种引发派生的情况——但它并没有发展起来——是存在于放在某些字首之前的无音节前缀，也存在于音调变化系统，或许与一种古老的添加后缀的方法有关，但这种方法很早以前已经从中文和所有傣族语言中消失了。另一种派生来自字词的重复，可以伴随原始元素产生多样化的改变，但它也没有被很广泛地使用。在组织句子的时候，句子的结构是比较严格的且无法区分名词和动词，大多数的词汇（就中文来说，原则上所有的词汇）既可做名词使用也可做动词使用且无须改变它们的外部形态；只有通过它们在句子中的位置及众多词缀的使用才能明确知道，书写时如此，讲话时更是如此。综上所述，这些语言一系列的特点，如单音节、无形态变化以及它们的声调体系，使得它们与亚洲北部的所有语言相去甚远[21]。

此外，语言并不是古代中原人与他们南方的邻居唯一相通的文化事实：他们的文明主要基于农业活动和定居生活，他们的宗教与农业紧密相连，他们的政治体制完全是封建贵族式的，以土地的所有权为基础并带有宗教色彩，这些都使得中原人与南方的部族如傣、倮倮、摩梭、苗族很接近，而与北方的部族区分开。北方从事畜牧业的游牧民族、有史记载的满洲、蒙古及胡人的祖先以及中南半岛的孟－高棉部族都处于严重的无秩序状态，有时只需外部的些许教育就足以使他们对社会群体做出重新分类，这种分类会超出村落的限制。在当今中国领土覆盖$_{20-21}$的几乎所有地区，远在历史所能将其记录之前，生活于此的各种不同的部族就曾经组成同一类型的社会，定居农耕，因宗教及社会架构的原因与土地生生相息。由此看来，华夏文明在近代对南部地区逐步的征服与同化似乎是以一种现代的手法将史前的状态重现，是一种特别的事物还原，因为现在居于华夏帝国的几乎所有人那时已经共享同一文明了。

中原人因此被视为这些定居农耕人群最北方的一支[22]，其西方的分支由西藏、四川及云南的藏－缅部落以及藏族人、倮倮、摩梭、缅甸人等构成，南方的一支是中国南部及中南半岛北部的傣族，而中部的一支是湖南和贵州的苗族人。

在有史记载时期之初，这些中原人的生活应该是相当艰苦的，远比生活在他们南边的兄弟更加艰辛。中原人大致是在大海与山西高原陡峭的墙垣之间的东北大平原上[23]开始发展他们的文明。在这个非常遥远的时期，他们从这里向西 21-22 迁移到美丽的渭水河谷，再从那里沿着汾水到了山西的小盆地，向南到了淮水、汉水流域，并越过山脉到达汉水注入长江的大盆地。气候非常恶劣，夏天酷热，冬天冰冷，春天来临之前还有寒冷的沙尘暴，比冬天的严寒更难忍受。整个冬天河流结冰或载着浮冰，天气刚刚转暖就迅速解冻，马上变成湍流，所有这些使得一年中有近三分之一的时间交通困难。而作为运输大动脉的黄河，水急又时有浅滩，航道危险；它数不清的支流在低洼的几乎没有起伏的平原肆意泛滥：人们将这里称为“九河”，据说因为黄河在这里有九条主要的支流，在山西高原脚下很大的范围扩展开来。那时黄河的河道与现时不同，它经过一个长长的回转，由今天的白河河道在天津附近注入大海[24]。

每年泛滥的洪水都会令黄河改道，形成新的河道；低洼的凹地充满水，变成大片的沼泽，随着时间的推移慢慢淤塞，有些直到今日还继续存在着。这些地方成了水草、虎杖、灯芯草、豆角、缬草等的丛林，野鹅、鹤鸟在其中筑巢，鱼儿大量地繁殖。周围是较宽阔的地带[22–23]，但因为过于潮湿无法种植，被高高的杂草覆盖着，中间夹杂着白色树皮的榆树丛、李子树、栗子树等；树林的面积并不大，只存在于山脉斜坡的周边，东边在山东，西边在山西，而野蛮部族的领地也从这里开始。厚厚的荆棘丛为大型猛兽，如虎、豹、野山猫、熊、野牛，甚至大象、犀牛[25]、狼、野猪、狐狸等提供了栖身之处。各种猎物亦生长于此，如鹿群、羚羊、猴子、野兔及各种鸟类，冬天狩猎时人们会将草点燃，将猎物赶出来。只有土地的边缘被修整出来，用于放牧马、牛等家畜，或种植桑树用于养蚕。最好的土地被堤坝保护着防止洪水来袭，用来进行日常的耕种，在直隶种植小米、高粱，黄河以南种植稻米，小麦就几乎到处都有种植；人们也种些菜豆、南瓜、靛蓝类植物、青麻等等。农田中间没什么树，原则上来说田地中根本不应该有树；田地被分为约一里见方的方块，“井”田被平均分成九块，由八户家庭种植，每家可将一块田里的收成用于自家的生计，将第九块田里的收获交给国君或领主作为税收。农民居住的二十五个低矮的土屋在农田附近，分散在平原之中有时甚至会被忽略 23–24。这些土屋构成了有两百来个居民的小村庄，古称“里”，村里有（拜祭）土地神的神社、一所学校及一个集市。冬天村民们一般就待在村里不会外出；但春天一到大家就会彻底离开土屋，延续史前祖先的传统，住到井田中搭建的窝棚里。他们的祖先在最初没有固定土地的时期每年春天都要离开自己的村庄到更远处定居，开垦荒凉的土地[26]。农民们整个夏天几乎都在露天生活，在田里劳作，穿着粗麻衣戴着草帽以防日晒，晚上轮流在守田的窝棚过夜或是在即将收获之时，巡逻驱赶前来偷盗谷物的野猪和鸟儿。

相隔很远处是领主们的小城堡：在那里封地的主人与他的妻妾、孩子及家奴生活在一起，还有依附于他的贵族小圈子，主要是他的军官或小封臣的后代们，此外还有祭司、司书、武士等。城堡是按照统一的礼制原则修建的：最后面的是住处；前面有三层院落，中间的是最重要的，有面向南的接见群臣的大厅，东侧是祖先牌位，西侧是土地神牌位；每个院子都由高高的大门进出；整个城堡由城墙和护城河围绕，以防被攻击。城墙上还设有谷仓、火药库和兵器库；城堡外面的北侧是一个大广场，集市就设在这里。南门的两侧住着谋士、祭司、司书、手工匠等，他们的工作不时为城中所需要。有些时候，但并非常规，在整座城池之外还有更大的外圈的城墙：周朝的都城就是一个例子，不论是西周的都城镐，在今西安府附近，其建设归功于周文王，还是东周 24–25

的都城洛，在今河南府附近，其建造可追溯周公。其余也有几个城池是这样建造的。接近周朝末期的时候，这种双层城墙的城池似乎多起来，但城池本身仍然非常狭小：人们认为如果一座城池的城墙超过三千尺（约 600 米），这对国家来说是很危险的——“都，城过百雉，国之害也。”[27] 孟子提到过一座城的内城三里外城七里，即分别约为 1000 米和 2400 米[28]。宋国的都城商丘的城墙遗址如今坐落在一块四边周长不到 800 米的土地上[29]。相类似的，在公元前 6 世纪到公元前 5 世纪称霸群雄的晋国国都翼的古城墙不到一公里见方[30]。东周都城洛邑城墙有 17200 尺，约 4000 米，这应该是整个王国最大的城池了：“都城为方形，边长九里，每边有三道门，城中有九条纵向的街道和九条横向的街道，纵向的街道宽度可以容纳九辆车并行（即 72 尺，约 15 米）。左边（东）是祖先庙，右边（西）为土地庙。上朝的地方在前面（南），集市在后（北）……（宫殿）外是九位大臣来朝时使用的屋子……主殿的大门高 50 尺，宫墙四角的门高 70 尺而（外侧）城墙四角的门高 90 尺。”（“方九里，旁三门，城中九经九纬，经途九轨，左祖右社，前朝后市…… 外有九室，九卿朝焉…… 王宫门阿之制五雉，宫隅之制七雉，城隅之制九雉。”）[31]。

25–26 面对大自然给开荒者提出的种种难题，中原人能将村庄进行如此修整绝非易事。这些种满藜麦、稻米或小麦的美丽土地都是经过中原人艰辛的劳作，战胜荒草和沼泽得来的。“既要除草，又要开垦，犁耙松开泥土。千对农人一起耕种，低地高地都走遍。”（“载芟载柞，其耕泽泽。千耦其耘，徂隰*徂畛。”）或是：“田野里蒺藜丛生！我们去清除这些带刺荆棘。为什么我们要这样做？为了要种植我们的小米和黍麦，为了我们的小米能够多产，为了我们的黍麦能够茂盛。”（“楚楚者茨，言抽其棘。自昔何为，我艺黍稷。我黍与与，我稷翼翼。”）以及：“这座南方的山脉，是禹将它整治。开垦平原，滋润土地，我作为后代子孙，耕种此田。”（“信彼南山，维禹甸之。畇畇原隰，曾孙田之。”）[33]对土地的整治是长期而艰难的：需要修筑堤坝防止洪水，挖掘运河将沼泽的水引出排干。这些工程如此久远以至于关于它们的记忆与传说渐渐融为一体，人们将它们归功于远古传说中的英雄。在世界之初，这些英雄从天上来到地上，听从“上帝”的命令整治土地，令人们得以在此生活居住[33]。

每一个地区都会根据当地特有的地形地貌、宗教及社会生活赋予神话传说不同的内容：比如在东部的传说中，有时（人们遇到的）困难被拟人化为一个魔鬼，必须将它征服并杀死才能进行其他的劳作；在所有的传说中为显示完成某一使命所需付出的努力是如此巨大以至于第一个被上帝派来的使者都无法完成他的任务，只有第二个英雄才能坚持到最后。在北部广阔的大平原，代表文明的英雄与地上的妖魔之间的斗争是史诗般惊心动魄的，神仙们也都参与其中：来自天上的黄帝为了整治土地要与牛头蛇

* 隰，音 xí。

身的蚩尤交战；蚩尤为了赶走对手，竭尽全力击打空桑树 $_{26-28}$ 以阻止太阳升上天空，将大地置于长久的黑暗之中。蚩尤自己发明了战斗的兵器，为了对付这些兵器，黄帝将凶猛的野兽熊、豹、虎等组成军队；随后黄帝派带翼的神龙应龙抗击蚩尤：蚩尤于是向风神和雨神求救，黄帝便从天上降下他的女儿干旱女神魃来对抗他们。女魃个子矮小，身穿青衣，她的双眼置于额头之上，人们无法看到她要去向哪里，她所到之处便将土地吸干。蚩尤失败被杀，女魃无法返回天上，被安置到赤水的北面，她将那里变成沙漠，人们得以居住。向南一些的平原上也有着类似的传说，只是名字不同：妖魔共工，蛇身人头红发，被英雄颛顼击败，怒气之下，试图用头上的角撞倒支撑西北天空的不周山，以令天空倒下，但未果。他只是将不周山撼动，以至于时至今日大地仍倾向东南而天空倾向西北。在这两个传说之间的泰山脚下，人们讲述的是伏羲和他的妹妹女娲如何治理人间。女娲用海龟的四肢放在大地的四方支撑天空，她随后熔炼五彩石来补天，最后她杀死黑龙，用芦灰为河流筑堤。而在西部地区，在狭窄的河谷和崇山峻岭之间，是英雄禹凿穿山脉让河水流出。最初黄河被一列山脉阻挡无法穿越，鲧*受命治理这片地方：他根据海龟和雀鹰的建议试图为黄河筑堤，但水位不断上升，鲧偷了天帝的“息壤”，一种可以自己生长的神土（来治水）。愤怒的天帝将鲧处死。鲧的

* 鲧，音 gǔn。

尸体三年都没有腐烂，后被人用刀剖开他的身体，他的儿子禹就这样诞生了，随后鲧$_{28-29}$化身成了鱼。禹比他的父亲幸运，他成功地在龙门将山脉打开一个缺口，河水流出，人们有地方可以生活。关于禹的传说很多：他曾经在治水时变成熊；他与妻子约定后者只有在听到鼓声时才会来看他，这样妻子就不会看到他变成熊的样子。有一天妻子将山石滚落时发出的声音误当作召唤她的鼓声就急忙跑去，却被熊的样子吓坏逃走。禹跟在妻子后面，但妻子因恐惧摔倒而变成了石头；当时她已有孕在身，石头一点点变大，禹用刀将石头劈开，从中拉出了他们的孩子启[34]。

古代中国人在东南亚人群中普遍流传着这样的关于宇宙起源的古老传说，古代中国人按照自己的意愿改变了传说发生的地点，以此来讲述世界之初神灵和英雄是如何整治大地令人类居住的。与此同时也有其他的英雄带来耕种的技能：农业的鼻祖田祖教人们如何耕田；后稷给人们带来优良的藜麦种子；牛头人身的神农教给人们用犁耕地。然而这时的世界尚未完美地按部就班地运作，妖魔层出不穷。善于射箭的羿便是来解救民众的英雄[35]。羿在森林中独自度过童年：在他五岁时，他的父母去劳作前将他放在树下$_{29-30}$，回来时见到羿被蝉包围着，群蝉俱鸣，父母被这奇异的景象所惊吓不敢将他领回；羿独自长大，靠他的猎物为生。二十岁时羿决定环游世界，但他想先去看望他的家人。他拉弓长叹："我将射远方，箭至我门止！"他随即射出一支箭，箭擦过土地斩断草丛，将他带到了他家门前。之后羿带着他的弓箭周游世界，与希腊的赫拉克勒斯一样，完成了很多超人类的使命。某日十个太阳一起升上了天空，大地开始燃烧，羿用箭将九个太阳射落并将他们杀死，他们的尸体被放在空桑树下。羿与暴风抗争用箭射中风伯的肚脐；他追击抓走人类并将人类淹死的河伯，射中河伯的左眼。羿在畴华平原打败了吞食人类的怪兽凿齿；他在洞庭湖边杀死了巨大的巴蛇，巴蛇的骨头变成了巴陵山脉。人们也讲述有关羿的情色的经历，即他如何在攻打河伯时引诱洛河河神的妻子。最后在一次去西方流沙的远征之后羿做了帝王。不过这个第一个将血洒在大地的英雄并没能有一个好的结局。在他杀死奎的儿子怪兽封豨之后，羿失去了来自上天的保护：他拿封豨向上帝进贡但上帝并未接纳。一段时间之后，羿的妻子背叛了他，羿被逢蒙用李*树枝做的箭——这是唯一能伤害他的兵器——射死。

中国的历史学家们从远古时期开始就尝试将所有这些神话英雄，如善射的羿、从天而降的黄帝、蛇身的共工、牛头的神农、后稷、变身熊的禹、变身鱼的鲧、补天的女娲等等，化作历史人物，并努力地从他们首尾相连的传说中提取出第一部人类历史。在公元前 8 世纪及其后的几个世纪中，远古时期的一些短文 $_{30-32}$ 被集结到今天的《书经》之中，从这些短文写作的年代开始人们就将

* 此处按法语原文翻译为“李”树枝（prunier$_{23}$），按照中国的传说应为“桃”树枝。——译注

各种传说汇集成一部连贯的叙述[36]。开始时是一系列的圣人，他们创造了礼仪和艺术，人们赋予他们一个宗教的称谓“帝”。首先，伏羲发明了用来占卜的八卦，他的妹妹女娲创造了婚姻制度。他们之后有了神农，第一个制造出了犁并教授人们用犁耕地；但在神农统治的末期，由于年事已高无法保持各大部落对他的敬畏，他的统治被削弱；其中就有蚩尤兴风作浪，蚩尤是最早制造兵器的，之后叛乱；黄帝将蚩尤击败并杀死，从而取代了神农的帝位。黄帝也是一个圣人帝王：他发明了礼仪、音乐、历法、服饰和发型，修建了最早期的寺庙，将田地分为“井”，凤凰和麒麟都来到他的宫殿前起舞。之后是颛顼和其他一些帝王，他们的形象比较模糊。其中的两位，尧和舜，他们没有什么故事，很早便成为典范被视为圣人，人们也很乐意将周朝哲学中归于圣人的所有品德加到他们身上。尧舜是周朝王室大家族最早的祖先：尧是房国首领的祖先，房国的一个女儿在(公元前)9世纪前后嫁给了昭王；尧也是杜伯的祖先，最后一位杜伯在(公元前)785年被宣王所杀；舜是陈国国公的祖先，陈国的最后一位国公在（公元前）478年被楚惠王夺了权。对于尧，我们知之甚少；舜倒是有一个传说，但这个传说更像个民俗故事：舜是孤儿，被他的后母 32–33 及后母的儿子虐待，但他最终战胜了所有的险阻并娶了帝王的两个女儿为妻。人们轻而易举地将各种令人敬仰的圣贤品德加入尧舜的统治之中；先是把舜树立为一个孝敬父母的典范——这点在有关他的民俗故事中已经有了很好的体现；随后，他们都要付出所有圣人帝王在位时需要做的治理大自然的努力，至于相关的时代和顺序则是依照人们的意愿来安排。如果舜帝巡守，先去东边，然后是南边、西边，再到北边；他选择与所巡守的方向有着逻辑关系的月份完成这些巡守；（之后）四年舜留在都城，逐个接受四方诸侯的觐见；第六年则是一个新的五年周期的开始，舜会重复他在第一年所做的事情[37]。然而尽管尧舜有各种圣举，天灾会摧垮他们的统治，年代学者必须把一场大洪水置于他们统治的时期，因为禹的名字在传说中已经与这场大洪水相关联。禹通过精巧的工程成功治理了洪水，并且将国家的版图做了理想的分配；在这之后，舜将帝位传给了禹；禹统治天下，死后将帝位传给了儿子启，建立了第一个朝代，夏；这是历史上的第一次世袭帝位。禹如此将帝国据为己有，这样的行为是否应该将禹的地位置于尧舜之下，这是周朝末期文人们的一个重大议题。

对于夏朝的王侯我们只知道一些名字却不了解他们。直到第五和第六个王侯，相及少康，人们才有了些形象的认识：这时有关善射的羿的传说又出现了，并形成了一整篇传奇故事。羿从一个英雄变成了一个反叛的首领，他将夏王*赶下王位并取而代之，最后被他妻子所设的阴谋所害；此间真正的夏王的遗孀已经怀有身孕，她成功地躲过了篡权者，诞下一个儿子**；这个男孩

* 此处指相。——译注

** 指少康。——译注

由仆人养大，经历了各种生活，包括在他避难的首领家庭做厨师，最终他娶了首领的女儿并夺回王位。但渐渐地，王侯们失去了贤德的品质；[33–34]最后一个君王桀是个可憎的暴君，在他貌美的妻子妹喜的带动下过着各种荒淫的生活：他们最大的乐趣就是在装满酒的池塘中坐着小艇闲逛，池塘中满是沐浴吃喝的男女，在池中直至酒醉。其中一个大封臣胜利者商汤在贤臣伊尹的协助下战胜了桀，令他退位并将他流放，商汤随后取得了王位，成立了一个新的王朝商朝，亦称殷朝。如前朝一样，一系列我们只知道名字的君王在历史舞台上流连，而随着与商朝创建的时间距离越来越长，商朝君王的贤德也不断减少；最后一个君王，纣王辛也是一个残忍的暴君，喜欢使用酷刑：他令人将他的亲戚圣贤比干的胸部打开，为了看看圣人的心脏是否如常人所说有七窍；他还想象出炮烙之刑，将金属柱架在燃烧的火炉上，命人光脚从上面走过；他剖开孕妇的肚子看婴儿的性别；隆冬的一天，他看到有人从河流的浅滩渡河便命人将这些人的腿打断，看看骨髓是否结冰。上天再一次将商朝的王权收回，派了圣人周文王及他的儿子周武王杀死暴君，推翻殷朝，以他们自己的朝代取而代之。

除了殷朝与周朝相继存在这一事实，上面所讲述的一切均为纯粹的传说。一部分来自神话历史论的诠释，而不容忽视的另一部分则来自王室祭祖仪式中大型舞蹈的主题。每一年周朝的君王都会在持续一整天的大型舞蹈中模拟周武王的故事以及他战胜殷朝暴君的情景。也有可能他们只是在重复殷朝君王的所为，因为殷朝君王在周王们之前应该也举行过类似的舞蹈以纪念他们自己朝代的创始人——胜利者商汤以及他们的其他祖先；作为殷王的后裔，宋国的君王传承了这些舞蹈。齐国的君王自称是夏王的后裔，而周王朝对此也认可，齐国便通过模仿，创造了可能是讲述禹、启及 34-35 少康的故事的同一类型的舞蹈，纪念他们本族的祖先。由此形成了一个与朝代建立相关的舞蹈模式[38]，舞蹈的主题是自己朝代的创建人如何战胜前朝最后一个统治者，舞蹈伴着诗句写成的唱段赞颂他的荣耀，也有散文般的，用来激励即将征战的将士的誓词。由于禹并没有推翻上一任帝王，于是战前的誓词就用在他的儿子启的身上，用于他前去战胜叛乱的有扈氏之时。有些传说刻意地制造了所有内容以便满足这种模式：很明显，有关殷朝和周朝建立的两个传说是完全相同的，甚至细节也一致，人名和地点自然不同，其中一个传说是单纯模仿另一个，不过无法确切地搞清楚哪一个是原型。中国的历史学家向我们讲述的这一切，包括帝国的起源、最初的帝王、最早的朝代等，不过是缺乏批判性的文人对于古老宗教传说的神化以及历史的诠释，在真实程度上需要置疑。

1 安特生（Andersson）先生在他的《早期中国文化》（*An early Chinese Culture*）（北京，1923 年）一书中提到中国从石器时代过渡到青铜器时代期间的陶器与东亚几个地方，特别是苏撒（波斯）、特里波列（高加索）和安纳乌（土库曼斯坦）的陶器很相似。阿恩

（Arne）在他的著作《中国河南省石器时代之彩绘》（*Painted Stone Age Pottery from the Province of Ho-nan，China*）（北京，1925年）重提此问题并将对比的范围扩大，他提出中国出土的这些彩陶大约源于公元前3000年。我们无须做出与阿恩先生相同的假设，即这些陶器是由来自西方文明的侵略者带入中国的；安特生先生相对比较谨慎，他只谈到艺术和技术的融合，而事实上，两个文化的交流及相互间的模仿或可解释这些考古发现。参见伯希和（Pelliot）的《中国古代玉器》（*Jades archaïques de la Chine*）（1925年），9。

2　参见第一卷关于中国地理的描述。

3　古代中国有两个小国家，它们的国名写法不同，在那时发音也不同，但到了今天北京话成了汉学研究的标准语言，以北京话的发音这两个国家的名称是完全相同的，甚至连声调都一样。为了区分它们，但又无须每次提到它们都要将它们的汉字写出来，我总是在其中一个字上标注声调而另一个则不做任何标注。这种做法完全是随意的，大家不要由此假定两者的发音有什么不同。我会把卫国的汉字“卫”写成“Wéi”，另一个魏国则写成“Wei”。渭河的名字也经常出现，这个渭是另一个同音字。但渭河不会和另两个国名发生混淆，所以我没有用特别的符号来区分它。

4　马伯乐《中华文明的起源》（*Les Origines de la Civilisation chinoise*）（地理年鉴，1926年，138—142）。——顾栋高收集了《春秋》中分散的有关各种野蛮部落的资料，连同他的评论一起放进他的《春秋大事表》卷39的一系列列表中（见《皇清经解续编》，卷118）。理雅各在他的《中国经典》，V，I，Proleg，122页及其后段落中也予以了总结。关于这个问题最完整的记录来自普拉斯（Plath）的《中国古代野蛮部落》（*Fremde barbarische Stämme im alten China*）（*Sitz. b. Philos. Cl. Ak. Wissensch*，慕尼黑，1874年），但普拉斯的记录缺乏评判。——中国的古代并没有一个对野蛮部落的统称：人们将野蛮部落区分为狄、戎、蛮、夷，今天我们将这些名字分别对应为北部、西部、南部及东部的野蛮部族。对古代部落的这种表达只能说是大致准确。狄和夷代表的是较确定的称谓：狄部已确知是在今天山西境内组成联盟的部族，而夷是山东半岛的野蛮部族。另外两个称谓看起来则像统称：戎代表的是所有西部及黄河以南的野蛮民族，而蛮代表的是长江流域的部族。

5 《礼记》，I，295（参考普拉斯，见上述引文，452）中声称这些狄族人生活在洞穴中，以兽皮为衣，不食煮熟的稻米，也就是说他们的生活方式与中原人截然不同。这段文字无任何重要性可言：记录这段文字的章节《礼记·王制》是这部汇编作品最后期的章节之一，写作时间约为公元前2世纪中期，距狄部与中原人融合已经过了很长时间；此外，这些描述也并非对四个地区野蛮部族真实的地理或人种描述，而是纯理论性的描述，将一些与中原人习俗相反的特征随性地分配给这些野蛮部族。

6 对于所有近代地点的识别，我采用的是1914年行政改革之前使用的地名，因为这是唯一可以在地图上找到的名称；但有一定数量的区域名称在这次改革中做了变更，改革中将第一级首府“府”改成行政区“道”，取消了第二、三级行政区“州”和“厅”，只保留了下一级的“县”。我称这些地名为“现今”地名，“现今”两字用的其实并不绝对正确。

7 关于“三胡”，参阅《史记》，卷110，2b，关于自治胡人的聚集，同前，4b，关于貊，参阅理雅各的《孟子》，第318页。[《孟子》，顾赛芬译本，第600页（以下引述顾赛芬译本时将简称“顾氏”。——译注）]

8 有两条洛水，均为黄河支流：一条在河南，经河南府；另一条在陕西，与渭水交汇。两条河流使用的是同一个“洛”字，无法将它们区分。不过两条河流相距甚远，将它们混淆的机会应该微乎其微。

9 我不知道为什么大多数欧洲的历史学家都希望这些所谓的野蛮部落的居民和中原人来自截然不同的起源。夏德（Hirth）在他的《中国古代历史》（*The Ancient History of China*）168 页如此确定狄戎为“鞑靼人”，并且他在司马迁的文字中自作主张地加入了这个原文没有的字眼；相类似的，彭安多（Tschepe）神父在他的《晋国史》（*Histoire du Royaume de Tsin*）一书中也经常用“鞑靼人”指代狄或戎。近期高延（de Groot）的《公元前的匈奴》（*Die Hunnen der vorchristlichen Zeit*）（1921 年）一书中第 5 页不准确地给狄加注了一个来自土耳其人名的古读音“Tik”。导致他们有一致想法的主要原因可能是因为司马迁在《史记》卷 110 将戎和狄视为匈奴（胡人）的祖先；但这仅仅证明在司马迁的时代，这些野蛮部族已经和中原人融合，人们不再将他们视为纯粹的外族人。

10 《左传》，464，前 560 年［顾氏，TT2–291］。

11 马伯乐《书经中的神话传说》I——羲与和的传说，（*Légendes mythologiques dans le Chou King I —La Légende de Hi et Ho*）第 23–37 页（《亚洲杂志》，1924 年），这里可以找到与此处描述相关的所有中文出处。

12 我之前（见上述引文，33）将这八根支柱置于地下，这是个错误：根据《天问》记载，人们设想这些柱子在地面上有系统地支撑着天空，四支在四个角落，四支在中间。《淮南子》卷 4，27 b 也是这样列举的，可参见何可思（Erkes）的译本《论〈淮南子〉的世界观》（*Das Weltbild des Huai-nan tze*），刊于《东亚研究季刊》（*Ostasiatische Zeitschrift*）第五期（1916—1917），53—54 页。然而在另一部似是前汉时期的作品《河图括地象》中，八根支柱被置于昆仑山下：“昆仑山为天柱……昆仑者，地之中也，地下有八柱，柱广十万里”，等等。（《初学记》，卷5；《太平御览》，卷35；《古微书》，卷32，4a，守山阁丛书刊本）。

13 《淮南子》，卷3，2a（麒麟）；卷17，1b（蟾蜍）。

14 《山海经》，第8篇，42a；第17篇，83a。

15 从人类学的角度看，自新石器时代之后中原北部的居民与现在的人类几乎是一样的。参阅步达生（Black）所著《沙锅屯人类头骨残骸》（*The human skeleton remains from Sha kuo t'un*）及《甘肃史前人种略说》（*A Note on the physical characters of the prehistoric Kansu race*），北京，1925年。——参见毕欧（Biot）《从诗经中看古代中国人的生活方式》（*Recherches sur les moeurs des anciens Chinois d'après le Chi king*），发表于《亚洲杂志》，1843年，IV，II，p.310（理雅各英译本《中国经典》第四卷，前言，144）。关于女子的描述来自《诗经》，95[顾氏，第65页]，77[顾氏，第53页]，102[顾氏，第77页]。有关男子的第一段描述来自《东观汉记》（公元1世纪），第二段描述来自《晋起居注》（作于公元4世纪），此作品已遗失，《太平御览》中曾引述，卷363，5b；第三段描述是《神仙传》中对老子的描述。——龙的鼻子并不是很起眼，鼻根也不突出。

16 《世说新语》，卷3b，7b。

17 在考狄（Cordier）的《中国通史》（*Histoire générale de la Chine*）1，5—37中全面地解析了有关中国人起源的假说。

18 孔好古（Conrady）认识到无法将中国人与蒙古、满洲、日本、高丽等地人种建立血统关系，就在他的《澳斯特利语——印度支那语新的对应》（*Neue austrisch-indochinesische Parallelen*）（《泰东》纪念夏德专刊第23页及之后的文字）中组建了一个大的群组，将中原人、傣、藏缅语、喜马拉雅语、马来、澳斯特利语、孟高棉语、尼科巴等等随意地放入这个群组。这样的假说即使不能说是不可靠的，至少是不成熟的；而且他所做的对比通常都太过表浅，缺乏说服力。

19 中文和傣文语系中声调有规律地相互配合，如同其他语音元素一样：这并不是每个语系独立发展起来的，而是在这些语言同源的时期已经存在的元素。艾约瑟（Edkins）在《汉语的进化》（*The Evolution of Chinese Language*）［《北京东方学会杂志》（*J. Peking Oriental Soc*）第 11 期，1887 年，第 1—91 页；另见《中国评论》（*China Review*）中的数篇文章］中的理论认为可以建立一个汉语声调形成的编年史，而孔好古（Conrady）在《印度支那语系中使动派生词的构成》（*Causativ-denominativ Bildung in den indochinesischen Sprachen*）中针对暹罗语做了同样的工作，他们所做的这些都应被彻底摒弃。

20 高本汉（Karlgren）最近在他的《原始中文——有词形变化的语言》（Le proto–chinois, langue flexionnelle）（《亚洲杂志》，1920 年，205—232）中尝试在某些中国古代文字中找出人称代词的使用中存在变格的痕迹，但我认为他的结论远远超出了前提。

21 在高本汉（Karlgren）的《汉语语音与文字》（*Sound and Symbol in Chinese*）一书中有关于汉语语言及汉字形成过程的卓越及非常清晰的论述。

22 这里所说的联系是文化上的联系，而非种族的联系。以我们现有的知识水平没有人能够从人类学的角度对中原人、倮倮、苗族、藏族、缅甸、傣人及安南人的种族有足够的认知，哪怕是较为接近的认知。这种种族的联系是隐藏于单纯的地理、语言、社会及政治层面之下的。

23 通常人们认为中原文明诞生于西部的渭水河谷及山西南部，再从那里向东发展至大平原。这种假设没有任何真实性，而是来自长期以来养成的习惯：用于中国远古历史研究的所有推测都幸运地对这个假设有利。孔好古（Conrady）在他的《中国》（*China*）522 页第一次放弃了这个假设，他将中原文明的起源跨越黄河中游，在山西南部和河南北部之间，从那里向东西两方发展。但与此假设相反的事实是这个区域的所有山脉在公元前几个世纪时还在野蛮部族掌控中并因此将中原人的活动范围一切为二。参阅马伯乐《中华文明的起源》（*Les Origines de la Civilisation chinoise*）（地理年鉴（Annales de Géographie），1926 年，第 135—154 页）。

24 藤田（Fujita）先生在《禹统治下的黄河》（*The River Huang in the Reign of Yu*）（《中国学》（*Shinagaku*）I，1921 年，XII，1—32）中夸大了公元前 3 世纪黄河流入大海时给渤海湾沿岸地区带来的改变。他认为黄河是在距离保定府几公里，与现今河道相距约 150 公里的安州和高阳县附近入海。我认为当时的渤海湾沿岸最多到达天津附近，而入海前的整个地区并非海湾，而是大片的沼泽，古称“九河”。据《禹贡》记载（《书经》，理雅各，99［顾氏，第 65 页］），济水和黄河之间的地区（两水之间形成兖州）是移居来此的人们前来开垦的地区，为了鼓励人们在这些新开发的土地上种植农作物，对他们免除赋税十三年。

25 关于中国犀牛的历史，参阅劳费尔（Laufer）的《中国陶器物件》（*Chinese clay figures*）, I, 1—173。中文有两个字通常均被翻译为犀牛：“兕”和“犀”，按照劳费尔先生的看法，这其实是两种不同种类的犀牛。劳费尔先生的结论在今天看来是令人信服的；不过殷朝龟壳上“兕”字的写法是一个动物，从正面看有两个弯曲的角在头部的各一侧，以我看来在如此远古的时代，这个字并不代表犀牛［参见《殷墟书契》卷一，50 a，51a，51b 等；以及后藤（Gotô）的《龟甲上的中国古代汉字之研究》（*Study on the Chinese Ancient Characters carved on Tortoise Shells*），《东洋学报》（*Tôyô gakuhô*），IV，1914 年，38-40）］。殷朝出土的青铜器上有真正的犀牛，劳费尔根据《博古图录》将其呈现了出来(见上述引文，130)。——在《书经》292 [顾氏，第 211 页] 、《竹书纪年》149、《战国策》卷 5，5a 等书中可以找到捕猎野牛（？）及兕的描写；而《竹书纪年》153 中提到捕猎犀牛。

26 马伯乐《中华文明的起源》，第 146—147 页。

27 《左传》，5 [顾氏，I，第 4 页] 。

28 《孟子》，84 [顾氏，第 381 页] 。

29 顾栋高《春秋大事表》，卷 72（参阅《皇清经解续编》，卷 792，12a；摄影石印版本，卷 19，中，6a）：在现今商丘市的西南归德府有一座长 300 步的城墙，大约被称为“高台”（或据《读史方舆纪要》卷 50，16 b 被称为“阏台”，在现在的城西南三里）。

30 《读史方舆纪要》卷 41，32a：在现在的翼城县东南 15 里是翼城的古城墙，晋时称绛；城方二里。

31 参阅《周礼》卷 41，20a—21a，毕欧（Biot）译作，II，555—564 有关公元前 4 世纪都城的系统的描写。

32 《诗经》600 [顾氏，第 439 页]，368 [顾氏，第 276 页]，373 [顾氏，第 280 页] 。

33 马伯乐《书经中的神话传说》II：有关洪水的传说（*Légendes mythologiques dans le Chou-king*，*II : Les Légendes dites du Déluge*），第 47—94 页（《亚洲杂志》，1924 年）。

34 有关大禹的一组传说参阅葛兰言（Granet）的《中国古代的舞蹈与传说》（*Danses et légendes de la Chine ancienne*），466—572。

35 葛兰言（Granet）在《中国古代的舞蹈与传说》第 376 页、512 页等中尝试将两个关于羿的传说区分开，一个是关于善射的羿，另一个是不善射的羿的传说；中国的史官的确在他们的记录中先后记入了两个羿，但他们的记录只是简单地将事件按时间排列，将所有铲除怪兽的行为都归于一个英雄，看不到（关于两个羿）的困扰：与历史不同，传说中只有一个羿，以至于葛兰言在做了大致的区分后认为对于几乎所有的这些具体事件（特别是那些在远古之后不再有其他历史评述的事件），人们无从知晓是哪一个羿所为。

36 这里我仅简要概括了周朝汇集的有关中国历史起源的传说，之后添加的一些传说，如盘古的传说等，并未列于此。更多细节可参阅考狄（Cordier）的《中国通史》（*Histoire générale de la Chine*），卷 I，102—115；戴遂良的（Wieger）的《历史文献》（*Textes historiques*），卷 I，23—97；皮伊尼（Puini）《来自远东传统与历史的文明起源》（*Le Origini della Civiltà secondo la Tradizione e la Storia dell'Estremo-Oriente*）；魏德迈（Wedemeyer）《中国古代历史的地点与过程》（*Schauplätze und Vorgänge der altchine- sischen Geschichte*）（《泰东》，创刊版）。

37 沙畹（Chavannes）《司马迁的历史记忆》（*Les Mémoires historiques de Se-ma Ts'ien*），I，引言，CXL。

38 葛兰言（Granet）在《中国古代的舞蹈与传说》（*Danses et légendes de la Chine ancienne*）385—590 页中对每个朝代的舞蹈的描述与我这里所说的模式有很大的不同。在我看来，不同主要是因为我所讲述的是朝廷的仪式，在时间上也是远古时期较晚期的年代，而葛兰言研究的是这些舞蹈最原始的形态。

第二章

历史的起源：殷朝

在黄河无数航道不时泛滥的冲击大平原上，中原人应该是用了好几个世纪才创造出最早期的文明雏形并渐渐地将自己置于仍是野蛮部落的邻居之上。中原人第一次被世界所认知[39]是公元前 11 世纪或 10 世纪[36–37]前后，即殷朝最后几个帝王在位的时期[40]，那时的中原人已经拥有了相对先进的文明[41]。

[37–39]文字是广为人知的: 那时人们使用的是现在汉字的原型; 如果说某些与宗教相关的文字倾向于保留象形的习惯而不是真正古代汉字的书写方式，这只是宗教古语的习惯而已。象形的阶段已经过去很久了，此时的每一个字都由一个特定的符号来表示。这些符号的基础是一系列形意文字：太阳表现成一个圆圈，月亮

用牛角包表示，大地就是一条水平的横线上面有一个土块，祭供神灵就表现为一个人跪在神坛前，森林就是两棵树并排在一起；男人、女人、孩子以及各种各样的动物都以图形来表示，比较有特色的是牛和羊，人们会特意画两只角。不过在这个时期有很多这样的形意字只是用来表示他们所绘对象的发音，这和现代汉语相似，这些字也可用于其他同音字上面。人们用削尖的木棒醮着一种类似漆的东西将这些字写在竹片上，或者刻在青铜器、象牙上，用于占卜时便会刻在龟甲上。

社会制度方面，早期的契文给我们提供了一些信息；但两个阶级，即部族贵族所属的贵族阶级和农民所属的平民阶级的划分在这个时期已经存在，在其后的世纪中亦是如此，这是古代中原人从远东原始文化共有的特性中继承而来的，需要经历很久才能摆脱它。在这个等级分明的社会中，最高的位置为“王”所占据:他同时统管宗教事务及世俗事务。他向他的祖先，祖先的臣子以及各种神灵奉上数量巨大的祭品[42]。王居住在国都 39-40 “大邑”，他的宫殿被庙宇围绕着，“大室”是祭祖的庙宇，南边的“南室”大概是接见群臣的庄严大殿，“血室”可能只是祖庙的另一个称呼[43]；还有供奉土地神的神坛，称为“社”[44]。王从宫殿指挥整个朝政。其实从殷王开始中国就已经形成了常规的行政制度[45]。为首的（行政官员）是国相“卿士”，总管各种事务：有些卿士名传久远，在殷朝末期人们还在祭拜建朝君王的卿士伊尹。在卿士下面是不同职位的高官，称为“大臣”，负责大型活动或执行王室的命令，负责大型宗教仪式的大臣有“小臣”辅佐，小臣会负责规模较小的仪式；“大史”是作册的史官，负责在竹片上记录王室的命令并将复本存档，他也是王室档案的负责人，并在每次宗教仪式前 $_{40-41}$ 负责监管礼仪；管家，称为“宰”，是负责王室司库的[46]。排在后面的是一系列官员，称为“官”“僚”“司”等，我们对这些职位只有些粗略的了解，但可以看出这样的架构与之后周朝的组织架构相类似，其中一些职位的名称也是偶然得知。王宫里还有一班人员：这些人是家臣，他们似乎组成了王室中一个特殊的阶层，依附于王或领主，时而作为官员，时而成为士兵，时而又只是仆人[47]；负责清扫的家臣，扫臣，看起来就类似门房，一方面打扫庭院，一方面作为门卫；在内院的书童则是负责服侍王后和公主们的孩童。

在农村，对于耕种的组织管理与周朝时同样严谨：监管土地的官员，“耤”*，确定播种的时间并监督收获。此外由于中原社会一向是以农业为主的社会[48]，收成（的好坏）就成了与全体人民生活息息相关的大事件。人们主要耕种两种黍麦 $_{41-42}$，粳性黍麦和糯性藜麦，大麦，还有稻米。收成的情况也是王时时刻刻关心的问题。在“甲骨档案”中可以看到（王）不时就这个问题进行占卜。“庚辰日占卜。（王）问：我是否能收获藜麦？三月。”——“此日：戊酉（王）问：我的藜麦收成如何？”——“乙

* 耤，音jí。

未日占卜。问：龙园的藜麦会有收成吗？二月。”王对于雨水也特别关注，因为在中国北方一切都取决于雨水是否来得适时；于是我们会经常看到这种模式的问句：“乙卯日占卜。王问：这个月会下雨吗？”此外，风也同样令人担心，要再次求助于天神。“戊午日占卜：天将降雨。庚午日占卜：将有大风从北方吹来。”不过王对风的关注主要还是与狩猎有关：“乙卯日占卜。问：今天王将出行打猎，是否会有大风阻止？——（答）：将有大风。”牛、猪、羊等的养殖也很重要。王会亲自检查作为祭品的牛：“王往省牛”；当牲畜要临产前，王想提前知道小牲畜的性别：“占卜：（小牲畜）是雄还是雌？”人们也会询问祖先是否能找回迷路的羊：“问：走失的羊能找回来吗？”由于用来供奉的牲畜数量非常之大，曾有一个特别的字（音）“tan”（已不再有此含义）来形容百牲大祭；还有一个字（今已失传）形容用一百头猪做牺牲品；也有记载用十头白猪或十头牛和十头羊做祭品，或者三十头，甚至一次用四十头牛来供奉某一个祖先。显而易见，在此时中原的经济活动中养殖业占据了一个很重要的位置。

理论上王的权力应该是绝对的，但实际上时常受到由下及上的臣子谋士限制 42-43 他的权力；当王与谋士意见相左时便通过占卜征询先人的意见。甲骨文给我们提供了一个例子[49]。“庚辰日占卜。问：王（欲）发动远征攻打 O 国；大小臣等不同意。我是否无法成功？”当甲骨的回复与帝王的意愿相一致时，王（之意）便可超越谋士们的抵抗：在《书经》中有一篇《盘庚》，是较为后期的作品，但写作的是殷朝的事情，它讲述了盘庚帝决定迁都，便求助于占卜击破谋士们的反对意见。“盘庚迁于殷，民不适有居”；于是他把不满的人们召集起来，发表了这段讲话：“我们的王（先王祖乙帝）来到这里定居。而我尊重我的臣民，不愿看到你们在这个无人可以保护你们生命的地方全体失去性命，我问卜并得到了答复：这个地方不适合你们。当先王们有事情（要决断）时，他们都是满怀敬意尊重天意……你们也不可以反对占卜（的结果）。”（“占我王来，既爰宅与兹，重我民，无尽刘。不能胥匡以生，卜稽曰，其如台？先王有服，恪谨天命……罔知天之断命。”）他还威胁会惩罚违背他意愿的大臣，削去他们的鼻子或满门抄斩[50]。由此看来，帝国实际上是被逝去的且被神化的祖先统治着，所有重要的事件都需要咨询他们并服从他们。

军队由骑兵、战车和步兵组成；步兵大概是从农民中招募来的，和后期周朝时类似，而驾驭战车的是从贵族中挑选的。士兵使用的兵器有青铜军刀、可以射箭或射石头的弓、弩、斧、刀面坚韧短粗且微微凸起的戟戈[51]；戈可谓特别的武器，从这个时代开始几乎所有与军事用语有关的文字都用戈做词根；防御的装备 43-44 则有皮制的盾牌。铁器还没有被使用[52]，它在周朝末年才出现。（此时）作战的武器是青铜器制成的，人们只有在一些宗教仪式上才使用石头做的武器。指挥作战的帝王的标志是抛光的玉斧[53]。军队看起来是按 3000 人编制的[54]；也有“三百骑兵，分左、中、右”的阵型，也就是每队有一百多匹马组成。出征归来后俘虏会被处死，可能全体俘虏立刻被处死，如甲骨文所记载的："第八天，辛亥日，用戟戈惩罚（处死）2656人"；抑或将俘虏分开祭拜不同的祖先："甲寅日，人们向三位祖先占卜。占卜时需要向祖庚（供奉）三只羊，…… 三十头牛，两个俘虏"，或是："癸未日占卜：（王）向祖庚供奉……三十头牛，……三个俘虏。"[55]（殷王）曾与一个叛乱的邻国发生战争，这个邻国看来是西部山区的一个野蛮部落，但代表国名的字符未能被破译[56]。此次战争似乎进行得很艰苦，甲骨文为我们提供了一些有关这次战争的细节。"王希望知道战争的结果：是否应该 44-45 去增援？是否应该去沚[*]？那里的居民已经三次前来（请求增援）。第九天，乙巳日，同意从西边出发前往沚，……宣布：O国冒犯我们，将我们……营地的七个人劫走五人用于殉葬。"该国与土方[57]为盟友，土方也进犯不幸的沚国。"司……宣布：土方派兵进攻我们东边的两个村庄；O国则派兵进攻我们西部的地区。"尽管甲骨的回复对王有利，只要从西边出发（就能获胜），（另一次占卜的结果是要从北边出发），但王还是担心战场上的军队，又再次进行询问，由此看来敌人是非常强大的："庚子日向祖先占卜。（王）问：（我欲）派3000战车攻打O国。这次出征能否胜利？"此外，数次连续征战并没有结果："戊午日向……占

* 根据查证到的资料，被西方国家（𢀛方）和土方进犯的是沚国，未找到马伯乐原文提到的"Lai-cheou"国。——译注

卜。（王）问：我已三次下令出征O国。征战是否成功[58]？”我们无从得知此次战争如何结束以及该邻国是否投降。

由于有了这些契文，殷朝在掩盖着它的薄雾中为我们所知一二，虽然我们还不能捋顺（这个时期的）政治历史，但至少我们对殷朝最后几位帝王的日常生活有了些了解。殷朝的祖先据说是一位有着神奇出生经历的人：偰。他的母亲简狄与她的姐妹去乡下祭拜45–46之时有一只玄鸟飞过留下一个鸟蛋，简狄吞下这个蛋后怀孕了，孩子出生后被赐姓氏为“子”，以纪念他的身世与玄鸟之卵（子）有关。之后，这位英雄的后裔，“胜利者商汤”推翻了夏朝最后一个帝王，建立了殷朝。商王的领地在原大平原的西部，但也有可能他们占据了远古某个强国的地盘，其中心偏东。商朝有三十位帝王：他们历史上的后代，宋国的国公们很好地保留了一份世系表，这份古老的名单与契文所提供的信息几乎一致。不过相关的年代却不得而知；中国的历史学家，即便是周朝的历史学家也没有这个遥远朝代的真实文献，而他们多次尝试重建的年代表也并无任何价值。三十多位帝王在位的时间不可能超过450年（平均一位帝王在位15年已经超过了中国历史上任何朝代），也不会少过300年，由此推断商朝起始的时间可能是公元前15至13世纪之间[59]。

殷王们成功建立了一个广阔而持久的王国：不过（其面积）并不如现今的中国，甚至与孔子时代中国的疆土相比也相去甚远。我们只能对它的领土范围有一个大致的概念。根据传统沿革，周朝胜利后将旧王朝分解，南边黄河以南的部分仍为殷王后代所有，成为宋国；黄河以北的西北部连同（旧）都城成为卫国；46–48 泰山脚下的东北部则成了鲁国。此历史也可由殷朝的旧都城来证实：殷朝迁都不下七次，但有几处地点是可以确定的：最早的都城亳，在今归德府（河南）附近，当宋国公被迫放弃他们北方的领地时也选择了亳作为首都；最后的两个都城所在地，彰德府小屯村的殷，即发现甲骨文的地方，及卫辉府附近的朝歌，均在黄河以北，河南境内。由此看来殷朝自身的疆土跨越黄河两岸，从黄河进入平原开始到山西高原脚下，再至泰山脚下，并达淮河盆地边缘，可能直达大海。除了这片直接属于殷王的领土，他们的势力范围应延展至整个中原地区的北部[60]和东部：东北部，他们与泰山脚下的齐国来往；向北直到渤海湾和济水流域；向东，他们出征攻打山东的野蛮部族夷[61]；向东南殷人去到徐和淮，即江苏和安徽北部的地区，这里的野蛮部族至少在某些特定时期应该是接受殷王统治的。殷王也去开封附近称为封的地方的湖上打猎，或去离此处不远的杞狩猎；他们也到过河南省内河内附近的相和虞[62]。

48–49 殷王朝的统治，至少是名义上的统治从来不曾到达西部的渭河河谷吗？二十多块甲骨文中都提到殷王曾经到过召国，这是不是之后同名的且被周成王和周武王的大臣们形容为周朝封邑的那个国家？这个说法可信性不高：召国距离殷都如此之远，殷王不可能如此频繁地前去此处；这里所说的召国应该是更为靠近殷都的另一个国家。除此之外，殷朝统治在某些特定时期的扩张并非不无可能：周的字样数次出现在甲骨文中，我们也看到殷王向祖先占卜是否应该向周朝的某位王侯下达命令，遗憾的是我们无法了解占卜的内容——这位王侯应该就是之后周朝统治者的祖先[64]。

大约在殷朝的中后期[65]，中原人开始向东部大平原以外的地区迁移，并侵占野蛮部族以建立自己的领地[66]。大概就是在那时他们在淮阳山脉成立了 48–49 小诸侯国陈、申、蔡、许、安、黄以及偏南的都、黎、随、鄂等。最重要的举动应属对渭水和汾水河谷，即今陕西中部和山西西南部的征服。有些与野蛮部落相邻的部族已经移居到他们中间：陆终的后裔已氏[67]越过了太行山，他们在太行山脚下有好几处封地：苏、温等，在河南北部的平原，今怀庆府周围成立了数个小诸侯国，其中在远古时代最重要的当属今山西闻喜附近的董国。不过（中原人）只是这样进入了野蛮部族的边缘地区。几个较大的部族，姬、49–51 姒系、嬴，其封地位于中原帝国的东南边界[68]，是对野蛮部落进行彻底入侵和真正殖民的主要部族；而在他们中间姬姓很快就成为主角。姬姓在东部已经是一个相当重要的部族，其各个领主的活动范围覆盖了从海边到黄河边，泰山以南及野蛮部族边界的地区：姬的诸侯在这些地区拥有众多小封地，如曹、郕、纪、郜，在山东省的西南角；偏东的有滕（在滕县附近），以及沂州附近的杨，在同一个省份的东南角[69]。再向西去，姬姓可能也定居在黄河南岸，不过很难将远古时期的封地与后世周王们在此分封的封地相区分，此外这里还有其他一些代表重要王侯家族的部族，如子姓，其封地在商（周朝时为宋国）；姞姓，黄帝的后裔，封地于燕，等等。在姬姓领主旁边及他们中间有姒姓家族占据着的山东南部的鄫国，另一个家族费姓在不远处今鱼台县附近；向西，在黄河以南开封府（河南）周边，另一个姒姓家族拥有杞国，此国名取自当地的地名，及沈国，在陈留附近。至于嬴姓，他们的一个家族拥有的封地在谭国，位于沂州府（山东），紧挨着领主是姒姓的鄫国；但大部分嬴姓的土地在更南的淮阳山地区，他们对野蛮部落的影响较大以至于徐部和淮部的某些部落首领采用了他们的姓[70]。

51–52 接近殷朝末期时，这些部族的很多成员，大概多是家族里年轻的贵族子弟，开始前去西方寻找财富并成功地在野蛮部落的土地上建立了诸侯国。姒姓在黄河岸边、在龙门河水流出的地方定居下来，他们在那里为他们的祖先禹修建了庙宇，此地为莘国（近合阳，在黄河右岸，陕西），此家族的一个女儿便是周武王的母亲；他们还到达了黄河左岸的董[71]、夏、冥，在山西的西南部 52–53；另外一些姒姓部族甚至越过了秦岭，在汉水河谷建立了褒国，美丽的褒姒便来自那里，这个不祥的王后令周幽王丢了性命。在黄河边汾水和渭水河口之间与姒姓一起的还有嬴姓：他们有汾水下游的耿国；黄河右岸龙门出口处的芮国；离前者很近的梁国，或少梁，几乎在汾水河口对面；再向西是洛水岸边的王国和彭衙国；在这个中心以外嬴姓建立了完全分散的领地：在西边是渭水上游的秦国，在东边是汾水中游的赵国，再向东，在山西东部和顺附近的是梁余。不过更多的土地看起来还是为姬姓的不同家族所拥有：汾水和黄河两条分支所构成的四边形地带完全为姬姓所有：（包括）解、夏阳、虞等；此外，姬姓拥有整个渭水河谷的领地，包括河口旁的芮国，凤翔府附近的召国及虢国。这些领主中最强大的当属周王，其国土占据平原的整个西部，在泾水和渭水的中游，直至山脉的入口。

根据周王宗庙的传统，上述领地的建立归功于武王第十二代先祖，公刘，他是第一位在豳州开垦土地并在那里创造了大片封地[72]的人。“诚实忠厚的公刘，不图安康和享受。治理土地划分疆界……”（“笃公刘，匪局匪康。乃场乃疆……”）[73]。53–54 对于这些大西部的中原人来说，生活是艰苦的，他们的后代在几个世纪之后还记得他们曾经居住在地穴[74]的年代。此外豳地处在山区的边缘，暴露在那些未归顺的野蛮部落面前，而野蛮部落（因为山区）难以接近：大约一个世纪或一个半世纪之后，（周人）面对的压力如此之大以至于要离开此地，第十代祖先亶父离开泾水岸边，迁移到渭水以南的岐。“古公亶*父，清晨骑着马来，沿着河边西行，来到岐山脚下。他与姜氏女一起前来寻找居住的地方。周原如此美丽，堇菜苣菜这样的苦菜都如糕点般甜蜜。亶父先与他的臣子商议，又用龟甲占卜，得到的回复是：就在这里

* 亶，音 dàn。

定居吧，时间刚刚好，就在这里建造房屋吧。于是鼓励大家在此安家，亶父从左忙到右，将土地按村庄分割，挖渠丈量，从西到东，亶父管理一切事务。……橡栎和尖锐的灌木被清除，道路得以通行。混夷都气喘嘘嘘地逃走。”（“古公亶父，来朝走马。率西水浒，至于岐下。爰及姜女，聿来胥宇。周原膴膴，堇荼如饴。爰始爰谋，爰契我龟：曰止曰时，筑室于兹。乃慰乃止，乃左乃右，乃疆乃理，乃宣乃亩。自西徂东，周爰执事。……柞棫拔矣，行道兑矣。混夷駾*矣，维其喙矣。”）[75]周王在此地的影响力便是始于亶父和他的弟弟季历。季历是第一个和殷王朝打交道的周王，他的强势令殷王恐惧，将他杀害。季历的继任者昌，谥号文王，成功地令西部地区所有的诸侯听命于他，包括陕西的野蛮部落戎以及四川的蜀姓和彭姓。殷王认可了文王的权威，授予他“西伯”的称号，并赐予弓54–55矢斧钺。不过文王的权威并非来得一帆风顺，传说中就保留了崇侯虎的名字，正是他向殷纣王诽谤文王导致文王被投入监狱[76]。

当西部的王侯将他们贫瘠的、始终置于野蛮部落威胁之下的领地与东部富饶的平原相比较时，我们能够理解东部平原对于他们的吸引力。公元前 11 世纪末或公元前 10 世纪初时风暴终于爆发：西伯率领他那支一半由野蛮部落组成的队伍进攻东部的中

* 駾，音 tuì。

原，都城被推翻，殷王*被杀，胜利者划分被战胜者的土地；随后，满载战利品的周武王回到了他在渭水的领地，重新安顿在新建的都城亳。一个新的朝代，周朝，取代了殷朝。

39　1898年至1899年间，由于洹河暴发洪水，将黄河以北、河南最北端彰德府安阳县小屯村的土地冲走，从而发现了刻有文字的龟甲和鹿肩胛骨碎片。村民们于是在附近搜寻，挖出了几千块类似的碎片以及青铜器，象牙器皿等。这些文物被王懿荣先生购买，但在1900年义和团运动期间王懿荣自尽身亡，他的藏品被他的儿子卖给了刘锷先生（字铁云），刘锷于1903年出版了甲骨文拓本的影印件，收在《铁云藏龟》之中。第一个解析甲骨文的是孙诒让先生，见其所著《契文举例》（1904）；1910年罗振玉先生在他的《殷墟书契考释》中对甲骨文进行了新的诠释和补充；近代1919年考古学期刊《艺术丛编》16期中刊登了王国维先生的文章《戬寿堂所藏殷墟文字考释》，是王国维对甲骨文所做的新的研究。（甲骨文的）发现第一次被介绍到美洲是方法敛（Chalfant）神父的《中国最早的文字》（*Early Chinese Writing*），发表于《卡内基博物馆论文集》（*Memoirs of the Carnegie Museum*）第四卷第一期（1906年），但欧洲对甲骨文最早的研究是沙畹（Chavannes）根据罗振玉著作所写的《远古中国甲骨文占卜》（*La Divination par l'écaille de tortue dans la haute antiquité chinoise*）（《亚洲杂志》X，XVII，1911年，127—137），之后不久有金璋（Hopkins）先生的《从近期的发现看中国周朝的文字》（*Chinese writing in the Chou dynasty in the light of recent discoveries*）

* 马伯乐原文中提到殷王Kouei，疑为笔误。——译注

（《皇家亚洲学会学报》，1911 年，1011—1038）。从这个时期开始，金璋先生发表了一系列有关解析甲骨文的文章。最近容庚先生在《甲骨文字之发见及考释》一文中给出了一个概括甲骨文字解析结果的比对表格以及很好的与此研究相关的中文参考书目录，此文发表于《国学季刊》第一卷第四期 655—673（1923 年 10 月）。亦可参阅张凤（Tchang Fong）所著《河南甲骨文研究和古汉字的书写》（*Recherches sur les os du Ho-nan et quelques caractères de l'écriture ancienne*）（巴黎，1925 年）3—9；如需参考最新的书籍文章可参见 1930 年上海出版的郭沫若的《甲骨文字研究》，引言 1.3。除了刻有文字的龟甲，出土的还有各种文物如犀牛角、象牙制品、玉器、青铜器及陶器的碎片等，罗振玉先生对这些文物进行了研究，记入《殷墟古器物图录》（《艺术丛编》，1916 年，四月至六月刊），滨田（Hamada）先生对此也有研究［《国华》（*Kokka*）1921 年，379 期］；另有一些文物被卢先生收藏，伯希和在《卢芹斋所收藏的古代玉器》（*Jades archaïques de Chine appartenant à C. T. Loo*）（巴黎，1925 年）中描述了这些文物。此外，罗振玉先生还在《艺术丛编》1917 年四月刊发表的《殷文存》中描述了他所收藏的精美的殷代青铜器器皿拓本。1928 年 12 月，董作宾先生进行了十多天的发掘工作，收集了兽骨和龟甲，他将他的发掘结果连同甲骨文字的临摹、解析及评论发表于《新获卜辞写本》，另外他还出版了一个带有地图的小册子，是第一部科学记录小屯考古发掘的文献。

40 有关这些甲骨文的时间，参阅罗振玉的《殷墟书契考释》1a—b 及 104a；王国维的《戬寿堂所藏殷墟文字考释》，10b（发表于《艺术丛编》1919 年 8 月刊）。甲骨文中提到了超过半数的殷朝帝王，直至第 28 及 29 任帝王；但最后两个帝王从未出现过；由此看来殷朝倒数第二个帝王帝乙是最后一个进行占卜活动的，那些甲骨文是与他及排在他前面的帝王相关的：这刚好与他们的后裔宋国公所遵从的传统相一致，宋国公认为迁都至此地是殷代第28任帝王，帝乙的祖父武乙王所为，该都城在殷代最后一位帝王时被弃。《竹书纪年》认为这些君王统治的时期是（前）12世纪后半叶，但这个年表没有任何价值，同时期其他的年表亦如此。不过，似乎宋国的君王为他们遥远的祖先殷王们保留了一份准确的世系表，对于时代比较接近的前辈们的世系也没有出错，于是我们可以大致估算出从帝乙到宋戴公（前799年—前765年）之间的时间——因为宋戴公在位时间是最早可以确定的时间；假设这11位君王（从殷代最后的君王到宋国的前十位国公）平均在位的时间是12—15年，我们可以算出帝乙统治的时间为（公元前）11世纪后半叶或10世纪上半叶。记载武乙、文丁和帝乙统治的甲骨文就大约是在公元前12至11世纪了。

41　甲骨文所提供的有关殷朝文化，包括宗教、行政、社会组织、物质文化等方面的细节资料最早收集在罗振玉先生1910年出版的《殷墟书契考释》的最后篇幅中。郭沫若先生根据后续的考古发现，在他的《中国古代社会研究》第三部，217—293页（上海，1930年）以及《甲骨文字研究》中的多处地方提出了新的资料。

42　殷朝的贡品在数量和种类上远远超过周朝，以至于很多与贡品有关的汉字由于在近代时期没有相对应的字而无法加以辨认。周朝简化了礼仪，并非取消了某些节日而可能是将各种不同的仪式简化为几种基本的仪式。——王位的继承可以由旁系的长兄传给弟弟；在祭拜时，似乎帝王向他的直系先辈供奉的贡品与向曾经在位的兄长所供奉的贡品有所不同。（参见王国维《殷周制度论》3及其后文字；葛兰言（Granet）《中国古代的舞蹈与传说》（*Danses et légendes de la Chine ancienne*），423—426）。

43　可惜甲骨文不够明确，我们无法得知殷朝的君王是否有如周朝的君王一样在都城中有一座供他们居住的宫殿，抑或他们住在城外，住在后世称作“明堂”的地方。

44 罗振玉《增订殷墟书契考释》卷 3，59b：“向土地神询问收成的情况……”

45 罗振玉先生在他的《殷墟书契考释》106—107 页中总结了甲骨文所提及的殷朝行政制度。有关对伊尹的祭拜，参阅王国维《戬寿堂所藏殷墟文字考释》30 b。下文有关占卜收成、风、雨的译文，以及多处类似的段落都请参阅这两部著作。

46 甲骨文中并没有“宰”字，但人们在供奉帝乙的一个器皿上找到这个字，它应该与甲骨文是同时代的；参见阮元《积古斋钟鼎彝器款识》卷 2，16a；罗振玉《殷文存》卷 2， 23b。同样有关“大祝”参见高田忠周（Takata Tadasuke）的 *Gakko hatsubon* 卷 7，23a。

47 我们见到有记载众多家臣被派去远征，这显示家臣被当作士兵或军官。另外根据多处青铜器所刻文字显示，帝王会将家臣送予领主作为对后者的回报；参见郭沫若《甲骨文字研究》卷 2，1—6［郭沫若将“臣”视为奴隶“奴”（奴字在殷朝文字中很少见到），我认为是错误的；我更倾向于把他们看作对这些首领效忠的近臣。］

48 丹羽（Niwa）先生最近在《从殷朝到周朝的社会变革》（*Social Revolution from Yin to Chou*）（《中国学》III，IX，1924 年 9 月）中提出如下假说：中国东部，即殷朝的居民，主要以打猎为生，而中国西部，即周朝的居民以放牧和农耕为生。该假说来自对于殷朝甲骨文所作的有些肤浅的统计的错误解读以及一些传说。小岛（Ojima）先生在《殷朝的农业及畜牧业》（*Agriculture and Pasturage in the Yin Dynasty*）中对这个假说予以了反驳（同上，X，1925 年 2 月）。

49 《殷墟书契考释》，97a。

50 《书经》，理雅各，222，246［顾氏，第 146 页］。

51　参见保定府（直隶）出土的殷代三支戟戈的复制品，《艺术丛编》，1917年四月刊。

52　章鸿钊《石雅》，中国地质调查文集附录，B. 2（北京，1921年）；参见戴密微（Demiéville）发表于《法国远东学院简报》XXIV期，289—299页文章（1924年）。

53　劳费尔（Laufer）《玉器》（*Jade*），81—88—94，图20—24。一个很大型的玉制戟戈（端方藏品）也在此书中被重现，同前，pl. IX。参见罗振玉《古玉刀墨本》（1919年），发表于《云窗漫稿》，31a；人们还找到另外三个较小的戟戈的仿制品，其中两个是尤摩弗帕乐斯（Eumorfopoulos）的藏品，在蒲博轩尼诗（Pope–Hennessey）夫人的《中国早期玉器》（*Early Chinese Jades*）pl. XXVII中有描述，另一个是卢先生的藏品，在伯希和的《中国古代玉器》（*Jades archaïques de la Chine*）pl. IV中提及：这些物件虽然较后期，时间上看起来不会早于周朝末期，但使得我们对上古时期的玉器有了一些了解。

54　有好几处甲骨文提到派去出征的人数有3000人；但并不能以此判定这个数字就是殷朝军队常规编制的人数。

55　罗振玉《殷墟书契前编》，卷8，12，6号；卷4，8，2号；郭沫若《甲骨文字研究》，I，2（释臣宰），4b—5a。

56　罗振玉《殷墟书契考释》，97a；王国维《戬寿堂所藏殷墟文字考释》，25a。我经常用圆圈来代替国名，用省略号代替缺少或无法辨认的字；用×表示该词的释义有不确定性。高田忠周（Takata Tadasuke）《古籀篇》（*Kochühen*），卷51，14b，建议阅读有关曶*鼎相关段落。（*曶，音hū）

57　参见王国维对于罗振玉未能破译的文字的评述，见上述引文，2b。郭沫若先生在《甲骨文字研究》卷8，2b（附录《土方考》）中尝试从甲骨文资料中来确定这个国家；他将该国置于殷朝首都的西北部，即山西，这是可能的但并不能确定；当他尝试根据不同甲骨文计算该国的距离时将该国的位置放在比较远的地方，从殷朝首都出发需要 12—13 天步行的时间，大约等于 1200—1300 里路，他据此推断此处是一个胡人的部落。（猃狁**；见上述引文，3b）。（** 猃狁，音 xiǎn yǔn）

58 王国维，见上述引文，25 b。

59 周朝末年的《竹书纪年》将殷朝（统治时期）定为 496 年，将殷朝的开始，即胜利者汤登上王位的时间定在公元前 1558 年；后世中国历史学家根据汉代的计算方法所采纳的纪年表将这个殷朝开始的时间定在了公元前 1766 年；这两个年份均没有价值：欲了解殷朝待考征的历史传统，参见《竹书纪年》，理雅各《中国经典》卷 III，第一部，前言，128—141；《史记》卷 3，沙畹，第一部，173—208；以及戴遂良（Wieger）《历史文献》（*Textes historiques*），第一部，67—90；考狄（Cordier）《中国通史》（*Histoire générale de la Chine*），第一部，107—115。

60 在直隶保定府附近发现的青铜戟戈（《艺术丛编》1917 年四月刊）很明显带有殷朝风格，但并不足以证明帝国的边界已经达到如此远的北方；不过这样的疆土范围并非没有可能；我甚至认为满洲国以南的所有地方都是当时（殷代）中国的领土，只是到了后来周朝的时候才被野蛮部族占据了。参见安特生（Andersson）的《奉天沙锅屯洞穴遗址》（*The Cave Deposit at Sha kuo t'un in Fêng-tien*），发表于《中国古生物志》丁种（*Paleeontologia Sinica*，*Ser. D*），I，（1923 年）。

61 金璋（L. C. Hopkins）《风格的变质及对含义的破坏——中国古代与现代汉字研究》（*Metamorphic Stylization and the Sabotage of Significance, a Study in Ancient and Mordern Chinese Writings*）发表于

《皇家亚洲学会学报》，1925 年，470—473。

62 （对于这些地点的）鉴别并非十分确定，我虽在此列出这些地点但也有所保留。

63 《艺术丛编》1917 年 10 月刊中有一个陕西西安府出土的非常美丽的青铜器皿，被认定为殷代文物，但这个认证是不准确的：其装饰风格不可能早于汉代。同样地，在山西太原府附近发现的一个形似枭状的青铜酒樽也被认定为商朝（出处同上），这个酒樽很明显是更加后期的物品。

64 董作宾《新获卜辞写本》277 号：王欲知这个问题的答案："下令周国王侯这个月没有……"；另见 248、249 号（甲骨）。有四次"周"字前有表示掠夺的"犹"字，似乎表明历史所说的殷与周处于纷争的状态是正确的。参阅郭沫若《甲骨文字研究》，卷 3，1a—3b。

65 如果我们承认周朝祖先的世系表与宋国祖先的世系表一样准确——这是可能的，那周朝的世系表可以给我们提供一个大致的年代表。传统认为是武王第十二个祖先，公刘，在泾水和渭水上游的豳建立了家族的领地；假设这十二位周朝的领主以及周朝成立后的前十位帝王平均在位 12—15 年（厉王在 842 年出逃，这是第一个准确知道的年份），周朝祖先在豳州建国的时间就可以定为公元前 12 世纪初期或末期。

66 关于这段远古时期的殖民史，参见马伯乐《中华文明的起源》，149—153。

67 通过音调可以区分部族 Kì，汉字为"己"（陆终的后裔），周王的部族 Ki"姬"（后稷的后裔），以及黄帝的后裔部族 Kǐ"姞"。为方便起见我没有在第二个 Ki 上标注声调符号。封地的名称杞和岐又是与前面不同的另外两个汉字，但这两个字后续不会再出现，也就不至于产生混淆。

68 中国古代的部族并不是以领土划分的部族，也不能把他们看作真正的小型国家，哈隆（Haloun）在《对中国部族定居史的贡献》（*Beiträge zur Siedlungsgeschichte chinesischer Clans*）（《泰东》，1923，165—181）中也持同样的观点。但这些部族似乎也有具有特殊重要性的区域，这些区域并非为他们独有，或他们的人数多过其他部族，（这些区域的重要性）在于人们在其他地方找不到他们的名字，或至少在其他地方很少能看到他们。没有一个部族所占据的领地是有明确界线划分并且他们是该地唯一的主人，他们的宗教传统也无法使他们成为这样。另外，我们所说的某个部族的领地是不准确的，属于某个部族的诸侯们拥有这些领地，但只有这些诸侯的后代对这片领地拥有权力，而不是整个部族；因此可以说“属于同一部族的诸侯们划分土地”而不应该说“划分部族的土地”。最后需要指出的是部族主要都是贵族阶层：一个部族的姓只属于由同一祖先传承下来的贵族，而作为他们的附属品的平民根本就没有祖先，完全被排除在外。当我讲述某个部族的殖民活动，不应该将其视为整个部族的活动，而只是这个部族中某些个人的行为，很可能是某些领主家庭的贵族子弟。我使用这种便捷但并不准确的说法完全是因为无法确定这些个人到底源于哪个诸侯国。

69 姬姓在这个地区的其他一些诸侯是鲁国不同王侯的后代，因此年代上更接近现代。人们对鲁国王侯的起源可能不是很确定：传统上人们将他们与王室联系在一起并将他们建立的封地视为战胜殷朝之后的一个成果，我承认这种看法的真实性，见下文，48 页。曹国的诸侯也声称他们是武王兄弟的后裔。

70 辛德勒（Schindler）先生在《中国人对圣贤认知的发展》（*The Development of Chinese Conceptions of Supreme Beings*）（《泰东》，1923 年）361 页将嬴姓的“起源国”置于一个“划定的地区，东为

围绕着泰山的几个区域而向西一直延伸至邯郸（广平府及正定府）、肥乡、梁城，其中心靠近今范县，此处为秦城旧址，也可被视为未来王朝（秦）起源的地方”，（他这样认为的）原因是鲁国据称是神话帝王少昊的领地而少昊是尧的前任，嬴姓的祖先；另一个原因是在山东和山西同时有“秦”的名字存在。我在前面刚刚谈到我对部族领土划分理论的看法：这个理论令辛德勒先生将嬴姓的起源置于一个从有史记载以来该部族在此处没有一处领地的地方。此外，以少昊的领地所在地而得出的结论并不是很站得住脚，在有史记载的时期人们在鲁国首都附近发现了少昊的墓穴，于是历史学家们很自然地将少昊的领地置于此，但有关少昊的传说并无法使我们看到是什么样的联系将他与这个地区连在一起：就我们所知，这是一个属于太阳树木空桑周期的神话传说，参见葛兰言（Granet）的《中国古代的舞蹈与传说》，436—437；整个周期在远古时被植入鲁国，我们在当地的地形学记载中到处都可以看到（相关的）名称，但我们不知道为何及如何会有这样的改编。将少昊的墓穴定位在鲁国是（与传说相关的）一个后果，但这与其他与此传说相关的地理确认一样，没有更多的价值。空桑树及王国里的山脉是其他与此传说相关的地理确认的一个例子，无须对此过于重视。至于地名的相似性，从中国远古开始就频繁出现，不足以以此来下结论：一东一西两个秦的存在，只有在这两个领地属于同一部族时才开始有些意义；以两个封地燕为例，北边的燕国属于姬姓，后稷的后裔，另一个燕国在南边，属于黄帝的后裔姞姓，这说明封地的名称相同并不必然代表该封地的部族相同。在有史记载的时期研究某一部族的领地划分是唯一的方法，虽有不便之处，但至少是基于准确的事实之上；其他的方法必然是太随意的。

参阅马伯乐《书经中的神话传说》，81—84。

71 这个妘姓封地董国（《国语》卷 14，15a）不同于己姓封地董国（《国语》卷 16，3b）。

72 我们对这一段殖民历史知之甚少，周朝的礼颂诗歌至少让我们了解了公元前 8 世纪及公元前 7 世纪中国人（对这一历史）的看法，我在这里引述了几段。这些诗歌的价值仅是作为宗教颂歌的价值，且创作的时间离历史事件发生的时间甚远，这些诗歌自然不能被当作历史文献。

73 这首诗第一节最后一句为："爰方启行"（"他开始出发"），理雅各将这句理解为公刘迁移而整节诗讲述的是迁徙移民之旅。事实上这里讲述的只是公刘在豳州定居，并在此开垦适合的土地以便居住。

74 《诗经》，437 [顾氏，第 326 页]（大雅，上，文王，3，绵颂）："古公亶父，陶复陶穴，未有家室。"（古公亶父，凿土穴建窑洞，那时未有居室。）

75 《诗经》，438 [顾氏，第 327 页]。

76 《史记》卷 3 及卷 4，沙畹，第一部，201—205，215—222。

第三章

周王朝（公元前 9 世纪—公元前 8 世纪）

在祖庙进行祭祖仪式的大型舞蹈以一种特别的方式诠释周的胜利，这是传统所能给予的确认——周朝的胜利已经是确定无疑的了。殷王朝被肢解，整个北方从王国分离出来，由武王赠予他的两个弟弟：殷朝的都城以及东、南两侧以黄河为界的地区连同六个封臣被分封给康叔封，形成卫国；再向东，黄河以东及泰山脚下的区域连同另外七个殷朝的封臣被赐予周公旦，这便是鲁国的封地，在其他姬姓诸侯国之间，因姬姓在该地区长期占据着黄河、泰山与大海之间的区域。殷王的后代们只能守着旧王朝南部的领地，那里历史上是他们家族的发源地，也是他们第一个封地和第一个都城的所在地：那里成为宋国。主角的身份已经彻底远离了他们。

对于周朝战胜殷朝之初的几位帝王我们知之甚少，甚至没有与他们相关的传说，他们留给我们的只有名字和封号，别无更多：武王之后是成王，之后是康王。关于成王，我们还能找到一些他年少时的记载：57–58 当时鲁国王侯的祖先周公旦摄政，鲁国向周公表示敬意的宗教仪式产生出一系列与之相关的传说，随后便是完全的静寂[78]。似乎直到昭王和他的儿子穆王时历史才又重拾了一些实在的内容；但不幸的是，在周朝行将结束之际以穆王为主角的小说体文学将历史变得面目全非[79]。昭王和穆王都是伟大的胜利者，他们将周朝的疆域扩展至远在四个角落的野蛮部落。昭王在一次远征时丧生，溺毙于汉水[80]。继位的穆王并不是昭王真正的儿子：王后与先帝尧帝的儿子，也是她祖先的丹朱的灵魂私通而诞下穆王[81]。穆王的统治在四处出游和征战中度过，他乘坐的战车由神马驾驭，一日可行千里[82]；他的好奇心将他带到黄河的源头，河神的后代亲自为他做向导，他在那里拜访了黄帝的宫殿；他还去到更远的地方，直到太阳西沉的山脉，在靠近那里的地方他拜访了掌管瘟疫的女神，居住在西天并统治着那里的西王母。人们讲述着这些神奇旅途中的种种细节：在前去征战越国时，因没有船只 58–59 渡过长江，穆王将乌龟排列起来形成一座桥供他的队伍经过[83]；另有一次在涉猎途中，穆王见到了美丽的盛姬，便娶她为妻，不过没过多久盛姬就去世了，深受爱妻之苦的穆王为她举行了隆重的葬礼[84]。更有甚者，一位巫师将穆王带到天上天帝的宫殿，穆王在那里生活了很久，但当他回到人间后，他惊讶地发现这次旅程以及他在天上度过的时间只不过是一眨眼的工夫[85]。最后，穆王在统治了长达百年之后去世。

想要把小说家的想象与传说的原始基础区分开几乎是不可能的。唯一看起来能确定的事实是在两个帝王统治下的这个世纪的重要性以及对这段历史所做的总结。在战胜殷朝及攻克了东部大平原之后，周王们进行了大约半个世纪的重整，在接近（公元前）10 世纪末或（公元前）9 世纪初时，周王从重整中出发，并几乎立即就以武力向周边的野蛮部落宣示权威，这大概是他们第一次深入到长江盆地，制服了汉水岸边及湖北低地的部落。与此同时，他们尽力组织他们所创立的帝国：人们将司法制度的改革归功于穆王，特别是据说由他引入的赎刑机制。穆王的名字因此成为这个第一大帝国的象征，而他的继任者共王、懿王、孝王、夷王和厉王[86]都只是徒留其名。厉王在（公元前）842 年被朝廷中的一股势力驱逐出都城，逃避到他的内弟、诸侯蹶位于彘之地，此地在汾水岸边，山西西南部；厉王的权威只能保存在汾水流域这一小片地方，于是人们送他一个别号“汾王”[87]。出于对王权的敬畏 59–60，颠覆厉王的人既不敢取而代之也不能在厉王仍在世时安排一个继任者，因世上只能有一个帝王；但召公和周公统治了政权 15 年（前 842 年—前 828 年），直到厉王死后他们才将厉王的长子扶上王位[88]：这便是周宣王（前 827 年—前 782 年）。

中国历史真正有史记载的时期是从周宣王开始，他是第一位给我们留下了一些真实历史文献的人。这些以诗句写成的文字讲述了他的数次远征，这些颂歌大概是在祖庙向祖先报告胜利时所咏唱的[89]。

上一个世纪由昭王和穆王建立起来的王国看起来并没能够持续，至少是比以前削弱了很多。宣王在位的任务就是要重建帝国，一方面要让那些终日试图获取完全独立的封臣们保持顺从，另一方面通过远征降服那些围绕着中原各处的野蛮部落。60–62 当务之急看起来是要惩治玁狁，他们应属胡人，居住在黄河两岸，龙门上游，处于陕西和山西境内；他们利用厉王统治末期的混乱入侵劫掠中原。（公元前）822 年，趁帝王不在都城之时玁狁竟肆无忌惮地掠夺首都镐（近西安府）；军队随即急速出发驱赶玁狁，将他们赶至大原（具体所在地点不详）并彻底击败。“纷乱的第六个月！战车连同四匹肥壮的马儿已经准备就绪，人们将平日的装备放上战车。玁狁嚣张前来进犯，我们需急行应战。周王号令出发征讨，解救国都。……四匹马儿高大雄壮，头大气昂！我们战胜了玁狁，建立了伟大的功勋。……当玁狁占据了焦和获，夺取了镐和方，直至泾水以北时，他们打错了算盘。我们的大旗镶着飞鸟，白色的飘带随风飘扬，十辆战车率先出发。我们的战车很平稳，前后高度都一致，四匹马儿身强体壮，训练精良。我们战胜了玁狁，直至大原，能文能武的（尹）吉甫，是万国效法的好榜样！”（“六月栖栖，戎车既饬。四牡骙骙，载是常服。玁狁孔炽，我是用急。王于出征，以匡王国。……四牡修广，其大有颙。薄伐猃狁，以奏肤公。……猃狁匪茹，整居焦获。侵镐及方，至于泾阳。织文鸟章，白旆央央。元戎十乘，以先启行。戎车既安，如轾如轩。四牡既佶，既佶且闲。薄伐猃狁，至于大原。文武吉甫，万邦为宪。”）

最紧迫的危险由此被解除了，周王能够出入自由，很快，处于汉水和长江交汇处的富庶的湖北盆地吸引住了他。那里是野蛮部落居住的荆国，昭王和穆王在位时曾一度被降服，但长期以来仍威胁着王权。针对他们的远征开始了："放肆的蛮人荆国，竟与大国为敌！方叔虽年事已高，但他的计划非常周全。方叔率军出征，（将首领）捉来审讯将敌人关入监狱。战车数量众多，装备精良，隆隆车声如雷鸣。精明而忠诚的方叔，远征战胜了猃狁，（现在）荆国的蛮人也被征服。"（"蠢尔蛮荆，大邦为雠。方叔元老，克壮其犹。方叔率止，执讯获丑。戎车啴*啴，啴啴焞**焞，如霆如雷。显允方叔，征伐猃狁，蛮荆 62-63 来威。"）成功战胜荆国之后，（周王）仍需对付东南边的野蛮部落徐部，他们居住在淮河岸边，在今安徽、山东和江苏的交汇处。这一次，所有王室的军力，六师军队被结集起来，周王亲自带队出征（公元前821年）。

"显赫英明的周王，向他的卿士下达命令，南仲是这位卿

* 啴，音 tān。

** 焞，音 tūn。

士的祖先，太师皇父也听命：整顿我的六师军队，准备我的武器装备，服从且谨慎，前去撼动这个南方之国。周王对尹氏说：我命程国伯爵休父，将军队左右排列整齐，将号令发布给全体士兵，并带领士兵到淮河岸边。他巡视这片土地，不停留不驻扎，以便三件事都能成功。显赫雄壮，周王是天之骄子！周王冷静地进军，军队既不抱团集结也不折线行军。徐地未经攻打已被撼动，它因恐惧而颤抖，如同面对惊雷霹雳，整个徐国因恐惧而颤抖！周王展示出他如武士般的英勇，如同一记愤怒的响雷；他令如虎的侍卫向前挺进，凶猛之势就像发怒的老虎；周王在淮河部署他的军队，就这样抓获了大量俘虏。当帝王的军队到达这里，这个淮河岸边的国家从此被好好地守护着。”（“赫赫明明。王命卿士，南仲大祖，大师皇父。整我六师，以修我戎。既敬既戒，惠此南国。王谓尹氏，命程伯休父，左右陈行。戒我师旅。率彼淮浦，省此徐土。不留不处，三事就绪。赫赫业业，有严天子。王舒保作，匪绍匪游。徐方绎骚，震惊徐方。如雷如霆，徐方震惊。王奋厥武，如震如怒。进厥虎臣，阚如虓虎。铺敦淮溃*，仍执丑虏。截彼淮浦，王师之所。”）[90]

我们对于这段时期的历史了解得非常有限，因此无法知道周宣王的这些远征是否显示出帝国开始走向衰退，而那些封臣们借机试图重获独立；抑或，相反，这些远征标志着宣王力量的顶

* 溃，音 fén。

峰。但出征的次数过多定会使国力削弱：当时中原的邻国并不富有，即使成功的远征也无法从邻国得到足够的回报来弥补因远征而损失的人力和精力。此外并非所有的战斗都有胜利的结局：（公元前）789年西部的野蛮部落 63-64 在千亩击溃了（周王的）军队[91]。不过并不是来自外部的打击结束了周朝的权力。（公元前）781年，幽王继承了宣王的王位，他似乎是那些国君中不起眼的一个，经常过于盲从东部政权的一些大诸侯国；而如果我们相信历史所言，朝廷和后宫的阴谋占据了幽王的整个统治。这其中之一对他来说是致命的。曾从宣王那里接受了无数荣耀的申侯将自己的女儿嫁给幽王，而他本人则成了幽王的卿士。但朝廷的一次斗争推翻了申侯，他被迫让位给幽王的新宠，同时他的女儿也被幽王废黜。于是申侯与其他不满幽王的诸侯以及野蛮部落结成联盟：他们冲入国都镐杀死了幽王（771年），将被他们保护的太子宜臼扶上王位，把他安置在东都洛邑，近今河南府；与此同时另一个诸侯（西）虢公选了幽王的另一个儿子在惠（近西安府）称王，因当时被损毁的镐已无法居住。

从这个时期开始，王权的衰落已无可挽回。由于史料少得可怜，传说很自然地又占据了史料应有的位置。据称，自夏朝以来，王宫里有一个装满龙的唾液的锦囊，从未被人打开过。在厉王统治末年，有人打开锦囊张望，黏液流淌到宫殿，无法清除；厉王叫来他的妻妾一起裸体冲着唾液大喊，唾液变成了一条黑色的蜥蜴，就这样进入了后宫。后宫一个正值换乳牙年龄的小女孩碰到了这条蜥蜴；当这个女孩到了成年的年纪，虽没有丈夫却怀孕了，生下孩子后出于害怕，她丢弃了自己的婴儿。女婴被游走到此地的商人抱走，在褒国抚养大；之后她被送给幽王，幽王对她非常宠爱。64–65 褒姒不爱笑，幽王想了千种办法想博她一笑但都没有成功。幽王设置了日间可点火的烽火台，还安放了大鼓（以便预警敌人的到来）。厉王假扮有敌人前来，点起烽火，诸侯们都跑来（营救），但当他们到来之后才知道并没有敌人。褒姒于是开怀大笑。幽王大喜，便经常重复这种把戏，以至于诸侯们都不再理睬。当申侯与野蛮部落结盟前来围攻国都，幽王徒然地点起烽火却没有援兵，幽王被杀[92]。

77 《左传》，理雅各，754。

78 《书经》中的几篇据称是源自（周朝）朝廷的文件，但实际上它们是在之后的时期写成的。见正文第四部，第一章。

79 其中一部写作于公元前 5 世纪或公元前 4 世纪的小说《穆天子传》被部分保留下来。见正文下标 581 处。

80 《史记》卷 4，沙畹，I，250；《竹书纪年》，理雅各，149—151。

81 《国语》（《周语》），卷 1，第 12 章，14a。王后是房后，房氏诸侯是丹朱的后裔，丹朱被流放时的封地为房邑。

82 整个《穆天子传》讲述的都是这些游历；也可参阅《竹书纪年》对《穆天子传》这部小说的概述，理雅各，150；较难确定《左传》465（写成时）是否已经知道《穆天子传》的内容，还是只是单纯地引用了与此书出处相同的传说——《国语》卷 1，1a（《周语》）。

83 《竹书纪年》，见上述引文。

84 《穆天子传》卷6。

85 《列子》卷3，理雅各，105。

86 我通过不同的声调标志来区分不同的汉字：Yi，Yî。

87 《诗经》，549。［顾氏，176］。

88 根据《竹书纪年》154（参阅《庄子》，卷28；《鲁连子》，洪颐煊所编，《经典集林》，卷21，2a），共国伯爵和摄政；根据《史记》卷4，沙畹，I，275，周公和召公共同执政。有关中国学者对于上述分歧的讨论，见沙畹《历史的记忆》（*Mémoires historiques*），I，引言，CLXXXVI—CXCVI。中国历史学家将这一时期称为“共和”，从这一时期开始，各个不同纪年体系都大体一致，但这并不代表这些纪年都是正确的。关于鲁仲连子，参阅《史记》卷83，1a—2a。此书中的一些章节被洪颐煊收集。我们可以看到有关（公元前）284年燕国攻克齐国的记载（4b）；（公元前）279年田单复兴齐国的记载（4b）；仲连子与孟尝君的会面，孟尝君在（公元前）299年至（公元前）284年间是齐国的大臣（4a）；以及（仲连子）与赵国平原君在（公元前）259年邯郸被秦围困之后的会晤——平原君在（公元前）265年至（公元前）252年间是赵国的大臣。

89 这些作品中并没有特定的文字将它们必然地归于宣王，但周朝末期的历史记载在这一点上是一致的，如我们在《竹书纪年》《左传》《诗经》的前言等中所看到的。宣王之后也没有哪个周王进行了类似的远征而可以将这些诗篇与他们联系起来，因此没有理由（不将它们归于宣王）。

90 《诗经》，理雅各，第281页［顾氏，第200页］，287页［顾氏，第206页］及555页［顾氏，第410页］。

91 这个地名的意思是“一千亩土地”，同时这也是周王祭农的圣地。有传说解释由于宣王多年没有举行祭农的仪式，上天不满，于是就在宣王犯错的地方（或同名的地点）让宣王承受这次失败（《史记》卷 4，沙畹，I，276）。

92 《史记》卷 4，沙畹，I，284；《国语》，卷 16，7a—b。

第四章

西周的朝廷和行政制度

1. 朝廷

（公元前）9 世纪与（公元前）8 世纪交替之际，即宣王和幽王在位的时期是周朝最强盛的时期，但即使在这个时期也不应该将周王的朝廷想象成后世非常乐意描写的充满精致文化、哲学及等级礼制的地方。相反，古代的文献向我们展示的仍是半原始的朝廷。

这里混合着外表的华美和带着原始性质的奢华。在每年例行的大型宗教仪式之外，周王还会以豪华的排场接见诸侯[93]：周王坐在一个大型的高台上，面向南方，双手扶着装饰着玉器的座椅，在他后面是黑白的帷帐；他左侧是将在仪式中协助他的大臣，他右侧是大史；被接见的人进入后先跪拜，起身之后不得上前，站在殿的中间，周王讲话之后，大臣负责重复周王所讲并向觐见的人传达命令和指示，史官负责当场将这些命令和指示记录下来。接旨后，觐见的人以前额触地跪拜并退着走出大殿。在非常隆重的场合，如帝王的葬礼[94]，人们会将朝廷所有的珍宝展示 67–68 出来：朝廷里所有带着原始韵味的豪华品都会被陈列出来，如五种稀有的宝石，红色的沙土，大玺，象征皇族威严的一端尖头的权杖，占卜用的大块龟甲，八脚的大鼓，以及著名的兵器，兑之戈，和之弓，……

周王及朝廷主要的消遣是打猎，人们点燃草丛将猛兽如野牛、老虎、野猪、狼等[95]驱赶出来供等待的人们射杀或在战车上追踪它们。猎物随季节而不同但随时都有（可供打猎的）猎物；狩猎同时也是一项正规事务：某一时期野兽迅速大量繁殖会造成公共灾祸，打猎便成为王室的一项任务。在此期间，周王和贵族们会射箭取乐，将宗教仪式变成娱乐的项目，依照礼仪或既定的程序，周王与他的宠臣们会根据音乐的节拍射箭[96]。所有的节日及重大仪式都以盛宴和纵酒结束，其间周王和整个朝廷中人暴饮暴食，沉醉在黍酒之中。“厌厌夜饮，不醉无归”——人们如此形容王室的节日[97]；在活动的尾声，宾客们为了表达谢意会这样回答（主人）：“既醉以酒。”[98]同样，在祭祖仪式之后，宾客们“莫怨具庆，既醉既饱”[99]。然而这种醉酒的场面是混乱、嘈杂的，令人失去克制力：“当宾客们喝醉了，他们便大喊大叫！他们搞乱我们的菜肴和杯盏，他们步履蹒跚地开始跳舞。唉！当他们喝醉了，他们意识不到自己的错误。歪斜的帽子马上就要掉下来，他们跳舞跳到筋疲力尽。当你喝醉了，就离开吧，这对大家都好。喝醉了却不离去，就是所谓的毁掉才德。喝酒是件好事，也令人喜欢，但只有人们能保持仪态时才如此。所有饮酒的场合，有人喝醉，有人清醒。于是设立一个监督者，并由一个史官协助：这些举止不检点的醉汉，令没有醉酒的人感到羞耻。”（“宾既醉止，载号载呶，乱我笾[*]豆，屡舞僛[**]僛。是曰既醉，不知其邮。68–69 侧弁之俄，屡舞傞傞。既醉而出，并受其福。醉而不出，是谓伐德。饮酒孔嘉，维其令仪。凡此饮酒，或醉或否。既立之监，或佐之史。彼醉不臧，不醉反耻。”）[100] 醉酒和醉汉的舞蹈往往成了所有节日庆典的结局：“醉言舞，于胥乐兮。”[101] 有些礼仪式的舞蹈伴随或紧随着王室的宴会，这些舞蹈本是年轻人所接受的教育的一部分，（因此大家都会跳），于是当人们喝醉之后，宾客们就与舞者混在一起，蹒跚地加入舞蹈中去。比较拘谨的礼仪式舞蹈常常会被其他完全不同风格的舞蹈所取代：这时人们就会以驱赶不祥之物为借口，请巫师在宫殿中跳舞唱歌[102]。这些（巫师所跳的）舞蹈往往比较剧烈，脚步和动作的变化都很

* 笾，音 biān。

** 僛，音 qī。

快，跳舞的女子没过多久就筋疲力尽，需要不停地轮换，她们在舞蹈的间隙喝酒高歌，直至所有人，包括宾客和巫师全都醉了，宴会才在狂欢中结束。在酒池中狂欢的传说是讲述夏朝的暴君桀的，他在一个装满酒的池塘中划着小艇，而三千年轻男女裸身在池塘中一边喝酒，一边吃着岸边成堆的肉——这个在大众中流传的故事只不过是将宫廷普通庆典放大而已。

从帝王到他的妻妾$_{69-71}$、朝臣，所有人都在各种阴谋诡计之中互相争斗；这些过火的，以酒醉收场的庆典能够暂时地，但却是有效地，让人们忘记生活中无休止的恐惧。厉王找了一个卫国的巫师为他服务，这个巫师能够运用超自然的方法找出对厉王不敬的诸侯，这些诸侯会当场被处死[103]。行刑的手法是非常残忍的：齐哀公被控说了夷王的坏话，被放到三足鼎中烹杀（公元前817年）[104]。这样的严惩也没能阻止反对势力的成长，厉王就在（公元前）842年被朝廷的一个党派赶出了都城，不得不逃到了彘。

尽管这些习俗还带着很浓重的原始印记，但这确实是中华文明的开端。在西周最后几位帝王统治时期出现了早期的诗歌和散文形式的文学尝试，这些尝试初时还比较胆怯，而且紧紧围绕着崇拜仪式，但它逐步地开放起来，到宣王和幽王时期，这些宫廷诗歌发展成丰富多彩的形式与内容大众化的诗词，同时还有充满哲学倾向的散文文学，后者在东周时期有了长足的发展。

2. 中央政权

帝国的扩张必然会引发行政制度的全面重整。周初的几位帝王似乎满足于沿用前朝的制度；他们的继任者可能对前朝制度做了些改进，但看起来并没有原则性的改变。人们将司法制度的改革归功于穆王；穆王的继任者以及宣王似乎还引入了其他变革，但我们无法对其所涉及的范围有更多的了解：唯一我们所知的是史官为了简化当时已经颇为繁多的官方书信往来，在接近（公元前）8 世纪时采用了一种比较潦草，也没有那么 71-72 复杂的书写方式，这种字体被称为篆书。在西周末期，即宣王和幽王在位的时期，周王室的行政制度似乎已有了完美的发展[105]。

为了统治整个朝政，周王身边有一位国相，即“卿士”[106]，其职务和称呼承袭自殷朝，总体来说，卿士可以在任何方面替代周王。如果一位帝王执政有力，这位卿士也可享有重大的权力；但如果帝王非常弱势或懒于亲自处理政务，则由卿士处理一切，如同郑公为平王所为，不过卿士的职权也被激烈地争辩过。这个职位在几个家族中近乎成为世袭的职位。（公元前）9 世纪及（公元前）8 世纪，四个虢公被授予此位，到了（公元前）7 世纪，四个周公接替了他们。（公元前）655 年，晋国攻占了虢国的领地，虢公彻底不复存在；（公元前）580 年，最后一个周公逃到晋国，周公的使命也因此结束。在（公元前）6 世纪和（公元前）5 世纪，卿士的职位 72-73 由单公与刘公共同分担，单公是成王的后裔，而第一位刘公是顷王（前618年—前613年）的儿子。到了（公元前）5世纪末重又出现了周公，且非常强势，直至周朝结束；不过这次的周公是一个新的家族，源自考王（前440年—前424年）的弟弟，考王因分封了这个兄弟已没有什么基业传给后代了[107]。

在卿士之下，行政管辖被划分为名符其实的内阁部门。首先有三位大臣负责帝国的总体事务，包括农业、军事及公共工程[108]。这是第一级的大臣，统称为“三老”；或“三有事”“三事”；或“三事大夫”，大概也可称为“三吏”[109]；按照他们通常的排序，亦即这些职位的居先权，这三个大臣分别是：司徒、司马和司空[110]。

73–74 司徒，或被称为“农父”，意即管理农业的统领，负责“若保”，即保护百姓[111]。他在日常生活中负责指引平民阶层的农民；他用当地复杂的行政制度看管百姓，而这些行政制度完全由他决定；有着严格规章的农田劳作也由他来管理，他的手下负责分配耕种、播种、收获及打谷等事宜；他组织并指挥徭役，有时甚至要亲自出马，分派工作[112]；他跟随农民去市集，市集的一切包括治安、售价、商贩的位置等都由他决定；等等。他对平民生活的操控还不止于此：农民日常生活中的事项如婚礼、节庆、集会等都由他管理；就连农民的诉讼，除非情节非常严重，也在他的权限之内，这些诉讼由他的手下在当地判决[113]。

司马，也被称作“圻父”[114]，意即王畿（军队）的统领，负责“薄违”，即镇压反抗。他全权负责王畿地区农民所有与军事相关的事务，如同司徒负责所有民事事务。他招募并训练招募来的（农民），为了军事命令或打猎活动分配招募来的士兵并检阅军队；他是士兵们在战场上、演习中及训练中的评判员；他负责指挥四季的大型狩猎活动；战争时期他指挥军队出征。他是全军的统帅[115]，既统领贵族的武士$_{74–75}$也统领平民的士兵；正因为如此，胜利返回国都时是他走在队伍的最前面，左执律，右秉钺，在胜利的歌声中凯旋，是他将俘虏供奉给土地神及祖先；而在失败时，也是他负责吊唁慰问（死伤的士兵）[116]。他的角色还延伸到所有与军事有关的事务，如兵器和军火、战车、马匹和种马等，这些都是他在和平时期需要负责的事务。

司空，或被称为“宏父”，意即大型（工程）的统领，负责“定辟”，即营建界标[117]。与前者不同，他负责的对象不是人，而是土地：农民本身并不受他管辖，但农田、堤坝、运河、道路、荒芜的土地、河流以及山脉，这一切都要依赖于他。他监管和维护河流的大坝；准备运河的挖掘并防止沙石淤积[118]；此外，他的手下以同样的方式负责田间沟壑的挖掘，并为定期分配土地而对土地进行丈量。除此之外，那些工匠、建筑者、雕塑者、铸工、兵器制造者、木匠、细木工匠、绣者等也听命于司空[119]。

第一级的这三个大臣之下是三位级别稍低、职务的重要性略轻的三个大臣[120]。其中的两位负责帝王的私人事务，第三位负责刑事司法。

总管，“宰”，或称“冢宰”，抑或称“太宰”[121]，负责

76–77 帝王的所有私人事务：他负责照料宫廷的供给，包括食品、饮品、布料和服饰、家具、餐具以及各种用具；他是屠夫、厨师、腌制食品的师傅、裁缝、鞋匠、皮匠、染工、仓库管理员及司库等的统领；他掌管宫廷的总务并指挥宦官和奴仆。这些宫廷总管的职责加之王室财政主管的角色应将其置于（朝廷官员的）第一级：大约在（公元前）7 世纪上半叶时冢宰的确成为国相，周朝末期的仪礼也将这个职位归于冢宰；不过这个变化只是王室特有的，在诸侯国中，他仍然只是私人领地的主管及财务大臣[122]。

宗庙事务之长"大宗"，或称"宗伯"，负责所有与王室祭拜相关的事务，特别是对祖先的祭祀。宫廷中所有的祭司、各种祷告者、占卜者、释梦者、巫师、医师、兽医等都听命于宗伯。在周朝末期，所有史官也成为宗伯的下属，在此之前他们应是独立于这位要人的[123]。

刑狱事务的统领，"司寇"，负责细心处理所有呈交给他的公共事务并对百姓（根据所犯罪行）采取 77–78 刑罚，以教育他们需崇尚道德。刑罚是人们所称的五刑：死刑、宫（即阉割）刑（对于女子则为拘禁在内宫）、剕*刑（即砍去双脚）、劓刑（即割去鼻子）及墨刑（即在面部涂上黑色的印记）。这些刑罚可以用金钱买赎，墨刑需 100 铜，劓刑为双倍（200 铜），剕刑所需的要多于劓刑的双倍（大约 500 铜），宫刑需 600 铜，死

---

* 剕，音 fèi。

刑则需 1000 铜。法典“刑书”详细规定了各种罪行和相应的刑罚，后代使其更加细化及更加严谨：西周时期，穆王的法典列出了 3000 种罪行，（其中）200 种需处以死刑，300 种处以宫刑，500 种处以剕刑，1000 种处以最轻微的两种刑罚；而周朝末期的法典列举了 2500 种罪行，每种刑罚适用于 500 种罪行[124]。此外，对于因失误或意外而产生的罪行可考虑减轻量刑的情节，而对于蓄意犯罪则需加重量刑，刑罚由此相应地减少或增加[125]。司寇本人只亲自审判有可能处以死刑的案件，其他案件由他的手下，地方司法官员审理。行刑者、狱卒等也由司寇负责。

所有这些朝廷的部门中有着大量低层的官员，包括各级衙门的官吏以及史官、工匠等；虽然直到后期的礼仪记载中才看到如此庞大的人员构成，但（公元前）9 世纪末期的行政组织应该已经相当复杂了，这个时期有很多书面文书以至于历史上进行了一次字体的简化。前述的六个部门将帝国具体的行政管辖集中起来，也是通过这些部门所有的事务都来到朝中，但这并不代表帝王身边的亲信只有卿士、三事，以及太宰[78–79]、宗伯和司寇这七个人。帝王有个类似谋士团的团体，可由这七人中的人担任，也可从外部挑选，帝王给予这些人的职称将他们置于所有等级之上且没有给他们分配明确的职能：这些人被称为“太保”、“太师”和“太傅”，统称为“三公”，这个称谓似乎可以上溯到远古时期，那时当帝王因其职责禁忌不得离开宫中时，是三公教导帝王应注意的忌讳，在充满危险的宗教事务中引导帝王并在帝王完成其神圣使命的过程中监督他们。周朝时，三公是朝廷最高的官员，历史上在武王和成王接连执政的时期，太保为召公，太师为吕尚。此外朝廷中还有些职位，职位本身可能并不算重要，但它的价值在于能够将帝王身边的人联系起来：如负责膳食的“膳夫”，他与侍卫的首领“师氏”一起成为幽王的宠臣之一[126]，管理财政的“泉府”，负责服饰的“缀衣”，以及“太史”，太史带领一众史官记录并保存帝王的号令、宗教的礼仪及法律。这些职位通常是世袭的，而这些官员被叫作“大夫”。所有这些人物在之后的《周礼》中都有记载，他们听命于六个大臣中的一个，但不确定（这种上下级关系）是否从开始的时候已经如此。

事实上这种组织结构是随着时间而变化的，当它在（公元前）4 世纪前后被记录下来时，六个部门似乎已经变成平级的，而六位大臣被统称为“六卿”；古老而令人尊敬的卿士之职已被太宰取代——太宰作为司库总管的重要地位使他在（公元前）7 世纪前后取代了卿士的位置；由此周王 79-80 有六个大臣，相对应的，诸侯有三个大臣，如同王有六师，诸侯有三师，抑或王的冠冕有 12 旒*而诸侯的为 9 旒。但就在行政制度规范的同时，随着王权的逐步消失，它的有效性也逐渐降低；这种实质的缺失给予行政制度一种平衡，虽然较活跃及较强势的机构难以接受，但却与它越来越神秘的角色相匹配。事实上，随着实际的职权越来越少，

* 旒，音 liú。

行政制度的作用最终只是通过它的存在来维持天、地、人的和谐。

当王权仍真实存在而不只是一个象征时，且周王的疆域范围非常广泛之时，这样的行政制度有双重职责：一方面，它需治理与整个帝国相关的事务，如诸侯的觐见，各地按时的进贡，讨伐野蛮部落或反叛者的军事远征，诸侯间的争端，等等；另一方面，它需管制周王自己的领地，即帝国中央周王留给自己的王畿地区。这两项职责是完全不同的，但中国古老的行政制度将这两者交予同样的人来执行可不是个小错误。这样不可避免地会产生混淆，即使周王为自己留了领地，其目的并不是要放弃对自己领地之外地区的权威；即便是对于遥远地区的封侯，周王仍拥有完整的王权，诸侯们不应该有将他们的附属品归顺于另一个特别行政制度的想法[127]。

3. 王畿的行政制度

80–82 周王的领地包括渭水河谷原王室家族的领地，旧日领地的都城镐（近今西安府）也在此——周王在（周朝）初期的几个世纪仍在此地居住，以及洛水河谷及黄河中游的领域，包括新都城洛邑所在地——洛邑据称是周公在战胜（殷朝）后即开始建造的，周王于（公元前）8 世纪迁都于此（近今河南府）。不过王畿的范围在东周时期不断缩小：（公元前）771 年的大灾难之后，周王就再没有回到过渭水河谷，并在（公元前）687 年到（公元前）640 年间彻底失去此地；（公元前）635 年周王将黄河以北的土地让与晋国；在几个世纪中不断瓦解的小王国在（公元前）3 世纪中期秦国将其吞并时只剩下七十二个村庄。

（帝国的）总体架构是相当简单的。每个都城及其近郊都是由周王直接管辖的特殊区域；围绕着都城的较广阔的地区为疆内，理论上这里没有任何分封给诸侯的封地；帝国其余的地区为疆外，分封给王侯和高官。内外两个区域的行政制度是完全一样的，只是所划分的区域名称不同，对于每个区域的官员来说，疆内的官员会比疆外的官员高一个等级。疆内以“乡”划分区域而疆外以“遂”来划分，每个乡、遂的首长被称为“大夫”；乡、遂再被划分为“州”和 82–83 “县”，其长官（州长、县正）听命于大夫；再向下一级的“党正”及“鄙师”根据区域的不同分别统管“族师”或“酂*长”；之后，每个族或酂又被划分为四个村落“闾”或“里”，每个闾或里均由 25 个家庭组成，由“闾胥”或“里宰”负责。这些行政人员自然都是贵族出身，最高级别的为“大夫”，较低级别的为普通的贵族“士”；这些官员应该是由帝王从当地的贵族中选出的——特别是级别较低的官员更是如此，他们管治所划分的区域，定期进贡，主持射箭仪式，负责分配农民的土地，管理耕种，处理民事诉讼，监督平民的婚礼，指导税收，登记地籍和户籍，特别是在三年一次的大普查过程中，

* 酂，音 zàn。

等等。每年年初，乡和遂的行政长官都会去神圣的宫殿“明堂”看帝王张贴的新的法律，再回到各自的区域（将这些新法律）张贴出来；对于每个月向他们公布的规章也会做类似处理：他们的下属从他们那里了解新的规章，然后张贴在各自的区域；此外，为了让不识字的人也能了解法律和规章，这些官员会在春秋祭拜土地神时将法律规章宣读出来。每年年末，所有的官员都要将他们的治理情况报告给他们的上级；除此之外巡视员“司谏”会前去各个区域巡回并将他们的报告交给行政长官。

各个级别的官员均需在农业、林泽开发、司法和谐等方面协助长官。“媒氏”负责平民的婚姻；“仓人”看管放置了纳税所用的谷物的仓库；“闾师”，秋天征收粮食作为赋税和罚金，春天负责向贫困的人借贷；“廪人”为祭祀、来访者、出征的官员以及经过的军队等安排拨款、83-84准备粮食；“均人”，依据土地的价值及收成的情况，每隔三年制定一次纳税的份额；“委人”以取暖和建筑的木材收取山林税；“司市”负责市集的治安及税收；市集的税收同时也由负责财政的“泉府”负责，泉府在商人面前所扮演的角色与闾师在农民面前的角色一样：一方面征收税赋，另一方面准许短期的借贷[128]。不过区域长官最大的任务还是安排农业生产：他们在司徒的领导下决定种植什么样的作物，下令播种及收获，确保所有农民都参与劳作，对懒惰者施加罚金；夏天，他们打开所有村庄和房屋的大门，取消过路费和其他税费；冬天则正好相反，所有村庄和房屋都关闭起来，他们要确保农民不会离开自己的房屋及村庄；他们划分土地，修整堤坝及运河；他们负责人口和地籍的普查，进行统计工作；除此之外，如遇到为了战争或狩猎需要征兵的情况，他们将执行司马的指示（征兵）。

除了民事职务，长官们还要处理司法事务。司法判决[129]是依据罪行的严重程度由两种法官审理：不会被判处牢狱之刑的罪行及轻罪归民事行政处理，由司徒在地方的下属进行审理；需判处牢狱刑期或更重刑罚的罪行归司寇及其下属负责处理。“司救”在各区巡回，[84-86]审理农民的轻罪，如对年长者的不敬、凌辱、争吵及醉酒等，对于这些错误行为最普遍的刑罚是棒打；但如果再犯，犯事者会被视作屡教不改，将会被刑事司法机构提起诉讼并被处以更严厉的刑罚。未经事先预谋的案件属于“调人”负责处理的范围，调人也是巡回办案的：在需要和解的情况下，他们的任务是达成令受害人及其家庭与犯事者都能接受的让步；如果受害人被家畜如马、牛、狗等伤害或杀死，家畜的主人则被视为有罪。正当防卫的案件也属他们的职权范围。此外还有族间仇杀的案件：对于贵族来说，为自己或协助族人复仇是他们的职责[130]，这时调人需要做的是尝试让受害者的族人接受和解方案，以避免新的杀戮及停止复仇。处理好一桩案件后，调人会给犯事者一个上部削尖的小牌，保证他日后不会受到滋扰。

由司寇处理的刑事案件也会根据严重程度的不同而在不同的法庭审理。不会被处以死刑的案件直接由各区或各封地的司法官员审判。对于可能被判死刑的案件，（地方）司法官员只是预审，由司寇本人判决：司法官员将报告呈给刑事助理，“士师”，经士师审核后交给司寇，所有刑事案件都会对外开庭逐件审理，开庭时士师及各个区域的司法官员都到场，各自陈述各自区域的案件；庭上讨论结束后司寇宣布判决结果，士师将它全部记录下来随后将判决交给司寇的下属，“小司寇”，由其 86–87 归档；回到各自的区域后，在规定的日期地方司法官员对罪犯行刑，罪犯的尸体要在市集展示三日。周王只有在希望特赦犯人时才会亲自到庭：在这种情况下他会在相关案件开庭时参加庭审，当然他也经常让大臣代他出庭。地方的司法官员还要处理经行政长官审理过但再次犯案的犯人，对他们处以更重的刑罚：他们被投入监狱之前需坐在朝廷门外的“美石”上示众数日。

没有哪个案件是单纯民事的：原告和被告事实上所扮演的角色是指责他人的人和被指责的人，其中败诉的一方就会被处以刑罚；为了避免刑罚（或至少为了避免赎刑的罚金），双方经常不经诉讼而以盟誓立契来解决纠纷[131]。在无法达成协议时，一方需带同一束一百支箭和一块铜锭[132]前去提起诉讼；另一方应立即以相似的定金回应：如这一方不采取任何行动将被视为缺席而败诉。三日后司寇亲自召见双方，他审理双方的诉求并做出判决。如双方之前有合约或协议，原文被记录在一块红色的竹牌上 87–88 并保存于祖庙；合约的负责人，“司约”，杀鸡敬拜，将鸡血涂在合约存放处的门上，之后将门打开取出合约。如果一方的诉求与原始合约不符，他将被处以墨刑；如果经过调查仍无法决定哪一方有理，帝王将会让双方发誓并由神灵来惩罚发伪誓的一方。此外，过于贫穷无法负担铜锭的起诉人可以求助于“肺石”：他在肺石上站立三日之后士师会来听取他的诉求；朝廷的大门外还放置了大鼓“皋鼓”：它一被敲响，大仆就会前来迎接并知会帝王。

行政长官不只是民事及司法首长，他们也是军事首长，在战争时期，或只是在远征狩猎时期，他们听命于负责战争的大臣司马及负责行动的大将军。军事制度的组织结构实际上与民事制度相似[133]：每个家庭贡献一人，五个家庭贡献的人员组成五人的“伍”，由一个下级官员“公司马”指挥；每个村庄由 25 人组成一个排，称为“两”，由排长“两司马”指挥；每个族或鄰有一个 100 人的连队，称为“卒”，五个连队组成 500 人的“师”，五个师为 2500 人的“旅”，而五个旅就组成一个 12 500 人的军队，“军”。王畿地区划分为六个区域，每个区域都有一个军队，王室军队的总数为 75 000 人，分为六军。不过就算这个数字是合理的[134]，88–89 它反映的应该只是招募士兵的总数，而非真正军队的人数：为了狩猎或军事远征等，只会从这 75 000 应征的人中召集所需要的人员。原则上只有周王可以拥有六支军队，并特许最强大的诸侯国拥有三支军队，较弱小的诸侯国只能有两支或一支军队。

军队最基本的要素是战车，由三名贵族乘坐（车长、车夫及他的骑兵），由一个连队分成四排支援，前面一排，后面一排，另两排在两侧。每个军队由区域的首领带领，而卒长负责指挥连队，两司马执行他们的命令：卒长集合士兵并走在队伍的最前面；为了指挥队伍，他的身边有鼓和铎，敲鼓便是前进的号令，摇铎是后退的指令；他战车上的旗帜是将士兵召集起来的信号，当他在作战中撤退时会放倒旗帜；同样，每个两司马也有自己的旗帜用来召集他们的士兵。

出征作战的军队需设立营地：每天晚上将战车依次排列组成屏障，一驾车的车辕搭在另一驾车的车身，车辕相对的两驾车则将车辕抬起并连接在一起形成两道门，一南一北；人们搭建帐篷供奉土地神和祖先，土地神和祖先的牌位随军出征，每个牌位置于一个特别的战车中，其余的帐篷供将领使用，军队也要祭祀当地的土地神。

战斗并非始于第一次与敌人对峙时，如果没有举行相关的仪式战役也不能开始：占卜的结果必须支持（出战）。清晨，王侯或统帅召集他的军官，搭起帐篷，在祖先的牌位前用龟甲占卜；之后帐篷被拆除，王侯或统帅给出他们的命令：如果龟甲的回复是正面的，便准备出战，否则军队就在原地等待第二天（的占卜）或撤离此地寻找一个更适宜作战的地方。往往在此时对手会寻衅迫使开战；89-91 为此有些常规的举动：如一名战士驾着战车，打着大旗，直至敌人阵营前，他会对对方阵营造成轻微的破坏后返回；或者当他接近敌人阵营后，停下车，在车夫下车调整鞍辔时

（向对方阵营）射一支箭；再者他在敌人阵营门前停下战车，进入对方阵营，切下某人的耳朵或抓一个俘虏后返回[135]。军队遭到这样的挑衅后，几乎无法阻止它自发出击去追捕寻衅者，尽管占卜的结果并非如此但战役就这样开始了。当作战的指令下达后，回到各自队伍的军官们将部队排列成行，乘上他们的战车，各就各位；队伍布置就绪，军官们手握戈戟离开战车，只留车夫在车上，他们前去听将军的战前动员；动员训话结束后军官们回到他们的战车，他们还将再次下车进行祈祷；在这之后，大将军的鼓声便是战争的号角，随后每个将领的鼓声一级一级传下去[136]。（当时的战场上）看不到什么兵法或战术：军队向前直冲，直至两军相遇；随后两军交战至一方屈服或黑夜来临将他们分开；最简单的计谋是让一个先遣部队佯装跑去不同的方向以分散敌军来追踪并将敌军带至重兵重围中，如同城濮之战（公元前632年）中晋国的两个将军狐毛和栾枝所为，在混乱及缺乏协调的战役中这种计谋成功的几率很高[137]。事实上，坐在战车上的军官几乎无法与他们的士兵共进退：他们时而使用激将法，时而安抚下士兵，或加入到一对一的作战；在战车与步兵混作一团的战斗中，无论是 $_{91-92}$ 大将军还是军官都无法再指挥他们的下属，他们所能做的就是不停敲鼓，激励士兵前进[138]；最多在战斗开始前他们可以对士兵下达些指令，但这些指令都是很笼统的。直至周期行将结束的战国时期，秦王和赵王用骑兵取代了军队里战车的编制，部队的首领才得以有效地指挥他们的队伍，（新的编制）使得官兵共同前进成为可能，也由此产生了初期的战略战术。

（周朝）行政制度的弱点是它的财政制度。由于缺少一种实用的交换方式，税收只能通过实物，如谷物、布匹、建筑或取暖用的木材等来收取。货币并非不存在：从殷朝开始人们已经使用贝币[139]，并沿用到周朝，但它的用途并不广泛。在日常生活中，人们使用铜币“锾”[140]进行重要的交易，可以根据重量切割铜币，或度量布匹，或以物易物，以及用物品交换奴隶、马匹、车辆、玉牌等。直至（公元前）5 世纪末[141] 92 各大诸侯国开始铸造最早的货币，称为“布”或“钱”，形状各不相同但重量相近：有些是圆形的，中间有圆孔（现代铜钱是方孔），有些是小刀或铲的形状，有些有字有些没有。每个国家都有自己的货币，齐国的诸侯常将国名置于钱币的上方[142]，但他们似乎是唯一有此习惯的国家。通常能够铸币的城市会在钱币上刻上城市的全称或缩写。钱币中最常见的是 2 金、1 金及半金（大约为 30 克、15 克及 7.5 克，但重量的出入很大）。（当时的）钱币还不是很方便，有些体积仍较大：齐国最大的刀币被标为 30 化，重约 44~57 克。所有这些钱币的数量似乎都不多[143]。（公元前）4 世纪前后钱币的使用在整个中原地区普及开来，即使如此，人们并未尝试用钱币取代实物税收，虽然后者有诸多不便。92–94 实物税收继续成为帝王及诸侯的公共收入的基础。

对耕地征税是税收中最重要的一种，每年秋天粮食收获后闾师就会根据收成收取什一税[144]。开垦山林及湖泊的需要将他们收成的5/20用来交税，以建筑或取暖用的木材、打猎得来的猎物、象牙、犀牛角、翎毛等来纳税。房屋及其周边土地的税收根据地点不同而有所不同：在国都，房屋本身是不用交税的，房屋旁的土地需要交纳的税为产值的1/20；近郊的税为双倍，而远郊的税达到3/20。分封给诸侯及高官的土地，其税收归封地主人所有，但封地的主人需要将其收入的2/10以税收形式交予国库。此外，向农民征收的罚款也是以实物形式缴纳[145]。只有市集的税收是用货币支付的（取代了旧时以布匹支付的方式，这大概是铜币又被称为“布”的原因）：摊位税、契约税、屠杀动物的税、布税、丝绸税等。最后值得一提的是，诸侯封臣的进贡也是（国库）的收入来源之一，在西周时期这可能是一项重要的收入来源，但到了周朝脆弱的继任者迁都洛邑之后，进贡所得就变得极不稳定且不断减少，特别是当齐桓公以及晋王楚王以霸主的名义开始收取贡品之后，情况更为糟糕。

所有这些税收中能够进入王室国库的只有很少一部分。由于交通不便，加之以实物缴税所带来的困难，（周朝）财政上不得不同意地方所得税在地方上使用，只有盈余部分才运送到国都的原则；而（地方上）会想尽一切办法减少盈余的部分。闾师春天借出谷物给农民；泉府以钱币向商人和农民提供短期预付款；司市$_{94-95}$以监管物价为名买进市集上没有卖出的商品；通过这些方式，当地税收的绝大部分就可以留在他们手中。尽管有监督人们也可以猜得出这些做法会导致多少（财政收入）的流失，这还没有提到其间各种滥用职权的问题。通过一级级行政区域到达国都的收入将会交予大司库，即“大府”以及他的属下“内府”及“外府”。监管员会对国库进行总体监督：每一笔谷物或钱币的进出都需要做双份记录，收货人或交货人拿一份，另一份给上级主管，每个月会对这些日常的进出做一个总结。但不管是监管员还是司库都无法对财政官员采取任何行动，因为他们属于司徒管辖而财政官员属于太宰管理；因此监督也就不会有什么效果了。

为方便记账，税收所得被分配用于帝王及朝廷的日常开支：市集的税收用于帝王的膳食及服饰；林泽的税收用于殡葬仪式；其他实物税收根据来源地做不同的分配，来自国都地区的税收用于招待来访的官员；来自郊区的，用于谷物及草料所需；来自王畿地区的，用于支付各级手工艺者及工匠；来自封地的，用于祭祀，等等。一位作者在大约（公元前）3 世纪中如此描述一个管治良好的国家的理想状态：“公食供，大夫食邑，士食田，庶人食力，工商食官，皂隶食职，官宰食加。政平民阜，财用不匮。”[146] 好与不好，日常生活就如此维持，但对于意料之外的开支，如军事远征、大型公共工程或饥荒，便束手无策了。即使很小的困难也难以逾越：在（公元前）6 世纪末，[95-96] 周王已经非常贫困，（公元前）510 年时为了修葺国都的城墙，周王不得不求助于晋定公。晋定公召集列国诸侯，由他的大臣魏舒主持各国大臣在狄泉举行会议以决定各诸侯应分摊的补助。

4. 各地的行政制度

帝国的行政制度事实上无异于一个小诸侯国的行政制度，只是被放大了许多。在小诸侯国中，作为臣民“父母官”的诸侯，既是宗教首领也是民事首领，他们掌管臣民的一生，指导臣民的各种活动，他们做这一切并没有什么难度，因为诸侯与臣民离得很近。但如果事无巨细，过于忧虑细节而缺乏整体的方向，这样的行政制度便无法适用于疆域广阔又有不同人种、语言及习俗的分支组成的封建大国——在这样的封建大国中，众多自治的小诸侯分摊疆土，相互之间也没有联系。

在（公元前）8 世纪，黄河盆地被划分为至少上百个小封邑[147]，这还未算上相对独立的野蛮部落。王畿地区占据整个王国的中部，包括渭水（陕西）河谷和洛水（河南）河谷，两地虽有不同但都属于富庶且农业发达的地区。王畿相当广阔，但被山脉分隔成两部分；黄河由于水流急又不便航行，不仅无法将两地连接反而需要绕一大圈才能到达洛水河口，并从那里前往东都洛邑。西部渭水上游与野蛮部落接壤处的小封邑秦、密须及阮；以及下游的西虢都属于王室的封地，96–98 此外还有黄河右岸的诸侯国如韩——它的名字来自陕西的一个地名芮及梁。越过黄河，在王畿之外黄河北岸的是虞。再向北在汾水河口的是魏和耿，向东沿着汾水河谷而上就到了属于晋的不大的封地，《诗经》中用它的旧称“唐国”来称呼它，再往上游在北边的是赵和霍，相互为邻，紧靠着野蛮部落狄部，那时狄是大卤盆地（后被称为太原）及整个山西东部直至东部大平原的主人。

离开山区之后，平原被几个诸侯国划分：黄河北边的卫在旧时的殷都所在地，《诗经》中延续周朝灭殷时的历史，仍将此处的两个区域鄘和邶看作独立的封地；古代殷王的后裔在黄河南边保留了一处家族的领地，形成宋；宋以西的郑在（公元前）8世纪初脱离了王畿，成为宣王一个弟弟的封地；宋的南边与陈接壤，陈的王侯是舜帝的后裔，位于淮阳山区；宋东边的疆界一直延伸到沿海的野蛮部落地区，如徐、淮；宋的北边与处在黄河与济水间的曹接壤（山东西南角的一个地区仍保存着“曹”这个名称）；东北边是位于泰山南麓山脚下的鲁国，与卫国一样，这里也是从古殷朝王国分离出来的土地。在鲁国的东边是一系列小诸侯国，如邾娄、莒、纪，与山东的野蛮部落夷交界。北部，在泰山的另一侧，位于黄河与大海之间的是重要的诸侯国齐国，越过黄河再向北是燕国，在今天北京所在的地区，至少在历史上某些时期燕国的疆域曾经包含了满洲的南部。在齐国的西边，在黄河、山脉及山西东部高原之间的是一个小诸侯国邢，它是姬姓诸侯国中最北的一个，98–99 在直隶的顺德府附近；沿着济水有六块领地属于传说中的帝王伏羲的后裔：包括任、须句等。

在正南方，淮阳山将淮河盆地与长江及其支流流经的盆地分隔开，那里有几个小诸侯国的城堡，其中最大的是陈、蔡、许，然后是道，蒋，息，弦，等；有几个诸侯国甚至建立在山脉另一边野蛮部落的地区，如申、吕、唐、随等。再远处，居住在富饶的湖北盆地，在汉水与长江交汇处的野蛮部落开始按照中原的方式组织他们的部落，他们将成为强大的王国楚国。

以上便是周王直接分封的最重要的封邑；他们的领主构成封建贵族阶层，统称为“诸侯”；比他们低一级的是他们的“附庸”。之所以有诸侯这个称谓是他们中的大多数其实都有“侯”的爵位：如晋侯、鲁侯、齐侯，等。但由于有其他表示不同等级的头衔，需对各封邑的领主作统一称谓。有些领主的祖先在当地曾被赐予“伯”的职位，这些人便保留了这个头衔但早已不再担任相应的官职（如此秦、郑、曹的领主就被称为秦伯、郑伯和曹伯），但其他一些有相同情况的领主（如卫和齐）更愿意被叫作“侯”。此外，周王的大臣享有很高的爵位：“公”，有时他们的后裔就沿用这个称谓，如周公、虢公；同样的称谓也给予了古代殷王后裔宋国的领主宋国公以及前世君王的后裔纪公、陈公等；对所有故去的王侯，出于对逝者的敬意，不管他们的等级如何也都给予“公”的称号，以谥号后加上“公”来指代逝去的国君。最后需要一提的是那些顺服周王的野蛮部落首领[148]被赐予“子”的爵位（“诸子”），“子”是一个表示礼貌的用语，有些类似我们日常对话中的“先生”，弟子们也将这个字用于他们的老师，如“孔子”、“墨子”等。这些称谓形成了三级的等级制度[149]：最高的是“公”，排第二的是王侯的“侯”和“伯”，第三级的是“子”和“男”；不同的“命”数用来区别不同的等

99–100

级：公有九命 100–101，侯伯七命，子男三命。不过这个等级制度纯粹是一个荣誉制度，并不代表任何政治特权。

周王试图组织管理由这些众多小封地组成的疆域。他将王国分为九个省，即“州”，每个州都由一位周王的代表管理。西周末年的一篇文章，《禹贡》[150]，保留了九州的名称。北边是冀州，其西、南、东三侧以黄河为界，在今山西南部的大部分地区；东北边是兖州，四面都是黄河旧河口，在直隶北部；东边是青州，位于黄河与泰山之间，在山东北部；东南边是徐州，位于泰山与淮河之间及沿海的地区，在山东与江苏交界处；徐州的南边是扬州，位于长江口，在江苏；湖北的荆州在长江中游及汉水下游；西南边的梁州在汉水上游；西边是雍州，在陕西的渭水河谷；最后在中心的是豫州，位于黄河以南洛水岸边，在现今的河南。可以看出王畿被分在两个州，雍州和豫州，两个州各有一个国都，这与武王将国事交予两个大臣处理相呼应：召公在雍州，在旧都镐，而周公 101–102 在豫州，在他亲自建立的新都洛邑[151]。

周王在每个州任命一个类似州长的官员，代表他执政：州长是当地的诸侯，其官衔为“伯”或“牧”[152]，其职责是维持社会秩序，公平执法，惩处叛乱。（公元前）7 世纪齐国档案中保留的一份文件可以较好地向我们展示州牧的职责，这份文件可能是真实的，但更像是为桓公的野心辩护而在这段时间编造出来的：“五侯九伯，女实征之，以夹辅周室！”它还大致指出了青州的边界：“东至海，西至河，南至穆陵，北至无棣”，亦即北至天津附近南至泰山以南[153]。宣王在位时期，申国的领主 102–103 申伯奉旨防御南部的野蛮部落：这里的“伯”大概是州牧或州伯的官职，（所在的州）可能是荆州[154]；同一时期，齐国的领主授命看管东部的野蛮部落，韩国负责北部的，鲁国负责徐部；虽然官职没有被提及，这里所说的应该是青州、雍州和徐州州牧的职责[155]。

从各地的诸侯中挑选州伯并不是为了使王权在各地有强有力的根基，不可避免地，州伯可能会为了自身的事务滥用职权。当帝王相对强大，也就是直至（公元前）8 世纪中叶前后，周王无须费太大力量便可控制他的封邑。周王会因诸侯的冒犯将他们罢免、处死并任命一个继任者：（公元前）9 世纪初，夷王因纪侯的揭发将齐哀公抓捕并将其在三足鼎中烹杀，之后夷王选了被处死者的一个弟弟来接替他[156]。一个世纪之后的（公元前）796 年宣王处死鲁国王室成员伯御，伯御在 11 年前杀死了懿公并取而代之，宣王立懿公的兄弟为继任者[157]。不过人们只有在突发某些重大动乱时才能间断性地感受到王权的存在：伯御在 11 年后才被宣王处罚；至于夷王，当亲自由他送上王位取代哥哥哀公的齐胡公被另一个兄弟杀死时，夷王并没有惩罚后者。

封地领主最重要的职责是臣服周王、进贡及提供军事协助。后期整理的礼仪 103–105 提供了相关的规则，但这些规则似乎在现实中是缺失的。原则上觐见天子应根据路途远近每三年、四年、五年或六年一次[158]；事实上远没有这么频繁：根据鲁国历史，只有在（公元前）820年该国的诸侯才第一次前去朝廷觐见[159]。这里再次显示出王权的表现为一时兴起：周宣王四年韩侯还没有前来觐见，宣王急派蹶父前去韩国，这之后韩侯才心生惧怕，遂完成了他的使命[160]；即使是离国都很近的诸侯，其封地与王畿同处一州，他们前来觐见的次数也不规律。

进贡的要求并不繁重，主要是进贡每个地区的特产以供不同的祭祀仪式使用。据《禹贡》记载，每个州只需进贡一次，不过似乎是由州牧将他所在州的诸侯的贡品集中起来再运送到国都。兖州进贡的是漆和丝；青州的是盐、丝、麻、铅、宗庙和宫殿所用的松等；徐州的是舞者用的雉羽和乐手用的浮磬；扬州和荆州进贡金、银、铜、竹、象牙、兽皮以及建筑用的木材和木制品；豫州的是铁、银、箭石、熊皮、野猫等；雍州的是各种种类的玉等。甚至野蛮部落也应该进奉他们地区的产品，黄河上游与沙漠交界的部落进贡兽皮和毛毡，山东半岛的莱部供奉野蚕丝织成的丝绸，等等[161]。贡品的特性显示出进贡需不时进行，此外《禹贡》还仔细地区分了日常进贡及有[105]特别要求时进贡的情况。拒绝进贡是反抗的信号，正是由于楚国不再向周王进贡强制它进贡的白色茅草，齐桓公以此作为借口在（公元前）7世纪伐楚。

总而言之，（公元前）8世纪前后的周王帝国应该更像地中海沿岸的现代王国，而不是礼仪所乐于描述的按礼制组织的国家。王权是建立在帝王的实力之上的，他的实力能保持多久，王权就能被服从多久；几乎每一个帝王都需要重新证明自己的强大。有时诸侯联盟能成功地摆脱某个特别强势或过于听从他的宠臣的帝王——将他赶下王位或杀死。周王希望他一手建立的广阔帝国始终听命于他，但他追寻的是一个难以实现的梦：在这个时期的中原，交通不便，人口稀少，野蛮部落像楔子般插入各州，想要建立一个真正的国家是不可能的；需要经过几个世纪的发展，建立一个统一帝国的条件才能得以成熟。

93 《书经》，理雅各，544–545［顾氏，355–357］；参阅《周礼》，毕欧（Biot），1，476–477。

94 《书经》，理雅各，544–548（《顾命》篇及《康王之诰》开篇）。这两篇原本都是真实的文献，但公元 3 世纪赝造者在编辑他的版本的《书经》时将这两篇做了不当的删减，以至于现在版本中《康王之诰》的前三段事实上应该是《顾命》的结尾部分。这些文字据说描述的是成王的葬礼。

95 我们可以从《诗经》36［顾氏，第 28 页］、292［顾氏，第 210 页］找到有关捕猎野猪的记录；关于捕猎老虎的，如前 129［顾氏，第 88 页］；野牛（？）如前，292［顾氏，第 211 页］（理雅各将其翻译为犀牛），及《战国策》，卷 5，5a；狼，《诗经》，152［顾氏，第 104 页］，等等。

96 有关射箭仪式的描述占据了《仪礼》整个第七章，顾赛芬，212–283。

97 《诗经》，理雅各，276，［顾氏，第 197 页］。

98 同上，475，［顾氏，第 355 页］。

99 同上，373，［顾氏，第 279 页］。

100 《诗经》，理雅各，398–399。

101 同上，614，［顾氏，第 448 页］。

102 《书经》中失传的一个章节中有一个段落是批判齐康公的巫师跳舞的场景，这个段落在《墨子》卷 8，18b（非乐）中被提及，见佛尔克（Forke）译作，371。这个段落被放入公元 3 世纪所做的一个并非原著的章节《伊训》中（《书经》，理雅各，196），但也做了改编。

103 《国语》（《周语》），卷 1，3；《吕氏春秋》，卷 20，12a；《竹书纪年》，理雅各，153（前 846 年）；参阅《史记》，沙畹 I，275。相类似的，上个世纪初鲁国国君的巫师也能够在王朝大型聚会中“感应”出那些欲对国君不利的人，这些人立即便会被处死。

104 《竹书纪年》，理雅各，153。

105 下述（官职）列表与惯常看到的不同，这是我以《书经》和《诗经》为基础尝试构建的针对（西周）这个时期的列表（这是唯一一个时期周朝的行政制度真实地存在且引领着一个如此之大的帝国，因此我对它特别感兴趣）。但这只是提供了一个框架，对于每个官职的具体细节则需《左传》，更需要《周礼》这两本较后晚期的作品来做补充。可惜的是毕欧（Biot）在他的《依据〈诗经〉所做的古代中国习俗研究》（*Recherches sur les moeurs des anciens Chinois, d'après le Chi-king*）（《亚洲杂志》，系列四，卷 II，1843 年，第 307–430 页）中没有涉及行政制度的内容，有关这方面的内容他让读者参考他同时期翻译的《周礼》。现存的《书经》中有一篇专门讲述周朝官员的《周官》，但这一篇是那些伪作中的一篇；同时哈雷（D. DE HARLEZ）的文章《〈周礼〉与〈山海经〉——起源与历史价值》（*Le Tcheou-li et le Chan hai hing, leur origine et leur valeur historique*）（《通报》，V［1894 年］，11–42，107–122）也几乎无法使用，因为他将《周礼》里的官职与《书经・周官》中的官职进行比较。辛德勒（Schindler）先生的《古代中国的祭司》（*Das Priestertum im alten China*），61（莱比锡，1919 年）虽然也犯了同样的基本错误，即没有考虑到《周官》并非原著，但他在这篇文章里为古代官职引述了大量经典文献，因此这篇文章具有无可非议的使用价值。

106 卿士是排在其他大臣之外且在其他大臣之上的，参阅《逸周书》卷 2，6b，这里卿士被另行提及且在三老之前；夨彝上的铭文也显示卿士是指挥其他大臣的。（罗振玉，《夨彝考释》，刊于《中国学》，卷 V，1929 年，481–485）。

107 有关春秋时期周王的卿士，见顾栋高的《春秋大事表》卷 20 及其世系表，同前，卷 12，其中收集了《左传》的相关文字。作者采用了纪年表的方式，这会需要他比使用一般文件格式时更准确，除了审慎之外，作者认真做所的汇编是可借鉴的。——有关第二个周公系，见沙畹（Chavannes）《历史的记忆》（*Mémoires historiques*），卷 I，注释 04.497。

108 人们通常认为周朝有六个大臣，《周礼》也是这样记载的，当时（公元前 4 世纪）的政权组织应该是这样的。但《书经》对“六卿”的解释只是“王室六师的统领”（理雅各，152）而“大臣”的含义只出现在一篇伪作中（理雅各，530）。

109 三老:《逸周书》，卷 2，11; 三有事:《诗经》，323［顾氏，第 238 页］; 三事：同前，326［顾氏，第 241 页］，《书经》，515；三事大夫：《诗经》326。三吏（《左传》，349）可能是指第二级的大臣，如《逸周书》中所记，见上述引文。

110 他们在《书经》298（《泰誓》，重组的文字）、301（《牧誓》）［顾氏，第 184 页］、414（《梓材》）［顾氏，第 255 页］及 516（《立政》）［顾氏，第 325 页］中都是按这个顺序排列的；《酒诰》一篇将司马放在第一位。只有《洪范》一篇排序不同，为：司空、司徒、司寇，不过《洪范》中这几个职称被放在一个以哲学原则为基础建立的各种事务和称谓的清单中，并不代表与前述行政篇章中的排序相矛盾。此外，王室三个大臣的称谓可由诸侯国的三个大臣来佐证，两者是相同的。此处的情形与其他很多情况一样，后期的礼仪认为帝王有六个大臣，这只不过是依照某个原则将其系统化，是有关王室行政制度的历史发展中的一个偶然的错误。

111 这里引号里的文字以及之后的名称“圻父”及“宏父”来自《书经》411［顾氏，第253页］中的一句话。司徒的职称出现在：《书经》327、411及111。辛德勒（Schindler），见上述引文，53，注释3将司徒翻译为步兵统领并假设他最初的职能是指挥征集来的徒步征战的农民。

112 《左传》，理雅各，309（这里所指的是楚国的司徒）。［顾氏，TT1–605］。

113 《周礼》，毕欧（Biot），I，192及其后文字。

114 司马：《书经》，327（《洪范》）、414（《梓材》）、516（《立政》），等；圻父：《书经》，411；《诗经》，298。

115 圻父指挥了一次远征，《诗经》，283［顾氏，第202页］；见正文第52页。

116 《周礼》，毕欧，II，182–183。

117 司空：《书经》，43、301、327、424、516，等；宏父：同前，411。

118 鲧和禹是以司空之名负责治水，他们筑堤坝，挖运河等（《书经》，理雅各，43）。《书经》中关于禹的篇章较好地体现出其西周时期的作者心目中理想的司空的角色。

119 《周礼》，毕欧，II，456–600。

120 除了“三吏”之外——其实三吏的含义并不清晰，我没有找到其他将这三者统称的词语，也可能没有这样的统称，因为这三者不属于同一性质的集合。

121 宰：《诗经》322；《春秋》3 及 43；冢宰：《诗经》533（在《书经》中，这个称谓只在两篇伪作中出现过）；太宰：《周礼》I，20，可能只是后期的一个称谓。《诗经》322［顾氏，第 238 页］中宰是明确地与卿士分开的，宰作为宫廷主管，才会为天气干旱担忧，因为这会影响到宫廷生活必需品的供应；同样地，（公元前）722 年和（公元前）708 年［顾氏，《左传》I，第 80 页］（《春秋》，见上述引文）被派到鲁国的宰也与卿士不同：他们分别是宰咺和渠伯纠，而当时的卿士先是郑伯（前 722 年）一人，后与虢公一起（前 708 年）。

122（公元前）6 世纪楚国的宰仍然履行这些职责，但他不是令尹；在鲁国和齐国，国相从未有过太宰的称谓；相反，（公元前）7 世纪初宋国的国相华督在位三十多年，他的官名即为太宰（《左传》，37—39）。

123 大宗：《书经》557；宗伯：《周礼》I，397（在《书经》中，这个称谓只出现在一个非原著的章节中）。

124《书经》（《吕刑》），605［顾氏，第 385 页］（赎刑）；606（罪行的数量）；这里指的是穆王的法典；《周礼》，II，354（公元前 4 世纪罪行的数量）。铜币，锾，约重 6–7 盎司。

125《书经》（《康诰》），388。

126《诗经》，322［顾氏，第 238 页］，533［顾氏，第 395 页］。

127 这里所描写的地方行政组成几乎全部来自《周礼》，与我主要根据《书经》和《诗经》所总结的朝臣列表相比，这里所描写的是属于非常后期（公元前 4 世纪）的行政组成。然而《周礼》的主要不足之处并不是它相对近期的年代（它所描写的行政制度的古老特色证明了所有的改变都是经历了漫长时间的），而是它极度的系统化，甚至达到了荒谬的程度。根据它的文字，领土划分为六级区域，上一级与下一级之间（除了其中一级）都是以五倍为单位，最基层的单位为五个家庭，这样得出周朝疆域的固定人口为15万个家庭，这是不合理的。我认为《周礼》代表的是在创作它的时期以理论系统化来概括的事物面貌，如对官员的叙述较准确地给出了他们的职责范围。这种系统化（有些中国学者将《周礼》看作汉代乌托邦式的作品）是由于在创作《周礼》的时期王朝的国家机器已兀自空转，王室的领地已几乎不存在，如我在前文中所指出的，因无法将其简化，作者只能依照社会正常运行时每个职位带有神秘色彩的角色来进行诠释。

128 《周礼》，毕欧（Biot），I，390（仓人）；357（闾师）；384（廪人）；289（均人）；361（委人）；309（司市）；326（泉府）。

129 《周礼》，I，302（司救）；303（调人）；II，327–334（士师），II，311、330（诉讼和审判）；II，357–359（司约）；II，313（肺石）；II，346（皋鼓）；II，336、342、364（刑事诉讼及行刑）。

130 根据《周礼》，II，302，采取报复的人如果事先已经知会士师则不会被处罚。

131 这些盟约的文字经常是刻在青铜器上且保存在宗庙；一部分盟约就这样被保留了下来：如归还土地及定界的契约（散氏盘铭文，《金石萃编》卷2，3b–5 b）；两兄弟分配土地盟约（三足鼎铭文，《积古斋钟鼎款识》，卷4，31a）；买卖奴隶、石磨被盗后达成的合约（曶氏三足鼎铭文，同前，卷4，36b，38b）。戴遂良（Wieger）神父在他的《汉字》（*Caractères chinois*），刊于《古代字符》（*Graphies antiques*）531、495及499中对这些铭文进行的翻译足以使我们了解其内容，只是他的翻译太过随意。

132 《周礼》，II，311；根据郑玄的注释，铜锭，“均”，重为三十斤；毕欧（Biot），见上述引文，将“均金”翻译为“三十斤黄金或金属”；在周朝的古老铭文中，“金”一向指的是青铜（黄铜），见下文第459页，n. 3。

133 随后有关军事制度的描述也取自《周礼》的不同段落，另行说明的除外。组织结构：I，222；鼓铎的指挥：II，170、176–177；设营术：I，115。

134 这段描述写作于王室的军队已不复存在的时期，因此很难确定它是否基于至少是理论化的事实，还是只是数字游戏。我们所能确定的是当宣王在（公元前）821年前后（《诗经》，555，及正文第53页）率领六军攻打野蛮部族淮部时，跟随他的不到75 000人及600辆战车。

135 《左转》，319［顾氏，TT1，625］楚国的战士在邲之战（公元前597年）前向晋军挑衅。这些挑衅的方式被视为传统习俗，而非个人突发奇想。参阅葛兰言《中国古代的舞蹈与传说》，138。

136 《左转》，396［顾氏，TT2，131］中对于晋军在鄢陵之战前做作战准备的描述。

137 《左转》，210［顾氏，TT1，397］。

138 《左转》，398：楚国大元帅在整个鄢陵之战中的角色。

139 在殷都遗址人们发现了一些贝币；古代铭文也常有帝王以贝币用作赏赐的记载。

140 在汉代，“锾”是重6、7盎司的铜币。此外，公元前4世纪前后梁国的货币被标注为“锾”，重量只有13 – 16克（根据我1929年7月在东京对Tanaka藏品中的十件称重所得）。楚国的两个铜钱，被标为“郢锾”，一个重11.26克，另一个重17.54克（Nakamura藏品，东京）。这大约就是一金的重量（见第77页，n. 2），古代货币的单位。有关用铜币付款的记载：《书经》，605；《周礼》，311；曶氏三足鼎铭文，《积古斋钟鼎款识》，卷4，38 a。参阅戴遂良的《古代字符》，495。

141 在此之前唯一与钱币有关的详细记载见于《国语》，卷3，13a（《周语》），讲述景王时期（公元前）524年大型货币的铸造，这段文字看起来真实性不高。关于这个问题，见小岛（Ojima）先生的文章《春秋时期的货币经济》（*Money Economy in the Ch'un Ch'iu Age*）（《中国学》，1921年，VII，45–54；VIII，52–67），我在此采纳的是这篇文章的结论。参阅罗振玉《俑庐日札》有关古钱币的发现、铸造场所及日期。——秦国最早的货币铸造于（公元前）318年，惠文王在位的第二十年。（《秦别纪》，此文献已遗失，曾出现在董语的《七国考》卷2，4b。）

142 刻有齐国国名的精美的刀币模子重现在罗振玉的《古器物图录》第二章，《艺术丛编》杂志，1916年。亦可参阅米松林（Mueller）的《各种货币，II，"现金"的历史》（*Numismatische Miszellen, II*，*Zur Geschichte des "Käsch"*）刊于1919年Mitteil. d. Semin. f. Orient. Sprachen, Ostas. Studien, 12–19。——前述货币的重量是根据我在东京对Nakamura Fusetsu和Tanaka先生收集的精美的中国钱币中的数件进行称重所得。我借此机会感谢这些热情的收藏家，允许我于1929年在日本期间对这些钱币进行测量和称重。

143 货币的单位是"金"，约16克，即半盎司。秦国保留了这个货币单位并取了个新名字"半两"，重量与之前相同。

144 关于地方对什一税的修改及其如何转变为地税，见下述注释（164）。

145 《周礼》，I，278。

146 《国语》，卷10，18 a。

147 《诗经》中提到15个封邑，《春秋》提到60多个而《左传》提及上百个，并未算上野蛮部落；《竹书纪年》、《国语》、存续下来的*che pen*的片段及《史记》提供了更多国名。100这个数字应该是个下限。

148 有时会见到看似中原人的王侯也被称为"子"，不太清楚给他们这个称号的原因，也许他们的祖先曾经是野蛮部族。

149 周朝的等级分为三级，而不是汉代作家所说的并在之后被不断重复的五级：这可由不同等级的命数（《周礼》，毕欧，II，1）及朝廷接待的规格（同前，II，400–403）来佐证，这些都是真实的礼仪，《周礼》的作者在这方面是不会弄错的。有关诸侯国疆域范围的描述（同前，I，205–206）支持五级的等级制度，但较后期的讨论同样话题的文章却持相反意见（《孟子》，250），认为只有三个等级（不过这三级又与我在文中提出的三级不同）即1）公和侯；2）伯；3）子和男。两部作品的观点都是在政治实情之外的理论观点[比如作者将（等级划分）所给出的数字与卫侯、秦伯及楚子的实际领地面积相比较]，因此它们的价值只是供我们去思辨。另外，《左传·昭公十三年》（理雅各，646）中只区分了两个等级（与进贡周王相关）：1）公和侯；2）伯和男。这里的分级是与进贡周王（或进贡联盟首领的霸主）相关的一种特殊的分级，也可能因此最后的两个等级被混淆在一起。不过我们在另一个地方也看到与此相同的两级划分（《左传·昭公四年》，理雅各，593，［顾氏，TT3，81］），在申之会盟时（公元前538年），宋国大臣向戌向楚王讲述“公”对比他级别低的诸侯的礼仪，郑国的子产讲述的是下级王侯（伯、子及南）对“公”的礼仪，“侯”被省略掉了。人们通常将爵位翻译成（法语的）“duc, marquis, comte, vicomte, baron”：我认为这样翻译对周朝时期来讲似乎会产生错误，于是我只部分采纳了这种翻译；我将“侯”翻译成prince（而不是marquis），将“子”翻译成sire（而不是vicomte），即1）duc（公）；2）prince和comte（侯和伯）；3）sire和baron（子和男）。到了较后期的时候，等级划分确实有五级，便可采用常规的翻译方法。值得一提的是所有这些（爵位）称谓也都是表示亲属关系的词语（“侯”除外，它似乎是表示王权的“后”的异形字）：公是对父亲的尊称；伯即伯父，是父亲或母亲的哥哥；子是儿子。

150 《禹贡》是《书经》中的一篇原著；它取材于王室档案文献（或更确切地说是将行政文书作了文学处理），并较为不协调地加入一首诗来讲述大禹的工程，作于西周末年，两者（文与诗）都为了与历史上有关禹的王城的记载相一致而作了修改。在周王朝行将没落之际，这部作品对周朝的政治地理至关重要。——理雅各自然将《禹贡》与《书经》中的其他作品一起进行了翻译（《书经》，92 - 151）；顾赛芬神父亦是如此（《书经》，52 - 77）；李希霍芬（Richthofen）在他的《中国》（*China*），1，277 - 364 中的翻译很一般，但他所给出的地理注释非常精彩；最好的翻译当属沙畹在《历史的记忆》，卷 I，103 - 149 所做的翻译，他将散文和诗歌的部分区分开并对这篇文章做了很好的诠释和评论。也可参见金斯密（Kingsmill）的《禹贡的结构》（*The Structure of the Yu kong*），刊于《中国评论》，XIV，17 - 21。

151 《公羊传 · 隐公五年》：“自陕而东者，周公主之；自陕而西者，召公主之。”中国的评论家和历史学家通常将此诠释为后者的权力范围是都城连同雍州，而前者管治其余的八个州；另一种说法将划分区域的时间追溯到文王时期并认为所划分的是周王旧时的领地；还有一种说法并未被官方历史学家采纳但在当地民众的传统中留下不少印迹，这种说法认为所划分的是洛阳地区：在（公元前）8 世纪人们提到宜阳，那里生长着棠梨树，也是归召公所管辖的那一半王室领地，召公在棠梨树下主持公道，之后的几个世纪相邻的地区还保留着与棠梨树相关名字——甘棠县。——“周公在左召公在右”是《大武》第五幕里的场景，《大武》是在纪念武王的庆典中表演的大型舞蹈，讲述的是（武王）战胜殷王的故事（《礼记》，顾赛芬，II，97）。这是其中一个清楚地从这些礼仪舞蹈中得来的历史。

152 《书经》中只有“牧”这个称谓（理雅各，512，515，516，517）；“伯”

的称谓出现在《诗经》，理雅各，536，它被授予王侯申伯，说明这是一个官职而非贵族头衔。（公元前）4 世纪和 3 世纪的文学作品中常用的称谓是“方伯”，地方上的伯爵，见《公羊传》，卷 3，5a;《礼记》，270，272，327 等。

153 《左传》，理雅各，140［顾氏，TT1，240］；参阅《史记》，卷 32，沙畹，IV，40。

154 《诗经》，536［顾氏，396］；《竹书纪年》，155，其中给出了（公元前）821 年这个时间。

155 《诗经》，551［顾氏，408］；《竹书纪年》，理雅各，155;《史记》，卷 32，沙畹，IV，105；《国语》，卷 1，8 对于给予鲁孝公的职责描写得很清楚。

156 《竹书纪年》，153。

157 《国语》，卷 1，7；《史记》，卷 33，沙畹，IV，105–106。在这两个事件中选择兄弟而非儿子作为继任者，我认为是对肇事者更严重的惩罚：肇事者因此无法在宗庙里被祭拜。

158 《周礼》，毕欧，II，405。

159 《竹书纪年》，理雅各，155。

160 《竹书纪年》，理雅各，155。

161 所有这些描述都来自《禹贡》。《禹贡》虽被他的作者带回到大禹的时代，但它所使用的文献是西周末年的，并深入描写了西周的制度。

第二部　社会及宗教生活

第一章

中国古代社会

（b21）周朝时期的中国社会分为两个等级分明的阶层：下层是农民组成的平民阶层，上层是贵族组成的“士”阶层。两个阶层的组织原则 108–109 截然相反：其中一个阶层带有某种群居性，生活在一个群体或社区中，个人或家庭的概念模糊或不被认可；另一个则相反，是某种家庭式的个人主义。贵族除了要履行面对领主和长辈的义务之外，他们的人身是自由的；农民则被绑定在一个谨小慎微的环境中，不允许有任何主动性。贵族[162]有一个部族的姓，有自己的祖先，有家族祭拜，他们可以拥有封地，可以担任官职；这一切平民都没有，他们从来不能拥有土地。甚至生活中的伦理准则两个阶层也有不同，贵族实践“仪礼”，平民只有“风俗”，即所谓的“礼不下庶人”[163]。

1. 平民

古代中国的平民为农民，以八个家庭为一组劳作于领主定期分配给他们的农田。

所有的领地，包括王畿和诸侯的领地都被分成“井”田[164]，也就是说[109–110]一块四方的土地被分为较小的九块方田，其中八块被称为“私田”，每个家庭的负责人得到一块，家庭的食物和生计[110]均来于此，八个家庭共同耕种位于中心的第九块公共土地，“公田”，公田的收成归领主所有。井田的大小随区域而不同。在王畿地区，即洛水河谷地区，井田原则上是一千亩，大约等于十五公顷，每个家庭的负责人分得一百亩作为私田，另有五亩土地用于家庭的房屋及院子；黄河沿岸进入东部平原的地区，即怀庆与开封之间也如此；再向北在邺附近，家庭所得土地有二百亩。在宋国，井田似乎较小，只有 630 亩，即每块私田和公田为 70 亩。在汾水河谷（山西）的晋国，井田好像从一开始就更小，只有大约 400 亩（约六公顷），分为九块。这种制度在（公元前）4 世纪后很快消失并被人们彻底遗忘，取而代之的是一个简单许多的按家庭分配土地的制度，每个家庭负责人获分 500 亩地，其中五亩的收成用来交税[165]。

农民只是耕种这些土地，并不拥有它，土地归领主所有；

不应对“私田”这个名称产生任何幻想：在同一个井田劳作的农民并不是各自耕种自己那份土地，而是共同耕种 110–112 九块土地。孟子这样描述武王时期农民理想中的幸福生活：“五亩之宅，树之以桑，五十者可以衣帛矣。鸡豚狗彘之畜，无失其时，七十者可以食肉矣。百亩之田，勿夺其时，数口之家可以无饥矣。”[166]

农民几乎可以从劳作中自给自足所需的物品：谷物、家畜、丝绸等；多出的可以拿到市集出售。每个城市和乡镇都至少有一个市集，在领主宅院的北侧，由第一个领主的夫人在封邑建立时设立；在比较重要的城市，城东和城西也会有市集，不过北边的是大市集。市集处在一块方形的大广场：在东周的首都洛邑，市集边长 600 步[167]，这样算来面积超过一公顷。市集当日，市集的负责人“司市”在广场中央设立起自己的办公台，当一切准备就绪他就竖起大旗，市集开市。中间的地方原则上保留空置，农民和流动商贩的货架安放在四周。售卖相似产品的商贩集中到一个区，由各个区域的负责人“肆长”监管，肆长对他管辖区内的货摊收税并维持此区的治安：市集里有卖谷物的商人组成的区域，卖兵器及车辆的区域，卖陶制碗碟的商人的区域，卖金属物件的区域以及买卖奴隶的区域等[168]。同类商品的价格由商品主管“贾师”（肆长的上级）来制定，贾师也具有赋予或拒绝商贩卖货的权力。对售卖的商品有各种规定：布匹或丝绸 112–113 的幅宽和长度是固定的，车子的尺寸是有规定的；对于水果和谷物的销售有时间上的规定，不允许将过季的产品拿来市集销售；如果将质量好坏不等的产品混在一起销售，混合的比例超过 20% 将会受到惩罚；督察员（“司虣”）监督是否有造假的现象并制止轻微的犯罪，而警察（“司稽”）负责市集整体的秩序，阻止争吵打架和暴力行为[169]。所有的交易都有契约为凭：对于不是非常重要的交易，双方满足于共享一份合约（称为“剂”）；对于重要的交易，如买卖奴隶，其买卖契约（也称“质”）会由担保人（“质人”）书写双份，后者会就此收取费用并在有争议时快速解决问题[170]。

直至今日，市集都在农民的生活中扮演着重要的角色，它不仅是交换物品的场所，也是交换信息和观念的场所。市集里不仅仅只有农民，还有不同行业的商人、批发商和流动摊位的零售商，因为商品交易不能在市集之外的地方进行。市集开市时分为三场，早场为批发商而设，晚场给转卖的零售商，只有午场是留给附近的农民来做些日常的小生意[171]。早场因为有陌生人前来加入便成了传递各种新闻的中心；在这个时期所能存在的民众意见也在这里形成；农民在这里获悉有关诸侯国或周王朝的事件；这里也是农民与外界取得些许联系的地方。

行政制度出于为农民着想将农民封闭于他们的村社，指引他们的生活，农民事实上只有通过在市集的偶遇得以与外界接触。113–115 国家的大事，村里的事件，都与他们无关，对于他们自己的事情他们也并不很在意。就连简单的家庭愿望农民也几乎没有，因为农民的家庭只是八个人组成的一个既成事实的群体，包括长辈和孩子，但在法律上并不被视为一个个体。在远古中国，所有的个体都基于某种特殊的崇拜，而平民因没有祖先，也没有家庭崇拜的对象（与此相对应，贵族有家庭崇拜，因此他们的家庭是一个个体）。全村二十五个家庭需一起拜祭一个土地神[172]，“里社”，这样的农民群体因有了一个特殊的祭拜对象便可以称为一个个体。在这些群体中为了实现必要的团结，要做到最大化的整齐划一，因此农民是不能有任何自主性的。农民的全部生活，公众生活也好，私生活也好，都是被管制的，管制的目的不是为了他们个人而是为了整个群体，管制他们的是领主或具体办事的官员。每年都有特殊的官员命令他们应该种植什么作物以及播种和收获的时间；其他官员会督促他们离开冬天居住的屋子去田里干活，或离开农田回到家中闭门不出；还专门有人负责他们的婚姻；也有人分配土地，按孩子的数目分配多余的份额。整个由司徒掌管的部门就是来安排农民的生活并管理他们的一切。

不过平民生活中的典型事件，能最鲜明地显示出他们的特点的并不是行政制度，而是宗教和社会生活。一年被分割成两个对立的季节，春夏是在室外劳作的季节，冬天是闭门不出的季节。这种分割对于贵族来说除了对宗教活动有些影响之外没有什么重要性，但相反地，它却统治着平民的全部生活而且是他们生存的基本规则。从一个季节到另一个季节，平民的生活完全不同，包括住处、生活方式、日常事务，甚至情绪。

115 当天气变冷接近冬天的时候，在第九个月，农民就会接到返回村落的指令："寒气总至，民力不堪，其皆入室！"[173] 于是每个家庭都回到村里为他们保留的黏土做的茅屋中居住，他们的村庄被称为"里"，每个里由二十五个家庭组成，这二十五个家庭是由三个"井"的居民每五家为"邻"组成的[174]。这个小型的农民聚集点由一个最底层的贵族"士"指挥（非世袭制），他的住所及宗庙也在那里；学校在东北边，市集在北边；南边的入口处是土地神社。每个茅屋旁 115–116 的小院都种了桑树，还有猪圈和鸡舍，整个占地不大，约两亩半（即约四公亩）；平民家庭在完成了农田的耕作后就居住在这里。"十月蟋蟀入我床下；穹室熏鼠，塞向墐户。嗟我妇子！曰为改岁，入此室处[175]。"在来年的春天到来之前人们不再出门。这段时间是在家中劳作的时间[176]，主要是妇女要做的活计，如织布、做衣服等。

到了夏天农民们就会彻底放弃他们在村里的茅屋。"三之日于耜，四之日举趾。同我妇子，馌彼南亩。"[177] 所有人，无论男人、女人、男孩、女孩，全都在田野里，在共同的井田中安顿下来，就如同他们史前的祖先在遍地荒草中开垦临时土地时所做的一样；在春天的第三个月，他们先举行仪式，将火从村里的家中取出，熄灭旧火，再钻榆木或柳木，在露天的空地上燃起新火[178]。之后他们搭建被称为"庐"[179] 的大棚舍，耕种同一井田中三块土地的家庭 116–117 组成一组[180]，杂乱地挤在棚舍中：他们完全生活在露天，或在农田中劳作，或沉湎于当季的庆典。

因此，对于农民来说，夏天和冬天并不只是炎热或寒冷的两个季节，而是全然没有共性的两个时期，其间的生活需要以完全不同的方式来协调：在闭门不出的冬天，每个家庭都生活在自己的家中，自我封闭，与邻居分开而且原则上也不会与邻居有任何交流；相反到了夏天是自由和野外的时期，在家庭群体中乐不思蜀[181]，个人的茅屋被公共的棚舍取代，个人的家务活被集体的农田劳作取代；在两者中间的春天和秋天是过渡的季节，两种生活方式会混合在一起。

平民因没有家庭崇拜，没有礼仪，自然不了解贵族的婚姻“婚”，平民间的结合被称为“奔”[182]；这种结合对贵族来说是不够的，因为贵族婚姻的目的是为了延续家族崇拜，但对平民来说这种结合是极其普遍的。平民因没有部族的姓，因此也没有家族的宗教观念，对他们来说异族通婚的必然性只是一种特殊的形式，与贵族所讲求的有很大差别[183]。在春天的第二个月[117–119]，当帝王供奉媒婆之后，婚配的季节随即开始，官员“媒氏”向农民宣布“男女结合”的时候到了。这正好是人们准备放弃冬天的茅屋去与其他家庭一起生活在夏天棚舍的时候，也是农田劳作开始之前春天盛大的庆典之时。年轻男女在他们到了十五岁上下的年纪就一起到农田里唱歌，通常都是在传统上留给他们相聚的地方，有时一群群的，有时一对对的，歌曲一首接一首，之后他们就在露天结合。整个春天和夏天情人们都可以毫无困难地见面和相处[184]；但当冬天到来，家庭回到村庄，他们就会分开；夏天所允许的见面此时是被禁止的，就算他们能成功见面也是偷偷摸摸的：夏天开放的心态被冬天狭隘的心态所取代。第二年的春天他们中的大多数会重新一起唱歌，而有些见异思迁的就会去找别的伴侣；这样的情形可以持续好几年，直至男子到了三十岁，女子到了二十岁。秋天时，如果年轻女子怀孕了，两人就会成婚，婚礼通常在第八个月，是由媒氏主持的大众仪式。年轻女子婚后便会离开自己的父母去与丈夫居住；这之后她就要停止 119–120 在春天的庆典中唱歌[185]。这便是平民的婚姻结合方式，如同他们生活中其余的部分一样，跟随着一年中被分隔开的两个对立的时期。

2. 贵族

贵族“士”的阶层的特点是拥有祖先并属于某一部族，部族拥有他的“姓”[186]。贵族所享有的一切都来自部族第一位祖先的品行——“德”：如果这位祖先是神、英雄或远古的帝王，如果他拥有土地，他被赋予官职，他进行崇拜或他接受一个部族的姓，那么他的后裔们就将永远拥有这块土地，永远享有这些官职，同样可以进行崇拜并使用部族的姓。部族的姓于是便成了贵族的外部标记。

120–121 有史记载的中国古代部族不是按区域划分的部族，也没有任何证据可以证明他们曾经如此；有些部族的分支拥有封地，但大部分都没有；任何土地都不是某个部族的共同财产[187]。

不管他们最初是怎么样的（某些迹象显示在部族最初形成时是按母系家族划分的）[188]，但在有史记载的时期，部族是完全按照父系由一个共同的祖先传承下来的贵族群体，他们对这位祖先进行崇拜。女人出嫁后就会离开自己的部族进入到丈夫的部族并与他们共同崇拜（丈夫部族的祖先）。部族是一个宗教群体，其主要的特点是成员间绝对禁止任何性关系：部族内部不允许通婚，甚至从部族内部买妾也不可以；人们如此害怕违反禁忌以至于无论谁买了一个不知其姓的小妾都需要进行占卜，以确保他们的结合是合法的[189]。部族的数量似乎并不多：传统上所说的“百姓”，肯定比实际的数目多很多[190]；古代文献中提到不足三十个姓，虽然这个数字是个底限，但（实际的数字）也不会超过它很多。

部族的祖先是神或英雄：姬姓，即周王室、晋侯、鲁侯、卫侯、郑伯等的姓，源自稷神后稷；子姓，即宋国公的姓，源自偰；121–122 姒姓源自大禹；姜姓，齐侯、吕侯、申侯所共用的姓，据说源自东峰神“泰山”；陈国公的妫姓可追溯到舜帝；杜伯及房国领主的祁姓来自尧帝；风姓来自伏羲。有时几个部族有同一个祖先：如英雄祝融和他的兄弟陆终与八个部族有关——己、斟、曹、妘、秃、董、彭、芈，每个部族以陆终的六个儿子中的一个为祖先。这些祖先并不一定是以人形出现的：姒的祖先鲧和禹就分布是鱼和熊，在为他们举行的祭拜中，人们要避免供奉熊脂和鱼肉[191]。秦国和赵国国君（嬴姓）的祖先中衍，是一只会说人话的鸟，擅长驾驭马车[192]。赵简子在梦里去到天宫，看到代国的祖先是翟犬[193]。姬姓的祖先稷神也是掌管所有谷物的神，他将黍麦传给人类，他本身是一个拟人化的黍麦的形象，而黍麦这个作物应该就是最初的祖先。有些极其古老的观点很显然流传了下来[194]，不过到了有史记载的时期只剩下了 122–124 一些勉强可以感知的迹象。这些观点向着另外的方向发展，到了周朝中叶，随着人们将古老的传说神化以便由此来编写历史，那些早期的祖先们就都有了世系表：所有部族都将自己与远古帝王挂上钩，特别是黄帝，这些世系表系统化的特质就揭示出这种安排是虚构的。

部族的重要性只限于宗教方面，在其他方面贵族是以“氏”、“支”、“族”为单位的。这些单位可以看作是部族以下的划分：它们与部族一样，是严格按照父系传承的，它们由祖先的父系子嗣连同他们的妻子组成。不过这些单位主要是民事甚至行政方面的：它的存在是出于帝王或诸侯的意愿，帝王或诸侯创造这些单位时是将一个特殊的称谓作为荣誉标志赐予某个亲戚、大臣或亲信（这些称谓通常是封地的名称或者官位的名称）；后代家族中的成员可以获得一个属于他个人的称谓从而创立一个新的家族：如晋国，从荀氏发展出中行氏和智氏。每个家族都有一个家长，人们简单地以家族的氏来指代他而不用他个人的名[195]。整个家族都要服从于这个家长：孩子出生时由他决定要不要这个孩子；他安排男女的婚事；他甚至按他的意愿解除他们的婚约[196]；他向朝廷引荐家族的成员[197]，如果家族成员中有人得到封赏，封赏的一部分必须供奉给他[198]；如果家族成员犯罪，他有权私下审判而无须国家司法 124–125 介入[199]。家族的联系不会因为迁移而中断：在陌生地方安顿下来的年轻贵族，需要在三代的时间里向还在家乡的家长报告有关他们的职业、官位、婚姻等方面的大事[200]。年轻分支的家长即使在建立了自己的家族之后仍需通过某些外在的方式向年长的分支家长表示敬意：如果他在官位上高于年长的家长，在祭祀活动拜访年长家长时他不能佩戴表示其职位的标志；他只有在参加了年长家长拜祭祖先的活动后才能拜祭自己的祖先[201]。

只有婚姻能够使部族及其崇拜延续下去。这就是贵族婚姻首先是宗教活动的原因：它的目的是为贵族的家庭祭祀活动提供一个实在的帮手和将来的继承者；夫妻如果在有生之年共同供奉过祖先，那他们在死后也不会分开。因此贵族只能结一次婚；无论对天子还是对普通贵族，这是不容置疑的规矩：鳏夫不可以再婚，而历史学家提到的二婚的情况应该被谴责。不过这个规矩并不代表一夫一妻：相反地，年轻男子不是只娶一个，而是同时娶多个女子（如果是普通没有头衔的贵族娶两个，如果是大夫娶三个；诸侯和帝王可以娶九个女子，根据某些传统帝王甚至可以娶十二个），不管数目多少这些女子必须来自同一个部族。她们中的一个是正室妻子，所有的仪式都是和她完成的；其余的是她的家庭送来随嫁的，称为“媵”，这些女子是排在正室妻子之后的，在正室过世后可以取代她，但却不能享有她的名分。

贵族婚姻[202]的基本规则是贵族 125–126 永远不能娶与他同部族

的女子为妻[203]；这是同一部族的男女禁止任何性关系这一总体原则的体现。可能是为了更好地遵守异族通婚的规则，也为了证实预言是有利的，前期的准备需由一个媒人来牵头，这个媒人不是农民区域集体的官方媒氏，而是为了准备婚礼特意从亲戚朋友中挑选出来的。这个中间人的作用是不可或缺的：一个著名的诗篇中有这样的诗句——“想要迎娶女子该怎么做？没有媒人是不能成婚的”（“取妻如何？匪媒不得。”）[204]；没有媒人就没有合法的婚姻“婚”，只能有如平民结合那样的“奔”，而家族的家长可以拒绝接受以这样的方式娶来的女子来到自己的家族，并让丈夫休妻[205]。媒人负责所有的准备工作直至订婚仪式：他负责提亲，询问女方的姓名，将女方的姓名传给男方家庭，将占卜的结果告知女方的家庭；媒人的角色到订婚时便可以终止了，此时所有的决定都已经是不可逆转的了[206]。

到了婚礼那天，未婚夫亲自来迎娶年轻女子，将她接回家；并不是他本人将她带走，他只是做做样子，握着缰绳让马车在她面前停下，当她上车坐好之后，他就让马车前进，走大约三个车轮的长度后$_{126-128}$他将缰绳交还给车夫，回到他自己的车上。到了男家的宅院后就进行婚庆的仪式，称为“合卺*”：两个年轻人一起用餐，有三道菜，人们向他们敬酒三次；最后一次敬酒时酒是倒在一个切开两半的葫芦里，寓意他们将结合成为不可分离

* 卺，音 jǐn。

的伴侣。随后，随嫁的女子来吃新郎吃剩的饭菜，伴郎“赞”来吃新娘剩下的饭菜，他们以这样的方式加入仪式中来。这时新人被领至洞房，他们在那里脱去衣服，新郎将脱下的衣物交给一个随嫁的女子，新娘的则交给驾车送她来这里的车夫，此人是新郎的亲戚。这样做了之后，婚礼的仪式就完成了，不仅是对新娘的礼仪，还有所有随嫁女子的礼仪都一并结束。

不过还有些事情要做才能算接纳年轻女子来到这个新的家庭，即要让她参与丈夫祭拜祖先的活动。婚礼的第二天，丈夫将新婚妻子介绍给他在世的与故去的长辈，妻子要向他们行礼；不过这只是某种礼节上的介绍，为的是让先人认识这个来和他们一起居住的陌生人。正式的介绍是在三个月之后的隆重的祭祀仪式上，这将是新婚妻子第一次站在丈夫身边、仪礼所赋予她的位置。在这个祭祀仪式之前，年轻女子都不能被算作家庭的成员：无须正式的休妻她就可以被送回自己家；为了清楚地显示这一点，夫家在这段时间里保留着新娘来时所乘马车的马匹，以便在有需要的时候（再用这些马匹）将她送回去[207]；如果她过世了，她不会被当作妻子对待，也不可以葬在丈夫的旁边。只有在祭祀祖先的仪式之后她才真正成为合法的妻子[208]。

所有这些仪式似乎都保留着非常古老的仪礼的痕迹：在婚庆仪式中可以看到群婚——即几个兄弟同时迎娶一家所有的姐妹的痕迹；婚后三个月才正式将妻子介绍 128–129 给祖先，这是只属于贵族阶层的时间记忆，在平民中不存在，平民的年轻男女在春夏自由地见面之后，到了秋天，只有在女子怀孕的情况下才能结婚；在贵族中也有类似的情形，往往是怀孕的最初迹象使得婚礼被最终确定下来[209]。

如此组成的家庭会有很多孩子，妻子所生的孩子以及根据仪礼随嫁来的姐妹的孩子，如果丈夫比较富有，还要加上买来的小妾的孩子。孩子们的排行根据母亲的情况而定：妻子的长子永远被视为长子，即使他有比他年长的，但是排位较低的哥哥，也是由长子来继承家族的香火和崇拜。不过孩子刚刚出生时的礼仪不分排行都是差不多的。在出生时，人们只是做一些简单的象征意义的仪式：如果是男孩，就在大门的左侧悬挂一支桑木做的弓；如果是女孩就在右侧挂一块佩巾。在最初的三天，孩子被单独关在一个房间里，任何人不得接近，也不可以给孩子喂食，如果是男孩就放在床上，女孩则放在地下，孩子的手里拿着象征他们将来职业的物件，一个象征爵位的玉制权杖；或者一个代表家务的陶土做的纺锤[210]。三天之后，当婴儿以他们的啼哭声来表达他们的生命力时，家族的家长将决定接受或放弃这个孩子[211]：如果他决定放弃，孩子将被杀死或遗弃[212]；如果决定接受这个孩子，由占卜选出的一个仆人 129–130（在最初三天孩子不进食的时间里这个仆人也进行斋戒）将孩子抱去女眷的住处，由母亲或奶妈第一次给孩子喂奶；同时如果这是个男孩，人们就用他出生之日挂在大门上的桑木弓射六支羊茅箭，分别射向天、地及四方，以驱赶所有的灾祸。孩子的父亲需要主持特别的祭祀活动向祖先宣布这一事件，这样才算正式接受这个孩子，将他/她视为部族的一员。但孩子需要接受的考验还没有结束：由于“孩子的精神与呼吸都无甚气力”，他/她将被隔离在母亲所居住的房间里长达三个月，而母亲在这期间也与丈夫及其他女眷分开，直到产后允许复出的时候。只有到了那时，人们才认为孩子已经足够强大，能够战胜危险，可以带他/她去见他/她的父亲了。

通过占卜选择一个吉日，这一日人们来帮孩子理发，孩子的头发到此时还从来没有剪过，这一日梳好的发型要一直保持到他成年之时：头顶中间的头发会被留下，如果是男孩，就扎两个角辫，如果是女孩就编个髻。孩子的母亲抱着他/她来到大殿的中间，女眷的总管女师向孩子的父亲说道：“母某敢用时日只见孺子。”父亲握着孩子的右手，说出他给孩子取的名字，“名”，他说话时用着小孩子般的声调以免吓着孩子。只有在得到了名字之后，孩子才能被记入家族的族册中成为家庭的一员[213]。

130–131

贵族的孩子与生俱来就拥有某种潜在的品德，“德”，将其与平民区分并赋予他/她特别的能力。但这种品德需要经过启蒙才能得以发展，启蒙则为孩子进入到一个新的生活拥有一个新的名字的阶段，对于男孩来说就是佩戴男子的冠帽，“冠”的时候，对女孩来说就佩戴发簪，“笄”的时候，冠礼和笄礼标志着他们结束了青少年时期而步入成年人的世界。所有的贵族“士”都要经历这样的礼仪，哪怕是天子的长子，因为“天下无生而贵者也”[214]。在远古时代，贵族的少年在青春期开始的时候就以一种特别的生活准备接受启蒙教育，年轻的男孩与成年人分开，离开自家的住所，聚集到一所宅院，在有史记载的时期这里便演变成书院，年轻的女孩则相反留在家中的宗庙中。管教女孩的规则相对没有那么严厉，她们只需留在女眷之中，最多回避到宗庙中；但对于男孩来说就非常严格，他们在完成学业之前是不能回到家里的。

男孩的教育[215]在乡遂的学校中进行，他们从10岁到20岁在那里夜以继日地生活九年，学习三德、礼仪及六种技能，包括舞蹈、音乐、射箭、驾车、写字和计算，每半年根据季节教授不同的课程，户外的练习在春季和夏季，室内的艺术（书法等）在秋季和冬季。长子有权去[132]国都的王室学校学习，那里是培养王室继承人的地方；人们也选拔各地学校里最优秀的学生去那里学习，所受的教育与地方上是相同的。学生们被关闭在学校里的生活还保留着年少时聚集在某一个家庭接受启蒙教育时的痕迹，学校是青少年独有的社区，与成年人的世界没有关联。同时，学校也远离村庄和城市，在西北郊，成半圆形（只有在都城中的王室学校是圆形的），以清晰地显示出它与世俗世界是分隔的；在有史记载的时期，即便很多古老的思想开始褪色，但学校始终被视为圣地，女人不得进入，除了老师之外的成年男子只能进入学校参加特定的仪式。

学业结束后，年轻男子回到家中，蓄发准备他的冠礼。礼仪的时间是在第二个月，日期需要用蓍草占卜得出。仪式的前一晚需向祖先宣布将要举行的仪式，（第二天）仪式在屋苑东侧的建筑里，在众多亲友的见证下盛大举行。首先要解除儿时的发辫——两个角辫，将头发梳理成成年人的发式——用丝带绑住的发髻；随后，人们郑重地为年轻人佩戴上仪式所要求的三重冠帽，佩戴每个冠帽时都需换上相应的服饰搭配。所有的礼节都表示出年轻人将开始全新的生活：发式是新的，冠帽和服饰是新的，最后还有一个新的名字，“字”，用以取代儿时的“名”。仪礼不断强调着重生的特点，在第一次加冠时主礼人说道：“令月吉日，始加元服，弃尔幼字，顺尔成德。寿考惟祺，介尔景福！”在给予他新的名字前的祝辞为：“礼仪既备，令月吉日，昭告尔字，爰字孔嘉，髦士攸宜，132–134 宜之于嘏，永受保之！”[216]对于年轻女子，仪式没有这么隆重，但意义是相同的。女孩在十岁的时候就与男孩分开，被封闭在女眷的世界中，学习与女性有关的一切，首先是服从，这是女性首要的任务，其次是女性的工作：种麻、纺织、抽丝，等等，最后学习宗教仪式，这在她们结婚后会用到。当女孩订婚后，她将去宗庙闭关三个月，之后接受笄礼以及她的新的名字。

冠礼标志着年轻贵族步入了成年人的行列。从今以后，他将承担贵族所应承担的所有责任，但同时也享有贵族所享有的所有特权。他是一个战士，要加入军事远征的行列中；他要服务于他的首领；他有能力接受官职和封地；他能完成公众的或私人的祭祀活动；同时他也可以成婚了。虽然经过启蒙教育的贵族原则上有着同样的职责，但事实上他们远非平等：尚不提天子所培养的诸侯，从乡村的普通贵族“士”到任职于王室和各地的“大夫”，这中间就有着一整套等级制度，不同的等级由授予贵族的职责数目“明”来划分。

贵族最重要的特权是可以拥有土地。但贵族取得土地的方式各有不同。有些以封地“国”的名义得到土地：封建君主通过隆重的分封仪式将土地分给贵族或他们的祖先，并从自家土地神像上取一块土送给贵族，用来放在贵族在家中专门设立的封国的土地神社中，贵族家中的土地神社通常面对着祖庙[217]。封国的面积大小不一 134–135，从大型的、领主比封建君王还要强势的诸侯国到只有 100 个家庭的小封国，如同胜利者越王战胜他的敌人吴国后想要送给吴王的封国[218]；所有封邑都以相同的方式组建，并且这些土地主要的特色是它的宗教色彩。

不过不是所有的土地都是封邑：有很多贵族拥有一小块土地，这些土地不是从封建分封所得，只是作为财产得到的。王侯有很多远亲或官员，这些人获分一块土地作为与他们的职位相称的财产：人们将其称为“家”，或“食邑”“采邑”[219]，这些土地并非都是可以世袭的，土地没有经过分封，在这些土地上也没有设立特别的土地神社[220]，因此这些土地的授予没有任何宗教色彩，不管土地的面积有多大都不能算作封地[221]，不过与分配给平民农民的土地不同，这些土地是一次性固定下来的，不会定期变化，有土地的分界划分，并有农民进行耕种。这些土地的授予更像是给予这些贵族某种土地使用权，令他们有权享受其中的快感。也有一些家庭得到了可以世袭的财产，“世禄”[222]，通常也是以土地的形式，与官员得到的类似：得到世禄的这些家庭的祖先中一定曾有一位高官。这样的土地，根据名字也看得出，可以父子相传，应该也可以 135–136 被子孙共享——因此有些土地已经被分得很小了：楚国的一个贵族许行来滕国居住，他自己耕种滕公给予他的土地，可见这块土地并不大，他还以哲学观点来诠释自己的所为[223]；陈相也效仿他做了同样的事[224]。没有证据显示这些人有权转让土地，因为理论上这些土地并不属于他们；但似乎从很早的时期起人们就在现实中找到了迂回的办法，虽然法律是从（公元前）4 世纪起才开始逐步允许土地的自由买卖，但对于之前已经完成的交易也是认可的[225]。此外，大夫们早就以身试法，交换或变卖授予他们的土地，这些土地没有特别的土地神，也就不构成带有宗教色彩的土地[226]。

由此从（公元前）6 世纪开始慢慢地形成了一个小地主阶层，他们处于被分封的王侯、大夫、附庸以及没有产业、只有权耕种固定数量而不是固定地点的土地的农民之间。似乎就是从这个不太富有的贵族阶层中产生了周朝所有的作家，以及战国时期在各国朝廷寻求财富的冒险家。他们当中的大部分非常贫穷：孔子的年轻时代在贫困中度过，他父亲去世后，母亲无法再得到与父亲职位相关的财物，她只能靠自己的财产为生。孔子的学生颜回“一箪食，136–137 一瓢饮，在陋巷，人不堪其忧[227]”。公元前 3 世纪的一个作家这样描述贫困贵族的住处："儒有一亩之宫，环堵之室[229]，筚门圭窬，蓬户瓮牖；易衣而出，并日而食。"

这些贫困的贵族靠什么为生呢？他们常规的职业是服务于他们的领主。"子之能仕，父教之忠；策名委质，贰乃辟也。"[230]经过这样的仪式，年轻的贵族就成为领主家庭的一员，作为领主的跟从者，"徒"；而领主给他提供食宿并保护他，作为交换，年轻贵族服务于领主，听命于领主，跟随领主出战、出使，或在领主遭遇不幸时，随他被流放，有时甚至追随到死，在领主的墓前自尽。所有诸侯国的大领主都有门徒组成的队伍，有些是他们自己家族的年轻子弟，有些是领地上的贵族。他们被当作保镖雇佣：在（公元前）563年的郑国，执政大臣子驷和负责作战的大臣子国被杀，子国的儿子子产得知这个消息后 137–138 立即封锁家院进行防卫，他召集他的臣子，将这些人列队，遂率十七辆战车即约1800人出战[231]。领主在这些人中挑选他的骑师，"术"、车夫、战车的兵士，这些职位都是炙手可热的，因为它们能拉近与领主的接触[232]；也是在这些人中领主任命他的家臣、负责祭祀的人、占卜的人、负责财政的人、衣官、厨师、屠夫，等；领地的总管，领主城邑的"宰"也从这些人中而来[233]。

尽管这些人的使命是执行命令，但他们并不是为了满足供养他们的主人的任意需求而不惜一切的亡命徒，他们是将自己对领主的职责发挥到极致的臣子[234]。此外还有一系列荣耀的准则，即"古之制"，来指导他们的行为。第一条，也可能是最重要的准则是对领主的绝对服从，不计后果：当领主下达了命令后，“莫余敢止”，这就是古之制（之一）[235]。即使死亡是不可避免的，他们也不会退缩：（公元前）550年栾氏封地曲沃的贵族被问到如果他们失宠，被贬的领主栾盈从流放归来他们会怎么做时，他们这样回答：“得主而为之死，犹不死也。”[236]同样的准则不允许他们在处于不利境况时放弃他们的领主，这个准则甚至可以凌驾于子女对父母的孝敬之上：相关的例证便是狐突的两个儿子，他们是被流放的重耳的随从，（公元前637年）晋怀公给所有跟随重耳出逃的人 138-140 12个月的期限回来投降，否则就会屠杀他们的家人[237]，狐突的两个儿子即使见到他们的父亲被杀，也没有放弃自己的主人前去接受晋怀公的豁免。“古之制”也指引着他们与其他人的关系：他们不能与曾经的师傅发生矛盾。子鱼带着卫献公乘坐他的战车出逃（公元前559年），发现追赶他们而来的是他曾经的射箭师傅，于是喊道：“射为背师！不射为戮！射为礼乎？”这样在马鞍上射了两箭之后，他与车夫交换了位置，车夫与对手并无师徒关系，于是可以狠狠地射击[238]。

这些臣子最重要的一项职责是为家族复仇：必须毫无怜悯地追捕杀害自己父母或兄弟的凶手，如果是远亲，须助主要复仇者一臂之力。如果涉及为父亲或母亲复仇，这项职责将超越其他一切职责，甚至应放弃官职，并准备好在任何地方将凶手杀死——这个世界并不大，不足以同时容纳儿子及杀害他父母的凶手[239]：“寝苫枕干……遇诸市朝，（因为随时带着武器），不反兵而斗[240]。”对于死去的人也要复仇：（公元前）506年，伍子胥和伯嚭*带领胜利者吴军进攻楚国，将已经死去十年的平王的尸体挖出并鞭尸，因平王曾下令杀死他们的父亲[241]。这个时期的编年史充斥着家族复仇的历史。

在周朝时期 140–141 贵族常规的职业便是服务于诸侯或大领主；想要脱离这些职位是不易的，直到七十岁时他们才能提出退休但有可能不予准许；就算有罪罚在身他们也无法离开：如果被处以宫刑，他们将在内宫服务；如果被处以刖刑，他们将会被派去守宫门。

不过并不是所有人都擅长操作武器或担任官职。那些自己感觉无法胜任这些职位的贵族，如果可行，便靠自己的土地为生；还有些人靠他们的专长为生，如祭司、占卜者[242]、巫师、医师[243]、兽医[244]、厨师[245]、屠夫[246]等，他们中间最幸运的人最终将自己的财富与某些王侯或大领主的联系在一起。有些人成为村里学校的老师，教贵族的孩子写字及基本的礼仪，如音乐和射箭，为他们进入乡遂的学校做准备。另有些人从事商业活动，如端木赐（子贡）在卫国以及颛孙在陈国，这是他们依附孔子，成为孔子的弟子之前的职业[247]。专职耕种的农民只能在离他们最近的市集从事一些初级的商业交换，与此不同，贵族所从事的商业活动规模要大得多，如段干木在跟随子夏学习之前是晋国最著

* 嚭，音pǐ。

名的经纪人[248]。贵族商人们将齐国的盐 141-142 售卖到周边国家，还运输谷物、丝绸、牛、马匹等，“候时转物，逐十一之利”[249]，甚至沿黄河的航道前去陇西（近今宁夏府）的市集与来自西方的沙漠商队打交道。这些商人中有郑国贩牛的商人，在遇到秦军时以自己的机智避免了祖国遭受意想不到的攻击[250]；还有一位来自晋国的商人，在（公元前）588 年计划营救被楚国囚禁了八年的晋国将军知罃，其计划是将知罃藏在他的货物中[251]；以及范蠡，在做了二十年越王的大臣之后离开这个国家，两次靠从商致富[252]。又或者贵族们依附于大领主，他们的职责限于朝中，经营王侯的领地（252a）。也有些人靠权宜之计谋生，就如《孟子》中讲到的一个食客，他每天出去寻找葬礼，就为了能在葬席吃饭[253]。

不管贵族处于何种境况之中，甚至在贫苦中，他们也有机会担任最高的官职：根据传说，傅说在被殷王武丁任命为大臣之前是一个修路的苦力。即使被流放，根据传统习惯，收留他们的地方也会为他们安排与他们的官位相称的职责。贵族与平民之间的差别是永远不会消失的。

3. 诸侯

那些被帝王分封了封地的贵族，如果君帝是他们直接的领主，他们便是“诸侯”；如果帝王将他们指派给附近有权势的诸侯，他们则成为“附庸”。分封是通过隆重的仪式进行[254]，在仪式中人们从祭拜王室土地神的神坛取下一小块土，所取的土的颜色和方位与封地相一致，如东方的封地取绿色的土，西方的封地用白色，等等；在取下来的土块上撒上黄土，用白色的茅草包住，将它交给新受封的贵族带回他在诸侯国的家中，用它作为制作封地土地神的核心。

贵族被授予了土地，被分封为诸侯或附庸，他们就有了新的权力和责任，包括对他的领地上的神灵的责任：他要供奉专为他而做的土地神，供奉山川，供奉成为他领地守护者的祖先；对人民的责任：对封地良好的管制，教授人们礼仪及正确的方向；对封建帝王的责任：进贡，兵役等。诸侯家中的住处前面有三道大门，首先是“库门”，库门连着的院子是对外的大殿，他在这里主持公道，然后是“雉门”，连着第二个院子，这里是对内听证的地方，土地神坛在院子西边，祖庙在东边，最后是“路门”，由此进入私人居室；诸侯的生活与一个普通贵族相比并没有什么不同，只不过他的封地比较大，而且国家事务占据了他大部分的时间。其余的，且不说个人生活（成年冠礼、婚姻等）从帝王到普通贵族都是一样的，就连公众生活也没有任何特殊的地方。虽然分封加大了他的德行但并没有将他变成一个圣人，他不需要遵守什么戒律，也没有任何特殊的禁忌与他的官位及职责相关联。他仍然是一个普通的贵族但有权管理其封邑，那些能够与王室接触的算是比一般诸侯多了些特权 143–144。在（公元前）8 世纪末

7世纪初那些大型诸侯国建成时，这些领主在政治上与他们的封建帝王同样强大甚至有过之而无不及，但这些诸侯只有从封建帝王那里才能为他们的实际权力找到宗教基础，而他们本人始终是世俗的。

4. 帝王[255]

帝王是世界的统治者："普天之下，皆是王土，四海之内，皆是王臣。[256]"不过从始至终王权的宗教色彩胜过政治色彩。帝王并不只是诸侯的首领、贵族的楷模、最具道德及最有权势的人；他也不只是国家的领袖、人民绝对的主人、所有王侯及野蛮部落的君主；他首先是上帝授予职权的圣人，他接受来自上天的"天命"[257]，或者以另一种方式表达，他是上天的儿子，"天子"。对于古代的中原人来说，"天子"这个词并不像现代那样只是象征性的，周朝的帝王的确从上帝而来——他们的祖先后稷的母亲因踩着上帝的脚印而怀孕；作为殷王后代的宋国国公丝毫不怀疑自己的祖先偰是在母亲吞下一颗玄鸟丢下的蛋后怀孕的。要想接受和执行来自上天的使命至少需要一个这样的身世，因为上天的使命不仅要求帝王管理 144–146 民众，也要求他成为上帝有力的助手，维护世间秩序，并以他的行动辅佐上天以确保一切都井井有条，要做到这样，不只需要祭祀仪式，还需要帝王好好安排他的日常生活以至于他的影响力和他的德行能够为世界的良好运作做出贡献，并忠实于星辰、季节、冷暖等的变化。

不管是他的出身还是他的职责都决定了帝王是位圣人，要承担一系列正面和负面的义务。事实上在有史记载的时期，帝王的政治角色越来越重于宗教角色，最束缚他的义务也逐渐消失，不过他职责中神圣的部分并没有受到影响。在史前时期，帝王是如此神圣以至于他不能居住在城市中他的臣民中间，他的住所被放置在城市之外的西南郊区[258]。围绕着一个供奉本朝祖先的中央大殿建造起对称见方的楼宇，这样的安排是为了让帝王能够生活在家族中第一位接受天命的先人旁边。他的生活根据年节的变化有着精致的安排：他的住处、衣着、食物根据相应的季节、方位、元素、颜色及味道而改变。春天他应该居住在东边的宫殿，穿绿色的衣服，吃麦类及羊肉；夏天他住在南边的宫殿，着红色衣衫，吃豆类及鸡肉；秋天，居住的是西边的宫殿，衣袍是白色的，食物由麻类和狗肉组成；到了冬天，他住在北边的宫殿，穿黑色的衣服，吃 146–147 黍麦和猪肉；（这样安排）是因为春天对应的是东方和绿色，夏天对应的是南方和红色，秋天对应的是西方和白色，冬天对应的是北方和黑色；至于谷物和家畜，他们的供应自然要看每个季节的种植和养殖条件。如果有仪式需要帝王外出，如大型的祭祀、狩猎或由他指挥的军事远征，他的战车和马匹也要配上与季节相应的颜色；有时为了巡视封地，日期和巡视的顺序也要如此安排：第一年应该去东边，第二年去南边，并根据季节的顺序如此继续下去。他与他的妻妾的关系也以同样的逻辑安排：王后的象征是月亮，所以满月那晚是留给王后的，之后直至月底每晚按照从高到低的排位留给他的妃子，下一个月的前半部再按从低到高的顺序排列[259]。此外，帝王不能直接与他的臣民对话，为了和他们交流，古老的传说一直讲述的是智慧的大臣如何辅佐远古的圣王并替他们管理国家（尧将他的政权交给舜管理，舜做了帝王之后就将事务交给禹，到禹登上王位后有伯夷任大臣），而帝王由于各种各样的禁忌被限制在他的职位所设定的圣人的世界中，只有通过大臣才能行使他的权力，大臣从他这里得到圣旨并传递下去，成为帝王与世俗世界必然的衔接者，这些古老的传说便似乎是保留了对那个时代的记忆。到了有史记载的时期，人们觐见帝王时要将他“一分为二”，不可以望他的衣领以上及腰带以下，和帝王说话之前要在嘴前放好一块长形或圆形的玉牌，以免说话的气息弄脏帝王，玉牌被称为“圭”或“璧”，是爵位的象征。

那些将帝王围困在他的神圣领地的古老禁忌在有史记载的时期已不复存在，于是周王和他的妻妾就居住在加筑了城墙的都城中心。不过那里只是 147-148 他们的日常住处，某种世俗居所，而古老的宫殿还保留着，作为帝王的德行——他的职位所特有的——唯一能够得以发扬的地方。古老的宫殿远不是残留的建筑。它是圆形环水的宫殿“辟雍宫”，人们似乎也把它叫作圣殿“明堂”[260]，它有一个观天象的平台“灵台”；帝王已不再居住于此，但如同他去其他庙宇一样，他为了某些仪式会来到这里。根据仪礼，帝王每个月到宫殿去模拟古代帝王的生活，在（相应的）寝宫，着（相应的）服饰，吃（相应的）食物，以确保世界保持秩序井然，季节按规律轮换，或简而言之，保证自然界的进程不会受到影响[261]。不过随着人们对古代帝王生活的记忆慢慢消失，古老宫殿的作用也在减弱。西周的都城镐有一座辟雍宫：据称由文王建造，到了（公元前）6世纪它的灵台还保留着，在秦国的都城附近。当平王在（公元前）8世纪中叶在洛邑建立新都时，不确定是否也建造了一个这样的宫殿。在明堂举行的最盛大的仪式是所有诸侯觐见帝王的仪式，（东周时）这个仪式每次在郊外一个临时的、方形的神坛上搭建的圣地举行[262]，似乎大部分特殊的礼仪都转移到祖庙进行，祖庙逐渐成为宗教事务的中心。

周王的日常生活和普通诸侯一样，在他的都城中心进行。东周的都城据说是周长17 200尺（约3500米）见方的小城[263]，在洛水以北，它的名字“洛水的村落”，即“洛邑”由此而来[264]。148–149 城墙简单地竖立在方形的城郭之外，被护城河环绕，城墙上凿出12个门（每边三个），南面中间的门是主门，专供帝王使用；在东南门的旁边放置了著名的“九鼎”，据说由传说中的大禹铸造，拥有九鼎意味着合法拥有王权。九条横向的街道和九条纵向的街道贯穿了都城的东西南北，城中心大约九分之一的面积里是留给王宫的；城北是大市集，宽阔的院落中布满店铺，这个市集是建城之初由王后亲自主持启动的，比都城其他地方简单的市集要大许多；城南是大臣们的住所；东西两侧是官员和朝臣以及其他所有依赖朝廷生活的人的居所。

王宫仅为帝王日常的住所，已经没有任何宗教色彩[265]，总体上它就是一个扩大了很多倍的诸侯的住所，召见群臣的大堂在南边，祖庙在左边，土地神社在右边，帝王的住处在后院，整个建筑被城墙围住，入口在南面。当帝王摆脱了那些将他置于城外圣殿的禁忌后，他便满足于按照他的封臣的住处来改建自己的居所[266]。与臣子们的住所一样，帝王的住处从外殿到私人寝宫被三道门隔开，每道门之间的距离是一百步，其间经过有不同公众用途的院落[267]。第一道门 149–150 是放置皋鼓的“皋门”，通向外院，门内是对外接见的大殿，帝王在那里主持公道，或者确切地说是由司寇替他处理刑事案件；也是在那里举行帝王召见群臣的隆重仪式，仪式上帝王面南而坐。大夫与封臣按照他们的等级排列在大殿与大门之间的院子中间，第一级的排在左边，第二级的在右边，九级官员的位置以九棵棘树来识别；在大门入口处面对帝王的地方，三棵槐树标志着朝廷最高官员“三公”所在的位置。在中央区域两侧各有一块石头，右侧的是美丽的“嘉石”，有罪行的人在这里示众；左侧是如同肺的颜色的“肺石”，那些投诉官员的人会在肺石上站立三日[268]。

这之后就来到应鼓的大门，“应门”，两侧有两根柱子，从这里进入第二个院子：院子的最里面是对内听政的大殿，帝王每天早上在这里接见大臣商讨国家事务；这个院子右侧的城墙处有个缺口，是土地神和谷神的神坛“社稷”，左侧有条通道，通道的北边是祖先的庙宇“太庙”，太庙的对面，通道的南边像屏风似的有栅栏围着，上面有顶棚，这里关着的是被战胜的朝代的土地神，被称为引以为戒的土地神社“戒社”，或亳州的土地神社“亳社”[269]。这里是（整个建筑的）中心 150–152 天井“中霤”，宫殿的土地神也供奉在这里，如同所有的民居一样；因担心车轮会破坏集雨池，任何人都不得驾车驶过这里，否则车辕会被砍断，车夫会当场被杀头[270]。

最后是第三道门，“路门”，也称为“毕门”，从这里通向帝王专用的“六宫”。第一个建筑是大寝宫“大寝”，或称路门的寝宫“路寝”，这里是用于接待的宫殿；长三十五步，它分为三个厅，节庆的大厅“宴堂”是帝王举行豪华宴会招待诸侯和大臣的地方；左右两个侧室是帝王仪式前更衣或仪式结束后休息的地方。大寝后面沿着内院的是帝王的小寝室“王小寝”，这里才是帝王真正居住的地方，有卧室、衣橱、各种储藏间、厨房等。后面再向北是女眷的六宫，总体布局看起来和帝王的六宫是一样的：前面是王后的大寝宫“后大寝”，王后在这里召见相关人士处理宫廷内部事务及下达指令给奴役，这里也用于对外接待及举行仪式（比如将出生三个月的新生儿介绍给他/她的父亲的仪式就在这里举行）；后面沿着内院的是“小寝”，其中两间是专门留给王后的，其他三间给三位“夫人”，她们是王后的陪嫁，也是最高级别的妃子；六宫之外是“九室”，大概分为三个殿，供后宫的女人居住——按等级分为两个阶层：“世妇”及“御妻”

（为一级）；之后是奴隶“婢”、被处罚在后宫劳作的女人及看管和监督后宫所有 152–153 服役女人的宦官“司人”；其他的殿堂被用作厨房、仓库等。这里与现代王宫相似，如同一个大花园，占据了整个王宫的北侧。

帝王的生活就是在这里，在他的女人及未成年的孩子中进行。事实上当帝王的儿子长大之后他们便不再住在后宫，他们被授予属于他们自己的宫殿，通常来讲王位的继承者“太子”会住在东宫，他的兄弟住在西宫、北宫等。帝王的私人生活与其他的诸侯并没有什么不同，如成年冠礼、结婚、丧葬，并没有专门为帝王而设的礼仪；最多是在需要遵守礼仪的时候，帝王可拥有的数量（比一般诸侯）多：普通贵族只能娶三个女人，封建诸侯可以娶九个，而帝王可以有十二个；他需要定期祭拜的祖先有七位，诸侯有五位而大夫只有三位，等等。不过这些都只是外在的不同，并未改变礼仪的实质。只有在过世之后，残余的传统区别才又显现出来：如同帝王在世时进行宗教生活的圣殿与一般人的住所不同，天子死后的住所——他的墓穴也与他的臣民的不同；不仅是他的坟墓更大，而且只有通往帝王墓室的粗石砌成的墓道“隧”是有顶棚遮挡的，诸侯的墓道只能是露天的，不过我们并不清楚帝王小心翼翼地保留着这个特权代表了什么[271]。

王位是父子相传的：妻子的长子是法定的继承人。不过惯常的王位继承中还保存了一些较古老的按照母系顺序继承的痕迹，（在这种情况下）不是儿子继承王位，而是兄弟继位或姐妹的儿子继位，这时为了表示子承父业，需要一个大臣做中间人，帝王将王权退让给他再由他交给要继位的人[272]。帝王去世前不久会将满朝大臣召集在殿前，为首的大臣是三公之一的“太保”；帝王授权太保将王权传给他的儿子并辅助他管理国家。帝王去世后，太保领命操办各项事宜：由他下令官员们准备葬礼；是他让大史记录下已故帝王的遗训；也是由他将继位的王子带到亡父身边主持葬礼。几天之后太保将为继位的王子举行登基仪式。那天太保手持象征王位的 12 寸玉牌，在负责宗教事务的公侯及大史的陪同下，像帝王上朝一样，从专为宫殿主人而留的台阶进入大殿，面向南而立，以王室上朝的礼仪接见王子，王子从宾客使用的台阶进入，如同臣子般站在太保面前。大史读出将王权转予王子之职责，王子先拒绝两次，然后在奠酒之后接受，随后他便收到象征王权的玉牌。王子于是面向南站在（帝王）荣耀的位子，而太保退出大殿，取回象征大臣的玉牌，再从宾客的台阶进入大殿，以臣子的身份觐见新帝王[273]。

在远古时期王权所扮演的宗教角色胜于政治角色，由上可见在有史记载的时期帝王的职权仍保留了一些远古时期的残余。周朝所发生的事件令周王失去了全部的政治权力，又通过独特的变化，赋予了周王一个纯粹的宗教角色。但很多观念从上古时代开始已经改变，就算礼仪的形式还和以前一样，周朝末期宗教意义上的帝王与远古起源时亦神亦巫的帝王相比已经相去甚远。

162 我使用“patrician”来翻译“士”，我偏好这个字胜过“noble”（贵），因为两者间有个很重要的区别：从出生起就属于贵族的称为“士”，而在男子成年后通过受教育成为贵族的称为“贵”（《礼记》，I，605，《郊特牲》）。

163 《礼记》，I，53（《曲礼》）。

164 《公羊传》，卷7，14b；《穀梁传》，卷7，8 b；《周礼》，I，226，240–341，II，566；《孟子》，119–121；《礼记》，I，265（《王制》）；《韩诗外传》，卷4，7a（《四部丛刊》刊本）。上述提到的这些段落，最后两段作于汉代但取材于更加古老的文献，《王制》大约取材于《孟子》而《韩诗外传》部分来源于《穀梁传》。其他几段在（公元前）4世纪相继完成，其中《周礼》的部分是独立的（也因此被视为是添加的文字），而《公羊传》、《穀梁传》及《孟子》的部分似乎是相互关联的。胡适先生在他的《井田辩》（刊于《胡适文存》卷2，247–284）中认为前两段文字（甚至《周礼》中的文字）都来源于《孟子》，我不认同这个观点，很显然，《孟子》只是清晰地阐述了孔子学派的教学之道，如同《春秋》的两部注释文集为我们所保留的一样：这三部作品，不管它们分别作于何时，并不是源自对方，而是有一个共同的来源。——对于井田制过于理论化的描述使得中国和日本的某些学者质疑该制度，他们更愿意简单地将井田制视为乌托邦而非现实：但与此相反，古代文献甚至其汉代的注释对特有细节的叙述表明这个制度是真实存在的社会制度，而对于它的记忆历经社会变革和改变到汉代时仍栩栩如生［有关此问题的讨论，见桥本增吉（Hashimoto Masukichi）先生的文章《中国早期的土地制度》（*On the early Chinese Land Regulations*），刊于《东洋学报》，1922年；及我上文提及的胡先生的《井田辩》］——戴密微（Démieville）在《法国远东学院简报》，XXIII（1923年），494–498中对胡先生的文章做了很好的总结。此外，井田制在中国农业历史中有它特定的位置：中国人像中原南部及印度支那北部的大部分部落一样，在史前就开始以烧荒来开垦临时的土地，几年后当土地用尽便不得不放弃这片土地迁移到其他地方。这种模式下农民是无法建立个人的家产的。甚至到了有史记载的时期，通过为河流筑堤、挖掘灌溉渠等可以建立永久的土地，但原始的轮作方法还是会使农民经常迁徙，让土地闲置。《周礼》，毕欧，I，206–207 中对于连作地（即可以长期耕种的土地）与休耕地（一次或两次休耕地是指每两年需休耕一年或每三年需休耕两年的土地）的区分显示了农民耕种的权力，尚不提建立产业的权力，是如何被稳固下来：（农民分得的）荒地的总数是 200 亩需休耕一年的土地或 300 亩需休耕两年的土地，这样每年都可开垦其中的一半或三分之一；从这个时期开始，每个农民在一次性分配给他的土地上劳作而不像之前，一群农民在每次分配土地时一起前去耕种分配给他们的新的土地。农民的家庭稳定在一块固定的土地上，这为农民个人财产的形成做了准备：它在周朝末期确实出现在中原不同地区，而（最终）形成大致是在秦汉时期。税收制度也为这一稳定性做了准备，或至少是提供了便利：旧时不规律及难以建立的什一税逐步被真正的地税所取代，不再按每年都有变数的收成的比例收税，而是按固定的耕种面积的比例收税。鲁国的地税始于（公元前)594 年，鲁国是唯一一个在这方面给予我们准确信息的国家(《春秋·宣公十五年》，理雅各，I，325–327）：即“初税亩”（“第一次按亩来收税”）。在秦国，不管对错与否，人们将卫鞅变法归于（公元前）4 世纪；晋国不知何时开始有地税，但我们找到一个魏国成立伊始就有的地税“租赋”，魏文侯（前 436 年—前 387 年）将其提高。到了孟子时期（公元前 4 世纪末），在中国东部井田制从税收的角度已几乎被人遗忘以至于滕国公要请孟子向其讲述典制（《孟子》，理雅各，119）。

165 周朝作者时常认为宋国和晋国分别代表的是殷朝和夏朝的礼仪习俗，因此应从这个角度诠释《孟子》，116 中的段落，以这些朝代的度量来测算面积。也可参阅《前汉书》，卷 29，1b。不同国家分配给农民的土地之间的准确关系是很难确定的，因对土地的度量一定是因国而异的。

166《孟子》，337［顾氏，323］。

167《周礼》，毕欧，II，556。有关市集的总体介绍以及区域划分、官员的职能等，同前，I，309–328。

168 同上，I，317 中提到售卖“货贿，人民，牛马，兵器，珍异”（“货物，奴隶，牛马，兵器和车辆，珍奇稀有的物品”）。

169《周礼》，毕欧，I，322（司虣）；323（司稽）。

170 同上，I，52，311（合约“剂”以及买卖契约“质”），317–318（担保人“质人”）。

171 同上，I，312。

172 “里社”是最小的区域划分中的土地神社，见沙畹的《土地神》（Dieu du Sol），439–440。

173《礼记》，I，386（《月令》）。

174 一个“里”由五个“邻”组成，每个“邻”为五个家庭，即每里 25 个家庭（《周礼》，毕欧，I，337），以每块井田有八个家庭计算，这差不多等于三个井田的家庭数目。这些数字都是大致的，有关周朝农民社会的各种描写都因系统化而有所扭曲：如果每个井田有八个家庭，那么每里就应该刚好有 24 个家庭；这个数字可能做了修改以便能被 5 除开，也为了使五邻原则上能是相等的。沙畹在他的《土地神》（Dieu du Sol）第 439 页及之后的段落中将“里”翻译为“canton”，我认为将一个由 25 个家庭，即 200 个居民组成的区域称为 canton 有些过大——这里是以中国官方所说的每个家庭有八个人推算，《孟子》，37也是这样计算的。根据区域的不同，“邻”、“里”有相对应的其他称谓，如五个家庭称为“比”，而二十五个家庭的村庄称为“闾”（《周礼》，I，211）。一部较后期（公元前2世纪）的著作《尚书大传》，卷4，13b还提到另一种完全理论化且基于历法的数字的组织结构：即“邻”由井田的八个家庭组成，而“里”由九个邻，也就是72个家庭（一年中“候”的数量）组成，“邑”包括5里，即5×72=360个家庭（一年中的天数）。差不多在同一时期［汉文帝（前179年—前157年）任下］，晁错在给皇帝的奏疏中形容了另一种“古老”的组织形式：5个家庭组成“伍”，“长”为其首长；由10个长领导的家庭组成“里”，里的首长是“假士”（颜师古注解：假=大）；四里组成一“连”，连由“假五百”（带领）；十连组成一“邑”，邑有假侯（《前汉书》，卷49，7a）。晁错来自颍川。他所做的描述似乎出自《管子》（公元前4世纪）；参阅下述第246页，其中只有两处改变：《管子》的“县”变成了“邑”；以十为单位的“轨”变成了“伍”。

175 《诗经》，理雅各，I，230［顾氏，163］。

176 同上，232［顾氏，164］。

177 同上，226［顾氏，160］。

178 《周礼》，II，195，389。秋天的最后一个月，当人们将要回到村里的家中时，也会以同样的仪式将火送回。这被称为“改火”或“变火”（《周礼》，II，195）。

179 《说文》将庐定义为临时居所，“寄”也：“春夏居。秋冬去。”参阅《太平御览》卷182，2a。有关“庐”的意义及它与“宅”和“尘”的分别见顾廷纶的《五晦之宅考》，该文是严杰的《经义丛钞》卷17中的一章，刊于《皇清经解》，第178期，卷1387。

180 “井”田分为九块，由三行（每行）三块土地组成：耕种每一行的家庭夏天时住在同一个棚舍，所以一行的三块土地被称为“屋”（《周礼》，毕欧，I，231）。每个棚舍有三个家庭，除了中间一行的棚舍只有两个家庭（因公田在这一行）。参阅《前汉书》，卷24，A，1b，2a，及颜师古的注释；不过作者假设远古时期与他所处的时期一样，农民每天早上离开村庄而每天晚上会返回。

181 葛兰言（Granet），《中国封建社会一夫多妻（姐妹间）制及在姐妹中续弦的制度》（*La Polygynie sororale et le sororat dans la Chine féodale*），42。（后简称《一夫多妻》）

182 关于这个称谓，见葛兰言（Granet）的《中国古代婚姻习俗》（*Coutumes matrimoniales de la Chine antique*），550。（后简称《婚姻习俗》）

183 葛兰言在《一夫多妻》，42中假设平民有部族的称谓“姓”并且全村“里”的居民都是同一个姓；他举出的例子是“韩侯的岳父，蹶父（意为蹶的父亲，或蹶的首领），其家庭的住所在蹶村”（《诗经》，549；［顾氏，405］）。但这个例子并不恰当：蹶不是部族的“姓”，此人是姞姓（参阅同前，550），蹶是他的封地的名称，而蹶父也非葛兰言所理解的蹶姓的首领，而是蹶这个地方的领主；此外，这个人的姐妹嫁给了周厉王，他的女儿嫁给了韩侯，这个人很显然不是平民。

184 葛兰言在《婚姻习俗》，542、543、551中承认年轻人在夏天也会分开（他这么说并非没有犹豫过）；我认为《诗经》中好几篇所暗示的夏天的分离是事实上的分离，原因是年轻男子从很远的地方来参加春天的庆典，之后不得不返回自己的住地务农，在农活完成之前，即秋天即将结束的时候无法再来；在我看来这不是礼仪上的分离。

185 有关平民的婚礼，见葛兰言的《婚姻习俗》，517–533；及《中国古代的节日与歌谣》（后简称为《节日》），我基本上认同他的结论。不过我认为这些习俗并不完全是婚姻方面的（见《法国远东学院简报》，XIX，1919年，67－72），但在贵族伦理道德的影响下倾向于变成婚姻方面的习俗。至于将婚礼放在秋天，我采纳郑玄（公元2世纪末）的这个观点，反对注经学派王素（公元3世纪）所认为的婚礼在春天，而前一年的秋天为订婚仪式；有关这些分歧，见葛兰言的《节日》，132，后者也持同样观点，在秋天夫妻开始共同生活（同前，137）。至于要等到年轻女子怀孕了才能成婚，为此可能要等上好几年，我之所以做这个假设是因为这是所有南方野蛮部落的习惯，这些习俗至今仍存在：有些部落以此为规定（如倮倮），在其他的一些部落至少这是惯常的做法，其理论可能完全不同（如上东京地区的Tsi部）；我没有中国在这方面的官方文献，但从贵族的婚礼仪式中可以看到与此相类似的习俗的残留。

186 只有贵族才有姓：见3世纪对《书经·尧典》中有关"百姓"一词的注释（该注释被错误地归于孔安国）：只有那些有官职的人才能有姓。参阅杨慎《升庵经说》，卷3（《书经》），1a：百姓；顾炎武，《日知录》，卷23；沙畹，《司马迁的历史记忆》，注释103；哈隆（Gustav Haloun），《对古代中国部族定居史的贡献》（*Contributions to the History of Clan Settlement in ancient China*），I，《泰东》，I（1924年），76。我认为葛兰言在《一夫多妻》，42中将一个姓给予平民是错误的，n. 4。

187 马伯乐《书经中的神话传说》，64（《亚洲杂志》，1924年）。我无法认同哈隆（同前，79）所做的假设，即"每个特定的姓拥有王国中指定的一部分土地且这里便是他们最初的定居点"。参阅《亚洲杂志》，CCIV（1924年）。

188 关于这个假设，见沙畹的《司马迁的历史记忆》，I，3－5，注释1；孔好古的《中国》，485；葛兰言的《一夫多妻》，48，注释3，及其《中国古代的舞蹈和传说》，13及之后段落，428。

189 《礼记》, II, 423(《坊记》, 有关子思的叙述);《左传·昭公元年》, 理雅各, 573, 提及古时的叙述, “故《志》”(文字与此处所写相同)。

190 这与人们通常认为的相反，认为这个数字比实际数字少；可以确定的是今时今日姓的数目（比之前）多了很多：不过这个数字的增加是由于从秦代开始人们将部族的“姓”与家庭的“氏”混淆在一起。

191 《述异记》，卷 1，1a。

192 《史记》，卷 5，沙畹，II，5。

193 同前，卷 43，沙畹，V，27–31；他（赵简子）还看到范大夫（祁姓，尧的后裔）的祖先如一只熊，荀大夫（其姓不详）的祖先如一只有条纹的熊; 这些动物正好是家族的象征，被画在家族首领的大旗上(葛兰言，《中国古代的舞蹈和传说》，386–390)：这里清楚讲述了对于古代以动物为原型的祖先的信仰是如何削弱和转变的。

194 将这些观点推广到那些没有证据证明他们是如此被构思出来的人物身上没有任何益处；例如辛德勒（Schindler）先生在《中国人对圣贤认知的发展》（*The Development of Chinese Conceptions of Supreme Beings*）中把玩舜这个汉字及一个很近似的，表示锦葵的汉字，得出这位帝王以锦葵为图腾。对于以动物为原型的祖先的信仰是中国人、傣人等的共同文化中的一部分。见马伯乐《Tăi–noirs 人中与家族名称相关的一些禁忌》（*De quelques interdits en relation avec les noms de famille chez les Tăi-noirs*），刊于《法国远东学院简报》，XVI，III，29–14；劳费尔（Laufer）《印度支那的图腾迹象》（*Totemic traces among the Indu-Chinese*）（《美国民俗学期刊》（*Journ. of American Folklore*），1916 年）。在有史记载的时期不应该夸大这些“图腾崇拜迹象”的重要性，参阅松本信広（Matsumoto Nobuhiro）《中国的姓和图腾崇拜》（*Les sing chinois et le totémisme*），刊于《汉学》，I，1921 年至 1922 年；葛兰言《中国古代的舞蹈和传说》，

602–606。

195 因此鲁国叔孙家族的首领被简单称为叔孙氏（《左传》，598）。

196《左传》，276：一个兄长，也是家族的家长，将他的妹妹嫁出去后不管妹妹的意愿将她从第一个丈夫那里带走，嫁给了第二个丈夫。

197《左传》，599。［顾氏，TT3，92］。

198《礼记》，I，637。

199《左传》，727。［顾氏，TT3，431］。

200《礼记》，I，74。

201 同前，I，637。

202 有关贵族的婚姻，特别要参阅葛兰言的《中国古代一夫多妻（姐妹间）制及在姐妹中续弦的制度》。

203 葛兰言，见前述引文，45，补充道"与非结盟群体通婚是被禁止的"，他也假设每个家庭只能与少数的一些家庭联姻，这些（可以联姻的）家庭之间有着某种通婚的权力。葛兰言所述是基于《国语》，卷2，1a 中的文字，在我看来不足以从中得出一个有法律效力的规则，而且似乎也没有任何历史或小说对此加以佐证；由于（《国语》）这部作品成书的时间比较晚（公元前3世纪中叶），我更倾向于将其看作有关古人婚姻占卜的文集，对古代帝王和诸侯的婚姻做了分析以便被当成规则。

204《诗经》，240。［顾氏，170］。

205《左传》，376。［顾氏，TT2，88］。

206 有关贵族婚礼仪式的描写，请特别参阅《仪礼》第二章，顾赛芬，25–27；《礼记》，顾赛芬，I，606–611（《郊特牲》），II，367–371（《哀公问》），及整个第 XLI 章（昏义），II，641–651。媒人的角色在《仪礼》中有所描写但并没有用到"媒人"的字眼，顾赛芬神父做了补充。

207 《左传》，理雅各，297–298 中提到宣公的一个女儿从鲁国嫁到齐国后返马一事（前 604 年）。［顾氏，TT1，589］。

208 《礼记》，顾赛芬，I，429–439。

209 葛兰言的《中国古代婚姻习俗》，556–558 中对这三个月的时间有另一种解释。

210 《诗经》，II，IV，5，第一段 8–9（理雅各，306–307）。［顾氏，223］。

211 接受孩子被称为“接”（《礼记》，I，663）；或“举”（《西京杂记》，卷 2，2b）；拒绝孩子被称为“不举”（同前，《前汉书》，卷 97 B，5a）；或“弃”（《左传》，295）。

212 参阅《国语》卷 14：叔鱼的出生。——《左传》，295：楚国若敖家族家长子文建议将他刚刚出世的侄子立刻杀死，因为根据孩子的哭声子文预见他会毁掉家族，但孩子的父亲不同意。（原文的文字没有提到伯父见过孩子，是理雅各在翻译时错误地加上了这样的字句）［顾氏，TT1，584］。此外，斗伯比秘密地与郧公的女儿生了一个儿子，谷于菟（子文），孩子的外婆郧夫人将孩子丢弃，孩子遂被老虎喂养（同前）［顾氏，TT1，586］。某些特定的时间出生的孩子被视为是不吉利的。如五月初五：据说这一日出生的男孩会杀死他的父亲，而女孩会杀死她的母亲（《史记》，卷 75，1b），于是人们经常将这一日出生的婴儿丢弃。此外还有其他的理由将孩子抛弃：双胞胎是受欢迎的，但如果一个女子生下三个孩子，这三个孩子则不能被接受；同样，如果孩子出生的月份与其父亲相同则不能留下这个孩子，等等。（《风俗通》，刊于《太平御览》，卷 361，2a）。亦可参见《前汉书》，卷 27，10a：一个孩子不被接受，“不举”，因为他出生前两个月在他母亲的肚子里哭闹；人们将他埋在一座堤坝上，连续三天人们经过时都听到哭声，之后他的母亲将他挖出时他还活着。

213 《礼记》，顾赛芬，I，662–672，II，678；另见葛兰言《被放在地上的孩子》（Le dépôt de l’ enfant sur le sol），305–361。

214 同前，I，605（《郊特牲》）。

215 《礼记》，顾赛芬，I，468 及其后文字；《周礼》，毕欧，II，27–29；I，292–293 （三德）；297（六种技能）。至于将学校称为“男人的居所”，见克斯托普（Quistorp）《古代中国的父系社会及年龄组别》（*Männergesellschaft und Altertumsklassen im alten China*），20–22。

216 《仪礼》，卷 1，顾赛芬，1–24（并参阅《礼记》第 40 章，顾赛芬，II，636–640）；二月的日期出自《夏小正》。见克斯托普（Quistorp）先生（见上述引文，8–18）给冠礼赋予了启蒙的意义，同时他将学校与原始时期男人的居所相比较，这在孔好古（Conrady）的《中国》（*China*），448 中也有提及。

217 沙畹，《土地神》（*Dieu du Sol*），456。

218 《史记》，卷 41，沙畹，IV，431。

219 《礼记》，I，77，《周礼》，II，455（家）；《礼记》，I，511（采）。

220 “大夫”的领地没有特别的土地神（沙畹《土地神》，445–446）。

221 根据孔子学派的历史记载，楚昭王想赠送给孔子七百个村庄，连同土地神和土地上的农民，但这七百村庄并不是封邑（《史记》，卷 47，沙畹，V，371）。同样地，根据《荀子》卷 3，22b–23a，管夷吾收到有三百个土地神的封地，“书社三百”，这令他成为齐国最富有的人，但即便这些土地是世袭的，这并不是封邑。

222 《孟子》，理雅各，38［顾氏，336］；118［顾氏，415］。

223 《孟子》，理雅各，123–124［顾氏，420］。

224 同前，160［顾氏，457］。

225 人们将这种变革归功于秦国，远古中国最进步的国家：这是卫鞅使孝公在公元前 350 年所采纳的法律之一。

226 《左传》，590：最初属于文王封地一部分的周朝的土地，由周王让给了晋侯，再由晋侯给予了赵氏家族，这些土地在一个世纪之内三次更换了主人。

227 《论语》，52；《孟子》，211［顾氏，501］。

228 《礼记》，顾赛芬，II，606。这里所指的一定是贵族，因为平民始终不可能成为文人或学生；另外对于住处的描写也证明了这一点：农民有权获得一处 2.5 亩的住处（屋和院）。贫困的贵族的物质条件要低于农民，农民能够获分一定数量的土地。

229 如果根据原文的字句，这是一个边长不足 3 米见方的茅屋。房子宽 17 尺，深 8 尺（17+17+8+8=50 尺；即 4.25 米乘 2 米），按照中国的模式分为三间 6 尺乘 8 尺的房间（即 1.5 米乘 2 米），房间的面积是非常小的；这很可能是一个没有隔断的茅屋，但如果如此，任何礼仪仪式都无法在此举行。

230 《左传》，186（僖公十二年）。

231 《左传》，448（襄公十年）。

232 有一个例子便是鲁国叔孙家族首领叔孙豹的骑师牛对他的影响（《左传》，599）。

233 孔子的弟子子羔为季氏鄪县宰（《论语》，110），孔子的另一个弟子闵损（子骞）拒绝了这个职位（同前，51）；孔子的第三个弟子，子夏，为莒父宰（同前，134）；等。

234 《左传》，186、191［顾氏，TT1，354］，等。

235 《左传》，191［顾氏，TT1，354］。这里提到的领主是诸侯。

236 同前，501。

237 《左传》，186［顾氏，TT1，338］。

238 同前，465［顾氏，TT2，302］。

239 《礼记》，I，147（《檀弓》），原文“弗与共戴天”（“（儿子）不能接受（与凶手）两人同时存在于世上”）。参见同前，I，56（《曲礼》）。

240《礼记》，I，148。这些有关家族复仇的建议经孔子之口讲出。参见海尼士（Haenisch），《复仇的义务——儒家伦理与中国国民情感的冲突》（*Die Rachepflicht, ein Widerstreit zwischen konfuzianischer Ethik und chinesischem Staatsgefuhl*），刊于《德国东方学会》（Deutsche Morgenl. Gesell.），X（1931年），1-2。

241《史记》，沙畹，IV，23。

242 楚国大家族之一的观从回忆说他的祖先能够诠释龟甲的卜文（《左传》，649，［顾氏，TT3，219］。

243《周礼》，1，8，92-98。

244 “兽医”（《周礼》，I，98）以及马的巫师“巫马”（《周礼》，II，259）。

245 王宫中的厨师称为“内饔”，和外面的厨师“外饔”一样，他们都是第二级的贵族(《周礼》, 1, 6, 79); 还有些文字将厨师称为“饔人”，他们穿黑袍，戴煤色的帽子（贵族仪式的服饰）参加祭拜祖先的仪式，《礼记》，II，195（《杂记》）。

246《周礼》，I，6，76。

247《尸子》，刊于《群书治要》，卷36，8 a。

248《吕氏春秋》，卷4，6a。

249《史记》，沙畹，IV，442。

250《左传》，224［顾氏，TT1，427］。

251《左传》，353［顾氏，TT2，43］。

252《史记》，沙畹，IV，439-448。范蠡在齐国以及之后在陶的经历看起来像是小说，不过有关贵族的历史，特别是高官失宠后靠经商发财，整体上看还是有趣的一笔。

（252a）《左传》，664。

253 《孟子》，216［顾氏，506］。

254 《逸周书》第48篇（《作雒》），卷8，7 b；参见沙畹《中国古代的土地神》（*Le Dieu du Sol dans la Chine antique*），456–457。

255 马伯乐《“明”这个字》（*Le mot ming*），《亚洲杂志》，1927年。

256 《诗经·小雅》第四部，第一篇，顾赛芬，269。

257 上天的命令人们常用的词是“天命”，不过有时也会说成是天帝的命令，即“帝命”（《诗经》，447），或“上帝命”（《书经》，369；《逸周书》，卷5，3a）。

258 章炳麟先生最近在《神权时代天子居山说》，刊于《章太炎文钞》，中华图书馆版本，卷4，37a – 39b中认为古代帝王是“上天的官员”，在那个时代神权事务与民间事务的区分并不清晰，帝王为了离天庭更近则住在高山上，而他们的大臣住在山坡上。这个假说的基础相当脆弱，因而不值得被采用。

259 葛兰言，《一夫多妻》第39页。

260 有关这个词的翻译，见马伯乐的《“明”这个字》。明堂这个名字是礼仪上使用的，它在公元前4世纪出现在文学作品里，但不确定它是否在此之前早已被使用。

261 《礼记》，I，677–678（《玉藻》）；《论语》，III，XVII，第25页；《左传》，245。

262 《仪礼》，顾赛芬，380–382。

263 《逸周书》，卷5，8 a（第48篇《作雒解》）。《周礼》，毕欧，II，555描写该城周长为9里，与（我所写的）基本相同。

264 在今河南府城墙偏东北处。

265 这就是为什么王宫建成后及帝王居住之前不需要进行宗教仪式，《礼记》，II，197（《杂记》）。

266 我通常依照焦循的《群经宫室图》卷1，21a，44a中对王室宫殿的细致描绘和图示（《皇清经解续编》，卷 395；摄影石印刊本，卷 64），焦氏此书做得非常好，除了个别地方太过琐碎。书中也有对古代文字和评述的精彩讨论。

267 古代的作者并没有直接告诉我们王宫的门、院落及建筑的数量。汉代的作家赋予他们一连串五个门，但其顺序却不统一（见郑玄（2 世纪）在他自己的周礼评注中对 1 世纪注经师郑众的观点的讨论，参阅毕欧，II，347，注释）；汉代作家的观点普遍被接受，直至 18 世纪戴震指出王宫与诸侯的住处一样只有连续的三道门，我认为他的举证是决定性的（《三朝三门考》，刊于《戴东原集》卷 2，3a－4b）。

268 《周礼》，II，347－348。

269 亳是被周朝战胜的殷朝的第一个首都。

270 《韩非子》，卷 13，13a。这个故事发生在楚国。

271 《左传》，156。——在西安府周边被认定的西周墓穴目前的状况无法给我们提供什么信息，见谢阁兰（Segalen）的《瓦赞、拉蒂格与谢阁兰一行在中国西部所取得的考古结果的第一份报告（1914 年）》（*Premier Exposé des résultats archéologiques obtenus dans la Chine occidentale par la mission Gilbert de Voisins*, Jean Lartigue et Victor Segalen（1914）），刊于《亚洲杂志》，XI，VII（1916 年），401-405。在谢阁兰对吴国王子的墓穴的描写中不能确定其墓穴布局中长长的地下通道是否为“隧”（这与礼仪相违背），且通道中途中断了，假如作者的假设是正确的，这是为了防止有人盗墓，墓室并非在墓道的尽头而是被置于别处（谢阁兰发表于《法国远东学院简报》，XXII，1922 年，41-54 的《公元前 5 世纪吴王儿子的墓穴》（*Le tombeau du fils du roi de Wou, Ve siècle avant notre ère*）。

272 关于这个大臣的角色，见葛兰言的《中国古代的舞蹈与传说》，405，422－428，等。

273 《书经》，557－560（《顾命》）；王国维《周书顾命礼征》，刊于《学术丛编》；马伯乐《“明”这个字》。——《顾命》这篇小文描写了成王去世及他的儿子康王登基所举行的仪式［（公元前）9 世纪？］。之所以提到“齐侯伋”（549），在我看来是为了与齐桓公的霸权时期（公元前 7 世纪中叶）联系起来，作者希望在他描写的朝廷礼仪中为（齐桓公的）祖父留下一笔。这部作品事实上写的是春秋时期的礼仪。

第二章

古老的宗教：神话

（b22）156 中国古代的宗教本质上是贵族政治；它在某种意义上属于贵族，并纯粹为贵族所独有；只有贵族有权进行崇拜，或从更广义的层面来说，他们因为祖先的“德”行而有权进行大型的祭祖活动，而没有祖先的平民则没有任何这方面的权力；只有贵族与神灵，至少是某些神灵，有着个人的关系，因此也只有他们能够求助于神灵。但这并不是说平民被排除在崇拜所带来的益处之外，正相反，平民只是没有权力进行崇拜，但一旦 157–158 祭拜活动完成，平民与贵族一样可以享受崇拜所带来的好处。宗教首先是一个群体的事务，而不是个人事务：必须是社区的首领——不管社区有多小——才能举行祭拜，祭拜也不是为了他个人，而是为了他所领导的社区的所有人：帝王是为整个帝国，诸侯为他们各自的诸侯国，拥有封地的人为他们的封地，村庄的行政官员为村庄，家族的首领为家族祭拜。神与人之间的关系就这样确定了，每个人都很清楚他能够或应该向无数众神中的哪一位求助。

1. 众神

古代中国人为这个世界创造了众多的男神女神，为的是从众神中获得仁慈，取得与他们一样的才智，吸收好的影响而赶走不良的影响。众神有各种各样，有些神话英雄是以人的形象出现的，人们知晓他们的历史并讲述他们的经历，但大部分神的外貌体征并不清晰，他们属于不同类型但很多地方基本类似，包括超人的能力，甚至人们也不是很清楚这样的能力来自何种方式。中国人从不自寻烦恼去过多考虑神灵的本质，哲学家和诗人们将他们的思路放在迫切需要解决并能够找到答案的其他问题上。中国人并没有一个统称来指代众神，只是将“鬼神”两个字并列起来，这两个字分别代表的是鬼魂和神灵，或以另外两个字代表天地神灵——“祇神”。大众的信仰似乎将神简单地变成能力更强的人，但他们也不是无所不能，只是在某些特定方面强过常人，虽然神比人优越，但本质却很接近，他们会受到伤害（羿就用他的箭射伤了河伯和风伯），甚至会被杀死；此外和人很相像，神也容易被冒犯并经常带有很强的报复心。神死后与人死后相同，有另一个 158-159 存在：殷朝的土地神死后在周朝的都城受到祭拜。不过上述的这些观念一直都比较模糊，没有被明确地表达出来，因而并未对人们的宗教感情产生什么影响，人们更多关注的是祭祀本身或由谁来祭祀，而非祭祀的对象。不过有一样东西在众神中是共通的，即他们所具备的神圣的“灵”性。

将古代文献中出现的所有神灵一一列举会是非常枯燥乏味的，况且神灵又是如此众多。现实世界的所有力量都被神化了：如太阳的母亲羲和，月亮女神姮娥[274]；风伯，名飞廉，鸟身鹿头，能够制造风[275]；雨师，名萍翳，通过喊叫来制造雨[276]；雷师，人们出于敬畏也叫他雷公，他的名字“丰隆”令人联想到打雷的声音：他龙身人首，敲打腹部就会发出雷声[277]，也有人说他左手拿着一面鼓，用木槌敲击[278]；上帝的夜神[279]；各地的神灵，如河伯，名冰夷，河流的主人，以及鸟身人首的四海之神[280]、四岳之神、山川之神、森林之神等；原始的五行也都有对应的神灵。所有与人类生活、社会生活及各种人类活动有关的事务 159-160 都有神灵指引：有的神灵掌管人们的命运，被称为“大少司命”[281]，有的管理婚姻，被称为“高媒”或“郊媒”[282]，还有家庭住宅的五神：“户神”、“灶公”、“中霤”——它扮演的是住宅土地神的角色、“门神”及“井神”，也有人认为（第五神）是“行神”[283]；有些神灵掌管人类的劳作：农业方面有“后稷”（他的形象就是拟人化的藜麦）、火的发明者或者可能就是火本身的“爟”[284]、土地的祖先“天祖”、第一个进行农耕的人“先农”，他与“神农”

可能是同一人；还有些神灵管理妇女的活计：管理纺织的“织女”、第一个厨师“先炊”。（不同的）行业也有神灵掌管：盲乐师祭拜的神[285]“夔”是只有一条腿的龙，他的声音有如雷声的回音，黄帝取了他的皮做成第一面大鼓，并用雷兽的骨头敲打，夔是《尧典》中被神化的舜帝的乐官，他能感召动物，敲击石磬令百兽起舞；以及 160–161 锻造金属的工匠祭拜的炉神[286]等。动物也有它们的神灵，如马的祖先“马祖”，人们在征战或狩猎前都要祭拜马祖[287]。最后还有一批恶魔和坏精灵“鬼”，如八个鬼火兄弟“游光”；“魍魉”，他们如同留着长发的小孩子，可以模仿人声令途人迷路；吃人的石头“魍象”；无头怪物“獝狂”；居住在山中的“魑魅”；沼泽中的“方良”和“委蛇”以及树上和石头中的“夔”和“魖”[288]；黄帝的女儿干旱女神“魃”[289]；听命于西王母的瘟疫恶魔[290]；以及所有被遗弃的孤魂“厉”，由于不再有人祭拜他们，为饥饿所困，他们就将他们的痛苦报复到活着的人身上，等等。

众神中在官方祭祀中排在最前面的三位是：“上帝”，即天神；“后土”，即帝国的土地神；以及王室的祖先。前两者不是夫妻关系：在中国古代神话中神灵结为夫妻的想法是完全不被接受的；上帝及后土都是男性神灵[291]。

上帝，或者用他正式的名称 162–163“昊天上帝”[292]来称呼，是众神灵之首，人类与神灵的主人。这个巨人有着人的形体，通常住在天上；当他降临大地来走一走时有时会留下巨大的足印[293]。他在大地上也有居所：有些巨石是他举行宴会的平台，清澈的泉水是他送给来宾的佳酿[294]。但他真正的宫殿在天空中心的北斗星，九层天阶的顶层，天狼（天狼星）警惕地看守着宫殿，不让人靠近。在那里上帝与他的家人一起生活，虽然他的妻子并没有扮演任何重要的角色但他的几个女儿[295]降临到大地成为女神：最著名的是西王母[296]，长着虎齿、豹尾，居住在太阳落山的地方，统管瘟疫；另一个是女巫 163-164“巫阳”；还有一个是上帝最小的女儿，名“瑶姬”，她在巫山死去变为仙草“瑶草”[297]；另有在湖南的两个湘水女神[298]；最后值得一提的是上帝的女儿命仪狄把酒带给大禹，令大禹意识到这种新式饮品的危险性[299]。上帝在天上管理他的朝廷，他的朝臣都是逝去的亡灵，这些亡灵在天朝按照他们的部族、家族以及在世时的社会等级接受相应的位置，其中既有帝王的亡灵（已被神化），也有他们的臣子的亡灵——至少是那些贵族臣子。天宫的生活像地上的王室一样，盛宴伴着音乐，赵简子曾在活着的时候去到天宫，非常享受那里的生活。

上帝不仅是上天的主人和亡灵的帝王，他也掌管地上的事务：他注视着四个方向的所有一切，由他来制造国家和君主，并将国家交予王室手中，将能干的大臣送予王侯，总而言之他是地上所有人的主人，从天上监督着人间[300]。在进行非常郑重的宣誓时，人们向上帝供奉祭品之后，会以上帝的名义发誓，仰望天空，那里是上帝的所在，这样誓言就可以到达上帝那里[301]。上帝惩罚有罪者，无论他们是何等级：（公元前）655年，上帝决定责罚虢公，他派负责刑杀的大臣进入虢公的梦中；（在梦里）虢公身处宗庙，见到神后出于害怕想要逃走，神对他说“无走！帝命曰：‘使晋袭于尔门！’[302]”那些蒙冤而死的无辜亡灵也求助于164–165上帝：（公元前）581年，晋景公在屠杀了赵氏家族之后，在梦中见到一个巨大的鬼魂，头发散开垂落至地下，鬼魂捶打自己的胸口并顿足（这是葬礼中的礼仪动作），对晋景公喊道：“杀余孙，不义。余得请于帝矣！”在此大约一个世纪之前，还是在晋国，晋惠公登基后要移走他的兄长申生的墓，申生在几年前因宫廷阴谋而被迫自杀，申生的亡灵对于移墓这样的滋扰非常恼怒，白天在他以前的车夫狐突经过的路上出现，对狐突说：“夷吾无礼！余得请于帝矣，将以晋畀秦，秦将祀余”，在他的朋友狐突的恳求下申生同意向上帝提出一个新的请求，请上帝同意惩罚有罪之人，令其在五年后，即（公元前）645年的韩城之战中被秦国击败并成为秦的阶下囚[303]。另一方面上帝也奖励有德行的人：他派一位神在秦穆公的祖庙中向秦穆公宣布多给他十九年的寿命[304]。因此所有人都想尽办法希望得到上帝的恩宠：（公元前）6世纪病中的齐国公想将他的祭司供奉给上帝以便祭司能帮他在上帝面前说好话[305]。

通常在惩罚王侯之前上帝会向他们发出一些警告，随之而来的大灾难，瘟疫、饥荒、火灾、彗星出现、山崩等都是给王侯的信号，让他们改变自己的行为，如果他们执迷不悟将会亲自受到处罚；如果这个朝代的德行已经用尽，上帝就会拿走帝国王权的真正来源——来自上天的“天命”或“帝命”，并将它交给一位更好的王侯。

165-166 上帝有各种助手协助他的使命，这些助手和他一样，被称为“帝”：其中一些是过往帝王的亡灵，由他们的大臣的亡灵辅佐，帮助上帝管理他们在世时所统治的世界。另外一些是圣人，但排在上帝之后。这样的圣人共有五个，每一个负责这个世界的一个区域[306]：“仓帝”，或“青帝”负责东方；“白帝”负责西方；“赤帝”，或“炎帝”负责南方；“玄帝”，或“黑帝”负责北方；“黄帝”负责中央地区。这些圣人的宗教角色无疑非常久远：他们中间的几位在最古老的神话传说中已经出现，但在周朝的历史进程中发生了巨大的改变。最初他们每人负责掌管五个区域中的一个，正是因此白帝（西方）接受秦国的崇拜[307]，因为秦国的领地在国都西侧；传统上四方与四季的相互对应自然地导致四季也由这些圣人来管理，并在祭拜他们的活动中加入了一些原本与圣人无关的仪式，如在国都的郊区祭拜季节。在周朝的最后几个世纪，受星相学理论的影响，对五帝的崇拜有了较大的发展，他们变为了主导 166-167 五行的神，由于五行原本已有它们自己的五“政”，试图将这两者结合在一起反而造就了一个非常不自然的体系。令到事情更加复杂的是主张凡人神化论的历史学家将人类的帝王当成圣人并在远古历史中为他们安排了一席之地，要么将帝王直接变成圣人，如黄帝，要么将他们同化成已经被神化的英雄，如炎帝被视为神农，在最终的体系中需要考虑到这些观念[308]。除了五帝之外，其余次要一些的神则为上帝的下属：负责惩罚的大臣“蓐收”[309]，负责奖励的大臣“句芒”[310]，以及雷神、雨神、风神等；最后还有不同等级的上天派来的使臣“天使”，或简称“天”，他们将上帝的指令传递到人间。

与上天的神灵，即上帝和五帝相对的是地上的神：后土、王室的大土地神“大社”及其下属各区域及各地的土地神“社”[311]。他们代表的是被拟人化的大地，如同上帝在拟人化的上天。他们所有的职责，包括他们当中为首的那位的职责，都严格与大地相关；他们管制并保护特定的领地，由于王室的领地原则上扩及四海，因此大社所管辖的便是全“天下”的领地。土地神的等级如同诸侯本身的等级划分一样分明：在各诸侯国，该国的土地神是大社的封臣，在他们之下是各领地的土地神以及各行政区域的土地神，（这样排列）直至最后一级——即由二十五个家庭组成的村落的土地神。

$_{167-169}$传说大社名叫“句龙”，是妖怪共工的儿子，他在父亲死后协助恢复了九州的秩序从而成为大地的主人，受人爱戴被视为大“社”[312]。不过他从未有很鲜明的个性，他总是和地方小土地神在一起，这些地方土地神在祭拜活动中更为生动，但他们与任何神话英雄都没有关联。

所有的土地神最初是种在一片神圣丛林中央祭坛上的一棵树[313]。树种因区域而改变：中央地区是松树，北部是槐树，东部是柏树，西部是栗树，而南部是梓木[314]；这也是我们用不同的树来指代远古三个朝代的原因：夏朝为松树；殷朝的首都在东部所以是柏树，柏树延续成为宋国的象征之树；到了周朝，由于第一个国都镐在西部，所以是栗树[315]。不过我们也会看到些不一致的情况，有时也会出现橡树或白榆树，总之是棵古老的大树。从非常久远的时期开始，土地神本身就由一块未经加工的石头代表，竖立在大树的北边，祭祀时就以此为牌位[316]。

169–170 土地神首先是领土之神：授爵分封需要告知土地神，告知的方式是从土地神的神坛上取一小块土作为新封地土地神坛的基础。诸侯国是土地神的领地，因此他要致力于包括民众和诸侯在内的所有人的幸福；随后诸侯要供奉土地神，为他的人民祈求好的收成（土地神并不能创造地上的事物但可以作为保护神），为他自己祈求长寿。所有与诸侯国日常生活有关的大型出巡活动，如狩猎、出兵等，都需通报土地神并从他的神坛附近出发。人们请求土地神审理复杂的案件：诉讼的双方向土地神供奉一只羊，并以发誓的方式做出各自的陈述——这是个严峻的考验，听说有些情况下发假誓的一方当场毙命，甚至没能完成他们的陈词[317]。人们也请土地神作为宣誓时的见证；在非常郑重的宣誓中，人们以最强大的“社”，即大社以及上帝来发誓：正是如此，秦穆公在韩城之战（公元前645年）战胜并捉获晋惠公后向“尊敬的上天和土地的主人”发誓不会将晋惠公处死[318]。在此情景下这个向着土地神而发的誓言是非常必要的，因为在军事远征归来后人们会杀死俘虏来拜祭土地神。

土地神其实是野蛮和残忍的，他喜欢血，祭祀土地神的活动是以祭品的献血涂满他的石头神牌开始；祭品通常是一头牛，但他也不讨厌以人作为祭品：传说在胜利者商汤统治的初期遇到长达五年的干旱，土地神要求用一个活着的人来祭拜，商汤以自己作为祭品，于是便下起雨来[319]；公元前3世纪初的一位诗人以土伯的称呼这样描写土地神——“土伯九约，其角觺觺*些”，他的身体壮大如牛，虎头、三眼，食人170–171[320]；再如（公元前）641年宋国公在睢水召集诸侯会盟，鄫子因迟到被宋国公用来作为祭品祭拜睢水的土地神[321]，这似乎是个个别事件并遭到了谴责，但军事远征归来后以人作祭品的祭祀活动是很常见的。确切地说土地神并不是战神，但可能因为他是土地之主及土地保护者的缘故，土地神（在征战中）扮演了重要的角色：出征时人们需祭拜土地神，这种祭拜称为“宜”，在检阅军队时向土地神展示战鼓，这时的战鼓应该已经涂上了血；土地神随军出征，由祭司放置在纯洁的战车中，用有罪之人来供奉他[322]；出征归来负责军事的司马凯旋进入国都后要祭拜土地神[323]，而祭拜是以杀死的俘虏来进行[324]。随着风俗习惯逐渐变得温和，这种祭祀活动应该不像之前那样频繁，但它们仍然延续到后期：（公元前）532年鲁国的军队出征回来后杀了一个俘虏供奉亳社。而相关的记忆从未消失过：秦国的将军在崤山之战（公元前627年）成为俘虏，后被释放，他们表示感谢时说到“君之惠，不以累臣衅鼓……”；（公

---

* 觺，音yí。

元前）588 年一个被交换的俘虏在回到他的祖国时说“以为俘馘。执事不以衅鼓……，君之惠也[325]”。

每个诸侯在他的都城都不只有一个，而是两个土地神，一个是整个诸侯国的土地神，另一个是诸侯自己家族领地的土地神，称为“私社”，与诸侯国的公共土地神“公社”相对应。当一个朝代被推翻后需要将这个私社赶走 171–172 以便迎接新来者的土地神；人们在原有土地神的神坛上建一个顶盖就表示杀死了原土地神。新的王朝遵循对死去的神灵祭拜的礼仪，继续崇拜这个死去的土地神，因他从此位列死去的神灵之中。正因为如此周王的院子中有一个死去的殷朝的土地神，被称为“亳社”，取自殷朝古都的名字，而宋国公那里有死去的夏朝的土地神。此外随着时间慢慢推移，（对死去的土地神）的崇拜有了个象征意义，人们将这个神视为“警示”之神，对他的崇拜是为了提醒王侯如果他们失去德行，他们的王朝将面临同样的命运。

那些各地的神，如山脉之神、河流之神、大海之神等，他们依赖后土及地方土地神的程度如何呢？要回答这个问题并不容易。他们当中的大部分并没有多少真实性，似乎只是每年祭拜目录中的数字而已。他们之中只有一个神在远古时期真正有自己的个性，这便是黄河之神“河伯”，他是大地所有河川的首领，因为“黄河乃众水之首[326]，三王之祭川也，皆先河而后海[327]”，河伯的领地是江河湖海，他的民众是水中的鱼。人们一会儿将他形容成一条巨大的鱼[328]，这显然是最原始的形态，有时也赋予他人首[329]，一会儿又说他是骑在龙身上人面的神[330]。到周朝末年大众想象中河伯的形象基本确定下来。这个时期的一个作家写道[331]："吾尝从君济于河，172–174 鼋衔左骖以入砥柱之流。当是时也，冶少不能游，潜行逆流百步，顺流九里，得鼋而杀之，左操骖尾，右挈鼋头，鹤跃而出。津人皆曰：'河伯也！'。"约在同一时期，诗人屈原这样描述河伯："乘水车兮荷盖，驾两龙兮骖螭……鱼鳞鳞兮媵予。[332]"河伯有各种传说但我们只知道些细枝末节。人们称河伯为"冰夷"，他居住在阳污山下的从极之渊，又称忠极之渊[333]，临近黄河与洛水交汇的地方，也是在这里渭水撞上华山高原，被后者阻挡折向东流，形成一个急转弯。河伯的水上宫殿就在这里，"鱼鳞屋兮龙堂，紫贝阙兮珠宫[334]"。河伯是那些循环往复的历险的主角：如他与邻居洛水之神的争斗，他败给善射的羿并被射瞎了一只眼睛，等等；这些传说与殷朝祖先的传说交织在一起，殷朝其中一位祖先商冥在河伯掌管的河中溺毙，成为海神，被称为"玄冥"，他的儿子亥娶了河伯的女儿，亥居于领主易的家中，易夺走了年轻的妻子，杀死了亥，之后河伯协助亥的儿子为父报仇杀死了杀害其父亲的凶手[335]。此外，河伯的传说还与其他的一些传说相关：禹在开始他的治水大工程前就在阳盱河*边牺牲自己的身体来祈祷[336]；伏羲也是在那里174–175 看到似马又似龙的龙马出现，为他带来占卜的八卦图。

* 马伯乐在原文中写为阳盱山（le mont Yang-ngeou）。——译注

河伯有两处圣殿，一处在临晋，靠近他在忠极的住处，面对着洛水与渭水流入黄河的交汇处（陕西）；另一处在卫国的邺，靠近今临漳县（河南），这里现在已经离黄河很远，曾经很接近殷朝的倒数第二个国都，这也就解释了河伯的传说与殷朝的传说相交织的原因。两处都有巫师服务。在邺城有十几个巫女，被称为“弟子”，由一个被称为“大巫”的大约七十岁的老女人带领。两处每年的供奉就是要将一个年轻女子嫁给河伯。在邺城，铺张的仪式在黄河边举行，大巫参加仪式，她的弟子排在她身后，她们都穿着绣袍。当接近祭典的日子时，巫师就会去家家户户寻找最美丽的女子并说“是当为河伯妇”。庆祝嫁娶后，人们为女子沐浴，为她换上丝绸的裙袢和新的绸缎，让她在专为她而建的斋戒宫中独自斋戒；斋戒宫是一个搭在河边的帐篷，女子便住在里面。人们准备牛肉、酒和菜肴，这样过了十几天后，人们准备好一张装扮好并放满珠宝的嫁床，女子坐上后嫁床就被放置河中，嫁床漂浮十几里，然后就沉没了[337]。这种仪式在公元前 4 世纪初被邺城县令西门豹废除。但在另一个圣殿临晋河伯娶妻的风俗还在继续，甚至在这个时期得到了官方的认可:（公元前）417 年，秦灵公为了确保得到河伯的保护，决定每年在供奉年轻女子的节日前赐予女子公主的称谓，称其为“君主”；同样的，在仪式结束时女子就被沉入河中[338]。

河伯是众神中最令人惧怕的：175–176 每次人们过河都不会忘记向他敬献一块玉环。他会报复冒犯他的人令他们病倒：（公元前）5世纪初，占卜结果表明令楚昭王生病的始作俑者是河伯，占卜者建议向河伯进贡，为此楚昭王回复道："河非所获罪也！"[339]。人们以河伯作为宣誓的证人，要么将发过誓的契约丢入河中，要么简单地以他的名字来发誓。不过，尽管他有他的重要性，河伯始终只是一个地方神，严格地与河川联系在一起，更多时候是沿岸的居民会提到他；由于他不是楚国的神，病中的楚王拒绝向他进贡。此外，中原帝国向南扩张也对河伯不利，他与远古中国一起几乎消失于人们的宗教考量中。

2. 祖先

每个贵族家庭都有他们特定的保护者，这便是逝去的祖先的亡灵。古代中国人认为人有几个灵魂，当人在世时，这些灵魂都集中在人身上，人死后，它们就会离散，追随不同的命运：这就是人们所说的"鬼"或"神"，或者更确切一点地说是"魄"和"魂"[340]。魄是在怀孕之初第一个到（人身上）的，魂是在人出生时来到的，随后它们吸收所使用的物件中最精致的要素"精"，魄和魂两者便一起强大起来。那些给予它们营养的并不只是吃的东西，还包括人们所完成的职责、所属家族的血缘等等，因此诸侯、176–177大臣以及他们的后裔的亡灵比普通人的更有气力[341]。人的一生中，魂有时会离开人的身体游走——这是困倦时的梦境，但这种分离不能持续太久否则人就会死亡。

死亡之后，魂魄以不同的方式存在，魄与尸体留在一起而魂在死后即与尸身分开。魂升上天空，到达上帝的领地；在那里每个人都保留着以前的级别，君王在上帝的左右[342]，他们是上帝的宾客[343]且已被神化也成了“帝”，他们死去的大臣在另一个世界里继续作为大臣为他们服务[344]；逝去的君王的封侯排在君王的左右，这些王侯也共同服侍上帝[345]。在这个天上的宫廷，生活如地上一般，在节庆中度过。赵简子（因病）昏迷五日醒来后（公元前 501 年）说道：“我之帝所甚乐。与百神游于钧天，广乐九奏万舞，不类 177–179 三代之乐，其声动人心……[346]”去往天宫的路是艰难而充满危险的：魂需要避开四方会吞噬它的妖怪，地上有“土伯”要吃它，天上有天狼要杀死它，它要知道暗语这样九层天门的阍者才会打开大门，否则它就不能通过。它也需要一个向导：这可能是葬礼上的祭司，他在下葬前后重复着祈祷的话；在有些情况或有些地方肯定是位巫师，他惯于登天也认得道路；在祷告的过程中，巫师的魂陪伴着亡者的魂向前走，为后者指明方向。祷告中巫师会不停重复：“工祝招君，背行先些[347]。”

魄与尸身一起住在墓穴中，以祭品生存；一旦不再有祭品，它就会因被饥饿折磨而变得危险：到那时它就会变成“鬼”回到活着的人中间。若敖家族的一员在预见到自己的家族将有灭顶之灾时（公元前 604 年）写道：“鬼犹求食，若敖氏之鬼，不其馁而！”这些饿鬼有时满足于出现在人们的梦中索要祭品，如同齐姜公主在（公元前）656 年对她的夫君晋献公所为[348]。鬼通常凶恶：人们称它们为“厉”鬼，它们会在被遗弃的地方引发疾病报复活着的人。（至少在某些地区）人们会在四季定期向它们祭拜，以补充它们本应得到的祭品，有专门的祭司负责它们的祭祀[349]。如果死去的是一个大人物，那么他的鬼会更加危险，这是因为他们的魂魄在他们在生时获得了更多的精气：正是如此，（公元前）543 年在郑国国都的市集上被杀死的伯有，由于得不到祭拜，在数年间返回人间恐吓民众，有两次显灵扬言要处死杀他的凶手，直到他的儿子恢复了官职能够为他举行祭拜 179–180 才停止[350]；（又如）被宣王处死的杜伯出现在诸侯会盟时，射箭杀死了宣王。不过魄能够存在的时间并不长，由于它与尸身联在一起，会随着尸身的消亡而消亡；古老的观念认为魄在人死后可以存在三年，正好是服丧的时间，也是尸体完全腐化的时间。但这并不影响位高权重的人物，如王侯等的魄有时可以存在更长的时间：如夏相王的魄由于没有得到祭拜，到了（公元前）7 世纪，也就是这位君王死后一千多年，还要偷窃卫成公为自己的祖先准备的祭品[351]。似乎很早以前人们已经为魄想象出一个地下亡灵的王国，与魂在天上的王国相对应，这个地下的王国由“鬼王”[352]掌管，如同另一个王国由上帝掌管：人们将这里称为“黄泉”或“九泉”，这并不是指墓穴本身，而是一个亡灵可以相遇并共同生活的地方；郑庄公与母亲关系不好，曾发誓只有到了黄泉才会再与她见面[353]。

魄的世界如同魂的世界，其间的生活与人类的生活相似，等级被保留，王侯还是王侯，他们的身边有服从于他们的妻妾、大臣和仆役；在那里也怕生病，例证就是齐国大臣陈子车死后他的妻子和家宰觉得“夫子疾，莫养于下”，因此建议派人前去照应[354]。

逝去的人为了确保在另一个世界，无论地处何方，都能保持与生前一样的生活模式，他们不仅带着他们的武器和 180–181 个人物品，还要让女眷、仆从、马匹等跟随着去到另一个世界[355]：诸侯及大人物的下葬都伴随着大屠杀，男男女女被活埋在墓穴里，称为“殉”[356]。“天子杀殉，众者数百，寡者数十；将军大夫杀殉，众者数十，寡者数人[357]。”（公元前）678 年，秦武公的葬礼有六十六人陪葬；到了他的后代秦穆公的葬礼时（公元前 621 年），陪葬的人有一百七十人，这些人中有三个是被秦穆公亲自指定的，这三位大臣是穆公宴席上最喜欢的伴臣；齐桓公葬礼（公元前 643 年）的陪葬人数如此之多以至于公元 312 年墓穴被盗时，人们看到的是横七竖八遍地皆是的骸骨[358]；宋文公的葬礼（公元前 586 年）陪葬人数也非常之多；就连郲穿这样的小国诸侯也拉了五人陪葬（公元前 507 年）[359]；大夫们也不例外：魏犨*（武子）是晋文公被流放时忠实追随他的臣子之一，他要求儿子将他最爱的妃子与他一起下葬[360]；陈乾昔（齐国的大夫）命令将两个

---

* 犨，音 chōu。

奴隶放进他的棺材，在他的尸体两侧一边一个[361]；就连女人也有[181–182]类似的要求，例证就是（公元前）4世纪末秦国的宣太后想让她的情夫为她殉葬[362]。但级别较低或不太富裕的家族就得满足于模仿，用稻草扎的人称为“刍灵”或用木头制的“象人”，人们把它们当作真人那样用它们陪葬。

魂在天上的世界、魄在地下的世界、继续在墓穴中生活的鬼以及其他的一些观念[363]在中国人的脑海中造就了一种颇为令人困惑的混合体，而各种错误的描述都会将这种困惑加剧。其实，重要的不在于知道亡灵死后住在哪里，而是要懂得如何让他们加入祖先的行列从而成为（家族的）保护者。只有贵族能够以这种方式一代一代创造属于自己的神；而平民是没有祖先的。要做到这一步需要对亡者完成一系列的仪式：在魂去往另一个世界的路途中为它安排一个向导指引方向；为了魄，人们尽力让尸体能够维持较长的时间，为此人们在身体上所有有孔的地方，眼、鼻孔、耳朵、嘴（舌头下和牙齿上）以及腋下等处放上小块的玉以防止尸体腐烂；人们在墓穴里尸体的旁边放上食物、备好衣服，还留下一面镜子以便给他光照。不过尸体会对家族产生不祥的影响，要保护家族对抗这种影响：想要完全避免是不可能的，它也会给家族带来一些礼仪上的污秽，这种污秽会根据与死者的亲属关系持续比较长的时间，（在这段时间里）家族会被迫并严格地与社会隔绝：这便是服丧的“丧”期，原则上是三年，事实上为父母服丧是二十八个月，为其他亲属服丧的时间稍短一些。人们至少要避免弄脏家中的炉灶，不可在家中的炉灶烧水为死者擦身或洗头，为此人们会在院子里挖一个特殊的炉窑。

贵族刚一去世（殡葬礼仪和其他礼仪一样 182–183 不适用于平民）[364]，全家的男女就要开始哭喊，每个人按照他们的等级（有所不同），孩子们呻吟，兄弟和表亲要哭，女眷要哭并顿足：这第一次爆发出来的哭喊声是为了通知所有的邻居有人过世，而邻居们会做相应的准备。同时，这也是人们最后一次尝试将亡者呼唤回来：一个男子手臂上挂着亡者生前祭祀祖先时穿着的官服，他爬上屋顶，向着北方，即鬼神的方向“鬼方”，用逝者小时候的名字呼唤他三次：“某某，我在叫你，快回来！”此为“招魂”。当人们意识到亡灵拒绝归来便开始筹备殡葬礼仪。先要处理遗体，为他合上眼睛，移开手帕以保持嘴张开，将双脚绑在一个板凳上以保持直线，随后为其沐浴，先是身体，然后是头发，同时剪手和脚的指甲；最后到了穿衣的环节，人们为遗体穿上特殊的丧葬服饰“冥衣”，在那上面叠放三套他参加礼仪时的衣服，随后在他的嘴里放上玉或其他象征礼仪的小物件。这些工作占据了死者死后第一天的全部时间，从这时一直到下葬哭声延续不断，亲戚们日夜接替。遗体经过上述准备后，人们将他放在供瞻仰的床上，置于大殿之中，大殿的屋顶挂一个大条幅“铭旌”，上面只简单写着逝者的名字；从此时到入殓还剩一个显示家族重要性和炫耀财富的仪式，即服饰的展示，分为两天，第一天叫“小殓”，之后一天叫“大殓”，两者其实是一样的，人们在旁边的厅堂挂上全套的服饰，第一天是十九套，第二天会多许多（王侯最多到一百套）。这两天中 184–185 亲戚和外人前来吊唁，披着白布的儿子负责接待和招呼宾客，儿媳负责接待来宾的妻妾。大殓的当晚［对于王侯来说是（死后）七日之后］，遗体被放进铺了黑色丝绸的棺材，四角用小口袋装上剪下来的手脚的指甲以及一生中剪下或掉下后精心收集起来的头发，以使亡者完整地去到另一个世界。这之后在灵台上关上棺材，将它放进一个洞中，只有棺盖在洞外，被布盖着，同时放些贡品如烤过的谷物、鱼干肉干等，棺材就这样放着直到下葬的准备就绪（这种做法是一种远古临时入殓形式的残余，最初的临时入殓大致要持续整个服丧期，直至尸身腐化只剩骸骨[365]）。当亡者与生者如此彻底分离后，晚辈的痛楚倍增无法自持，从第二天起他们走路时需要用丧杖来辅助。

普通人家的下葬仪式会立刻举行，而随着职位的增高从死亡到下葬的时间会逐步加长。下葬是一个大型的活动，所有的亲朋都会参加。棺材用白（丧葬的颜色）布包裹，上面铺着打了黑色丝绸结的白纱；人们将棺材放上一辆四轮车，车顶装饰了丝绸，车的前后系着红色和黑色的丝绸结。写着亡者名字的幡子、亡者生前有权享用过的车子以及载着陪葬者的车子跟在后面；最前面由一个巫师“方相”引路，他向四方挥舞着戟戈以驱赶路上的不祥之物。人们缓慢地 185–186 前行，已经到达下葬地点的人群在那里喊叫。当人们将棺材入土时，头要向着北方，此时不可发出哀叹的声音；也是在此时负责墓穴的官员会把陪葬者叫来，包括男人、女人或他们的替代品，这些陪葬者入到墓室中，就这样被活埋了。当这一切结束后，人们回到家中，（亡者的）儿子到祖庙里将一块临时的牌位放在亡者祖父的牌位旁并第一次像祭拜祖先那样祭拜他的父亲：第一次祭拜时有一个代表亡者的“尸”到场，他身后跟着一个着丧服的人不停低声哀叹，尸进来后坐下，吃几口祭品喝几口酒之后便离开。在他离开前哀叹的声音都停止下来，外人都离开（亡者的家）并脱下丧葬的衣服，丧葬仪式就此完成。剩下的工作就是要用土筑起坟头掩盖住墓穴，这项工作费时耗财，往往稍后才会进行。

不过亡者尚未成为祖先：服丧的期间对亡者而言是一个过渡时期。他的临时牌位其实并没有留在祖庙里，而是放在了他生前居住的卧室，年节时人们在那里祭拜他，而其他祖先是在祖庙接受祭拜。只有在服丧期最后的祭拜之后这位新过世的亡者才最终成为祖先：他的祖父的牌位被放到下一个庙室，祖父的祖父的牌位需为此让位，在空出来的位置上就放上了栗木做的新亡者的正式牌位[366]。从此以后这位新亡者就被赋予了一种特殊的能力能够保护他的家族，如果他曾是一位诸侯，他还可以保护整个封邑。他从此位列祖先之中，定期接受人们的供奉。然而经历一代又一代之后这种能力会逐渐减弱：君王的能力可以持续五代，诸侯三代，普通的贵族只有一代，祖先的位置一步步后退最终被抛弃成为人们不再进行 186 个人祭拜的群体中的一员，这个群体也被称为“鬼”，用来和那些在墓穴中得不到祭品的可怜的亡灵相类比。只有几个有特别德行的人，如部族或家族的创立者、封地的第一个主人，能始终接受祭拜，永远也不会进入鬼的行列。为了挽救这种祖先的没落，人们为祖先修建特别的庙宇，至少王侯家族会这样做：如此一来对祖先的供奉就一直不会停止，只要有后代延续下去，祖先的能力就不会受到局限。

274 关于这些神话人物，见马伯乐《书经中的神话传说》，8–15。

275 《史记》，卷 117，9 a；《前汉书》，卷 57A，9b；《楚辞补注》，卷 1，23a；参见马伯乐，同上述引文，57（及注释 170）。

276 《楚辞》，卷 3（《天问》），14a。似乎最初以蟾蜍代表雨师，参见马伯乐，同上述引文，57（及注释 170）。

277 《山海经》，卷 14，8 a。郭璞评注。它最初可能是一枭，参见葛兰言《舞蹈与传说》，527–549。

278 王充，《论衡》，卷 23，佛尔克（Forke）译作，I，292；葛兰言《舞蹈与传说》，510。

279 《山海经》，卷 6，1b；《淮南子》，卷 4，16a；参见何可思（Erkes）的《论〈淮南子〉的世界观》（Das Weltbild des Huai-nan-tze），69。

280 关于四海之神，见《山海经》，卷 8，6a，卷 14，5a。

281 《楚辞》，卷 2，12b – 16 b；《礼记》，266。

282 高媒：《礼记》，I，342（《月令》）；郊媒：毛氏对《诗经·商颂·玄鸟》的评注（参见理雅各，536）。有关这个神话人物，见葛兰言《中国古代的节日与歌谣》，165。

283 《白虎通》，卷 1，3a 中提到的住宅第五神是“井神”，而《礼记》有关的评注中认为是“行神”。前四个神分别在《月令》中被提及：户（331）；灶（354）；中霤（396）；门（373），参见沙畹的《土地神》，438；葛兰言的《中国古代的舞蹈与传说》，368。

284 《周礼》，毕欧，II，195：司爟掌行火之政令。

285 《山海经》，卷 14，8 a；葛兰言，前述引文，I，263，II，505–515。鲁国朝廷乐师所祭拜的盲神“神瞽”（《国语》，卷 3，20 a，《鲁语》）其实是第一个乐师而不是音乐之神：这两者之间的差别就如同先农（第一个耕种的人）与后稷（农业之神）之间的差别，另一个例子是第一个厨师先炊与炉灶之神灶公之间的差别。

286 葛兰言《中国古代的舞蹈与传说》，501。

287 《周礼》，毕欧，II，99；《诗经》，291。

288 刊于《后汉书》，卷 15，4b；《庄子》，卷 19，戴遂良（Wieger）译作 363；张衡《东京赋》，刊于《文选》，卷 3，7a。参见葛兰言的《舞蹈与传说》，306–320。

289 《山海经》，卷 17，82a；《诗经》，532；参见马伯乐，见上述引文，56。

290 《山海经》，卷 2，24b；卷 16，77a。

291 古文中提到的后土都是指王室的土地神“句龙”。在中国将大地视为一个女神是较后期到汉代才有的想法（沙畹，《土地神》，524）。古代社会大地母亲的想法在欧洲人的思维中根深蒂固难以摒弃，因此尽管（中国）古代文献无法与此相呼应，人们还是不断地尝试证明古代中国也是如此，即后土是位女神（见劳费尔（Laufer）的《玉器》（*Jade*），144；辛德勒（Schindler）的《圣贤认知》（*Supreme Beings*），312）；又或者自作聪明转弯抹角，而非令人信服地带出这种想法。（葛兰言，《被放在地上的孩子》，358–361；《舞蹈与传说》，17。）参见顾路柏（Grube）的《中国的宗教和崇拜》（《*Religion und Kultus der Chinesen*》），35–36 页中一段精彩的文字。

292 我对（昊天上帝）这个词的翻译只是一个大致的翻译，因为它确切的含义并不为人所知。几乎每个字的意义都很含糊：昊字的含义似乎在汉代以后就已经不复存在，传统的注疏也只是简单地解释为将天空的概念放大；上的本意是高处，引申为至高无上。就算是天与帝这两个字也不简单：鉴于这个词语的古老性，天的意义也不确定，我们很早就注意到在古代“人”形字用来书写天这个字，这似乎寓意对天空的拟人化；在傣语中相对应的字“t’ en”意为天神，而物理形态上的天，苍穹，用 fa 字来表示。至于帝这个字，似乎它的本义是指天帝，而经常用到的意思（如对已故帝王的称呼，或对帝王的统称）其实是衍生出来的意思。——辛德勒在《圣贤认知》中试图将这个词语分开并从中变化出两个不同的神灵，一个只在中国的西部，另一个在东部，但这种假设并不怎么令人满意。

293 《诗经》，理雅各，465。

294 例如在休与之山的“帝台之棋”（《山海经》，卷 5，21b）；高前之山的“帝台之浆”（同前，43b）。

295 《诗经》，434。

296 《山海经》，卷 2，24b；卷 16，7a。

297 宋玉，《高唐赋》，刊于《文选》，卷 19，1a；参见《山海经》，卷 5，22a；葛兰言，《舞蹈与传说》，524。

298 《山海经》，卷 5，51a。凡人神话的传统将她们说成是人类的帝王尧帝的女儿，并将她们的身份定为舜的妻子。

299 《战国策》，卷 7，7 b；《吕氏春秋》，卷 17，10b。

300 这几句话都是从古代经典文献中翻译或截取：《诗经》，448，451；《书经》，245；《诗经》，543，434。辛德勒先生的《中国人对圣贤认知的发展》，338–339 中汇集了大量有关上帝的引言。

301 《左传》，理雅各，514。

302 《国语》，卷 8，5 b（《晋语》）。

303 《左传》，374（（公元前）581 年），157（（公元前）650 年）。

304 《墨子》，卷 8，3a，佛尔克，346。

305 《晏子春秋》，卷 1，15a。

306 事实上在上帝之下的有可能不是五个地区的五帝，而是一共有五帝，上帝同时也是中央地区的主人黄帝；特别值得注意的是黄帝从来都没有特定的崇拜地点。西周末年及汉代的学者有系统化倾向，出于对对称元素的热爱经常歪曲古代宗教，这便导致了对圣人认知的不同。——五帝并不是后期（周朝末年及汉代初期）才有的神话创作，公元 3 世纪的王素做出如此假设是错误的，但在这之后每个朝代的学者都经常重复这种论调。五帝在殷朝的铭文中已经以（上天）地方主人“方帝”的称呼出现，且铭文中提到它们其中的三帝：南方、西方和中央的三帝（《增订殷墟书契考释》，卷 3，60 a）。

307 《史记》，卷 5，沙畹 II，16；IV，420。

308 哈隆（Haloun），《中国人对史前历史的重建》（《*Die Rekonstruktion der chinesischen Urgeschichte durch die Chinesen*》）[刊于《日德科学与技术杂志》（*Japanisch-Deutsche Zeitschrift für Wissenschaft und Technik*），III，1925 年，243–270]。

309 《国语》，卷 8，5 b。

310 《墨子》，卷 8，3a，佛尔克译本，347。

311 关于土地神的综述，见沙畹的《中国古代的土地神》[《泰山》（Le T’ai chan）附录，437 – 525]。

312 沙畹，见上述引文，505，认为句龙只是参与祭拜土地神的，而不是土地神本人，这是郑玄（公元 2 世纪）的理论，但这个理论不能经受古文研究的考验，特别是《左传》，理雅各，731;《国语》，卷 4(《鲁语》)第七节以及《礼记》，顾赛芬，II，268 – 269（《祭法》）都正式提到共工的儿子句龙，土地的主人，因行为得当成为土地神“社”。

擅于凡人神化论的《左传》将后土作为一个职位的称呼，将它神化至少昊的时期，但这并不能掩藏传说的神话色彩。傅兰克（Franke）先生在《耕织图》（《*Kêng schi t'u*》）第 7 页中确认句龙的身份是土地的主人，也是土地神，这是正确的；而辛德勒先生在《中国人对圣贤认知的发展》第 12 页及之后篇幅中尝试将两者分开，将后土作为一个女神，这是错误的。

313 《墨子》，卷 8，佛尔克译本，352。——沙畹，见上述引文，473，在阐述了土地神最初是一棵树之后，尝试证明土地神的起源其实是整片神圣的树林；另一方面葛兰言先生在《中国古代的节日与歌谣》，254 中认为对土地神的崇拜在封建时代替代了封建社会之前对古老圣地的崇拜。

314 《书经》中失传的一篇，刊于《白虎通》，卷 1，3b。参阅沙畹《土地神》，467。

315 《论语》，26；沙畹，见上述引文，468。

316 沙畹《土地神》，477。有些中国学者假设牌位最初时是木制的，辛德勒先生在他的《圣贤认知》，319 中也采用了这个假说，但在我看来这是不准确的。

317 《墨子》，卷 8，佛尔克译本，350。

318 《左传》，理雅各，168，［顾氏，TT1 － 300］。

319 沙畹，《土地神》，475。

320 《招魂》（《楚辞》，卷 9），4，何可思译作，21 － 22。

321 《左传》，176，［顾氏，TT1 － 320］。

322 《书经》，155（《甘誓》）。

323 《周礼》，182 － 183。

324 葛兰言，《中国人的宗教》，74 － 74。

325 《左传》，629，［顾氏，TT3－175］；222；352［顾氏，TT2－37］。

326 《孝经援神契》，刊于《初学记》，卷6；《太平御览》，卷8，16a；卷61，1b。

327 《礼记》，II，44（《学记》）。

328 《尚书中候》，刊于《太平御览》，卷82，3a；卷872，5a。

329 《韩非子》，卷9，3b。

330 《山海经》，卷12，4a（在现有文字的地方我使用的是《文选》，卷12，5a评注中的古代引文；《楚辞补注》，卷2，20 a）。

331 《晏子春秋》，刊于《后汉书》，卷90–A，4b。

332 《九歌》（《楚辞》，卷2），9 a。

333 《山海经》，卷12，4b；《穆天子传》，卷1，4a；《水经注》，卷1，4b。

334 《九歌》，9 a。

335 《竹书纪年》，理雅各译作《中国经典》III，Proleg.，121，122；《天问》（《楚辞》，卷3），12b；《山海经》，卷14，5a。

336 《淮南子》，卷19，1b；葛兰言《舞蹈与传说》，466及其后篇幅。

337 《史记》，卷126，5 b–6 b。

338 《通鉴纲目》前编，卷18，14a。

339 《左传》，810（公元前488年）；《史记》，卷40，沙畹，IV，379–380（公元前489年）。

340 这四个词不可以两两叠加："魄"和"魂"更加精确，甚至可以说是指代人类灵魂的技术词语（从这个意义上来看"魂"是个很古老的字，因我们可以在傣族语言中找到它的近亲"k'uan"）；另外两个词是指（亡灵的）所有精神表现，其中"鬼"如果单独使用似乎特指坟墓中的灵魂的外在表现。这些概念的起源和日期都各不相同，人们或多或少将它们合并起来以便形成传统的理论。

341 《左传》，618（公元前535年），［顾氏，TT3 – 141］。

342 《诗经》，理雅各，428：“文王在上，于昭于天！文王陟降，在帝左右。”参见周朝祖先之钟“宗周钟”上的铭文：“显且（祖）考先先王，先王其严在上，降余多福……”（阮元《积古斋钟鼎彝器款识》，卷 3，9b；吴式芬《攈古录》，卷 3，3，57 b）。

343 《逸周书》，卷 9，6a：周朝一位王室继承人在预见到自己的死亡后说道：“三年后我将升天成为上帝的宾客。”（“吾后三年，上宾于帝所。”）

344 《书经》，理雅各，230 中，盘庚在谈到祭祀先王时对他的大臣这样说：“当我大规模祭祀先王时，你们的祖先因追随先王也可以与他共享。”（“兹予大享于先王，尔祖其从与享之。”）抑或（《书经》，240）：“你们的祖先和父辈将你们抛弃……你们的祖先和父辈告诫我的先王祖先：要严惩我们的子孙。”（“乃祖乃父断弃汝……乃祖乃父乃告我高后曰：作丕刑于朕孙。”）

345 《左传》，618，［顾氏，TT3–145］：景王因卫襄公之死（（公元前）535 年）向其子卫灵公致以哀悼：“叔父去世了，他将在我的先王左右，辅佐先王服侍上帝。”（“叔父陟恪，在我先王之左右，以佐事上帝。”）

346 《史记》，沙畹，V，26–27。

347 《招魂》（《楚辞》，卷 9），3a，何可思（Erkes）译作，23。

348 《左传》，141，［顾氏，TT1–245］。

349 《墨子》，卷 8，佛尔克（Forke）译作，348–349（齐国）。

350 《左传》，618，［顾氏，TT3–140］。

351 《左传》，219（（公元前）629 年），［顾氏，TT1–422］。

352 《战国策》，卷 5，6 b。

353 《左传》，6，［顾氏，TT1–8］。

354 《礼记》，I，226；有关此人的名字及日期见《左传》，716（公元前 516 年）。

355 关于这项习俗迄今最重要的文字是高延（de Groot）收集和翻译的《中

国的宗教体系》（*The Religious System of China*），II，1，III，721–735 以及重松俊章（Shigematsu Shunshe）的《中国古代殉葬习俗的研究》（*Recherche sur la coutume du suttee dans la Chine antique*），刊于《白鸟博士还曆记念东洋史论丛》（*Shiratori hakase kanreki kinen tôyôshi ronsô*），481–540（东京，1925）。

356 表示陪葬的人被活埋在墓穴中的字“殉”是对表示追随的“寻”字的特别改动，意即“追寻逝者”。

357《墨子》，佛尔克（Forke）译作，300。

358《括地志》，引文刊于《史记正义》，《史记》卷 32，6a（永嘉时期末期，307—312 年）。

359《史记》，II，22；《左传》，244；347，［顾氏，TT2 - 22］；747，［顾氏，TT3 - 493］。

360《左传》，328，［顾氏，TT1–657］。这并不是晋国唯一的例子：《左传》，373，［顾氏，TT2–84］讲述了有关晋景公的仆从陪葬的故事（公元前 581 年）。

361《礼记》，I，229。

362《战国策》，卷 3，50 b。

363 有些情形下死后变身成动物，或偶尔有图腾崇拜的迹象。

364 有关殡葬仪式，特别参阅顾赛芬《礼记》，卷 19（《丧大记》），II，203；卷 32（《问丧》），II，552；卷 33（《服问》），561；以及《仪礼》，卷 12–14，顾赛芬，439–540。

365 在新石器时代，中国人的史前祖先实行两次下葬，当尸体腐烂后人们在尸骨上铺一层赭石，放入墓穴永久安葬［步达生（Davidson Black），《甘肃史前人种略说》（*A Note on the Physical Characters of the Prehistoric Kansu Race*），55–56，刊于安特生（Andersson）的《甘肃考古记的初步报告》（*Preliminary Report on Archaeological*

Research in Kansu），《中国地质专报》甲种第五号（Mem. of the Geolog. Survey of China, Ser. A，n°5），1925 年 6 月］。到了有史记载的时期，人们不再等待尸体腐烂，但各种陪葬物件上还是会涂上一层朱砂［伯希和（Pelliot）《新郑的青铜器》（*A propos des bronzes de Sin-tcheng*），《通报》，1924 年，255］。

366 见正文后续下标 205–210 处，宗庙中灵位的排列。

第三章

神职人员、崇拜地点及崇拜仪式

1. 神职人员

187 与神进行沟通并非易事，也并非不无危险：有些神很残忍，对于些许的冒犯，哪怕是无意的，也会进行很严厉的报复。每个贵族自然地由于出身或官职会与几个神打交道（如他们的祖先、封邑的神或与他的职位对应的神），他有权力也有义务在规定的时间祭拜这些神；但除了天子之外，每个人因此能联系的神的数量非常之少。对于那些不存在任何自然关系的圣灵，“非其所祭而祭之，名曰淫祀。淫祀无福[367]”；如果有迫切的需要（比如某个神是某种疾病的源头，需与他和解），就要求助于有能力呼唤亡者神灵的人。此外就算与神灵存在着联系，这种联系也不能取代对于礼仪与程序的认知，缺乏这些认知而去接近神灵将是很危险的，正因为如此，官方的崇拜活动都有众多的神职人员参与，这些祭司熟悉礼仪的动作及崇拜的用语；王侯大夫甚至普通贵族身边都有他们各自的祭司。

神职人员分为性质差异很大的两种。第一种 188–189 是官方崇拜的祭司[368]。严格意义上来说这些人不是神的仆从，神并未挑选他们也没有传授他们（任何技能）；他们的角色仅仅是熟知祷告用语，并将这些文字父子相传或师徒相传，以便在宗教仪式上不犯错误地将其背诵出来。他们无法使神降临，是崇拜者的德行令神降临，但他们可以召唤神，与神沟通，扮演中间人的角色[369]；他们是各种各样的祷告者，也是预言家、占卜者等。另一种是巫师：这些人是真的得了魔法的，被称为“灵保”，在宗教仪式中他们可以通过咒语使得与崇拜者没有任何个人关系的神降临。在有史记载的时期，这两类神职人员不只是以宗教方面的能力来区分，他们的社会地位也不同：巫师由于在作法中常常会失灵因此不被重视。而祭司受官场的影响比巫师大得多：所有想成为祭司的人只需要学习礼仪和程序，并不需要个人有什么特殊的技能，但只有贵族有足够的德行能担当祭司的职位；相反地，巫师是由神挑选并得了魔法的，更多时候巫师是平民而不是贵族。

如同所有其他古老的宗教一样，（中国古代）祭司的数量非常之多：每一项与神沟通的程序 189–190 都由专职的人负责，他们熟知（相关的）礼仪和用语。祭司因此被划分为很多种，首先是众多的祷告者，称为“祝”，每项大型的祭祀都有绝对专职的祝官，如专门负责在郊外祭拜上帝的祭司[370]；专门负责田猎的“甸祝”，他们熟知出发狩猎或征战时的牺牲仪式；专门负责盟约的“诅祝”，他们在签约或诸侯会盟时诵读祈祷词，并提供盟誓、公约、合同等的用语。还有专门负责丧葬事宜的祝官：“丧祝”为逝者祷告并监管整个丧葬仪式，在周朝丧祝还要负责指挥亳社的仪式；“商祝”负责所有与丧礼服饰有关的事项；“夏祝”，负责在葬礼中供奉亡者。以及其他很多（不作一一列举）。他们在朝廷中人数众多，祝官之长被授予“大祝”的官衔[371]。

占卜者的人数也不少，其重要性不亚于祭司：当人们向祖先询问命运时由他们负责接收及诠释祖先的回复。这是一项艰巨的使命：人们有各式各样的问题需要他们解答——收成的预测、军事远征或出巡的结果等；在困难的情形下也会求助于他们，如君王与大臣意见不一致时，或当诸侯为做出某个决定犹豫不决时。周朝使用两种占卜的方式，一是龟甲，一是蓍草。前者非常古老，在殷朝时已经使用：190–191 人们取一块龟甲，在固定的几个地方打一些洞，要预测命运时就将龟甲在火上烧一下，从火上移开后涂上些墨水，加热后所产生的裂纹的位置、形状及方向便是所要的答案[372]。主管占卜的“卜师”或“司卜”，这个职位大概是世袭的[373]，主要负责占卜活动的外部事宜：由他提供问询龟甲的程序，检查龟甲的摆位方向，进行仪式时在龟甲的东侧点火；

他的手下负责准备和保存龟甲，提供特殊的木材用来加热龟甲等；但并不是由他来解读甲骨文，而是“占人”来诠释那些线条并给出结果。用蓍草占卜不如龟甲重要：如果龟甲和蓍草（得出的结果）不一致，以前者为准。蓍草占卜是摆弄五十根蓍草的茎以便得出六十四卦中的一卦，即传统卜书中所保留的六条线的图形，有些是实线有些是虚线[374]。这些卦有一个超自然的起源：第一个占卜者、神话中的帝王伏羲又称庖牺在神话传说时期见到一只龙马从黄河中跃出，他从龙马背上的图案得出这个卦图。蓍草占卜者“筮人”既负责占卜仪式也负责解释结果$_{191-192}$。占卜开始时先将五十根蓍草茎分成两小堆，这样一来必定两堆要么都是双数，要么都是单数；从右边那堆拿出一根蓍草，这样就变成一堆是双数，另一堆是单数；筮人将这一根蓍草夹在他左手的四指和五指之间；之后，将两堆中的一堆放在旁边，筮人去分另一堆，每四根为一组，剩余下来的就是答案：如果是双数即代表虚线，单数即是实线[377]。六线图形中的每一条线以这样的方式重复三次得出，即一共需要十八次以得出整副卦。根据不同的情况，有时人们满足于一卦便直接解释这一卦的意义，或者连续得出两卦，第二卦是由第一卦变形所得，之后解释两卦的差异。

释梦者“占梦”不仅要诠释梦中所给予的征兆，还要在每年冬天行将结束时供奉噩梦。解释超自然现象的“视祲”根据日、月、彩虹、光晕、蒸气等的表象进行预言[378]。在周朝最后的几个世纪，西方的影响传入加之人们对天文学有了进一步的认识，对星相学也有了了解，各种星相学家出现，预测星、风、云等的征兆。

此外还有很多人协助宗教仪式的完成 193–194（由于祭司只是熟知程序并非被神灵赋予特殊能力，因此要区分祭司及其助手是有难度的）。这些助手中有盲乐师，他们吹笛，敲击钟和石磬，打鼓；在乐官之长“司乐”（司乐本人也是盲人）的指挥下，他们演奏的乐曲可以令不同的神灵降临人间，对天神、地神或亡灵所演奏的乐曲是不同的；乐师们同时还要崇拜第一位乐师夔，这个只有一足的怪兽第一个教会人类通过敲击石磬来召唤神灵，因此在周朝人们将夔看作神话帝王舜帝的司乐。还有负责牺牲的主管“肆师”，他为节庆礼仪做物质准备；“史”官以文字记录朝廷或家族的大事件，将其记录在册并向祖先通报。此外还有各种仆从和雇佣，他们有各自的职责，听命于不同级别的祭司或其助手。

所有这些人都靠圣物为生，对于祭司家族而言，他们要小心翼翼地守着自己的专长并父子相传，鲁国史角的后代可以进行郊祀便是如此。大型节庆活动复杂的程序和礼仪不易被掌握；而简单仪式上的程序和礼仪又非广为流传，因此那些出现在普通人家日常崇拜仪式中的祝官必然都是专业人士。虽然接受过相关指导的人似乎都可以解释占卜的结果，但由于围绕着占卜术发展起众多哲学猜想令占卜成为朝廷中人士需要学习的知识，这便是与众不同了。无须质疑，朝廷中无论是君王还是诸侯对与宗教相关的圣职都会做精心安排：在周朝的王室，宗教事务构成了一个重要的部门，祭司淹没在众多的官员和仆从之中，他们所有人都由宗教事务之长宗伯领导。

祭司的生活与其他贵族的生活相比看不出有什么不同；除了在临近大型祭祀仪式时 194–195 祭司需要向主祭者一样斋戒，此外似乎没有强加给他们任何特别的义务、禁忌或节制。也许与主祭者一样，祭司身体上的缺陷会是履行其职责的致命障碍[379]；除此之外并没有什么特殊的生活将他们与其他贵族区分。就算对祭司有些约束，这些约束也从不会妨碍他履行最高级别的职责。当年观起的主人楚国令尹追舒公（子南）失宠被处死时（公元前551年），观起也因渎职而被车裂。观起的儿子观从只得去当时依附于楚国的蔡国求生。观从来自一个龟甲占卜的卜人家庭，（公元前）529年当子南的儿子弃疾登上楚国王位后命观从自己选择希望被授予的职位，观从于是重操家业[380]。对祭司来说，唯一的非兼容性是纯粹宗教上的非兼容：即任何人不能在他的宗教仪式上同时既做祭司又做主祭者[381]，也就是说即使对于普通人的家庭，葬礼和宗教仪式上也需要祝官到场协助主祭的儿子以及在牺牲仪式中承接亡灵的孙子。由于缺乏特定的礼仪，不同级别的祭司中容易产生一种共进退的思想 195–196，这也是为什么古代中国的祭司家庭，至少在有史记载的时期，不属于圣职阶层。

另一类神职人员为巫师，男巫称“觋”，女巫称“巫”[382]，他们与官方的、贵族的、行政性质的神职人员非常不同[383]。他们由神挑选，来自贵族及平民的各个阶层。某些巫师只与某个特定的神联系在一起，如河伯在邺城及临晋的一群女巫；但大部分的巫师可以与不同的神产生联系，特别是能与亡灵沟通。似乎人们更多时候是按照巫师的能力而非神力来区分他们：最普遍的是通灵者“祩子”[384]，还有懂医术的巫医、招雨的巫师、驱魔师“方相”，他能赶走不祥的影响，等等。在四海之外的巫山采集草药的十位长生不死的巫师很可能是不同巫术分支的创始人，每个分支都会崇拜他们中的一位。这十个巫师包括巫咸、巫即、巫凡、巫彭等。巫咸也是最早的一位巫师；巫彭是医术的发明者；巫阳是那些能够在梦中与亡灵沟通的女巫之首[385]。此外，巫师家族的神灵随着国家不同似乎 196–197 称呼也不同：晋国称之为“巫族人”；秦国称之为“巫保”；楚国称之为“巫先”[386]。这些神灵只不过是巫师在进行危险的仪式时的保护者，协助他们前去寻找神灵并与神灵沟通。

巫师与亡灵的沟通是通过真正的灵魂上身，因此人们也常称他们为“灵保”[387]；灵魂降临到他们身上，以至于“身体还是巫师的身体，心灵却是神的心灵”。神灵通过巫师的口讲出他要讲的话，如同一位国公的亡灵在第一次现身后对他旧日的车夫说道：“七日新城西偏，将有巫者而见我焉[388]。”有时亡灵不满足于讲话，他还通过巫师采取行动，例如祝官观辜负责为没有后裔的亡灵准备祭品，但他对自己的职责漫不经心，饥饿的厉鬼对此非常不满，他突然借祩子上身，用大棒将观辜打死在祭坛上[389]。女巫与神之间的关系似乎因充满爱慕而变得复杂：女巫的美色吸引了神，神因此选择了她。召唤神要通过很长的仪式才能完成。女巫先要用兰花水洁面，用鸢尾花的水洁身；之后穿上艳丽的衣服，197–199 甚至有可能穿的是被她召唤的神的服饰[390]。当祭品备好之后，女巫便让自己的灵魂去寻找神灵，并将他带回参加祭祀，她用舞蹈伴着音乐和歌唱来模拟这段旅程。

“在这个良辰吉日，我怀着崇敬之心希望取悦于上皇；

我手抚带着玉环的长剑，我的佩玉（在走动时）发出琳琅的歌声般的声响，

华石的坐席镶嵌着美玉，我将洒上琼芳的香露；

香草烹煮的菜肴放在兰花的垫席上，我向您奉上桂花香酒和美味的汤品。

拿起鼓槌，敲起大鼓；放缓节奏，奏一曲安详的乐章；

抱起琴瑟，拿起笛子，好让他们尽情高歌。

巫女穿着她的华服跳舞，满是宾客的大厅如此辉煌；

五音和谐地汇成一片，上皇甚是欢欣喜乐。”

（“吉日兮辰良，穆将愉兮上皇；

抚长剑兮玉珥，璆锵鸣兮琳琅。

瑶席兮玉瑱，盍将把兮琼芳；

蕙肴蒸兮兰藉，奠桂酒兮椒浆。

扬枹兮拊鼓，疏缓节兮安歌，

陈竽瑟兮浩倡。

灵偃蹇兮姣服，芳菲菲兮满堂；

五音纷兮繁会，君欣欣兮乐康。”）[391]

那些文人墨客被官方崇拜的华美布局吸引前来，但这些仪式中的放纵气氛却越来越令他们不满：女巫需要嘈杂的鼓声和笛声以使她们进入灵魂附身的状态；助手们以越来越快的速度敲鼓吹笛，直至女巫中的一位受到音乐的激发开始跳舞，她手中随着季节不同拿着兰花或是菊花的花蕾，当跳到筋疲力尽时她就跌坐在她的位子，另一个女巫为了避免舞蹈间断，会立即来替代她，从她手中接过花蕾。

“礼毕时人们密集地敲起鼓；花蕾传递给替代的舞者，娇美的女子从容地歌唱；

春天手中拿着兰花，秋天则是菊花，从古至今从未停息。”

（“成礼兮会鼓，传芭兮代舞，姱女倡兮容与。

春兰兮秋菊，长无绝兮终古。”）[392]

199–200 舞蹈快速而跳跃：

“急速地弹起琴瑟，敲起大鼓，乐钟在嵌着美玉的木架上回响，

笛子歌唱，管篪也吹响，这个灵保贤德又美丽。

如翠鸟般轻盈飞起，曲词和着舞蹈，

节拍应着舞步……”

（“緪瑟兮交鼓，箫钟兮瑶簴。

鸣篪兮吹竽，思灵保兮贤姱。

翾飞兮翠曾，展诗兮会舞。

应律兮合节……”）[393]

经过如此的招魂，神灵到来，接受了祭品，加入舞蹈中，有时还会借女巫之口说话，在仪式结束之后离开。当神灵离开后，精疲力竭的女巫要向自己的灵魂致礼，即“礼魂”[394]，以便召回那些“忘归”[395]的灵魂，将它们从冥想中带回。

所有这些刺激，这些喧闹，这些快速变化而随性的舞蹈令贵族不屑一顾，对贵族而言，他们那些按部就班的礼仪才更显奢华的排场：贵族将女巫称为“愚妇人”[396]，他们宣称女巫的崇拜是无效的，因为这些崇拜只是“恒舞于宫”，尽管“舞佯佯，黄言孔章，上帝弗常……降之百（歹羊）”[397]。因此巫师的角色在官方崇拜中被降到最低。巫师有能力看见和感知神灵，人们需要求助于这种能力：为此在祭祀远方的圣灵“四王”时，人们让巫师呼唤圣灵的名字并挥动芦苇示意[398]。不过人们最需要巫师做的，是驱散不好的影响，不论是人为的影响还是非人为的。一年中方相要根据季节的不同，在乡间或在家中进行三次驱邪[399]。人们更多时候是在丧葬仪式上用到巫师；诸侯前去吊唁 200–201 他的大臣时便有手持桃茢的巫师开路，驱赶亡者带来的不祥，丧祝拿着扫帚从旁协助[400]；拿着武器的驱魔者走在棺柩之前的送葬队伍中，棺柩进入墓穴之前他向着墓穴四方挥舞戟戈[401]。即使在日常生活中人们也会求助于巫师：诸侯如果出行到他的国家之外一定会带同巫师一起出发，巫师负责确保没有不祥之物接近诸侯[402]。随着礼仪逐步变得温和，官方崇拜摒弃了一些虽被视为残忍但仍很常见的行为，如在持续干旱的时期让巫师在艳阳下跳舞甚至活活将他们烧死（求雨）[403]。

如果说巫师在贵族的官方崇拜中所占据的位置非常有限，他们在群众的日常宗教生活中却有着重要的地位，对于没有圣人祖先的平民来说，巫师是他们与神灵世界沟通所必需的中间人。庄子讲述了一个郑国的巫师能够治愈疾病，能够分辨祥与不祥，能够确切地预测询问他的人的寿命；郑国的人因此都很怕他，路上见到他就会避开；但人们也会找他咨询[404]。处处都有男巫女巫：他们在城市的郊外，如被杀害的晋国太子的亡灵在曲沃郊外用巫师与他的朋友交流[405]；他们也在乡村，如帮赵鞅（简子）释梦的巫师拒绝说出自己的名字，只说自己是“201-202 田野之人”[406]；黄河有它的一群女巫；巫咸是秦国官方崇拜的对象[407]。此外，以私人名义进行的不计其数的对巫术的祭拜在民众的各个阶层中广为流传，多少弥补了些巫师在官方崇拜中的缺失。其中在（公元前）8世纪末，对“钟巫”的崇拜深入到郑国一个大家族尹氏，一位鲁国公在被囚于郑国期间居住在尹家，也加入祭拜：每年的第十一个月他都在禁食后祭拜钟巫[408]。

可惜的是，有关民众祭拜巫师的情形如同其他所有与民众生活相关但被周朝末期儒家正统理念排斥的行为一样，在史料中几乎未被提及。

2. 崇拜地点

祭司、男巫、女巫，这些人虽未能构成一个社会等级，但至少形成了一个可观的群体负责宗教事务。由于缺乏统一的训练和启蒙，他们内部缺少凝聚力，使得他们无法担当除个人名义之外的政治角色，也无法令他们在其他方面有更深远的影响，包括宗教艺术方面。古代中国人的神灵与祭司多于任何其他古代民众，但他们却没有留下能与地中海沿岸国家相媲美的庙宇。中国人用木材与黏土做建筑材料，（这样的建筑物）无法持久；而为神灵修建的住所也并没有比普通人住的地方修建得更为牢固。此外，这些神不喜欢被供奉在封闭的屋中：需要有良好的通风神灵才会屈尊来享用人们为他们准备的祭品 202-204；只有对那些希望有如生前般对待的亡灵，人们才会为他们建造与活着的人一样的宫殿，即丧葬的庙宇，若无此庙宇，人们就在他曾经的住所中的某个大殿举行崇拜；前朝的土地神，即（为当代君王起）警示作用的土地神，在周朝被称为“亳社”，因其为一个死去的神，人们在他的神坛上方砍掉树木建起一个庙宇并在那里向他举行崇拜仪式，与崇拜其他逝者的仪式相同。秋季祭祀上帝的仪式应在圣殿中举行，而此圣殿似乎也是没有墙壁可以接纳四面来风的。

除了上面所说的情况，崇拜活动通常是在露天举行。每个神都有自己的偏好，或者说对于每个类别的神，其崇拜地点的方向、形状、布局等都需要遵循一定的规则，崇拜天上的圣灵要在圆形的祭坛，地上的神灵要在方形的祭坛，以取天圆地方之意；崇拜前者需要准备柴堆以焚烧殉葬者，后者则需要坎穴将陪葬者埋葬。除此之外只有极少数的神有固定的崇拜场所：土地神社在宫廷内与祖庙相对，崇拜上帝是在国都南郊的圆形山丘，先农的神坛在王室的农田里，祭日在东郊被称为“王宫”的神社，相对称的，祭月在西郊被称为“夜明”的坎穴[409]。但上天五个区域的五帝只有为崇拜活动临时搭建的圆形神坛，每个神坛在他所对应的方向的郊区；同样，山林河川之神也只有相应的临时的方形神坛或圆形的坎，是人们在每次牺牲前所准备的[410]。有些圣灵甚至全然没有固定的崇拜场所，如路神，当君王出宫时会以一只狗来供奉他，路神就在路上 204–205 被祭拜，以被王室车辆碾死的不幸者殉葬。

固定的崇拜场所中最重要的当属崇拜上帝和土地神的地方。崇拜上帝是在一个三层的圆形人造祭坛上，在国都的南郊；圆形象征天的形状，至于为什么会是三层，周朝末期人们给出的解释是“三”是代表“阳”的吉利数字，而天是阳性的。祭天没有牌位，因为上帝是唯一的、无法用任何东西来代表的圣灵；此外在后期系统化的礼仪中，为了解释这一特殊性，人们宣称在南郊祭天时是以太阳作为牌位。原则上帝王是唯一一个在南郊有祭坛的人，因为他是大地上唯一的统帅，如同上帝是天上唯一的统帅；但事实上鲁国和宋国的国公都有祭坛，其他国公可能也有：之所以会有这种违背仪礼的情况，就鲁国而言，是因为这是赋予鲁国公的祖先——周公的特殊恩典；在宋国，是由于宋国保留了他们的祖先——殷王的王室传统仪礼。

土地神社是方形的，因为地是方的。每个诸侯、每个封邑的拥有者以及每个地区都有自己的土地神社，其规模随着土地神的重要性的降低而减小。王室的土地神社“大社”是监管整个王国的，神社每个侧面各有不同的颜色，在中国人的理论中这些颜色对应着不同方位：东边是绿色，南边是红色，西边是白色，北边是黑色，顶上（中间）是黄色；诸侯的神社只有一个颜色，其颜色由该地区相对于帝国国都的位置而决定。神社上生长着一棵大树，这棵树起初就是土地神本身；树前即北侧是竖立在土中的土地神的牌位——一块方形的石碑，上面没有任何文字：牺牲仪式时人们用血涂抹这块牌位。在靠近神社的地方挖掘出一个方形的坎用来埋葬牺牲者，因为祭拜土地的牺牲品应该埋入土中。

人们根据这些崇拜场所的模式为其他的神修建祭坛，五帝因是 205–206 天上之帝，其祭坛是圆的，祭祀山林等的祭坛是方的，旁有坎，因这些是地上的神灵，等等。每一次仪式前人们按照明确的规则修建祭坛，仪式完成后，祭坛便被荒废在那里，不久就消失了，这简单的土堆很快就被雨水冲刷殆尽。

与神灵之崇拜地点的多样性相反，崇拜亡灵的地点几乎各国完全一致，只有些细节上的区别。祖庙建在居所内部，这在各地都一样，在庭院的东侧，主人面南而坐时祖庙在他的左边。这是一大片由围墙围起的场地，大门在南侧；进门后是一个大院，院子中央竖立着石碑，杀牲前将主要的牺牲品系在石碑上。左右两侧是公用的侧殿：例如其中一边在仪式前被死者的代表“尸”用来着装。院子尽头向南的就是“太庙”，建在高起的平台“堂”上，人们通过其正门两侧的台阶走上高台，东边的台阶供主人家使用，西边的为宾客所用。这是一个用柱子支撑的大殿，墙很薄，由砖或者可能是黏土而作，大殿的建造和装饰按照级别有严格的规定：天子的大殿，其柱子要砌方、抛光并打磨，诸侯的大殿则没有最后打磨的步骤，而大夫的殿堂只需将柱子砌方，无须抛光；此外柱子和支撑屋顶的横梁都不可有雕刻或绘画[411]。

大殿的内部按照所要崇拜的祖先的数目被分隔成小的庙室；每个贵族根据他的级别由古老的传统来决定他有权祭拜的祖先的数目：帝王为七个，诸侯为五个，大夫有三个，普通个人只有一个 206–208。这些小庙室对称分布，一个在中间，其余在左右；祖庙中的这种隔断对所要崇拜的祖先进行了特殊的分类：从第一个祖先开始，单数辈分的祖先总是排在太庙左侧，称为“昭”；双数辈分的祖先占据右边的庙室，称为“穆”[412]，但昭穆二字的含义已遗失[413]。中间的庙室永远留给所供奉的最古老的祖先，对于余下的祖先，祖庙的布局细节会根据家族的级别及庙室的数目略有不同，有时也会因区域而不同：举例来说，宋国的礼仪在这方面如同其他很多方面就与周朝的不同。

在周王室的祖庙中，中央的庙室是留给部族的始祖后稷的；

两侧各有三个庙室“昭”和三个庙室“穆”：其中四个，左右各两个，又被称为“庙”，供奉的是可以享受每月祭拜的近祖：父亲、祖父、曾祖父及高祖父（以及他们的合法妻子）；另外两个庙室的祖先与后稷的时代比较接近，被称为“祧”[414]，这两位远祖不再享有每月的祭拜，但每个季节接受祭拜：这里很可能是周朝的创立者文王和武王的“世室”；此外还有 208–209 一个被称为“坛”的祭坛和一块空地“墠”，此处没有庙室，类似一个过渡性的崇拜地点，供奉第五代和第六代祖先，用在这两位祖先正式进入“祧”的行列之前[415]。诸侯的祖庙，至少是那些出身于王室的诸侯，其布局与此相同，但只有五个庙室，两个供奉近祖的“庙”，两个供奉远祖的“祧”，另一个是供奉始祖的“太庙”。在卫国，中央的庙室是留给后稷的，两侧的分别供奉的是文王，卫国第一个国君的父亲，及康叔，卫国第一个国君；后面两个庙室留给执政国君的父亲和祖父[416]。鲁国并没有崇拜后稷：中央的庙室供奉的是周公，鲁国建国者的父亲；左边的庙室供奉周公的儿子伯禽，鲁国第一任国君，右边的庙室不知何故选了鲁武公（公元前825—815 年）来供奉；后面的两个庙室也是留给执政国君的父亲和祖父[417]。宋国似乎也是如此：中央的庙室并没有供奉始祖偰，供奉的是帝乙，殷朝倒数第二个帝王，宋国第一任国君（微子启）的父亲[418]。

每经历一代人，牌位中的一列就会变动一位以便安放新的逝者的牌位：如果新的牌位属于 209–210 穆，那么穆的那列牌位就会变动，如果新的牌位是昭位，昭列就会变动；每次只会有一列发生变动，另一列不受影响，因为穆永远不会变成昭，反之亦然，昭也不会变成穆。每个牌位被新一代牌位推后，在经过它这一列的两个庙室并于此接受了每月的供奉之后被安放至盒中，放置到先祖所在的“太庙”，与其他祖先的牌位一起沿太庙的北墙排列；在某些牺牲仪式中人们还会将它取出，先放到“坛”，一代之后再放到“墠”（此时人们已不再考虑这个牌位属于昭还是穆，所有牌位不论出于何列，都会先经过坛再经过墠），在此接受供奉；最后在经历了六代之后，牌位会被永久置于先祖的庙室，只有在合祭群庙时才会和其他所有祖先的牌位一起被取出。

所有庙室内部的布局是一样的，竹制的牌位被放置在石制的盒中，是为灵魂的居所，只有在崇拜仪式时才取出。通常每个祖先有两个牌位，一个留在庙室的居所，而另一个会被带着随军队出征；但周朝末年的礼仪家们指出只有一个牌位是真的，因为“天无二日，土无二王”，祭祀时也不能有两个牌位，他们认为是齐桓公在（公元前）7世纪始创出两个牌位的做法[419]；且不论出处为何，这种习俗在周朝末年还是很普遍的。庙室中还保存了在葬礼中展示过的逝者的服饰，在祭祀活动时，逝者的代表就会穿上这些华丽的服装。此外，庙室中还有为每个祖先占卜用过的龟甲以及各种祭祀的器物：如尊彝、乐器等[420]。

贵族的庙室大致 210–211 与帝王的相似，只是豪华程度、规模和重要性有所不同。大夫只有三个庙室，一个供奉父亲，一个供奉祖父，另一个供奉曾祖父；对于高祖及第一位获得“大夫”官职的祖先，人们会设立临时祭坛在举行特殊仪式时供奉他们。职位再低一些的官员根据他们的级别只有两个或甚至只有一个庙室；至于普通贵族，他们只能在寝宫中的某个殿内设立一个临时的祭台，没有专门用于供奉祖先的祖庙或庙室[421]。

值得一提的是圣殿“明堂”，即帝王在原始时期所居住的与民众隔绝的城外宫殿，早在史前时期，随着古老帝王的禁忌被彻底打破，明堂变为一个进行崇拜活动的场所；但由它的历史所决定，这里不是崇拜某些特定的神的地方，而是帝王继续进行其总体宗教活动的地方。明堂古老的布局被保留下来，即位于四个方向的四个对称的建筑围绕着中央的建筑，每个月帝王都要举行仪式，穿上与当季的颜色匹配的衣服，吃当季的食物，在属于那一个月的宫殿中住宿。中央的庙宇，“清庙”是唯一的帝王从不住宿的地方，它用于供奉周朝的祖先文王；传统赋予清庙一种古朴：它似乎一直都是两层的建筑[422]，或至少有两个屋顶相交错，但这些屋顶是茅草做的[423]，为数不多的装饰也有严格的规定。鲁国的太庙是根据王室的明堂所建，有这样的描述：“……藻棁，211–212 复庙重檐，刮楹达乡，……疏屏[424]”在这里举行的是应在帝王居所举行的大型祭祀活动，如王室日历的第六个月（原则上是接近五月的时候）祭拜文王，第九个月时在室内祭拜上帝以示冬季的开始（并同时祭拜文王）；这里也是冬祭之地，至少在周朝末期如此，祭拜的是五帝之一主导天上中央地区的黄帝。那时明堂四边的建筑也用来供奉五帝中的其余四个：东边的大殿“青阳”供奉东部的天帝青帝；西边的大殿“总章”供奉白帝；北边的大殿“玄堂”供奉玄帝；南边的大殿“名堂”供奉赤帝；在这些大殿中帝王为每一个天帝举行各自的仪式[425]。

此外每个定期举行宗教活动的场所也同时是崇拜地点：如所有的住所，因为人们在那里崇拜住宅之神。这些崇拜地点中最重要的当属学校；人们在那里崇拜学校的“先师”，崇拜每年春天和秋天在半年课程开始前进行。国都中的学校，帝王的称为“辟雍”，诸侯的为“泮宫”，同时供奉执政家族的祖先，如宋国的学校供奉偰，周朝及其姬姓诸侯国如鲁、郑、晋、卫等供奉后稷；在郊祀的前一天，人们去学校祭拜这些祖先，以告知他们将要举行的仪式；在远征凯旋后人们也会到学校向祖先供奉俘虏的人头作为祭品；在学校完成大射礼；也是在学校帝王为年长者设宴，等等。

212–214 祭坛及庙宇只有在完成了血祭后才能成为真正的崇拜之地，血祭又称“衅”，要用牺牲品的血来完成。只有祖庙的相关细节为人所知[426]。建立祖庙的后代由祝官和宰夫陪同，三人均穿着黑色的祭祀服饰，头戴雀色皮帽，亲自前往新建成的庙宇（只有诸侯可请他人代替前往）；他们在院子中面向北方站立在绑牺牲品的石柱南侧；宰夫将要牺牲的羊洗净后带到院子中并绑在柱子上；祝官默诵祈祷词。在这之后，宰夫由中间的台阶进入庙宇，转身向南，在那里将羊宰杀，以流淌在地上的血祭拜庙宇；

他随后走下庙宇杀鸡并依次供奉进入院子的大门和两侧的侧殿；其间，主祭者和祝官站立在绑牲柱旁原地不动，只是随着祭祀依次转向大门及侧殿的方向。当四方都经这样被血祭之后，祝官向主祭者宣布："某某庙宇的衅礼结束。"在完成了建筑的血祭后，各种崇拜用的器物，如尊彝等，都需要进行祭拜：人们用小公猪的血涂抹这些器物[427]；为每个祖先占卜用的龟甲也需要涂血祭拜，不过对龟甲所进行的仪式需在每年冬天的第一个月再次进行，对占卜用的蓍草茎也是如此[428]。

3. 崇拜仪式

在不同地点进行的崇拜活动除了一些外部的变化，214–215 其总体流程大致相同。一般来说崇拜活动由供奉祭品、祈祷和舞蹈组成，全程有音乐相伴；不过偶尔其中的某些环节会缺失。

对不同的神，在不同的场合，所供奉的祭品不同。供奉上帝、大社后土及王室祖先的是盛大的祭品，称为"太牢"，为牛、羊、猪三种牺牲品（如同古罗马的三牲大祭），不同之处在于供奉上帝的是红棕色的牛，供奉后土的是黑色的牛，而供奉王室祖先用的是白色的牛；人们用小马来供奉山川之神；帝王出宫时，人们用马车辗死一条狗来供奉路神；普通贵族供奉祖先只有羊这一种祭品；供奉上帝的玉是圆形蓝色的，像天空一样；供奉后土的玉是方形黄色的。上帝只饮水，各种不同种类的酒，如未发酵的淡酒、浑浊的红酒、白绿色的清酒等都是供奉祖先的。将人作为牺牲品是常见的，不过是与某些特殊的礼仪相关联的：在秦国和卫国，人们每年供奉一个年轻女子给河伯做妻子；蜀国的居民也以同样的方式供奉江神；战斗时杀死俘虏祭祀或用俘虏的血涂满战鼓；征战归来，人们杀俘虏祭祖或祭拜土地神，将俘虏的头和耳与被杀死的敌人的头和耳一起埋于祖庙前[429]；夏天在烈日下折磨巫师或残废的人，将他们折磨至死来求雨；人们还将死者的妻妾和仆从活埋殉葬。

供奉的方式也像祭品本身一样多种多样；供奉上帝要在露天的柴堆上烧牺牲品、布帛、玉等以便烟气 215–216 可以直升到天上上帝的住所；供奉土地神要将祭品埋入地下土地神的领地；祭祀河神要将祭品沉入水中；祭祀祖先要举行完整的宴席。无论何种方式或人们如何演绎这些方式，它都必须满足某些条件，以符合礼仪的纯洁性。“牛之白颡者，与豚之亢鼻者，与人有痔病者，不可以适河。此皆巫祝以知之矣，所以为不祥也……[430]”牛是太牢中最重要的牺牲品，要在南郊将它供奉于上帝并在每季的大型祭祖活动中供奉祖先，（作为祭品的）牛经过精心挑选后与牛群分开，独自关在围栏中三个月。用来祭拜的黍麦，也是制造各种酒的原料，应该来自帝王亲自耕种过的圣田；所供奉的丝绸要来自王后所养的蚕；水要是纯水，日出时采集到杯中的玫瑰色的水；火也要是纯净的火，通过球面镜“燧”直接取自太阳或通过“钻”取火。通俗的物品如果变成了祭品，它们的名称也要被符合礼仪的词语所取代：牛被称为“大武”，猪为“刚鬣*”，羊为“柔毛”；水变成了圣浆，酒为醇酿[431]。

祈祷所念的“咒”似乎是本身就有德行和能量(“灵”)的口诀，独立于外部其他的神圣行为：冬至、夏至、春分、秋分时节“朝日”所念的咒语如此，进入每个季节时的咒语如此，庆祝丰收的盛大仪式上的咒语亦是如此。在恰当的时候念出咒语，再加上得体的仪式便能达到所要寻求的效果，无须任何圣贤介入被人祈求或赐予祝福；不合时宜地念出咒语及举行仪式就自然会招致灾祸发生。与这些古老的口诀 216–217 相并行的是逐步发展起来的另一种祈祷：人们祈求上帝、土地神及祖先，希冀获得幸福及保护，但神灵可自由决定准许或拒绝这样的祈求。

几乎所有大规模的宗教仪式都是以大型舞蹈来结束，这些舞蹈以象征的手法表现出人们所希望发生或继续的事件，并保证会以自身的德行来确保这些事件的完成。在周朝每季的祭祖仪式中，人们（用舞蹈）表现武王征服商纣的胜利，每年通过这样形象地表现祖先的胜利，继任者可以直接获得祖先的德行并再次为自己确认上天赋予的使命；同样，宋国公通过“桑林”之舞使自己获得祖先、殷朝的创立者胜利者商汤的德行，商汤曾致力于结束干旱。夏至时人们伴着空桑的音乐跳起咸池舞，这个舞蹈象征着太阳的轨迹以确保一切如常继续。

---

* 鬣，音 liè。

至于音乐，它首要的任务是唤来神灵。每个仪式中的所有环节都需要伴以器乐的乐曲或歌唱，并明确地规定每种情况下所能演奏的乐章：帝王、人鬼宾客、牺牲者进出时都要根据独有的敲击锣和磬石发出的音乐来进行，（三者的）乐曲分别为“王夏”、“肆夏”及“昭夏”[432]；大家入座后，合唱颂歌开始，不同的仪式有不同的颂歌，由弦乐琴瑟和笛子伴奏，每一句由鼓点断开；之后口琴和笛子为小舞伴奏，或整个乐队演奏祭祀的大型舞蹈“大武”或“大夏”等的乐章，如果仪式217–219仅是宴会，宴会后有射箭仪式，相应的舞蹈则是弓矢舞[433]。

所有的大型仪式都需要符合某种程度的礼仪上的纯洁，不仅是牺牲者，所有参加者都如此，包括主祭者、祝官、助手、尸、巫师等。所有人都需要在仪式前斋戒以做准备，斋戒的时间长短和严格程度取决于仪式的重要性及各自的级别。郊祀前，如同每季的祭祖前一样，帝王需斋戒十日，前七日需要遵守的戒律较松，最后三日则非常严格：他要离开自己的寝宫居住到路门旁用于接待的大殿，并需要遵守一系列禁忌，要避免与妻妾发生关系，某些食物也是被禁止的。诸侯要遵循同样的做法，大夫和其他贵族也要为各自的祭祀仪式斋戒，时间较短但同样严格。祝官所要遵守和避免的与主人相同。这还不是全部，在仪式前几天，在帝王的统领下，在辟雍即王室的学院举行隆重的射箭仪式，届时会从朝臣中选出参与祭祀仪式的助手，这些被选中的助手也需要斋戒。仪式前一日，神坛和庙宇都要打扫干净，需要修整的要修整好，以确保神坛和庙宇也都一尘不染。

虽然构成仪式的基本元素大体相同，但庆典活动不会因此而变得单调；相反，庆典活动非常多元化。特别值得一提的是祖先崇拜和祭神活动就非常不同。

当人们祭拜祖先时，每个祖先会在仪式时降临到事先选好的一个活着的人身上，如同巫师实行 $_{219–220}$ 巫术时一样。这个人并不是一个普通的祖先的代表，好像戏剧舞台上的哑角只管站在那里：祖先的灵魂会在某段时间真实地附在他的身上，这也是为什么人们称他为“神保”（如同女巫被称为“灵保”），或者人们用本义是尸体的“尸”这个字来指代他[434]。尸并不是被持续地附体：当灵魂无事可做时就留在（祖先的）牌位里，此时尸就一动不动站在那里；但当灵魂需要吃喝的时候，尸会向他供奉祭品和祭酒，灵魂便降临到尸的身上，尸便坐下[435]；在仪式接近尾声时，灵魂需要讲话答谢主祭者并向他承诺祝福，就通过尸的口将要说的话说出。很自然，灵魂只能借助于自己后代的身体，但这个人不能是他的儿子，应该是他的孙子，或侄子（如果没有孙子）；人们通过占卜确保祖先同意这样的安排[436]。正是因为必须选择一个后代为尸，晋平公在（公元前）535 年祭拜大禹的父亲鲧时只能要求董伯为尸，因董伯与鲧同属一个远祖“姒”姓[437]。尸仅可用于对死者的崇拜：神从来不可以以这种方式由活着的人代表。只有一个例外：在供奉“起警示作用的（前朝）土地神”时也有一个尸。这是因为这个已被推翻的朝代的土地神是一个死去的神，祝丧以适用于亡者的礼仪供奉他；对这个土地神来说，他的尸不是他的后代，而是由最高刑罚的行刑者“士师”担任，因为他不仅是一个死去的神，而且是一个被处死的神[438]。

另一方面，对神的崇拜就极其复杂，因为无人能直接地与神灵对话，也就无法与它建立直接的关系，既没有个人的关系（如与祖先的关系），也没有因职位产生的关系（如与封地的土地神的关系）。当人们需要供奉高高在上的圣灵时，如天子需要供奉上帝，沿河的诸侯要祭拜河神，或当地的诸侯要祭拜东山之神，都需要一个中间人，这个中间人应该是一个与主祭者有着个人联系的神灵，如祖先或当地土地神的神灵：因此在南郊向上帝进行郊祀时周王请他们的始祖后稷作为中间人，而宋国公请的是他自己的始祖偰。

367 《礼记》，I，100（《曲礼》）。

368 辛德勒（Schindler）在《中国古代的祭祀》（*Das Priestertum im alten China*）35 页中认为官方崇拜的祭司是君王及其官员以及各诸侯和领主。君王诚然有神圣的特质（并且他是唯一有此特质的人，他的诸侯和官员都不能分享这一特质），但有神圣特质的人并不一定是祭司：例如婆罗门人始终有神圣的特质但从来也不是祭司。

369 礼仪明确地指出主祭者由一个或几个祝官辅佐是必不可少的，没有人能够同一时间既是主祭者又是祝官。见正文后续下标 195–196 处，以及参阅丹朱的灵魂降临虢国的故事：惠王给他送去一个后代以便进行祭祀，因为“祖先只吃自己后代供奉的祭品”（“鬼神非其族类，不歆其祀”），但供奉的仪式仍由大祝主持（《国语》，卷 1，14a，《周语》）。《左传》，156（《僖公·十年》），［顾氏，TT1–279］以及 218（《僖公·三十一年》）中也有同样的文字。

370 《竹书纪年》，理雅各，160 中记载在（公元前）729 年，鲁惠公向周平王请教郊祀和宗庙祭祀的礼仪，平王派史角（史官角）前往鲁国以制止这些祭祀。《吕氏春秋》，卷 2，追述惠公将角留在了他的朝中，留在鲁国的角的后代便继续进行郊祀。

371 关于不同类型的祝官，见《周礼》，II，85–101。“商祝”和“夏祝”在《仪礼》，顾赛芬，448 及之后篇幅中被提及。

372 沙畹，根据罗振玉先生著作所写的《远古中国甲骨文占卜》，刊于《亚洲杂志》系列 X，XVII，1911 年，127–137。

373 世袭司卜的职责曾出现在三足曶鼎的铭文中：“王如此说：曶，我命你继承你的祖父及父辈的司卜之职”［“王若曰：曶，令女（命汝更）乃且（祖）考（司）卜事”］（《积古斋钟鼎彝器款识》，卷 4，35 b）。楚国观氏也是如此（世袭司卜），参见《左传》，649 及注释 242。

374 《周礼》，II，76：挑选龟甲的“龟人”；77：准备木材的“菙氏”。

375 官方的卜书因国而异；周朝廷用的是《易经》；宋国的是《归藏》；晋国是《连山》；卦的列表各地相同，只是顺序不同。

376 《周礼》，II，80。

377 《易经》，附录三（系辞），理雅各，365（《东方圣书》（Sacred Books of the East），XVI）。

378 《周礼》，II，82（占梦）；84（视祲）。司马迁保留了一部视祲手册的摘要，《史记》，III，385–396。君王醒来后要占梦诠释他的梦并且要知道梦所带来的好的征兆；梦到熊预示着要生男孩，梦到蛇即是女孩（《诗经》，II，IV，5，6–7，理雅各，306）。当牧人见到人变成鱼，这表示会有好收成；当梦到小旗被大旗取代表示人口会增加（同前，理雅各，309，［顾氏，226］）。

379 主祭者无法胜任其责的例子——《左传》，619，［顾氏，TT3–151］：（公元前）7世纪中叶卫襄公的长子孟絷因腿有疾病行走困难被认为无法崇拜祖先而无缘王位，王位由他的弟弟取得；差不多同时期（源自齐国一个大家族的）崔成因残疾无法成为一家之主，他的弟弟得到了这个位子（同前，535）。其实刚出生的婴儿是被奶妈抱着来完成宗教仪式的，所以（他们未能得到应得的职位）并非仅仅因为他们的缺陷会阻止或妨碍宗教仪式的进行。——并没有特别的文字记载与祭司相关的例子，但很显然如果祭司有类似的缺陷也一定会受到影响；有污点的人（如肢体残缺或曾被定罪）甚至不能参加宗教仪式，《论衡》，卷23，佛尔克（Forke），II，378–381。

380 《左传》，649。前述注释（242）。

381 虽然没有任何文字表述这种不兼容性，但很明确它是存在于礼仪中的，祝官和主祭者始终担任着完全不同的角色。

382 《国语》，卷18，1a–b。参见《抱朴子》，卷2，9b：从另一个世界回来的鬼如果是男的，称为“觋”，女的称为“巫”，这是一种天生的能力，无法后天通过学习获得。

383 高延（de Groot）《中国的宗教体系》VI，II，Pt. v《万物有灵论的祭司》（*The Priesthood of Animism*），1187–1211。

384 《墨子》，卷8，佛尔克，349。

385 《山海经》，卷16，3a；参见卷7，3b有关所有巫师居住的巫咸国，以及卷11，6a有关六位采集长生不老草药的巫师。有关巫咸的传说与殷朝的传说交叉在一起，巫咸成为太戊帝的贤臣（《书经》，478），他以此接受后人的祭拜。《说文》认为巫咸是发明巫术的人而巫彭是发明医术的。关于巫阳，除了《山海经》中如前文所引用的段落，亦可参见《招魂》（《楚辞》，卷9），1b（何可思，13，以不同方式翻译），其中上帝命巫阳招回屈原的魂灵，巫阳答道："主人，我是负责梦境的。您的命令我难以执行。"（"掌寱，上帝其难从。"）不过传统的诠释认为巫阳是负责占卜的。——福建的巫师到今日还会对巫咸进行特殊的崇拜（高延，如前述引文，1205）。

386 《史记》，卷28，沙畹，III，451。这里所说的是汉高祖于（公元前）201年创立的牺牲仪式，以纪念他在不同诸侯国的祖先；虽然这个日期较晚，但官方创建牺牲仪式本身以及群体纪念的仪式是汉代所特有的；就崇拜活动本身而言，汉高祖也算进行了少许革新：这些神灵是当地巫师长期以来一直供奉的。

387 《九歌》（《楚辞》，卷2），16 b；参见马伯乐《书经中的神话传说》，22［及注释（53）］。

388 《左传》，157，［顾氏，TT1–281］。

389 《墨子》，卷8，佛尔克，346。

390 《九歌》（《楚辞》，卷2），3b，《云中君》：洁浴。在不同的诗篇中可见到对女巫服饰的描写：《东皇太一》（2a）中的宫廷服饰及佩剑；《云中君》（4a）中为云神而穿的色彩缤纷的裙褂；《大司命》（16 b）中为大司命所佩戴大玉佩，等等。

391 同前，2a – 3b（《东皇太一》）。

392 同前，24a – b（《礼魂》），费茨梅尔（Pfizmaier）《离骚与九歌》（*Das Li-sao und die neun Gesänge*），188中错误地将前一首诗的最后一节放入此诗中。

393 《九歌》（《楚辞》，卷2），17 b（《东君》）。

394 同前，24a – b（《礼魂》）。

395 同前，19 a（《河伯》）；经常用"忘归"这个词来形容冥想的状态。

396 《礼记》，I，262（《檀弓》）。

397 《汤之官刑》（《书经》中遗失的篇章），见于《墨子》，卷8，

18b，佛尔克，371，372，即我所采纳的。

398《周礼》，II，103。参见后续正文下标 224–227 处及注释（443）。

399《礼记》，I，207；II，234，244。

400《礼记》，II，236。

401《周礼》，II，225。

402《左传》，547［顾氏，TT2–520］；《礼记》，I，235（《檀弓》）。鲁襄公（公元前）544 年因楚康王之死前往楚国，被迫按臣子之礼为康王的尸体穿衣，为了报复此羞辱，襄公让他的巫师开道（驱邪）前往葬礼。这个故事表明巫师会陪同诸侯出行。

403《周礼》，II，102；《左传》，180；《礼记》，I，261（《檀弓》）及前述注释（396）。

404《庄子》，95；参见《列子》，265。

405《左传》，157（及前述注释（388））。

406《史记》，沙畹，V，29 – 31。

407 见秦惠文王诅咒楚国的铭文，无时间，似乎应为公元前 313 年，沙畹《历史的记忆》，II（附录 I），546。

408《左传》，34［顾氏，TT1 – 63］。钟巫按字面理解为钟的巫师，但不确定是否应该如此翻译。

409《礼记》，II，259（《祭法》）。

410《周礼》，I，441。

411《左传》，106，107［顾氏，TT1 – 184］；《公羊传》，卷 6，10b – 11a，及卷 3，17 b 的评述。

412 例如周王中，文王、成王、昭王、共王、孝王、厉王、幽王等属于“昭”；武王、康王、穆王、懿王、夷王、宣王等属于“穆”。

宗庙中的排位为人们构思祖先在另一个世界的排位提供了参考：人们所说的在天上在“上帝的左右”就如同昭穆在宗庙里在先祖的左右。

413 葛兰言《一夫多妻》，61 页中提到逝去的祖先分为昭和穆，这是古老社会分级中交错分级仅存的遗迹。参见葛兰言，《中国文明》（*La Civilisation chinoise*），1929 年，373 页。

414 “祧”的本义是指那些被从宗庙中原来占据的位置移走的牌位，这些牌位所代表的祖先不再接受定期的崇拜；延伸出来的意义是那些古老的牌位被保留的地方。

415《礼记》，II，262（《祭法》）；参见 I，287（《王制》）。周王宗庙的布局是引发中国学者众多争议的话题；我所采纳的理论比较接近郑玄及其他汉代评述者的理论。

416《国语》，卷 15，16 b。卫庄公在（公元前）492 年祈求祖先保佑时说道：“敢昭告于皇祖文王、烈祖康叔、文祖襄公、昭考灵公”最后两位是庄公的父亲和祖父。很明显庄公在此向位列宗庙中的祖先（始祖除外）祈祷，如非如此将很难理解他为何选择这几位祖先。参见《左传》，理雅各，799，［顾氏，TT3 – 609］，其中有同样的祖先列举（除了父亲）。

417《礼记》，I，737（《明堂位》）。

418《左传》，文公二年，顾赛芬，I，455。

419《礼记》，I，431（《曾子问》）。

420《周礼》，11，14。

421《礼记》，II，263 – 265（《祭法》）。

422 周王之前的殷王，其圣殿中央为一个两层的建筑，从他们的后代宋国公那里可以看到这一点，这种双层建筑是宋国宫殿如此鲜明的特点以至于整座宫殿被称为双层的房屋——“重屋”。

423《左传》，40。

424《礼记》，I，734（《明堂位》）。

425 中国学者对明堂布局的讨论是非常混乱的。在缺乏考古文献的情况下，我认为一个简要的描述是唯一可行的办法。参见马伯乐的《“明”这个字》。

426 《礼记》，II，195（《杂记》）。

427 《礼记》，II，197（《杂记》）。

428 《礼记》，I，393（《月令》）。

429 或者如鲁文公在（公元前）616年，齐桓公在（公元前）607年所为，将被俘虏的将领埋在国都门前（《左传》，258；《史记》，沙畹，IV，63，115，116）。一位出征攻打叛乱者和野蛮部落的封建诸侯将俘虏送去给帝王，以供奉于宗庙（《左传》，118 - 119）。

430 《庄子》，卷4，241。

431 参见葛兰言《中国人的宗教》（*La Religion des Chinois*），82；《仪礼》，顾赛芬，596。

432 《周礼》，II，36 - 37。

433 王国维先生为有关古代音乐的文字作出了出色的释义，见其《乐诗考略》，刊于《广仓学窘丛书》，系列I，第一部（1916年）。

434 “神保”：《诗经》，370–372，［顾氏，278］；“尸”：《诗经》，372，375，477，等；《礼记》，I，13，47，455，462，等。朱熹将神保一词的意思与灵保联系起来，而理雅各，见前述引文，为了能被广泛接受，采纳了一个确切地说同样不准确的解释。

435 《礼记》，I，557，618。

436 《礼记》，II，335（《祭统》）；《仪礼》，543，584。

437 《国语》，卷14，15a。

438 《周礼》，II，332。

第四章

年度宗教庆典

221 古代中国的宗教生活全部都依赖于农业活动；对每个人来说，一年分为两个不等的季节，一个是在自然中辛勤劳作的季节，此时的崇拜是为了协助和支持劳作，另一个季节是大自然休息的冬季，农田的耕种已经完成，农业活动暂时停止，剩下的就是要感恩已有的收获并祈求来年的好收成。庆典活动与相应的季节密不可分，如果将庆典放错了季节就会导致天下大乱，发生从未有过的灾难：

> “孟春行夏令，则雨水不时，草木蚤落，国时有恐。行秋令则其民大疫，猋风暴雨总至，藜莠蓬蒿并兴。行冬

令则水潦为败，雪霜大挚，首种不入[439]”；十二个月的每个月都是如此。

出于某些我们不了解的原因，周王决定将每一年开始的时间提前并正式将春天的开始定于冬至，但相应的庆典活动并没有随着这种改变而提前，宗教庆典与农业季节之间的紧密关系由此可见一斑。古代的中国人与现在的中国人一样，原则上使用 222-223 的是一个阴阳历；他们将一年分成月，为了统一这过短的十二个月与一年轮转之间的差距，会时不时加多一个月。周朝时由于人们对天文学和数学的认知不足，因此尚无法决定添加闰月的正确时间；他们错误地认为每五年加两个闰月即可[440]。不过这些理论历法错误百出并很快就导致明显的不准确性，因此无法在日常中应用；在（公元前）7 世纪至（公元前）5 世纪期间，即王室纪年的初期，人们继续按照传统方式有时提早有时过晚地决定春天的开始，区间介于十一月到（次年）二月之间不定，这段时期添加闰月的频率差不多就是五年添加两个闰月。此外，不同的地区有不同的历法：王室的领地，诸侯国鲁、郑、卫跟随王室的历法；在宋国，人们使用一个特殊的历法，据称是殷朝的历法，在封建社会末期当人们彻底调整不同历法的相互联系时看到宋国历法每年开始的时间迟于周历一个月；在晋国人们使用的又是另一种历法，其源头可追溯到夏朝（晋国国都正好在夏朝第一个都城的所在地），该历法春天开始的时间比周历晚了两个月。很显然，农民不能参考这些官方历法，而《诗经》中一篇著名的诗歌在描述每个月的劳作时相继用两种方法来表述，一种是依照王室的日历，另一种是依照农业活动的日历。对于崇拜活动来说，人们并不过多考虑官方历法，宗教仪式是根据耕种所需要的时间进行，与实际的季节相对应而不管日历上是哪天[441]。宗教年份与农业年份一样是以真正的春天为起点，即现今的二月前后，223–224 而中国人将春分、秋分以及冬至、夏至放在每个季节的中间，而非像我们这样放在季节开始的时候。

所有的崇拜不是为了个人，而是为了世间的正常运作，特别是季节的运作。因此作为个人本身并不能参与崇拜，崇拜仅是某些特定人群的事务，这些人参与公众行政体系，被赋予了保证世间事务良好运行的责任：如封建领主和官员为了他们各自的领地或为了履行各自的职责，进行所有必要的宗教仪式，而个人并不能对此作什么贡献。不过首先要强调的是，帝王作为世间唯一的圣人，在宗教生活中扮演着与众不同的绝对优先的角色，帝王的每个举止，哪怕是最普通的举止，如吃饭、穿衣、选择寝宫及共度良宵的女眷等，都充满了神圣的德行，为世间的运行做出了贡献；正是由于有了这种德行，帝王应该是第一个完成生活中各种事务的人：如第一个吃到当季水果的人，第一个穿上寒衣或夏天衣服的人，第一个耕种的人，第一个狩猎的人，也是第一个完成所有宗教仪式的人，只有帝王才有能力建立或消除所有的禁忌。

王室的崇拜，加之所有诸侯及官员的官方崇拜，均根据双重节奏进行，两者互相交错但不会混淆：首先是农民生活的节奏，伴随着两个长度不等的季节，一个是在农田劳作的季节，另一个是居住在家中的季节，所有对神的崇拜，与农业和农民相关的崇拜（供奉上帝、土地神等）都随着农业生活的节奏一一进行；另一个常规的节奏是与天文四季相关的节奏，（一年中）祭祖的庆典以及其他一些与季节相关的节庆，如季节开始的庆典、春秋分或冬夏至的庆典等，便根据这个节奏进行。为特殊场合所举办的仪式，如为战争、瘟疫、洪水、干旱、日食等举行的仪式夹杂在这些常规的仪式周期中，并未将原本的这些周期 $_{224-226}$ 打断——只有帝王之死会改变这种安排，在服丧期间某些节庆会被取消。

1. 农业庆典的周期

宗教生活大部分的，以及最重要的事件都与一年中的两个时期相关，这两个时期长度不等，一个约为八个月（包含春、夏及初秋），另一个为四个月（秋末及冬天），每个时期有其独特的统一性及一连串的大型庆典，在这些庆典中帝王按照大致相同的次序依次供奉所有的圣灵，以使这些圣灵在每个时期都有自己独特的节日。

宗教年度从春天的一系列大型仪式开始，这些仪式一级一级从王室传递到民众，打破冬天的禁忌，重新开启田地间的劳作。作为所有仪式的开端，帝王在都城南郊专设的圆形山丘上祭拜上帝，这个仪式的名称便由此而来：“南郊（之祭）”，或被简单地称为“郊（祀）”[442]。这是新的一年中第一个宗教活动，帝王是唯一一个有足够的德行完成这项重大而危险的活动的人。为此帝王要采取一些准备措施：在郊祀前的几天，算是为郊祀做准备，帝王要供奉遥远的“四王”，我们对四王一无所知，只知道这个供奉仪式由巫师参加，巫师呼唤这些远方圣灵的名字并向四个方向挥舞芦苇将他们邀请来参加仪式[443]，与此同时人们跳起大韶舞[444]。稍后，与上帝相关的祖先也被告知（即将举行的郊祀），为的是让他作为中间人前往通知上帝（这样的祖先只有始祖一人：周朝的始祖是后稷；宋国的是偰）；鲁国遵循王室的礼仪，因此也采用同样的方式。在郊祀仪式的前一天，帝王在辟雍宫，即都城东北部的王室大学院对始祖进行祭拜。

郊祀作为王室宗教生活中最重要的祭祀活动之一，其方方面面都要作精心的安排[445]。（郊祀的）日期应选在春分前一个月的某个“辛”日（每十日周期的第八日）[446]，原则上是[228]周朝民事年份的三月，但实际中常有变动；由于每个月有三旬，因此有三个[228–229]辛日，人们通过龟甲占卜请求祖先选出一个吉日。此外在郊祀前很长时间就要做好准备工作：作为牺牲品的红棕色的牛必须符合礼仪上的纯洁，为此郊祀前三个月，即接近秋末时帝王就要亲自前往牧场选出祭天（上帝）的牛，同时他也会挑选出祭祀与上帝相关的祖先所用的牺牲品；生着弯曲牛角的牛都会被淘汰；一旦被选定，用于祭天的牛就会被关进牛栏（“牢”）

（祭祖先的牛仍留在牧场），在那里远离所有的污秽，直至郊祀的那一天。

帝王和所有参加仪式的人都要进行十天的斋戒，以为郊祀做准备，如同在所有大型仪式前所做的一样。郊祀当天，天亮时“鸡人”（这是官员的名称，其职责是通报日出）报晓，帝王穿着平日的服装，戴着皮帽，首先听取有关祭拜仪式的通报。从这时起的一整天里，服丧的人要停止哀悼，不得进行任何丧葬礼仪，任何穿着丧服的人不得出入都城。上午，帝王穿上装饰着日月等图案的服饰，带着有十二条旒的冕冠，登上一辆没有任何装饰的车子，车上的大旗有十二条飘带，上面有龙和日月的图案（帝王的车子模仿了悬在我们头顶的充满星座的天空），前往南郊的土丘。道路都被洒扫干净，随行的队伍跟在帝王后面，农民站在田边手持点燃的火把照亮道路。到达土丘附近后帝王站立在东南侧，面向西，这时乐师奏起帝王和圣灵降临的乐曲。随后人们在土丘的地上，无须神坛，搭起一个大柴堆。同一时间“封人”229–230（此人负责在都城内修葺高起的土地神社，将其与普通的土地分开，在都城外建立不同封地的疆界）准备牺牲品，即一只红棕色的、与牛群分开饲养了三个月的纯洁的牛犊[447]；封人在牛角中间放一块木头以免牛犊以角伤人，他用绳套住小牛以便牵住它走。太宰牵过绳子，伴随着锣声和磬石声将牛犊带入祭祀场地，封人跟在他们后面一边舞蹈一边唱着颂诗；太宰将牛犊带到帝王面前，请帝王将它杀死，帝王以箭射之；人们收集小牛的血作为供奉上天的第一样祭品。之后人们将整只牛犊连同十八尺长的绸缎放在柴堆上，帝王走上前来放上圆形的蓝色的玉石：大祝以凹面镜取火点燃柴堆，在宗伯的示意下诵读祈祷词，祈求来年顺利[448]。随后，约是在祈祷之后，大祝令大司乐和盲人乐师唱起颂歌《生民》，它讲述的是后稷如何设立最初的郊祀，在长篇讲述了祖先的传说后，《生民》以一个简短的对祭祀活动的描述来结尾：

“我们将祭品装满木碗，木碗瓦盆都派上用场；

当香气升腾，上帝便来享用；如此好的味道，时间刚刚好；

后稷创造了这项祭祀，所有人将它毫无闪失地完成，直至今日。”

（“卬盛于豆，于豆于登；

其香始升，上帝居歆；胡臭亶时；

后稷肇祀，庶无罪悔，以迄于今。”）

当所有祭品烧尽后，人们打扫土丘，帝王在“王夏”的乐声中登上土丘，与上帝相关的祖先后稷的代表穿着与帝王相同的服饰，在“肆夏”的乐声中也登上土丘，人们依据崇拜祖先的礼仪，向后稷供奉一头牛；与此同时，大祝诵读 230-232 对后稷的祈祷，盲人乐师唱出颂歌《思文》：

“尊贵的后稷，您与上天相连；
您将谷物传给我们这些民众，
这是何等美妙和公平的礼物；
您给予我们黍麦，上帝令您养育我们，不分边界，
您将谷物传遍整个中国！”

（“思文后稷，克配彼天；
立我烝民，莫匪尔极；
贻我来牟，帝命率育，无此疆尔界；
陈常于时夏！”）

仪式以大型舞蹈结束，大概就是人们所称的“云门”舞，似乎帝王也亲自参与到舞蹈中[449]。

盛大的郊祀在总体上标志着一个新的季节的重启。不过在进行常规的劳作前还需进行一系列的仪式以便开始每一项活动，特别是农田的耕种、婚嫁、蚕的饲养等。

首先帝王在上帝的田地“帝籍”，又称“千亩”中举行耕作仪式，帝籍位于南郊。耕作仪式的日期不是固定的，每年在郊祀之后就占卜决定它的时间。在耕种仪式前九天大史向帝王宣布：“距今九日，土其俱动。王其祇祓*，监农不易。”司空在帝籍

* 祇祓（zhī fú），表示恭敬地祭祀。——译注

中搭建起神坛并命令负责农业的大夫准备所需的器具。仪式前五天，盲人司乐宣布风已到来；随后的一天帝王及其朝廷的大臣前往斋戒殿，每个人都在那里进行三天的斋戒。仪式的时间到来时，帝王在帝籍的神坛上向农业的祖先“田祖”，即第一个准备好土地（供耕种）的祖先供奉牛、羊、猪三种祭品（即“太牢”）；之后大史大声地说出所需要完成的动作，在其指引下，帝王亲自推犁，在田中推出三条沟壑，大臣们要推九条 232–233，大夫、贵族和农民随后完成千亩的耕犁。在这之后，膳宰在宰夫的协助下在田间准备并主持宴席，帝王第一个进食太牢以完成仪式，在他之后，大臣大夫按照他们的排位，以及普通官员和民众也加入宴席中。宴席结束后，人们在帝籍的东南角建起一座谷仓以便存放来年的收成，用它来满足一整年崇拜所需的谷物[450]。

从这一天开始，所有冬天带给土地的禁忌都将不复存在，农民也收到指令开始劳作。耕作仪式在各处重复进行，诸侯在其诸侯国内的百亩田中[451]举行，其他的封臣在其领地中举行，直至闾里都要完成“土其俱动”的仪式。这还不是全部。为了使农业活动和露天生活成为可能，还需将寒冷赶走：仲春的一天帝王向寒冷之长“司寒”供奉一个黑色的牺牲品和黑色的黍麦，此外，为了赶走冬季之外的严寒，帝王用桃木做的弓射出尖箭；随后他打开整个冬天关着寒冷的冰窖，在土鼓声中将寒冷引向别处[452]。

土地被翻动了，寒冷也被请走了，种植活动可以重新开始了。不过春天并不只是种植的开始，它也标志着社会生活中一个新时期的开始，整个冬天各自居住在自己家中的农民家庭分成小组重又 233–234 聚首在公共的夏季窝棚里，在这里人们可以订立婚约，这在冬季是被禁止的。为了开启谈婚论嫁的新时期，帝王选择在第二个月燕子回来的日子，即春分日，供奉掌管婚嫁和生育之神“高媒”或称“郊媒”，供奉所用的牺牲品也是照常的牛、羊、猪。供奉仪式完成及祈祷诵读之后，王后和王室嫔妃全都到场，大祝向嫔妃中怀孕的女子递上一杯祭祀用的酒，以示神对她们的恩典令她们能够怀孕，之后又送给她们弓和箭作为礼物，这是礼仪中男孩出生的礼物，以期许孩子会是男孩。这个仪式结束了直至此时都禁止婚嫁的禁忌；负责嫁娶的官员“媒氏”到田间走家串户并“命令将男人和女人集合起来”[453]。

被冬季打断的社会生活一步步以各种形式全面重启，不过每一项重新开始的活动都需要一个宗教仪式，由帝王第一个进行。当社会生活完全地重新建立后就需要知会土地神，并非为了获取他们的许可耕种土地，因为他们不是负责种植的神，而是告诉他们在他们的土地上所发生的事件；这也是为什么要在开垦帝籍后才命令 234–235 民众祭拜土地神的原因；此外，这项祭拜不一定马上进行，因为土地神不喝旧水，于是人们等到第一次降雨后才在村庄中祭拜他。

只是重新建立起社会生活还不够，还需摆脱冬季的污秽：冬天的生活是封闭隔绝的生活，在这段时间里禁止在神圣的土地上耕作；而春天和夏天的生活是露天的生活，有各种活动并在田间劳作；因此在这个交替的时期会有一种敌对的影响力（这种影响力本身并不是坏事，只是与季节不相符），需将其驱散。一系列的宗教活动显示出驱散这种影响力的必要性，而这些宗教活动都是由帝王开启。在第三个月开始的时候，人们在都城举行“傩”的仪式[454]。一位能够看见魂灵的巫师“方相”指挥这个仪式：他头上蒙着熊皮，上面有四只金色的眼睛，穿着黑色的外衣和红色的裙袍，手执戟戈扬着盾牌，率领着他的随从驱散瘟疫；他向（邪恶的瘟疫）丢掷土球，用桃木做的弓向它们射箭，还用红色的小球驱赶它们，在宫殿各处追逐它们直至将它们赶出都城，在城门边人们将切成小块的祭品放在那里，供这些魂灵享用。同一时间，女巫在后宫跳起类似的舞蹈，舞蹈之后王后和公主们会在一条折向东流的溪流中沐浴饮水，这样水流就会带走所有冬季的污秽[455]。

在帝王和诸侯完成了官方仪式后，在这个月里，各处的人们——不管城市还是村庄——都要完成同样的礼仪。在鲁国，接近第三个月的时候，人们在雩水岸边靠近举行祈雨仪式的空地上举行庆典：两队人，一队是成年男子，另一队是年轻男孩，在河中跳起蛟龙出水的舞蹈，之后再到空地上唱歌，最后以祭祀活动和宴席结束一天的庆典。在郑国，在河流解冻及 235-236 第一场春雨到来时，年轻的男女在漳水和卫水交汇处举行仪式驱赶不良的影响，尤其是不能生育的问题，为此女子们在水中呼唤魂前来与魄会合[456]，她们手中拿着兰花，驱赶着不良的影响。在陈国，在春天的第二个月，当纺织的工作结束后，年轻男女在圆丘上挥动着扇子和羽毛，伴着土鼓声起舞[457]。在齐国，祭祀土地神的仪式标志着年轻男女间庆典活动的开始，这些庆典就在土地神社旁，或者也可能是在周围的方形树林中进行。

最后，为了令新的季节焕然一新，从帝王的宫殿到农民的茅屋，所有的居所都要进行"变火"，又称"改火"，并在春天结束时将火移出屋子，是为"出火"：旧的火被熄灭，之后的三天里不能点燃任何火种；之后人们点起新火，这是直接用凹面镜从太阳取来的[458]或是用两块木头互相敲击取来的纯洁的火。但新火并不生在屋里，而是被放在露天每个井田中的大火炉里，因为春天过后就是露天生活的季节了，农民们会远离村庄，生活在田间的大窝棚中。

对农民来说冬季和夏季的生活是如此不同，春天的几个月就这样在某种程度上成为两者间的过渡；帝王通过祭祀和 236–238 礼仪开启新的时期，这些祭祀和礼仪使得各种活动得以重新展开，之后河流的解冻以及雷雨的到来标志着实实在在的新的一年的开始，这时需要一个大型的斋戒活动来驱赶冬天的影响，新的一年的新生活才能真正开始。所有这些前后相连逐级进行的仪式最终都被混淆在一起，对于农民来说，在这个充满盛大节庆、一切都被准许的时期，当上天的长子雷公发出象征他醒来[459]的第一声雷声时便是年轻的男女在田间一起欢唱，自由地聚集在一起的时刻。人们成群结队地来到每个地区特定的场所，穿着他们最华丽的服装，来完成礼仪，并跳舞、唱歌、饮酒；年轻男女互订约会并在这里相见；他们互献殷勤，有时年轻女子会首先向男子发出邀约；人们组成双双对对一起唱着代代相传的情歌，并以越来越恳切的歌曲对答，之后他们在露天里结合，当他们相互告别时，年轻男子会将芬芳的花朵送给女子[460]。

过渡性的春季之后，“立夏”的仪式标志着新的季节的开始，这是农民在露天田间生活的正式开始：实际上农民是在改火及出火的仪式之后才能够离开他们在村庄的家，前往田间的窝棚居住，也是在这时司徒“命民勉作，毋休于都”[462]。在这个将不懈的努力都放在农业劳作中 238-239 的时期，宗教活动放缓；夏季只有几场宗教活动，在夏至月中有一些庆典和祭祀活动。在夏季的第二个月，如同在每个季节的第二个月一样，天子要供奉当地的山川源泉，除此之外，帝王前往都城的大学校辟雍[463]，那里所举行的大型宗教活动是夏至的标志，在这个活动中帝王将祭拜所有地上的神灵：学校里湖的中央有一个方形的土丘，象征着方形的大地被四海包围着；人们伴着空桑的琴声跳起咸池舞，“所有地上的神灵都出来了，人们享受他们的到来并特意向他们致敬”[464]。

在中国北方的干旱地区，正是在这个时候人们要进行夏天的大事件——祈雨：仲夏月（在公元前 4 世纪以天空出现龙星为准），帝王在南郊祭天的大土丘旁临时搭起的土丘上祭拜上帝以祈求雨水。这是所有的王室崇拜仪式中将帝王的个人行为与世间运行之间的关系展示的最好的；帝王不仅仅要供奉祭品，而且要承认自己的错误：如他的朝政不利，他的 239-240 官员没有好好履行职责，他的宫殿太过奢华，他的嫔妃数量太多，他的饮食过于丰盛，恭维他的人得到了好的职位，等等。之后八男八女两队孩童挥舞着白色的羽毛跳起“雩”舞并高呼：“我祈求雨水！”[465] 如果（祈雨之后）还没有降雨，干旱持续不断，人们就会祭拜某一座山脉或将所有山林一起供奉，因为山林被视为雨水的来源[466]；抑或祭拜作为河川之主的河伯[467]；或者人们在地上做一个有翅膀的“应龙”，因为应龙也能制造雨水[468]；又或者人们以更大的排场重新进行祈雨仪式。有时人们让巫师在太阳下跳舞，或让他们在烈日下暴晒直至死去；或者在烈日下将他们活活烧死；有时人们以驼背或残疾的人取代巫师来折磨他们；好在在周朝末年随着人们思想的开化这些（残酷的）行为被束之高阁[469]。

雨水降临之后，宗教活动在夏末秋初又放缓了；这时所有的时间都被用到田间的农活、除草、监督收成、收割、入仓、播种小麦，等等。夏季的时光即将结束，向冬季过渡的一系列仪式即将开始。这些仪式中的要素与春天类似的仪式中的要素几乎能完全对应：祭祀上帝，与郊祀相对应；收获与结束田间劳作的庆典与耕作 240-241 帝籍相呼应；如春天一样，祭拜土地神以知会在他的土地上所发生的生活方式的变化；郑重地将三月出火后的火请回村庄的家中；天气逐渐转凉，人们要将不良的影响从家中赶出去以便在家中居住，就像春天时人们将坏的影响从田间赶走以便安顿在田间，等等。仪式的顺序不一定和春天时相同：礼仪书中所描绘的是将礼仪分解并着重于其整体的宗教价值，将礼仪要素分开来看，与其相对应的庆典（在春秋）两季并非都是按相同的顺序也不足为奇。

从第八个月开始，宗教活动的重启以两个庆典为开端：一个是净化的庆典“傩”，用来赶走夏天的相反的影响[470]，另一个是回归寒冷的庆典，在这个庆典中帝王将春天送走的寒冷带回来，在秋天的第二个月临近秋分的某个夜晚向“司寒”供奉一只黑色的羊和黑色的藜麦[471]。

季秋月，冬季时光以帝王主持的大型祭天活动拉开帷幕。这与春天的郊祀正好相反：春天的郊祀以农民离开村庄到田间的窝棚生活为序曲，而冬天的祭天是为农民回到村庄安顿于家中做准备。仪式的地点也显示出两者的相对性：郊祀在远郊的乡下，在露天的祭天圆丘举行，冬季的祭天与此不同，它在都城近郊的圣殿中举行，在远古时期帝王是如此神圣因而不得居住在城市中，那时的帝王便居住于此圣殿，此后圣殿保留下来成为帝王宗教生活的舞台；由此可见崇拜活动的地点象征了即将开启的季节的生活模式。一如既往，（冬季的祭天）也需要一位逝去的祖先将主祭者引见给 241–243 至高无上的上帝；不过这一次（担任这个角色的）不是人类的祖先而是朝代的建立者，第一个接受“天命”的国君：周王之中文王可担任此角色；宋国公以胜利者商汤（为冬季祭天的祖先）；鲁国公据称有进行王室礼仪的特权，也以文王为祖先；至于郑国，据说他们模仿鲁国的礼仪并以第一位国公的父亲厉王为（冬季祭天的）祖先。祭祀仪式的细节并不为人所知：我们所知道的只是人们在王宫中唱着颂歌《我将》向文王及与他相连的上帝致敬：

"我把祭品献上，有羊又有牛，愿上天接受。
各种典章我都效法文王，盼着早日平定四方。
伟大的文王，请尽情地到右边来享用祭品。
我日日夜夜，敬畏上天，以保"天命"。"

（"我将我享，维羊维牛，维天其右之。
仪式刑文王之典，日靖四方。
伊嘏文王，既右飨之。
我其夙夜，畏天之威，于时保之。"）[472]。

在"立冬"的庆典后冬季就这样开始了：帝王在大臣和大夫的陪同下郑重地在冬天开始前前往北郊，之后他在圣殿中宣告："天气上腾，地气下降，天地不通，闭塞而成冬。"于是命令农民离开田间的窝棚[473]返回村庄，举行改火的仪式并将新火请进家中，与春天的改火正好相反。

为冬季生活所做的宗教及非宗教的准备工作已经就绪，人们已经返回了村庄，孟冬月里大型的庆典接连不断，标志着田间劳动的结束：这些庆典首先是王室祭祀大社的庆典，然后是祭祀祖先，之后是收获的庆典。

帝王向大社供奉“太牢”。供奉的牛是黑色的；日子选在“甲”日，即每一旬的第一天。帝王穿着 243-244 精美的裙袍，头戴十二条旒的冠冕来到神坛脚下；负责宗教事务的大宗伯用血涂抹大社原石的神牌，这是为了告知土地神也为了将他唤来，之后他供奉牺牲品（其肉不可煮熟）、布匹及一块方形黄色（土地的颜色）的玉。帝王及助祭毕恭毕敬地吃下分配给他们的放在贝壳上的生肉块，其余的生肉放在旁边，将会送给王室姓氏的诸侯，为使他姓诸侯感到荣耀，也会送给他们一些。仪式中军队也有到场，在有些国家仪式是以威严的阅兵结束。大约是在祭祀了土地神之后，人们根据祖先崇拜的礼仪以一头牛来供奉与土地神相关的收获之神，在周、郑、卫、鲁及宋，收获之神是后稷，而在晋国（那里人们遵从的礼仪上溯到夏朝）收获之神被称为“柱”，被视为神话中神农帝的儿子[474]。

收获的庆典标志着从此农业活动将被全面禁止，神圣的土地不可再被翻动，正如春天的耕作仪式打破冬季的禁忌一样。人们将收获的庆典称为“大蜡*”或“八蜡”（意即人们去寻找八种令人敬佩的神祇）。人们用各种各样的祭品供奉这些神祇，农产品、狩猎的收获，等等：“祭百种以报啬也”；诸侯也参与其中向天子送来谷物、稀有物件、猎物、鳏夫、妇女等礼物，不过这并不

* 蜡，此处音 zhà。——译注

影响他们在自己的封地举行各自的仪式。仪式最重要的目的是庆祝丰收：人们将这个仪式的创建归功于神农，主要祭拜的神灵是第一个收获者“先啬”；和他一起被祭拜的还有第一个 244–245 耕作者，第一个筑堤者，第一个挖渠者，第一个在田边建造巡视的窝棚者；人们还供奉除掉田鼠的猫神，吃掉野猪的虎神；总而言之人们祭拜在不同阶段保护农作物，助力丰收的所有神灵[475]；祭拜活动伴随着旨在万事就绪为来年的丰收做准备的祈祷词：“土反其宅，水归其壑，昆虫毋作，草木归其泽。”庆典也有着盛大化妆舞会的特色：猫神和虎神由男人或孩子戴上面具或改扮而成。周朝时收获的庆典与“辞岁”的庆典交织在一起，这是因为王室的历法原则上将新年放在冬至，而农业日历中孟冬月正好是官方历法一年中的最后一个月。此外主祭者穿着丧服进行仪式：他头戴皮帽身穿白衣，腰间系着葛带，手中握着榛杖。但当祭祀活动结束后，庆典接近尾声宴席开始时主祭者就会如所有人一样戴上黄草做的帽子，穿上农民的衣服，祭品也会分给参加仪式的所有人。此时便是盛大狂欢活动的开始，人们会吃掉所有的祭品；为了表示对老去的一年致敬，年长者将首先享用祭品。

这可能是一年中最盛大的庆典，所有人都参与其中；这并不仅仅是帝王和诸侯在他们的都城举行的仪式，在各个地区负责该地区的贵族也会举行同样的仪式，祭拜人们追寻的八类神灵并穿上农民的衣服主持宴席。收获的庆典标志着田间的劳动彻底结束，从此之后禁止再在土地上耕作。

245–247 在改火仪式及农民回到村庄后，正当农民将要回到家中开始隔离的生活时，帝王会为冬至日举行大型仪式向所有天上的神灵致敬，牺牲品放在一个圆形的山丘上，象征着天的形状，人们在云和琴瑟声中跳起云门舞[476]。这与夏至时祭祀地上神灵的仪式刚好相对应。冬至过后一切都将实实在在地被关在家中，家门用泥封住：如任何时候一样，帝王做出表率，将宫殿的大门涂上灰泥；在他之后，宫中的大夫、封地的诸侯直至乡村的农民都将家门关起并涂上灰泥。生活就这样停顿大约一个月，之后在每年的最后一个月农民将得到命令准备来年的播种及所需的工具，这时家门便重新打开[477]。大型的驱魔仪式将敌对的气息赶走[478]。如春天一样，由方相在宫中引领驱魔仪式。仪式开始时由孩童唱起咒语诅咒不良的事物与生物并称十二神兽将会摧毁这些不祥之物："凡使一十二神追恶凶，赫汝躯，拉汝干，节解汝肉，抽汝肺肠，汝不急去，后者为粮。"之后方相率领着他的随从及由人装扮的十二神兽，大喊着驱魔；他们跳着舞围绕着宫殿转三次，手中挥舞着点燃的火把，最终将恶魔从大门驱逐出去；手持火把的舞伴迅速跑到都城旁的河边将火把丢入洛水。这其实已经是在为新季节的到来做准备了。

冬夏两个周期就这样无休止地循环往复，其中的自然现象、宗教活动 247–248 以及人们的生活相互配合，世间的良好秩序因此得以维持。

2. 祖先崇拜的周期

在农业周期中还有另外一些庆典，随着一年四季的更替按固定的时间间隔进行，并不考虑农业时期的不平均性。这些庆典几乎全都是与某些日期相关联的，比如在每季的开始或中间，因此不能将节日与这些日期分开。四季开始时有四个仪式：立春、立夏、立秋和立冬。帝王会在每个季节到来之前去将它唤来：春天开始时前去都城东郊临时搭建的神坛，夏季开始时前去离南郊祭天处不远的临时神坛等。夏至冬至以及春分秋分的节日是在每个季节的中间，此时帝王要前去迎日以迎接这些节日："维某年某月上日，明光于上下，勤施于四方，旁作穆穆。维予一人某，敬拜迎日于郊"——这是帝王在春分时所诵读的祈祷词[479]。夏至和冬至以大型祭祀活动来庆祝，祭祀之后还有舞蹈。在某些情况下节日与日期的关系较难掌握：比如在四季中每一季的仲月，帝王下令在当地举行祭拜山川的仪式，但看不出这些仪式与这个月份有什么特定的关系。不过四季的周期正是在祖庙中举行（祭祖）仪式的周期。

祖先崇拜其实每天每时每刻都在进行，它在实际生活中无处不在：248–249 每餐前家父都要以一小份食物祭祖；如果他的主人、诸侯或帝王赐予他某些菜肴，祖先应最先享用；每个月都要向祖先供奉当季新鲜的产品如谷物、野味、鱼等，在此之前家父都不能品尝这些食物——第四个月时供奉还是乳白色的小麦和猪肉，第七个月供奉黍麦，第九个月供稻米，第十二个月供奉鱼。不过除了这些日常小规模的仪式，每个季节都有一个盛大的祭祖活动，在有祖庙的人家这些活动在祖庙中举行，其他人则在祖先神坛前进行：这些仪式[480]为春季的“礿”、夏季的“祠”、秋季的“尝”和冬季的“烝”，所有有权享受供奉的祖先不论昭穆都会被祭拜，其数量因主祭者的级别而定。诸侯只举行三次祭祖，与其封地所在方向相对应的那个季节的祭祖活动被取消，因为这个季节他需要去上朝；普通人则举行四次祭祖，每季一次。

此外帝王与诸侯还有大型的集体祭祀活动，祭拜从家族的始祖开始的全部先祖，普通人没有这样的祭祀，这个祭祀活动称为“祫”。祫会定期举行，但并非每年举行，它的时间取决于日历的变化，以五年为一个周期，原则上在此期间内需添加闰月将协调日月的运行，祫就在这五年中举行一次，地点是在祖庙。虽然这个祭祀活动不属于拥有封地的诸侯之下的人，但有时大夫也会因其服务帝王有功而被赐予这项祭祀（被称为“干祫”，249–250 意为为奖励而举行的合祭），大夫并不能因此供奉至他家族的第一位祖先，因为他最早的祖先在祖庙中已没有庙室，但至少这让大夫有权以祫祭的隆重礼仪供奉直至高祖的祖先。帝王还要带同前朝的后裔以及鲁国的诸侯进行另一个五年一次的大型祭祀以祭拜从第一位祖先开始的所有的祖先，这个仪式称为“禘”，这是在祖庙举行的仪式中最盛大也是最重要的，它举行的时间也取决于添加闰月的五年周期并与祫相配合，如果祫在第三年举行，禘则在这个周期的第五年举行，不过祫禘两项祭祀活动似乎与添加闰月本身并没有直接关系。事实上在鲁国（王室的做法我们并不知晓但鲁国声称是严格遵循王室的礼仪的），每一任国君在位期间祫禘的周期与前任国君去世的日期紧密相关：在标志着（前任国君）丧礼结束的祭祀活动之后第一次举行祫，在第二年的春天举行禘，之后便五年一次重复这些仪式直至在任国君任期终结，到那时该国君去世的时间将会改变祫禘的周期[481]。祫是将所有祖先第一次“聚集”在一起的祭祀活动；而禘是为了让死去的王侯进入到（天上的）“帝”的行列，以“在上帝之左右”。至少这是每个周期第一次祫与第一次禘的意义，之后举行的其实是简单的礼仪的重复[482]。

大型的祭祖活动，不管供奉的祖先数量多少，都可分为两类：一类是合祭，在同一时间祭拜所有的祖先，祖先的牌位和（代表祖先的）“尸”都一起聚集在太庙；另一类祭祀活动是分别在祖先的庙室进行的祭祀，只有最久远的、已经没有庙室的祖先的牌位会被放到太庙。每季度为七位有庙室的祖先举行的祭祖活动中，夏祭、秋祭和冬祭属于合祭，春祭属于独祭；在五年一次的祭祖仪式中，祫是第一种，禘是第二种。

在祫祭开始时，祝官 251-252 郑重地将四个昭穆牌位从他们各自的庙室护送到太庙，所有的祖先都将聚集太庙进餐；沿途所有人都要让位于牌位；那些已没有庙室的祖先的牌位也将按照礼仪由掌管牌位的“守祧”从盒子中取出，放在他们在宴席上各自的位置。牌位的摆放顺序完全按照家族世系的顺序：始祖在最高处，面向东，他的儿子在他左侧，面向南，他的孙子在右侧，面向北，所有的后代就这样在儿孙之后排成两列，昭在左侧，穆在右侧，一代代远离始祖。七位“尸”站在他们所代表的祖先的牌位的左侧（尸的数目从来都没有超过七位，他们是始祖、文王、武王及四位昭穆的代表，已经变为“鬼”的祖先没有尸来代表）。在庆典结束后，牌位按照仪式开始时的样子被原路送回他们各自的庙室。在禘祭中，每个牌位都留在各自的庙室，代表他们的尸站在牌位旁，每个祖先有各自的宴席；对于不再有庙室的祖先，他的牌位保留在哪个祖先的庙室就会在那里为他安排宴席的位置：守祧将他们的牌位从盒子中拿出并按照世系顺序，将所有文王的后代穆放在他的左边排成一列，所有武王的后代昭在他的右边排成一列，早于这两位帝王的所有昭穆［即那些只是诸侯没有得到天命（成为帝王）的祖先］排成两列放在始祖后稷的左右，与祫祭中一样。在每个季度的合祭和独祭祀中，礼节仪式是一样的，只不过那些已经成为鬼，即没有庙室的祖先自然被排除在外[483]。

除了祭拜祖先的人数以及祭品放置的不同之外，所有祭祖仪式都大同小异[484]。252–253 很自然的，参与祭祖活动的一切都必须是纯洁的，不管是主祭者、祝官还是牺牲品，这与所有大型祭祀活动一样。尸作为魂灵的象征，需要通过占卜得到祖先的同意，他们也需要像主祭者一样进行斋戒。（祭祖的）日子必须是个吉祥的日子，人们用蓍草占卜来决定。在斋戒的十日中人们为祭祖活动做最后的准备：修葺庙宇的墙壁和屋顶，清扫庙室和神台；牌位从石盒中被取出，竖立在应有的位置；祭祖的前一晚人们还会将祭祀用的尊彝和祭品全部展出。

祭祖当日，帝王身着镶着龙的图案的裙袍，带着黑色的冠冕，王后的裙褂有凤凰图案，头上戴着礼仪用的假发；帝王由大臣和大夫陪同，王后由嫔妃陪同，分头前往太庙；他们在“王夏”的乐声中进入祭祀场地，帝王站在太庙外靠近东边台阶的高台上，王后在庙内西侧。所有的尸到达后先去西边的侧殿，在那里换上死去的祖先的礼服，之后在“肆夏”的乐声中郑重地进入场地：祝官前来迎接并陪伴他们（祝官在整个仪式过程中将作为代言人，因为死者与生者是不能直接交流的），尸们洗净双手后从西侧的台阶登上太庙，此时帝王在他所处的位置等待他们的到来，向他们致意，并通过祝官请他们入座；尸们一言不发，向帝王回礼，之后每个尸分别坐到他（所代表的祖先）的牌位的左侧。尸们就座后便开始第一个召唤神灵来参与祭祀并享用祭品的仪式。首先是奠酒仪式：帝王走到西侧的台阶，从放置在那里的牛形酒樽中将酒倒满酒杯，他将酒供奉给尸，尸将几滴酒洒在 254–255 地上以邀请住在地下的魄前来享用，然后将余下的酒喝光；这是构成整个仪式的九重连续进行的供奉中的第一重。王后随即走到台阶东侧，从放在那里的镶有雷纹的酒樽斟满酒杯供奉给尸，这一次尸不再奠酒，将酒喝光：这是第二重供奉。当王后回到自己的座位后，尸们走出庙宇前去坐在大门西侧，面向南，祖先牌位放在他们右侧的席子上，面向东；在整个上午的仪式中包括宰杀牺牲品和准备宴席的这段时间，尸们就一直坐在那里。

帝王走到院子里，左臂暴露在外，前去迎接主要的牺牲品——用来供奉始祖后稷的一头小牛犊；他牵着牛犊，唱着赞美牛犊品质和美貌的赞歌，后面跟随着大臣和大夫，他们手中抱着丝绸，他们的后面是职位较低的官员，捧着稻草以便铺在牺牲品下面。牛犊被绑在院子中间的石碑上，帝王手持一把刀柄装饰着铃铛的鸾刀，将牛犊耳边的毛割下一些，并收集几滴牛血，他将这些交给祝官，由祝官前去太庙将牛毛和牛血供奉至始祖的牌位前，以向祖先表示牺牲品从外到内都很完美；在这之后，帝王用箭射牛犊，如同他在郊祀时所做的一样。大约在此时人们将供奉其他祖先的牺牲品也带进来并宰杀，不过帝王并不直接参与，也不需要向牌位供奉毛和血。宰杀之后，帝王用鸾刀将主牺牲品切开，取出牛肝，随后他将刀递给他的大臣和大夫，由他们将牺牲品切碎。这时人们取一些脂肪涂在艾蒿茎上拿给尸，尸将其点燃以便上升的烟雾将天上的“魂”请来。帝王将主牺牲品的肝脏用酒洗净后，命人将其煮熟，供奉给代表后稷的尸；牛头被搬进庙里，放在北边的墙角下以便邀请住在牌位中的亡灵；祝官还会前去宗庙大门旁放置祭品，向远方 255–256 的亡灵发出最后一次邀请。人们不知道神灵会在哪里，这就是为什么人们要四处寻找他们，在不同地方放上祭品希望将他们吸引来，在庙室中、院子里、大门旁……并喊着“于彼乎？于此乎？”[485]

当人们如此邀请亡灵时厨师已将牺牲品的肉烹调好了，帝王、王后连同随从一起摆放祭品。原则上在宗庙举行的仪式主祭者出于敬重必须所有事亲力亲为，他也需要直接参与准备工作，“他将水煮的肉放在木樽中，带骨和不带骨的生肉放在小桌上，盖着灯芯草和厚布的容器中的是在热石上或用铁扦烤熟的肉”（“腥肆爓腍”）。这些不同的菜式可供神灵选择，因“岂知神之所飨也”。祝官在牌位前展示祭品而帝王两次叩拜牌位[486]。上午的仪式就这样在宴席的准备之中完成了。

当所有的供品都按规矩摆放好之后，祭祖仪式的第二部分，即正式的祭祖便开始了。尸们按照宗庙中庙室的位置排列在始祖的尸左右[487]。他们拿起牺牲品的肺和黍麦，再拿起酒，他们将每一样酒食都供奉一些给他们所代表的亡灵，这样被呼唤来的亡灵会有一段时间附体到他们的身上；在这之后，尸们便坐下，在亡灵的位置 256–257 进食供品。当尸们吃完前三道供品后，他们声称已经吃饱了。在帝王旁边的祝官会请他们再吃一些：“尊敬的尸还没有吃好，我请你们继续。”人们拿来新的一道供品，尸品尝后再次宣布自己已经吃饱了；帝王一言不发跪在尸前向他致敬并请他再多吃一些，尸就会最后一次再吃些新的供品。随后是敬酒的环节：帝王和王后交替向尸献上水、淡酒、清酒和红酒；每一次尸都会起身倒几滴酒在地上奠酒以使亡灵前来附体，之后他重新坐下饮酒。主祭者和所有的助祭都参与到仪式之中：当帝王与王后向尸敬酒后，尸要回敬感谢他们；尸饮过五次之后，帝王将酒杯递给大臣，到第七次时，大臣将酒杯递给大夫，到第九次时，酒杯就会在下级官员中传送[488]。当“献酬交错”[489]时，六位尸，即与现代最接近的六位祖先的代表，加入人群中，被敬酒并回敬，只有第七位尸，代表始祖后稷的尸原地不动，他因太过尊贵而不能加入这样的娱乐中。宴席结束，尸表示满意并向帝王承诺好运，由祝官转达：

“能干的祝官接受（来自神灵）的祝辞，将它告知虔诚的子孙：

诚意的祭品美味芬芳，神灵对酒食非常满意；

要赐予你们百倍的福分；这是你们的愿望，也是神灵的承诺；

你们准时又勤奋，正确又细心；

神灵将一如既往赐予你们最大的恩典，成万成亿（无穷尽）！”

（“工祝致告，徂赉孝孙。

苾芬孝祀，神嗜饮食。

卜尔百福，如畿如式。

既齐既稷，既匡既敕。

永锡尔极，时万时亿！”）[490]

之后钟鼓声257-259响起，帝王回到自己的位子，祝官宣布：

“神具醉止！”

此时尸们站起身来，在音乐的伴奏下郑重地告辞[491]。

祭祀将以全体来吃剩食的形式结束[492]。尸们先来吃祖先剩下的食物（此时的尸已不再被亡灵附体），帝王吃尸剩下的食物，帝王的三位大臣吃帝王剩下的食物，大臣的六位大夫吃大臣剩下的食物，大夫的八位下级官员吃大夫剩下的食物；当这八位吃完后，他们起身将剩余的食物拿到台阶下宗庙的院子中，助祭们在那里按照他们各自的级别吃这些剩余的食物，级别最低的如“胞者”（厨师）、“翟者”（掌管舞蹈之人）、“阍者”（守门人）等排在这些人的最后[493]；受过惩罚的人将是最后一个把食物吃完的。与帝王同族的诸侯如没有前来参加祭祀，将由“行人”快速地将他们那份祭品送到诸侯家中，诸侯在完成了对自己祖先的祭祀后可以享用这些祭品。

随着宴席的结束，祭祖仪式的第二部分结束了；不过整个祭祖活动并没有完结；此时将开始祭祖的第三部分，其重要性与前两部分相若，这便是在宗庙院子中的大型歌舞环节。首先是战争之舞“大武”舞，之后是和平之舞“大夏”舞。第一个舞蹈表达的是武王出征攻打商朝的纣王，武王的胜利及帝国的和平[494]；259–260 舞蹈分为相连的六幕，每一幕都配有独特的音乐及歌曲，并有一首诗及一篇散文详述该幕发生的事件及舞蹈的进展。舞蹈由六十四名舞者演出[495]，排成八行，每行八人，他们均是辟雍官学院招收的大户人家的儿子。他们身穿装饰着龙的祭服，戴着有玉旒的冠冕，右手拿着一把玉斧，左臂戴着红色的盾牌。帝王穿着与他们一样的服饰站在东侧，他发出号令，指挥舞蹈，扮演着武王的角色，而舞者们则代表（武王的）军队。

舞蹈由一段鼓声开始：这是第一幕，武王出征。舞者首先向前迈三步，标志着战争状态的开始，之后他们站在那里原地不动，手持盾牌，以显示帝王正在思考及等待诸侯的到来[496]，随后帝王拒绝继续前行并带军队后撤；这一幕以军队出发的舞蹈结束："向前，军队敲着鼓大声呼叫；士兵执剑在手；前面的歌唱，后面的舞蹈。"[497] 在这段时间中，盲乐师在大司乐的指挥下唱起颂歌《武宿夜》，词是这样的：

"上天降下旨令；
两王接受天意；
（武王）成为帝王不敢享安康；
260–261 他日夜深入安静巩固天意。
啊！他是如此辉煌！
他竭尽心力，以保天命！"
（"昊天有成命；
二后受之；
成王不敢康；
夙夜基命宥密。

於缉熙！

单厥心，肆其靖之！”）[498]

第二幕描述的是战胜殷朝暴君纣王，将他和两个嫔妃处死。人们第二次敲起鼓，表示战争即将开始。帝王或他的替代者，“左杖黄钺，右秉白旄以麾[499]”，做着他的舞步和动作；舞者为了表达战争场面，跳跃着用力用脚跺地并挥动着双臂，排在每行两端的两个舞者配有铃铛，他们将其取出进攻四次，即向前几步然后停止恢复原位。“今日的战事中，行进中不超过六步、七步就停下来，把队伍整顿一下。士兵们，鼓起勇气！刺杀不超过四次、五次、六次、七次就停下来，整顿一下。鼓起勇气，士兵们！”（“今日之事，不愆于六步、七步，乃止，齐焉。夫子勖哉！不愆于四伐、五伐、六伐、七伐，乃止，齐焉。勖哉夫子！”）[500]。在这段时间中，盲乐师唱着颂歌《武》：

“啊，伟大的武王，你的荣耀举世无双！

文王以功德为后代（武）打开道路。

武王你继承基业，战胜殷朝，遏制暴行，

你成就了辉煌功绩。”

（“於皇武王，无竞维烈！

允文文王，克开厥后。

嗣武受之，胜殷遏刘，

耆定尔功。”）[501]

第三幕表现的是南归，即返回周[502]。舞者只是向前 261–262 行进，不再跳跃，表示战事已经结束，此时所唱的颂歌是《酌》：

“啊！强大的王师，是帝王在夜晚时光遵从（天命）来养育；

当太阳照耀时，他拿起巨大的武器。

我们得到（上天）的恩典，善战的帝王完成了战事。

为了更好地发扬优良传统，您（帝王）就是我们要跟随的榜样！”

（“於铄王师，遵养时晦。

时纯熙矣，是用大介。

我龙受之，蹻蹻王之造。

载用有嗣，实维尔公允师！”）[503]

第四幕讲述的是帝王修筑南方的边界，历史上并没有明确与此相对应的场景，这一段所唱的颂歌是《桓》：

“万国太平，丰年连连，天命不懈。”

善战的武王，让贵族充满信心，武王将他们派到四方，确保家庭安康。

啊！武王功德照耀上天，被命为帝王代替商！”

（“绥万邦，屡丰年，天命匪解。

桓桓武王，保有厥士，于以四方，克定厥家。

於昭于天，皇以间之。”）[504]

第五幕，周公召公共治朝政，舞者列队分开向前，人们唱着颂歌《赉》：

“武王热忱劳作，同时得到（天命）；

我们不停扩展基业，从此建立稳固的周朝

啊！永不停歇！”

（“文王既勤止，我应受之。

敷时绎思，我徂维求定，时周之命。

於，绎思！”）[505]

第六幕也是最后一幕象征着和平重新到来：舞者们列队回到了第一幕最初开始的地方，在那里他们停了下来，接着跪在地上[506]。此时人们唱着颂歌《般》：

“啊！周王统帅！

他登上高山、陡坡和尖峰；

或穿过地上的河流；

普天之下，他将万物聚集在其领地；

这便是周的命运！”

（“於皇时周！

陟其高山，嶞山乔岳；

允犹翕河；

敷天之下，裒时之对；

时周之命。”）[507]

262–264 大型战争舞蹈“大武”完成后，人们跳起和平意味的舞蹈“大夏”，据说该舞由大禹发明，大禹代表的是治国有方和天下太平，因此他能为整顿秩序和帝国的平安作出贡献。这个舞蹈各幕的细节并不为我们所知；舞者们穿着一件白色的袍子，腰间束起，外面套一件开襟的衣服，头戴皮帽。大夏结束后可能还有些其他不太重要的舞蹈，向王室家族不同的诸侯致敬：在鲁国，人们跳南蛮之舞“任”及东夷之舞“昧”，不过这些是鲁国特有的舞蹈，用来回忆周边野蛮部落被降服的历史[508]。

如果说在宗庙中举行的仪式是最重要的，它们并不是唯一的祭祖仪式。对于某些在宗庙中没有牌位的祖先，他们虔诚的子孙会为他们修建一座特别的庙宇。首先在周王室（鲁国因模仿周的礼仪，亦是如此）有一座关闭的宫殿“閟宫”，是为先母姜嫄而设，姜嫄是始祖后稷的母亲（先妣）[509]。姜嫄是因踏在上帝的足印上而怀孕成为母亲，她没有丈夫，也不能以妻子的身份在丈夫旁边享受供奉，因此人们就特意为她修了一座庙宇；庙宇始终是关闭的，因为女人的住处都是关闭的；在节庆的日子人们向她供奉祭品并跳起“大濩”舞向她致敬，该舞蹈源于殷朝的建立者——胜利者商汤。这样的先例使得人们能够崇拜那些在宗庙中没有位置的人物：如此在鲁国，（公元前）718 年时人们特别为桓公的母亲建了一座庙宇（桓公的母亲是惠公的第二位妻子，而在宗庙中只有法定妻子一人可有牌位与丈夫并列），以祭品和舞蹈祭拜她[510]。不过这种 264–265 类型的仪式始终是些次要的仪式：唯一官方的祖先崇拜是在宗庙中举行的崇拜仪式。

一般人自然不会有如此复杂的仪式：他们没有如此数量众多的祖先要祭拜，所供奉的祭品是很少量的，也没有（祭祀的）舞蹈。不过总体来说礼仪是相同的，妻子在整个仪式中扮演着重要的角色，同时主祭者有亲自供奉神灵和祖先的义务，不可找家仆替代。如果主祭者是个年纪尚小的孩子，无法完成这些仪式，他也不能因此完全被免去参加仪式的义务，他被奶妈抱在怀中，有人带领他进行仪式，这样就算完成了仪式。没有宗庙的家庭会在主屋搭起一个临时的神台并在那里竖起亡者的牌位；亡者的一个孙子担当尸，祭祀的进程与帝王的祭祀活动基本一样，只是敬酒菜的次数要少很多；仪式最后也是以全体家庭成员一起吃饭的形式结束，尸宣告酒足饭饱心满意足后告退。祖先崇拜是所有贵族家庭的崇拜活动，无论大小，每个贵族家庭都要保护他们的祖先，王室的礼仪并没有什么特别之处，只不过是规模更加盛大而已。

3. 特别场合的庆典

帝王与其诸侯的宗教生活绝不仅只是与季节相关的庆典以及在宗庙中的庆典。且不提那些日常的行为，所有重大事件都有众多仪式围绕着。婚礼如果没有祭祖的仪式就不能算完美。当家中生了儿子，需要在他三个月大时给他起名字，将他介绍给祖先，并向祖先供奉三牲。成年冠礼也是在祖先的庙宇中，在祖先面前进行。

战争是重大且将整个国家置于危险中的事件，265–266 不经过众多仪式不能出战[511]。君王在祖庙中进行战争宣言，并将自己的职责交予领军的将军：“社稷之命在将军，即今国有难，愿请子将而应之。”如此将职责移交后，人们占卜选择一个吉日举行移交战鼓、战旗及将军表示忠诚的仪式。到了仪式的那一天，将军前往祖庙，当他从君王手中接过斧钺并重复指挥军队的职责后，他剪下指甲，穿上丧服，许诺将以死换取胜利。之后人们前去土地神社，君王供奉牺牲品，用其血浇洒在土地神的石牌上，并取一块生肉给将军。随后在土地神社旁举行大型阅兵仪式，大约在此时，和平时期保留在祖庙中的战鼓被涂上血，交予将军，这时所用的通常是以人做牺牲品的血。

出发时，宗伯前去宗庙把最近一位祖先——即在位君王的父亲的牌位拿来，他身旁的太祝前去取土地神的牌位；两个牌位都被放在战车上，因为这两位神灵将陪伴军队出征[512]。土地神和祖先在远征中起着积极的作用：人们在前者面前进行处罚，在后者面前进行奖赏[513]；不过两者的区分并不总是这样分明，人们也会在祖先面前进行处罚，如晋国大夫知罃在被楚国囚禁十年后被送回自己的国家时（公元前 588 年）称他回来是为了在宗庙由父亲处决他[514]。在战争过程$_{266-267}$中，人们要祭拜当地的土地神后才可以在那里安营扎寨；每当帝王进入到某个诸侯国的领地时，他都要以“类”祭，即点燃一大堆木柴，告知上帝[515]。归来时，负责战争的大臣司马指挥胜利的军队凯旋进入国都：“他右手*拿着笛子指挥着胜利的歌声，左手拿斧，走在乐师前面；他前去供奉土地神。”（“左执律，右秉钺以先，恺乐献于社。”）[516]供奉土地神用的祭品通常是一个或数个俘虏，在神社前被杀，以其血浇洒刚被放回原位的土地神神牌。其余的用于祖先的庙宇祭拜祖先，或至少展示给祖先：（公元前）569 年晋悼公消灭泌阳

* 原文笔误，应为左手执笛，右手执斧（见括号中《周礼》原文）。——译注

国返回晋国国都后，以泌阳侯在祖先（晋）武公的庙室中祭拜武公。不过从这个时期开始，以人作为牺牲品已不太为大众所接受，特别是这个牺牲品还是一位中原的诸侯，于是人们想出一个怪异的计谋来协调传统和民意：人们将牺牲品说成是一个野蛮部落的俘虏，“夷俘”[517]。在宗庙南门前还要举行大型的阅兵：每个士兵提着他杀死的敌人的头前来或将他捉到的俘虏带来，人们将敌人的头颅和俘虏排列成行；君王先喝一杯酒，再请士兵们饮酒，之后史官清点完堆积的头颅后（向士兵）发放奖赏[518]。这些头颅被带到祖先的庙室中，焚烧以祭祖。据说（周）武王就是这样向其父亲文王展示殷朝暴君商纣的头颅。“武王站在牌位前，大司乐*将商纣的尸体带进来；他将商纣的头悬在白旗上，将他的两个嫔妃的头挂在红旗上；将头颅如此这般 267–268 展示后，他将头颅在周的宗庙中焚烧。”（“武王在祀，太师负商王纣，县首白畤，乃以先馘入燎于周庙。”）[519] 在这之后人们还要向土地神和祖先供奉其他祭品，如牛、羊、猪等。如果军队遭遇败仗，人们只是以祭品向祖先和土地神予以通报并将牌位放回原位，司马穿着丧服完成这些仪式[520]。

不过这并非全部。军队出征前还必须进行祭拜“马祖”的仪式。此外，如果一个城市被围困或担心被围困则需要准备很多

---

* 根据《逸周书》原文（见括号内），是由“太师”而非马伯乐在原文中所写的“大司乐”进行这些仪式。

仪式——需要供奉四方，如果敌人从东边来就在东门建一个神坛杀鸡来供奉；如果敌人从南边来，在南门旁杀狗祭祀；如果敌人从西边来，牺牲品是羊；如果从北边来，以猪供奉；巫师爬上城墙，从风和天相中得出预言[521]。

战争并非唯一需要进行宗教仪式的突发事件。如果突然发生日食则需前去救助太阳。帝王迅速地前往土地神社，用一条红绳围绕着代表土地神的大树绕三圈；大夫跟随着帝王前来，排列成方阵，大夫击鼓，帝王以“救日之弓”射箭；同时人们向土地神供奉祭品，每次都让军队排列在侧。诸侯也命人击鼓，但只能在他宫殿的院子中，而且他不能捆绑冒犯土地神[522]。如遇洪水，人们也采取类似的仪式：需手持武器对抗进犯的洪水，如同救日时要用武器一样，人们击鼓并杀 268–269 牺牲品供奉土地神[523]。如果长时间干旱，普通的祭祀祈雨已经完成但没有效果，人们就命巫师跳舞，或甚至烧死几个女巫来求雨[524]。

帝王生病了，祝官、卜官、巫师要找出冒犯了哪个圣灵以致它将疾病送到帝王身上，从而以祭祀安抚这个圣灵并令帝王痊愈[525]。有时从小处也能显示出仪式的盛大：一个特别的或反常的小事足矣。在（公元前）8 世纪下半叶，一阵风将一只不知名的海鸟吹到了鲁国国都的东大门，鲁国公立即将它送去宗庙，并以音乐相伴举行了三天的祭祀活动[526]。

在这些情形下，帝王及诸侯只是效仿普通人遇到疾病、不顺或各种怪事时的做法，叫来巫师或卜官并根据他们的指示进行祭拜。

439 《礼记》，卷 4（《月令》），顾赛芬，I，338–339。

440 《易经》，理雅各，365（附录 III）。

441 有关农业与宗教历法的一致性还可参见葛兰言的《中国古代的节日与舞蹈》，179，注释 3。

442 辛德勒先生在《中国古代出巡、路旁及对风的祭拜》（*On the Travel, Wayside and Wind Offerings in Ancient China*），663 及其后段落中认为可以证明郊祀最初源于出发前（出征等）对风神的祭拜。至于郊祀的礼仪在不同场合都被作为隆重的祭祀活动，这点无须质疑，但在我看来郊祀的起源肯定是与季节相关的。

443 《周礼》，II，103。由于只有巫师知道那些圣灵的名字并呼唤它们，这个仪式显得相当神秘，连评注者对此也不甚了解；从汉代开始当人们讨论四王时，郑众将其假设为日、月、星、海；郑玄认为是五岳和四海；其他人认为是山川大海之神，等。——鲁国公由于其权限仅限于当地，只能祭拜“三王”（《左传》，219；《公羊传》，卷 5，28 a–b），但人们对“三王”也没有更多的了解。楚王所祭拜的远方圣灵是四条河流：长江及其三条支流，汉水、睢水和漳水（《左传》，810，［顾氏，TT3–632］）。晋国人们供奉的一个远方圣灵是梁山，在山西夏阳附近（《尔雅》，卷中，13b，《四部丛刊》版本）。另见上述注释（398）。

444 《周礼》，II，31。

445 关于郊祀的描写主要出自《郊特牲》（《礼记》，I，589 及其后段落），并由《诗经》《左传》《国语》《周礼》及《礼记》的其他章节等补充。这些文献中的大部分在公元 8 世纪由杜佑收集在《通典》卷 42 中；13 世纪被马端临更全面地收录在《文献通考》卷 68 中。

446 顾赛芬神父在《礼记》I，589［及前述注释（445）］中，与评注者一样将郊祀置于冬至，并以下文作为第二段的开始：

“（冬至时）在郊野供奉上天……”

但原文中并没有与括号中相对应的文字；只是简单地写道：

“郊祭伴随着天长的日子的到来”（“郊之祭也，迎长日之至也”），这里的时间表述很不精确，可以是春分之后，白天比夜晚长的时期；或者也可以是冬至之后，白天逐渐加长的时期；是评注者加入了一个原文缺失的明确的时间。他们主要的依据是《郊特牲》中的这一段：

“人们选择一日进行郊祭（所选的日期是周期中的辛日）。周朝第一次举行郊祭的日子（辛日）正好是冬至。”（“郊之用辛也，周之始郊日以至。”）

然而任何古代文献都不会给出如此精确的日期：在汉代作家的文献中倒可以找到些精确的日期，但需要进行计算才能得出；因此这种对日期的描述并不是传统做法也就没有任何价值，人们由此得出的结论并不能成立。［参见《史记》，卷28，沙畹，III，417，提到“周官”时写道：“在冬至之日，人们在南郊祭天，以迎接天长的日子的到来”（“冬日至，祀天于南郊，迎长日之至”）；沙畹在注释中解释说这一段既没有在《书经》中出现过，也没有出现在《周礼》中。］不过有一古代文献给出了武王战胜商回到周第一次进行郊祀的日期：是在原作《武成》中的一段（现存《书经》中名为《武成》的一篇是伪作），刘歆在公元前1世纪末的论文中有引用（《前汉书》，卷21，B，12b）：

“第四个月……辛亥日后的一天(当月的23日)，他在神坛祭祀上天。”（“惟四月……翌日辛亥，祀于天位。”）

由于选择了辛日，显示出这段文字的作者所指的是郊祀，并给我们提供了一些当时朝廷的习俗，尽管不太详尽。周朝官方日历的第四个月应是农业日历中仲春月，即春分所在的月份。

此外，评注家们对这个日期的否定并非出于历史考量，而是从礼仪的角度出发：鲁国的郊祀在春天进行，他们希望王室的郊祀发生在诸侯国鲁国的郊祀之前并由此开启新的一年，因此他们将郊祀放在不管哪个日历的第一个月。他们认为一切都支持他们所得出的结论：根据历史，武王在第一个月（冬至之月）取得胜利，他还在牧野的战场时就举行了祭天活动（见《礼记》中的《大传》，I，776），由于牧野在殷朝都城的南边，周王第一次以帝王身份举行的这次祭祀就被视为周朝的第一个郊祀。由此产生了《郊特牲》中的字句，也是由此现存《武成》的伪作者以他自己的观点对历史资料进行了重新安排，改动了武王在回到周后来年第四个月举行的祭祀（《前汉书》，卷21b，12b），将标志郊祀的"在神坛祭天"当成一个简单的"在柴堆上供奉"，这可能只是远征回来后的一次祭祀（《书经》，309）。在这方面跟从中国学者没有太大意义，因为他们用礼仪教义中的问题来取代历史的评价；我宁愿将他们的假设放在一边而只注重史实。鲁国公在春天举行郊祀，理论上的日期是"当昆虫开始活动"的启蛰（即惊蛰）月的第十五日（《左传》，46，［顾氏，TT1–84］），即春分前的十几个月 。有关王室的习俗我们只有（前述）一个例子：它将我们带到同一时期，即春分所在的月份。鲁国公遵循王室习俗的传统也得以确认，因此王室和鲁国郊祀的时间都应为春分前后，而非冬至。

447 宋国的祭品是白色的牛。

448 不知何故，《文献通考》，卷68，5 b中将汉昭帝在其冠礼中诵读的祈祷文当成大祝在郊祀时诵读的祈祷文（《大戴礼记》，卷13，2a）。

449 《生民》和《思文》均保留在《诗经》465及580中［顾氏，347及426］。

450 《国语》卷 1，6 b–9 a，第 6 段（《周语》）对耕作仪式进行了较长篇幅的描述，但由于这个仪式源自上古时期，有些官名的确切意义很难掌握。也可参见《礼记》，I，335（《月令》），我从那里借用了“帝籍”之词。另见𪎺鼎的铭文（吴式芬《捃古录》）：

“王在姬地举行盛大耕作仪式（铭文没有年月日期；也没有对仪式的描述）；有宴席；王行射礼。”

451 《礼记》，II，292（《祭义》）。

452 《左传》，595–596。

453 葛兰言在《中国古代的节日与歌谣》第 164 页及其后篇幅中确定祭祀是在南郊举行。但事实上没有任何文字告诉我们周朝进行此祭祀的地点：只是公元前 2 世纪的最后几年汉武帝在迟来的皇子出生后，在国都南部的庙宇中重新举行这项被遗弃了的崇拜活动。在远古时期，被中国学者不停重复的有关祭祀在南郊举行的确认其实来自对两个字的理解——即在郊区祭拜的媒人“郊媒”（神的名字）。但不能肯定这样理解这两个字的含义是否准确：该神有另一个名字“高媒”，从字面来看就是上天的媒人的意思。“高”和“郊”两个字在古代几乎是同音字，只是元音发音略有不同（kâo，kào）；而且似乎是由于两者发音相似而使用这两个字，并非因其含义，这在古代词语中经常见到。

454 《周礼》，II，225。

455 《礼记》，I，353（《月令》）；《周礼》，II，225。

456 活着的人“魂”与“魄”融为一体，通过这个仪式的呼唤和礼仪让（死者离散的魂魄）重新结合在一起便可以生孩子，驱逐不育。

457 葛兰言，《中国古代的节日与歌谣》155–164 是第一次将有关这些节庆的文献汇集在一起并做出解释，传统上中国学者认为这些节庆有驱魔洁身的作用，葛兰言承认是在较后期的时候这些节庆才被赋予了这种角色，在最初的时期，这些节庆的含义非常不同，礼仪也没有被特定化（172 页）。

458 《周礼》，II，195。另见高延《厦门每年庆祝的节日》（*Les Fêtes célébrées annuellement à Emouï*），I，208 及其后篇幅。——根据《周礼》，人们在一年中改火四次，每季一次；有可能官方的宗教做出了这样的礼仪规定但大众进行得较多的是春末和秋末两次大型的改火。

459 《洪范五行传》，刊于《太平御览》，卷 13，4b。

460 葛兰言，《中国古代的节日与歌谣》，85–87。这些庆典在农民婚礼中的角色另见正文下标 98–100 处。

461 《周礼》，II，195。在这部作品写成的时代，“出”火和“入”火都与火星相关联，出火在第三个月与火星的出现相关，入火在九月，即火星消失的月份。

462 《礼记》，I，356–357（《月令》）。

463 辟雍宫不是专为此而设，但确实是在这里惯常举行湖上的祭祀活动，参见《郊特牲》（《礼记》，I，591）。

464 《周礼》，II，36。这个舞蹈以每日清晨太阳升空之前沐浴的咸池湖为名（见正文下标 12–14 处），似乎是为了说明太阳女神在这个庆典中扮演了重要的角色，但又无从得知为什么太阳女神会被列入地上的神灵之列。

另见马伯乐的《书经中的神话传说》，I—羲与和的传说，26–28。在傅毅的一首赋《舞赋》中咸池舞被当作令人神合一的大型宗教舞蹈之一［《文选》，卷 17，5a；查赫（Von Zach）译作，刊于《Deutsche Wacht》，巴塔维亚（Batavia），1923 年 9 月，第 41 页］；不过傅毅生活在后汉，他不可能真正了解这个舞蹈。

465 公元 2 世纪的作家何休在他为《公羊传》所做的评注（卷 2，7a）中描绘了祈雨的仪式，但并没有提到舞蹈的名字，我是从《周礼》，I，

269 中得到该舞蹈的名称（毕欧将其译成“各种羽毛的舞蹈”）。某些评注家认为祈雨是向五帝祈雨，我倾向于摒弃这个理论。

466 这是一种偶尔为之的祈雨仪式，与前面所说的在每年第五个月定期举行的祈雨不同。

467《晏子春秋》。

468《山海经》，卷 14，66 b。有关应龙的传说，见正文第 23 页。

469《左传》，180；《礼记》，I，261［见注释（396）］；《周礼》，II，102。

470《礼记》，I，381（《月令》）。

471《左传》，595–596。

472《诗经》，575–576，［顾氏，423］。

473《礼记》，I，392（《月令》）。

474《左传》，731；《国语》，卷 4，7 b（第 7 段）；《礼记》，II，269–269（《祭法》）；沙畹《土地神》，504–506。

475 我们对八蜡庆典的了解全部来自《礼记》，I，594–600（《郊特牲》）；参见葛兰言《中国古代的节日与歌谣》，178–191；有关这个庆典的确切日期一直存有争议，我在此采纳葛兰言的结论。庆典的名字有点晦涩：不明白“蜡”字在此的含义，古代文献提到的“寻找”神灵的“寻找”之意也难以确定。

476《周礼》，II，195。

477 同上，II，36。

478《后汉书》，卷 15，4b。参见葛兰言的《舞蹈与传说》，299–320。

479《尚书大传》，卷 5，8 b（《四部丛刊》刊本）。

480《诗经》257 中将祭祖的顺序列为“祠、礿、烝、尝”，但这并不是四季的顺序，而理雅各在他的译作中误以为这是四季的顺序；参见［《诗经》，顾氏，183］，《周礼》，I，422，夏季的祭祖在《祭统》

（《礼记》，II，342–343）中被称为“禘”，源于公元前6世纪初鲁国的特殊用法，另见《祭法》（同上，II，191）；在《祭义》（同上，II，271）中同一个字被用到了春天的祭祖活动，这是因为鲁国在东方（东方对应的是春季），因此不进行按季的春季祭祖，而是五年一次在春季以“禘”祭祖。

481 《公羊传》，卷6，2b中只简单地写道：“在五年中人们只进行两次完整的祭祀”（即祫和禘）。汉代最出色的学者郑玄在公元2世纪在他的《鲁礼禘祫志》中通过对照《春秋》和《左传》中的不同段落，提出了我在文中所写的这些日期；中国的学者长期以来对郑玄的这个假设存有争议，但在我看来它给出了最好的解释。前汉末年刘向给出了一个类似的评注（参见《太平御览》，卷528）。公元前12年汉成帝举行的第一个禘祭就是根据这个评注进行的；刘向也提到在第3年及第5年进行祭祀的周期，但没有将其与（前任帝王的）葬礼结束联系起来。同样，张纯在公元50年就此问题所写的论述中将祫祭定在第十个月（冬季），将禘祭定在第四个月（夏季）（《后汉书》，卷19，1b），这也被我采纳了。前汉时期的《礼稽命曜》中更明确地写道（估计源自《公羊传》）：“三年一祫，五年一禘”（《初学记》，卷13；《太平御览》，卷528）。——“禘”在铭文中已有出现，但“祫”没有。禘祭出现在剌鼎的铭文中。（罗振玉《周金文存》，卷2，28；郭沫若，《谥法之起源》，刊于《汉学》，VI，1932年，35）

“王进行禘祭，他供奉一头大牛……；以禘祭昭王”

也出现在殷朝铭文中：

“丁亥日占卜：王将前去大乙（庙）进行禘祭”

在汉朝王室图书馆中找到的一本有关礼仪的书（《仪礼》）中将禘定义为：

"所有（亡灵）聚集于（始）祖"

（刘歆曾在他的《春秋左氏传章句》中引用，《玉函山房辑佚书》刊本，2b）。

482 祭祀仪式的名称已经显示了它的意义。"帝"字是动词"禘"的名词形式，禘祭即使其成为帝的祭祀仪式（抑或可以称为"帝化"，如同人们所说的"神化"一般），只是开头字母的清浊音不同（动词旧时发音为 dei，名词发音为 tei），但音调不变（派生词通常是"九声"，这个字本身已是九声）。"袷"（hàp）字源于"合"（hap），聚合之意；袷祭的意思即是"将所有祖先聚集起来合祭"。这些汉字清晰保留了词源的痕迹。

483 《公羊传》，卷 6，2b；《礼记》，I，435（《曾子问》）；郑玄，《鲁礼禘袷志》，刊于《通典》，卷 49，7 b。

484 《诗经》，368–373［顾氏，276］（《楚茨》）描述了王室的一次祭祖仪式，这正是我文中描写祭祖活动的基础，并由《礼记》中的不同篇章及其评注辅助补充（特别是《礼运》，I，505–509，《礼器》，I，552–……，《郊特牲》，I，610–617，《祭统》，II，325–351，等），还有用到《周礼》（介绍每个官职的宗教角色的段落），甚至《仪礼》，虽然《仪礼》中所写的不是王室的祭祀而是一个大夫的祭祖。

485 周朝朝廷准备仪式的大致顺序来自《郊特牲》（《礼记》，I，612）。在宋国，奠酒前会有音乐。——仪式开始时帝王和王后的位置：见《礼器》（《礼记》，I，563）；迎牲入庙的仪式：同前，566，《祭法》（II，265），《祭义》（II，285–286），《祭统》（II，325–326）；以箭射牺牲品的仪式：见《周礼》，II，207（及郑玄的评注）；供奉牛毛牛血、将牺牲品切碎：《郊特牲》（《礼记》，I，615–616）；三次邀请亡灵：同前 613；寻找和呼唤亡灵：《礼记》（I，567）。

486 《礼记》，I，618；II，280，321；另见《诗经》，369［注释（484）］。——

向牌位展示祭品和叩拜见《仪礼》，596。

487 《仪礼》，XV–XVI；《礼记》，II，337。——礼仪书中所描写的几乎全是只有一个尸的仪式，因此很难知道当有几个尸时是一个个单独供奉他们还是一起供奉。

488 《礼记》，II，336（《祭统》）［注释（487）］。

489 《诗经》，370［顾氏，278，注释（484）］。

490 《诗经》，371–372［顾氏，278–279，注释（484）］。《仪礼》，604 中的用辞几乎与此相同：

“皇尸命工祝，承致多福无疆于女孝孙。来女孝孙，使女受禄于天，宜稼于田，眉寿万年，勿替引之。”

491 《诗经》，372，［顾氏，279，注释（484）］。

492 《诗经》，372，［顾氏，279，注释（484）］中这样描述：

“尊敬的尸站起身来，鼓钟乐伴着他（离开），被附体者（神保）回归原位。

由宰夫和主妇负责，快速撤下祭品。

叔伯兄弟，都来参加各自的宴席。

乐师们开始奏乐……菜肴已经摆放好，

无人有遗憾，人人都满意，酒足又饭饱……”

（“皇尸载起，鼓钟送尸，神保聿归。

诸宰君妇，废彻不迟。

诸父兄弟，备言燕私。

乐具入奏……尔肴既将，

莫怨具庆，既醉既饱……”）

有关庆典的细节，参见《礼记》，II，329–330（《祭统》）。

493 《礼记》，II，341（《祭统》）。

494 有关大武舞，参见王国维先生在《广仓学窘丛书》上发表的精彩文章《乐诗考略》，文中明确地将舞蹈的场景与多首《诗经》的颂诗联系起来。此舞蹈非常著名：

一来在《礼记》，II，94–98（《乐记》）中有对这个舞蹈的详细描写，另见《左传》，320；

二来舞蹈中每个场景的颂歌都保存在《诗经》中；

还值得一提的是舞剧的文字也部分地保留在《书经》中：它构成了《泰誓》、《牧誓》、《武成》及《分器》等篇章，分别为第一、二、三、五幕（第四、六幕似乎从来没有成为《书经》的一部分）。现在我们知道（所保留下来的篇章中）只有《牧誓》是原著；现存的《泰誓》和《武成》均是公元三世纪的伪作，不过《泰誓》中还有不少片段为其原作状态。至于《分器》，在汉代之后就已经失传。

495 《公羊传》，卷 1，13a。

496 《礼记》，II，97（《乐记》）。有关这个舞蹈的总体描述均出于此，我没有再作其他的注释。

497 《泰誓》，由江声在《尚书集注音疏》中还原，参见理雅各，《书经》，II，298。

498 《诗经》，理雅各，575［顾氏，422］。我所使用的标题（即《武宿夜》）来自《礼记》，顾赛芬，I，328（《祭统》）；（《诗经》中）实际的标题就是诗的第一句。之所以认为《诗经》中的这首诗就是《礼记》标题所指的诗，见王国维，同前述引文，14b – 15a。

499 《牧誓》，见于《书经》，300。

500 《牧誓》，见于《书经》，304［顾氏，186］。这段战争前帝王的誓词受到大武舞蹈动作的启发，提供了一个对舞蹈很好的描述。

501 《诗经》，594［顾氏，435］。

502 出发被称为“北出”，即向北出发；返回显然就应该是“南”，向南行进。值得一提的是，如将这些方位与传说相比较，在地理上是错误的，但如果将其与宗庙院子中的舞蹈动作来比较就是正确的；宗庙位于院子的最北边，舞者们面对着它，第一幕和第二幕出发及前去战斗的场景要求舞者向北前进，而第三幕到第六幕回归的场景将舞者带回到他们的出发点，即令他们向南行进。

503 《诗经》，606，［顾氏，443］。

504 同前，607，［顾氏，444］。商是殷朝的另一个名称。

505 同前，608，［顾氏，444］。

506 《礼记》，I，95。

507 《诗经》，609，［顾氏，445］。

508 《礼记》，I，731–732（《明堂位》）。

509 《周礼》，II，32，及郑玄的评注，正文引用的称呼由此而来；《诗经》，620，［顾氏，452］。

510 《左传》，19，［顾氏，34］。

511 《淮南子》，卷 15，16a；葛兰言《舞蹈与传说》，324。

512 《礼记》，I，433–434（《曾子问》）；沙畹《土地神》，512。

513 《书经》，I，155，［顾氏，91］（《甘誓》）。

514 《左传》，352，［顾氏，TT2–37］。同样，泌阳侯在（公元前）569 年被晋悼公作为牺牲品用在祖先武公的庙室中：泌阳侯作为楚国的盟友在长达一年的时间里抵抗晋军及其同盟（见注释（517））。

515 《礼记》，I，276（《王制》）。

516 《周礼》，II，182–183。

517 《左传》，443，［顾氏，TT2–254］。

518 《左传》，210，［顾氏，TT1–401］中描述了晋文公战胜楚国（公元前 632 年）后凯旋入城的场面。

519 《逸周书》，卷 4，11b（第 40 段）。

520 《周礼》，II，183。

521 《墨子》，佛尔克，615–616。这段文字出现在卷 15，应为公元前 3 世纪所作。

522 《公羊传》，卷 3，19b，及何休（公元 2 世纪）对此的评注。参见沙畹《土地神》，480–490。

523 《公羊传》，卷 3，20 a；《左传》，109，［顾氏，TT1–188］认为这个仪式不正确。

524 《周礼》，II，102；《左传》，180，［顾氏，TT2–327］；《礼记》，I，261（《檀弓》）［注释（396）］。

525 《左传》，810，［顾氏，TT3–632］。

526 《国语》，卷 4，7a（《鲁语》）；《庄子》，353。

第五章

宗教情感

270（中国的）宗教首当其冲是社会化的、官方的而非个人的，且日复一日越来越被礼仪化也越来越枯燥，（在这种情形下）宗教情感（在人们心中）处于什么样的位置呢？在周朝中后期宗教情感似乎受到不同哲学流派的影响而发生变化。

古老的宗教情感是对宗教实践的回应，而宗教实践只有到死才能停止；这样的宗教情感主要是与不时进行的公众的和私人的周期性的宗教活动紧密相关[527]。祭祀活动和大型庆典其实并不是宗教生活的全部：宗教生活的界限远不止如此；它以它的教规和季节性的禁忌来管制所有人的生活及其社会关系。这是宗教生活的根基，而祭祀活动，不管它如何重要，只是用来衔接每个周期中的关键时刻。深厚的宗教情感是唯一能使大部分中国人，包括大多数贵族，主要是那些缺乏官职的贵族，以及所有平民的情感相通，因此尤为重要；他们也是仅凭着这种宗教情感参与到大众的宗教生活中来。当夏天到来时，村长打开村庄的大门，一家之长打开家门，通行费被取消，所有人和牲畜都离开村中的家前去田间的窝棚生活，严格的家庭纽带被放松，三个家庭一起住在同一个窝棚里，这是因为所有人都知道 271-272 在这个露天和开放的季节，一切都应该被实实在在地打开，他们每个人在各自的领域完成了“夏令”，这也令他们感到他们为保证世间的运行作出了自己的贡献。同样，到了冬天，人们关上村门和家门，还涂上灰泥把门关得更严，人们都回到家中，动物被关到牲畜棚，在外游荡的动物就归了那个将它抓回并关起来的人，人们知道这样做了“此所以助天地之闭藏也”[528]，他们便如此参与了世间秩序的延续。

但在这种普罗大众的思想之上叠加着那些进行祭祀的权贵的私念，他们希望祭祀应该立即为他们带来个人的好处。甚至礼仪本身也支持这种想法，比如在祭祖仪式的最后，尸为了感谢人们所供奉的祭品，（向主祭者）承诺好运。这种情感虽是自然的，但与官方宗教的基本理念相违背，是会受到谴责的：正因如此，（公元前）672 年虢国内史参与虢公祭拜丹朱（传说中的尧帝之子）的仪式时留意到虢公请求增加领土，内史宣称这种自私的想法会激怒神灵从而带来不幸，几年后的（公元前）658 年，虢国被晋侯击败，预言成真。反对个人“求利”而追求大众的利益，这大致应该是崇拜的唯一目的，并以此为目的根据祭祀的意愿将牺牲品的价值进行分类，除了错误的礼仪之外，那些以自私目的而为之的事也是不对的。这是（公元前）4 世纪的主流思想，《左传》的作者在此时期经常有这样的表述。几个学派在提到这个观点时将其扩展，认为在祭祀活动中主祭者的意愿，或更广义地说，主祭者的思想状况尤为重要。墨子学派大师作了一个比较，将能够好好供奉神灵的人与那些即使主人看不到也会做好自己工作的仆从相比较，从而引申出这样做是没有任何自私企图的。272–273 孔子学派由孔子的一段话来表达同样的意思：“祭祀（祖先的亡灵）时应如同祖先在场一样，祭祀神灵时应如同神灵就在面前。”（“祭如在，祭神如神在。”）孔子学派在这一点上的立场很清晰。“祭祀的日子里（文王）一半欢喜一半悲伤：供奉祭品时，他（因亲人到场而）欢喜，祭祀结束时，他（因离别而）悲伤。”同时，“祭祀时虔诚的儿子必须全心全意，满怀敬意”，礼节只应是他的内心情感的外在表达，即便如此，他也不能对传统礼仪进行任何变革、限制或增加：人们便是如此诠释礼仪化——它是由内心情感引发的简单系统的外在动作。

如果说这个时期的中国人着重调整祭祀的意愿以达到满意的效果，这并不代表他们始终相信神灵真实地存在。在某些文人圈子里，受占卜派及其“阴”（与“阳”）的理论影响，同时也受道家理论的影响，人们开始怀疑神灵的存在：这些观点流传甚广，为此墨子在（公元前）5世纪后半叶专门以他的著作的一篇来展现神灵的存在。事实上，宇宙可以用阴阳理论来解释，无须任何神灵的介入，通过阴阳这两种原始物质的相互作用以及它们的变化可以产生出世间万物；在这些宇宙间恒久不变的定律面前，王室众神庙里神灵的作用和干预显得微不足道。上帝尚可通过去个性化[529]自救，将自己变成 273–275 简明的"天"，即"阳"的最初及最主要的体现；同样，后土及所有的土地神可以成为"阴"的体现；但对其他神灵便无能为力了。对于上帝本身，在某些特殊情况下人们质疑他是否能介入（人间的事务）：齐景公因为疾病想杀死他的祝官以便让祝官到上帝处向上帝美言，他的大臣晏子劝说道："上帝神，则不可欺；上帝不神，祝亦无益！"[530]对于死者的亡灵亦是如此，人们并未明确地表明是否相信他们的存在，但怀疑他们是否保留着意识，"如果死者有知"[531]这句话经常出现在周末的文字中。这些思想上的变化并没有改变祭祀及庆典本身，但似乎限制了人们对神灵在崇拜仪式中所扮演的角色的认识，而这个角色始终都比较薄弱，并且当人们以哲学方式诠释祭祀的有效性时会将神灵排除在外。

这两种理念原本应该互相排斥，因为其中一个认为当人们供奉神灵时，被供奉者真实地加入到祭祀仪式中，而另一个却倾向于否定神灵的存在，但这两者却并无太多障碍地共存在一起，或许是因为它们突显了宗教活动的不同侧面：一方面它将人们的注意力放在主祭者及其精神状况上，人们所保留的理念是主祭者需保持特殊的精神状态，全心全意进行祭祀，此外为了准备祭祀活动，主祭者还需培养他的德行和意志；另一方面它理性地解释了整个仪式的有效性：为混杂的仪式提供了一个总体的基调。此外古老的、要遵循周期节奏的观念也还根深蒂固。由此得出了一个有关宗教庆典的特殊的理论：宗教庆典被视为将“天道”和“人道”和谐划一的方法 275-276；所谓天道即阴阳在物质世界中通过“五行”所进行的活动；而人道是精神世界的活动；一方面要在正确的时间完成这些宗教庆典，另一方面要在此时调整意愿，不让神灵介入。如此人们便可以理性地解释所有的仪式[532]。举例来说，日食和月食会将军队召集到土地神社旁以便拯救和解放那个被魔鬼吞食了的星球。如果以哲学的方式来取代这个对日食和月食的神话般的解释即是：光和太阳属于“阳”而黑暗属于“阴”，日食是“阴”之于“阳”的胜利；或者说大地是“阴”，从而土地神也是“阴”，因此人们要与“阴”斗争以拯救“阳”，这就是为什么人们攻击“阴”的代表土地神。这个新的解释完全改变了仪式的意义，宗教活动的意义随着一代又一代而改变但礼仪保持不变。如果说冬天的生活是收紧的，人们不能在田间劳作，这是因为此时由“阴”，即静，主导；如果说夏天的生活是扩展的，人们在这个季节开启一切，在田间劳动，这是因为此时由“阳”，即动，来主导。阳会上升而阴会下降，直至夏至，从夏至开始两者向相反方向运行直至冬至，春分和秋分则是两者相等的时间。天子每个季节要住在圣殿不同的宫殿中，这也是为了在不同季节跟随阴阳的运行：天子在秋天进行惩罚（此为阴），在春天进行奖赏（此为阳）；宫殿中的五个厅堂是与五行相关的。此外，人们认为阴在阳之下，因此对待它们的方式也有所不同：人们向阴发号施令，进攻它，而对阳，人们向它祈祷。当洪水到来的时候，人们通过将市集搬走来加强阴。市集由君王的妻子建立，位于 276-277 北，为阴；再由建立市集的人主持仪式将它搬走，这样就加强了阴，将阴置于可以战胜阳的状态。而当干旱来临时，人们通过让女巫在太阳下跳舞强迫阴出现，女巫与在她们身上附体的神灵一样属于阴，而太阳属于阳；起初巫师跳舞祈雨的古老仪式本身就是为了能将雨求来，现在仪式的意义改变了，变成了只不过是阴阳交替的情形中的一种。对亡者的祭拜包括对地下的魄奠酒以及用烟气供奉天上的魂：这是因为人和所有事物一样是由阴和阳组成的。这样的解释虽然简单但却看起来充满理性，因此吸引了很多这个时期的文人，凡事都用这个方式来诠释。人们甚至用它来解释宗教中的各种新鲜事物：如星相学，地中海沿岸星相学的影响在公元前四世纪左右传入中国，由于五星与五行的相似性而被中国人所接受；以及随星相学传入的来源西方的神话及对星的崇拜。古老的崇拜由此发生了变化，如对五帝的崇拜同时融入了五行及星相的理论。受到类似思想的影响，在周朝末年形成了“封”和“禅”的祭祀理论，并在随后几个世纪的朝代崇拜中扮演了非常重要的角色。这也许是非常古老的祭祀活动，但它在这个时期的重新出现实为一个创举，这里既有旧君王让位、新君王登基建立新秩序的概念，这无疑是传统的概念，人们还加入了君王通过完成仪式能够长生不老的观念，这些新的观念来自这个时期星相、数学等方面的猜测。

由此在周朝末年，在文人这个较特殊的阶层形成了超越古老宗教的宗教理论，这些理论成为汉代文人的官方正统观念，并不断发展直至今日。这些后续获得极大发展的观念在周朝末期还只是精英阶层的观念，不过这个精英阶层[277–279]比较广泛，包括接受不同哲学流派教育的贵族，他们（的观念）逐渐地影响到他们所追随的主人，甚至影响到一些王侯，如（公元前）4 世纪末魏国的惠成王。而对于所有那些在社会阶梯由上而下没有受到哲学思想影响的人，他们的宗教情感仍是简单而粗糙的。这些人继续相信神，并将自己的意愿，通常是较随意的意愿强加给神。（公元前）632 年楚国将军成得臣（子玉）在黄河边的城濮被打败正是如此，这是楚国多年来连续胜利后的第一次失败，失败的原因是成得臣惹恼了河伯：城濮之战前河伯在得臣的梦中要求得臣将镶着玉饰的鹿皮帽送给他，被得臣拒绝[533]。尽管文人进谏认为“神是不可被收买的”[534]，但很多人还是觉得丰盛的祭品会令神灵欢喜并令它们降福予人；而在祭品上吝啬，虽不会立刻遭到饥饿和不满的神灵的惩罚，但会带来不幸[535]。

有时因迷信而产生的恐惧会充斥着整个城市。（公元前）543 年，被郑国驱逐的前大臣伯有为夺回权力，出其不意回到国都但却在集市上被杀，此后几年的时间里城中都被十足的恐惧包围着。他的灵魂在他死去的地方附近游荡；有时毫无缘由地，人们就会突然因恐惧而逃跑并喊着："伯有在此！"当（公元前536年）伯有出现在一个居民的梦里并宣布杀害他的两个凶手将在指定的日期死去，人们的恐惧升到了极点。只有当伯有的儿子继承了他的职责（公元前535年），可以定期祭拜伯有，以此安抚激愤的灵魂后，人们的恐惧才消散[536]。

总而言之，从周朝开始我们看到了中国出现的对待宗教理念和宗教事件的特有的态度。一方面人们相信神灵的力量 279，相信鬼神的报复，另一方面是符合礼仪的（宗教）活动和举止，两者都被人们所接受，前提是人们可以给出富有哲理的合理的解释，且不会影响进行宗教活动的介质。这种态度在不同程度上融合了实践中的迷信和理论上的理性，直至今日仍存在于受过教育的中国人中，几乎没有改变，只是宗教内容随着时间有所变化。

527 高延，《Universismus》，第XI章，303-330。

528 《礼记》，I，403（《月令》）。

529 古代文献给我的印象是比较注重神的个性化的塑造和神话传说的建立，开始时已经困难重重，之后受到哲学思想的影响而停止；这些哲学思想致力于将神灵去个性化，而非仅仅保留源自中国史前宗教的非人的或半神半人的形象。不过这些形象在时间上不算太久远，在大众的宗教情感中也不算深入，这也是为什么大部分的神灵从来都没有养成很强的个性，要抛弃这些个性也很容易。

530 《晏子春秋》，卷1，4b（第12段）。

531 《墨子》，卷 8，佛尔克，345；《国语》，卷 19，21a；《战国策》，卷 3，50 b。

532 有关“阴阳”哲学理论的影响参见葛兰言《中国人的宗教》，117 及其后段落。

533 《左传》，210，［顾氏，TT1–398］。

534 同前，144。

535 参见正文下标 196–197 处，神灵因恼怒祝官在祭品上的吝啬在神坛将他杀死的故事，源自《墨子》，卷 8，佛尔克，346。

536 《左传》，618（公元前 335 年）［注释（350）］。

第三部　霸权时代

第一章 537

主要诸侯国的领土构成

(b31) 281 幽王之死及国都被劫掠是对帝国的粗暴一击。野蛮部落离开后，大臣之一的虢公翰将幽王的一个儿子王子余臣扶上王位，但余臣不能留在成为废墟的宫殿中，便被安置于不远处的携地*。不过申侯和他的同党却拥立逃亡在他们身边的太子宜臼为王，是为平王，几乎所有的诸侯都认同平王；但他们不敢前去攻打携王在西边的领土，于是平王被带到国都洛邑（今河南府附近 282–283，位于洛水边）并在那里隆重地登基（公元前 770 年）。

* 周携王因在携地称王而得名，又称携惠王，惠王。马伯乐在原文中将称王之地误认为“惠”（Houei）并以“惠王”（roi de Houei）称呼这位帝王。为不与东周第五位君王周惠王混淆，在翻译中我使用了惯用的携王之名。——译注

王室的领地就这样被分为两部分，西边渭水河谷及旧都镐京在内的土地属于携王，东边洛水河谷的部分只属于平王。直到二十多年后晋侯打败并杀死携王（公元前 750 年），这两部分才重新合二为一。

不过王权没能再像上一次厉王被流放后那样得以重新树立起来。国都以及旧有王权领地的丧失是沉重的打击；新的君王在其安顿的地区将被孤立起来。平王还很弱小：只有七个大诸侯追随他，而为了令他们顺服，平王不惜以赤牛为牺牲品庄严宣誓将这些诸侯的职权世代保留在他们的家族中[538]。不过对外平王还保持着他的威信，对封邑，至少是附近的封邑的权威也实实在在地保留着，如对晋、虞、虢、卫、郑、蔡、陈、沈等，这些封邑领主中的几位相互争斗，对朝廷高官的职务垂涎欲滴；（公元前）750 年，不论是击败了携王的晋侯还是战胜了野蛮部落的秦伯都不敢将胜利得来的土地据为己有，而是上缴周王[539]。此外，平王也积极参与封邑的事务，令封邑领主感受到他的权威；在（公元前）8 世纪的最后几年中，即（公元前）716 年和（公元前）708 年，当晋国的贵族及其后裔曲沃伯爵剥夺了他们领主的权位并取而代之时，平王的继任者桓王两次派兵平定晋国的叛乱。不过在平王和桓王统治的四分之三个世纪中，权力其实掌握在郑国伯爵手中，他们父子相传 283–284 为周王的卿士，长期不间断地担任这个王室最高要职使得他们能够较轻易地满足个人的野心，牺牲邻国来扩大自己的封地。

郑国伯爵是周王的近亲，他们的前辈是宣王的弟弟*，在其侄子幽王在位时担任司徒之后于（公元前）773年获得了一小块封地，在今开封府附近，他（郑桓公）继续在朝廷任职，派其子**管理封地；在那里其子与当时的太子宜臼及其外祖父申侯结盟，并于随后的（公元前）761年娶申侯之女为妻[540]；他（郑武公）与申侯、卫伯以及当地其他诸侯一起将宜臼推上王位，即平王，并将他安顿在洛邑。作为奖赏，郑武公与他的父亲一样获得了司徒的职务[541]，不久之后（即公元前768年）又获得了新的职权，大概就是伯爵的职位[542]，这是沿用了周朝初期的政治传统，即由召公和周公两位伯爵共同掌管大权。郑武公借此横扫邻国扩大自己的领地：（公元前）767年后他征服了洛水和黄河交汇处的东虢国，一步步建立起一个相对重要的诸侯国。在他死后（公元前744年），他的儿子庄同时继承了他的郑国伯爵和（周王室）大臣的（双重）身份并继续在他的职权掩盖下进行自己的事务。此时的郑国已经很强大，连周王也无法动摇它的重要性：周平王在他统治末期试图削弱郑国但没有成功；周王尽量减弱郑庄公的权力，让他与虢国（南虢）公分担职责。当时由于庄公的弟弟在其母协助下叛乱（公元前722年），庄公忙于平定内乱，形势似乎对平王有利，但叛乱很快就被平息了，平王也不得不放弃他的

---

* 此处指郑桓公。——译注

** 即郑武公。——译注

计划。更令平王感到羞辱的是他不得不与郑庄公互换人质。平王死后（公元前 720 年），他的孙子桓王再次 284–285 尝试摆脱郑国对其的令人厌烦的控制，他任命虢公为卿士。庄公为了报复此举拒绝上朝并破坏王室的土地：直到（公元前）717 年庄公才决定上朝。但桓王并没有好好接待这位已经非常强势的诸侯，这是桓王犯下的错误，庄公愤怒地离开王室朝堂并再也没有回来。

郑庄公并没有过分担心自己（在朝廷）的失势，他知道自己现在已经足够强大可以独自继续完成自己的目标。他的野心是在黄河转弯处的平原上建立一个强大的国家，降服或消灭当地所有其他诸侯国，甚至最终推翻周王取而代之。所有受到威胁的邻国组成了联盟，并拉桓王加入，桓王对郑国的担忧并不比这些诸侯国少，而且他也要惩罚这个十年都没有再来朝贡的封臣。（公元前）707 年秋天，桓王率军出征郑国，但此次出征遭到惨败。第一次交锋时诸侯的军队就溃败了，只留下王室的军队独自作战；受到猛攻的桓王至少成功撤退但在战斗中他的肩部被箭射伤[543]。繻葛之战的失败标志着王权的彻底丧失，从此之后王权显然再也没有了真正的实力。

不过郑庄公虽然如此解除了（周王）这一侧的忧虑，但还远远没有达到他的目标。事实上他的国土在壮大的过程中与两个历史悠久的诸侯国发生了冲突，即北边的卫国和东边的宋国。这是古代殷王的领地被征服瓦解后留下的两块碎片：卫国在都城及黄河以北的土地上建成，而宋国只保留了位于南部的家族最早都城之一亳周围的土地，在黄河东南，今归德府境内。这两个诸侯国与新晋的郑国势均力敌，谁也未能拔得头筹，庄公所梦想的强大国家一直也未能建立起来。它们之间相互的惧怕和嫉妒 285–286 反而导致了长期的对抗，直至这几个国家消亡。卫国在晚期由于狄部不断的入侵退出了（三方较量的）游戏，狄部是将山西与河南和直隶分隔开的野蛮部落，他们的入侵在（公元前）7 世纪上半叶彻底毁掉了卫国。但郑国与宋国的对抗却持续了数个世纪，任何一方都没有强大到能取得最终胜利。起初郑国差点取得优势，这是在（公元前）8 世纪的最后几年，郑庄公利用宋殇公被杀引起的内乱成功地将自己扶持的人送上了宋国的王位（公元前 710 年），但当郑庄公于十年后死去后，宋国公帮助觊觎王位的突（其母来自宋国一个大家族）推翻了他的兄长昭取而代之（公元前 701 年），以此摆脱了（郑国的）控制。自此黄河中游地区一直被分割成一系列面积不大的小国家，包括王畿、郑国、卫国、宋国等，没有任何一个国家强大到能够降服他国。相反在距离国都较远、中央权力的影响力较弱的地区，小型封地分散的力量慢慢集中到几个诸侯强国身上，如北方的晋国，西方的秦国，东北的齐国及南方的楚国。但这些国家权力集中的方式彼此差异很大。

在济水下游的齐国似乎很久以前已经存在：在殷朝的铭文中已经见到过齐国的名字；从最远古的时代开始，齐国好像就已经构建在它最终的领土范围内——在黄河和大海之间，在今天的直隶和山东两省交界处占据着济水两岸，其国都在济水南边的临淄[544]。齐国的国公后来承认他们对东部地区的权威源自周公，周公派召公给他们带来这样的权力："东至于海，西至于河，南至于穆陵，北 287–288 至于无棣，五侯九伯，女实征之"[545]，这与方伯的使命相符。这个文献很显然不是原作，但至少它强调了一个正确的事实，即齐国的统一渊源已久。

（与齐国）不同，晋国和秦国在（公元前）8 世纪末及 7 世纪初时需要通过战争和外交艰难地在北部和西部建立起他们的国家。晋国最初是方圆只有百里的一小块土地，位于山西西南，北为汾水下游，西为黄河，都城为翼；旧时为唐国，被武王从尧帝后裔的手中夺取过来。它是与邻国不相上下的一个小封邑，一度险些在内乱中瓦解——晋昭侯行事不慎将重要的曲沃地区封给了他的叔父成师（公元前 745 年）[546]，从此曲沃的伯爵比他们的领主还要强大，伺机取代晋侯，在长达六十年的时间里不停进行叛乱和战争；晋侯变得如此弱小，不得不求助于周王帮助自己对抗挑衅的封臣[547]。曲沃武公最终在（公元前）678 年取得了胜利，他杀死了晋侯缗，向周僖王献上了所有晋国的财宝得到了周王的认可，晋国重又统一并迅速发展起来。武公因年事已高，只统治了两年，不过他的儿子献公却是个精力充沛的王侯，在他统治的四分之一个世纪中（公元前 676 年—前 651 年），他首先巩固了 288–289 对其封臣的权威，随后在区域中取得优势。（此前）晋侯与曲沃伯爵的内战对其他封臣来说并非无利可图，因此重新到来的和平并不怎么受这些封臣的欢迎，在这些人中间，献公的叔伯和表兄弟们尤为不安分，特别是在献公任命这些亲属之外，甚至是家族之外的士蔿作为卿大夫（士蔿是杜伯的后裔，杜伯被宣王所杀后其后裔躲避到晋国）之后，于是他们中有些人被流放，有些被杀，他们笨拙的反抗令献公通过一场大屠杀将他们肃清（公元前 669 年）。这些人似乎还有太多余党在都城，于是献公放弃了翼城，迁都到被他加固过的绛[548]。在这样安定内部之后，献公开始以消灭邻国来扩张领土。他此时的领土仍很小：西边有耿、魏；西南有芮、荀，南有虞、虢，这些都是周王直属的封邑，并参与了对抗曲沃的战争。向北，霍国的情形也类似，而赵国的诸侯大概为了得到晋国的协助攻打狄部而投靠了晋——赵夙当时为献公驾驭战车。黄河两条分支间的三角地带被（献公）征服（公元前 661 年）；献公很快越过黄河，向西消灭了韩国，向南灭了虢国；随后他在进攻虢国返回的路上又打败了虞国（公元前 655 年），从而实现了他领土的统一。如此征战得来的封地被分给了忠于晋国的人：驾驶战车的赵夙分得了耿，战车的卫士毕万获得了魏，献公的叔叔武子被封得韩。另一方面献公向东扩展他的权力范围，逐步降服了赤狄：（公元前）660 年太子申生率大军出战东山皋落[549]，将其制服。于是在几年的时间里，黄河北岸的领土构成完全地改变了：这里已不再是众多直属于周王的小封邑 289–290 以及未经驯服的野蛮部落，取而代之的是征服了旧时邻国并窃取了王权的强大的诸侯国。如司马迁所说，“当此时（公元前 652 年），晋强，西有河西，与秦接境，北边翟，东至河内。”[550]。

与此同时在黄河另一侧的渭水河谷，类似的事件将权力集中到秦国的伯爵手中。秦国的祖先是汧[*]水沿岸大骆家族的小儿子[**]，他受到周孝王赏识，孝王甚至一度想牺牲他的兄长让他作为大骆的继承人。但孝王担心失去大臣申侯不得不放弃了这个计划，因为申侯的女儿正是孝王想要放弃的合法继承人的母亲；作为交换孝王将渭水上游的秦地分封给了他所赏识的人。大约一个世纪之后，秦国的诸侯因战胜了前来劫掠都城杀死幽王的戎部而被荣耀包围着；当幽王的一个儿子在渭水上游河谷的携地称王时，秦国诸侯拒绝向他效忠，而是自认为是平王的封臣，虽然平王离得很远——为奖赏秦国此举，平王封秦国诸侯为伯爵，分给他岐的土地，即是将西都所在的雍州的管理权交给了秦国（公元前770年）[551]。不过这个职权在当时是略为[290–291]徒有虚名的，因为这个地区一部分在野蛮部落手中，一部分在携王手中，这里甚至是危险的，正如秦襄公所经历的——他在胜利远征戎部的途中被杀（公元前766年）。不过当秦文公重新战胜戎部以及携王被晋侯杀死（公元前750年）之后，这项职权便开始有了价值。文公确实丝毫没有保留他刚刚重新攻克的岐以东的土地[552]，将它们都献给了周王，尽管周王远在洛邑而文公的住所就在附近——他从（公元前）762年起就居住在今天的秦城（在甘肃，近陕界）；

* 汧，音 qiān。

** 即秦非子，秦嬴。——译注

随着王权的逐渐衰弱，整个地区无须多时便掌握在秦的手中。秦国首先要清除野蛮部落戎部，因戎部不止占据了北面和南面的山区，还掌控着通往平原的通路，他们不间断的侵扰使得渭水河谷的中原居民难以生活——他们要长期地与戎部作战。文公的孙子宁公于（公元前）713 年在分隔泾水和渭水的山丘上的三原一侧降服了最近的、被中原领地包围着的荡社[553]；他的儿子武公征服了洛水岸边白水的彭戏[554]，这次胜利令他直达华山脚下和黄河边（公元前 697 年）。秦武公迅速乘胜追击，没有遇到任何抵抗就消灭了当地的古老封地：其中最重要的是郑，是郑国的伯爵尚未追随平王到东都洛邑前在此处获得的封地，以及在 291–292 今天宝鸡附近的虢[555]，两者在（公元前）687 年被秦国吞并，周王身处远方，无法救助他们。秦国的伯爵比他们的邻居晋国明智，他没有在攻克的领土上设立封地，而是将这些领地直接置于他们的管辖之下，建立了小的行政区域，县[556]。

黄河岸边其他诸侯面对秦晋的敌对野心都处于两难的尴尬境地，而此时王权也已经无法保护他们了。领地位于龙门和洛水汇流处的芮和梁两国的伯爵没有坐等被进攻，而是在（公元前）677 年朝贡秦国[557]；不过这个羞辱之举也没能给予他们太久的保护，（公元前）640 年后秦国便兼并了这两个国家，他们的邻国韩国当初没有效仿他们而被晋征服，而此时正好是韩国被晋征服后的十五年。

于是，当晋国在黄河以北组织起来的同时，秦国在渭水河谷实现他的统一；两个诸侯国的势力范围同时到达了黄河边并开始了长期的争夺洛水与黄河之间河西领地的争斗；第一次冲突发生在（公元前）645 年的韩城之战，晋惠公战败并被俘[558]；但自从晋文公在位之后，晋国变得非常强大，就算偶尔被对手取胜，这样的胜利也无法持久，在长达三个世纪的时间里晋国的边界几乎没有改变过。与此同时秦国向南越过边界进入汉水上游河谷，它在此处的进程很快将与楚国从反方向沿着同一条河流而来的扩张相遭遇。

事实上，当强大的诸侯国在北方形成时，在中原的最南端，甚至超出了“中央王国”（即“中国”）的边界的地方，占据着长江和汉水交汇的大平原的野蛮部落开始在中原的影响下发展起来；一些小头领的后代 292–293 在紧挨着长江下游的宜昌，靠近今天江陵的地方，建立起一个强大的王国——楚国[559]。据说周昭王曾经远征楚地，但在归来的途中在汉水溺水身亡。这个国家似乎是西周王朝的一部分，《禹贡》中划界将它划在荆州名下；但因地理位置遥远，可能在王权开始衰退时它便很快脱离了周朝；在（公元前）8 世纪末，周王不愿给此地领主高于“子”的封号，楚国领主便自立为王，以表示他们是完全独立的。不过此时楚国的组织构成仍似野蛮部落，相当原始。楚国最早的军事组织被归功于统治了整个（公元前）8 世纪下半叶（前 740—前 690）的楚武王：武王第一次整顿了军队的秩序和陈兵之法，与此同时他更换了军队的武器，在他出征中原胜利之后（公元前 690 年），将中原的大型戟戈“孑”授予他的军队。很自然的，富庶的北方国家激起了楚国王侯及其野蛮部落臣民的贪欲；从（公元前）9世纪开始，周宣王就在边境地区建立了某种边境辖区并加固城池，他将这些辖区交给王室的封臣，如将谢封给申伯等；到了（公元前）8世纪末，随着王室权力的下降，这些边境的小封国只能靠自己的能力维持着，郧、沈、谢、陈、随等国的领土时常被南方不安分的邻国侵袭；就算它们的城堡还能较好地抵御围攻，它们的村庄已被野蛮部落洗劫一空，这些野蛮部落进行劫掠之后便会迅速撤离。（公元前）704年，楚国在数次远征当地最重要的诸侯国随国后到达了淮阳山南麓的山脚下，武王强行要求随国连同其邻国鄂、陈、郧（701年）、绞（700年）归顺，并要求这些诸侯国均向其 294 称臣。这只不过是个开端：（公元前）688年武王的儿子文王进攻西北方的申国，在今天的南阳府附近；十年后的公元前678年他战胜了邓国。在几年的时间里，文王征服了南麓所有的小诸侯国，这些诸侯国构筑了长江盆地北边的边界，有些国家被吞并，有些国家领土缩小成为文王的封臣；作为其所经之处的主人，文王自此在此地拥有了一个牢固的边境，他可以以此对抗来自北方的进攻，而他自己又可以任意前往北方的中原平原进行掠夺：文王利用此便利条件在（公元前）684年俘虏了蔡国国君。同时，文王也以自己的影响力吸引西部和南部的野蛮部落：（公元前）703年，巴人首领请求文王的帮助并与文王结为联盟——巴人占据着长江沿岸宜昌上游的狭窄平原及今天四川东部的山区。

在几年的时间里，王权在无能的周王统治下逐步衰弱，王权的威信也在因郑国引起的自私狭隘的政治争斗中丧失；新兴的强国在中原不同的区域内形成：真正的权力脱离了软弱的周王而转移到强者手中。

537 中国历史学家习惯讲述这个时代的“五霸”，即齐桓公（前685年—前641年）、秦穆公（前659年—前621年）、宋襄公（前650年—前637年）；晋文公（前636年—前626年）、楚庄公（前613年—前591年），之后的欧洲学者也效仿他们。但这只不过是五行理论的应用，以五个方向来代表，因此这种说法没有任何历史价值，保留它也没有任何意义；于是我完全摒弃了这种说法。

538 《左传》，理雅各，448-449。

539 这里的年代有些问题：所有文献都无异议地将晋侯出征放在（公元前）750年；但对于秦伯的出征，《竹书纪年》，159给出的是（公元前）753年，而《史记》，卷5，沙畹，II，17给出的是（公元前）750年。没有什么绝对正确的理由来进行选择：大家可以和我一样认为两次远征发生在同一时间，或者可以认为是由于秦伯战胜了戎从而使得晋侯能够将携王赶下王位。

540 有关这段婚姻及其后发生的事，参见《左传》，5，［顾氏，TT1-8］；《史记》，沙畹，IV，452-453。

541 《竹书纪年》，理雅各，158。

542 郑国诸侯伯爵的头衔大概就是由此而来。

543 《左传》，理雅各，45-46，［顾氏，TT1-82］。

544 在山东省青州府以北。

545 《史记》，IV，40；《左传》，140，［顾氏，TT1–239］——穆陵是指山东青州府临朐东南 115 里的大岘山；无棣在直隶天津府的燕山附近。

546 曲沃即现今绛州的闻喜，在山西南部。——根据《史记》，IV，252–253 记载，成师是昭侯的叔父，即昭侯父亲文侯的弟弟；但根据《竹书纪年》，成师是昭侯本人的弟弟。

547 彭安多（Tschepe）的《晋国史》（*Histoire du Royaume de Tsin*），17–21 页中有关于晋侯与曲沃伯爵争斗的很好的描述。

548 在今天曲沃西南，离古时的曲沃较远。在（公元前）669 年—585 年间绛是晋国都城。

549 有关赤狄及其部落，见正文第 5 页。

550 《史记》，沙畹，IV，269–270。——河西是指东为黄河西为洛水之间的领土，位于陕西；河内在河南北部的怀庆府地区（河内作为县名一直沿用到 1914 年的行政改革之前）。

551 《竹书纪年》，理雅各，158；《史记》，II，14–15。秦国的国君“位列诸侯”，获得“伯爵”的封号，这里指的是古老的对地方伯爵的分封；而（公元前）769 年秦国伯爵祭拜白（西）帝并不是越权，而是完成雍州伯爵应尽的宗教义务。秦国的封地为旧时的王室领地，这一事实在（公元前）6 世纪秦国国君的簋的铭文中被提及：“自从我显赫尊贵的祖先接受天命……，十二个国君……庄严地完成了天命……”，参见郭沫若刊于《汉学》，VI（1932 年）的文章，15。

552 《史记》，卷 5，沙畹，II，17，（公元前）750 年。《竹书纪年》将事件的发生放在（公元前）753 年。年代没有定论。

553 《史记》，卷 5，沙畹，II，19。

554 《史记》，卷 5，沙畹，II，20。

555 需要提一下一共有三个虢国：一个是东虢，在（公元前）767 年被郑国所灭（见正文下标 283–284 处）；两个西虢，其中一个也被称为南虢，在黄河以南，近河南，（公元前）655 年被晋所灭（见正文下标 288–289 处），另一个也叫小虢国，在陕西，秦武公在（公元前）687 年消灭的就是这个虢国。

556《史记》，卷 5，沙畹，II，23。

557《史记》，卷 5，沙畹，II，35。

558 参见后续正文下标 317–318 处。

559 国都郢城在长江边，在今天的沙市和江陵区域（湖北省）。

第二章

齐国的霸权

295 在(公元前)7世纪上半叶，当新兴的强国之间开始对抗时，最强大、组织得最好的国家当属齐国[560]。几个世纪之后当地的历史将管理组织国家的功绩归功于齐桓公(前685年—前643年)和他明智的大臣管仲，不过齐国的管制应是几代人努力的结果，齐桓公和管仲只是将它推向极致。

由于地处平原，齐国较自然地采纳了倾向于中央集权的行政组织，虽然封建分封制度如同在整个古代中国一样，仍是齐国组织结构的基础，但它并没有带来封地领主的完全自治，这与山区国家很不同。即使在国君的领地“国”之外，封地领主的土地“鄙”也被划分成规律的区域，以便监督和管理 296–297 封侯，同时齐国严格管理常规军，避免过度招募兵士。

国君的领地“国”被分为十五个区，即“乡”，每个乡由一个贵族管制，称为“良人”；每个乡分成十组，即“连”，每个连由一个“长”负责；每个连又分成四个“里”，理论上每个里包括五十个家庭，分为十几个“轨”。这十五乡只包含了与土地相关的人口，即拥有土地或土地使用权的贵族“士”以及他们的农民。在这十五个以土地划分的乡之外还组成了六个虚拟的区，与土地毫无关系的人被安排在这些区域中，即手工业者和商人，这些人不需要服兵役。这种行政管理也是军队的框架，每个土地分区的首长在战争时期也同时是他的部队的首长。每十几个家庭提供五人组成一班，称为“伍”；每一里是一个伴随战车的排，称为“小戎”，由里长指挥；四里组成一个连，称为“卒”，有二百人；每个区的六个连组成“旅”，共两千人，由贵族指挥。每五旅，即一万人，组成一个军，共有三军，第一军由国君亲自指挥，第二军由将会继承国君之位的太子指挥，第三军由国君的另一个儿子指挥。封地领主的土地被划分为行政区域“属”，属被分为“县”，县又进一步被划分为“乡”。每一个属都由一个大夫掌管；此外在每个属，以及每个县、乡，为了监督指挥他们的领主，国君会安排居民为“政”，在县里为“牧政”[297–298]，在乡里则是低一级的监督者“下政”[562]。

军队由800辆战车组成，算上跟随战车的步兵，军队人数有四万多人。因此一位古代作家四舍五入之后宣称：“桓公以五万人称霸。”很明显，这个数字应该是全体军队的总数，国君只是带领其中的一部分出战：古代另一位作家就写过国君带领一万人出征[563]。这在当时是规模最大、组织最好的军队。齐国国君精心地训练军队，并在每年夏天祭祀土地神时举行隆重的阅兵仪式。

不过要成为帝国排名第一的诸侯国，桓公仅有军队是不够的，他还需有常规的财政来源。齐国地处东部大平原，是个富裕的国家；但国君领地上来自农民的实物或谷物的收入必然会随着每年的收成有所变化。对盐业的某种垄断可以提供更为稳定的收入：国君命人在渠展的盐田烧煮海水为其谋利并在销售盐时征收50%的税；在周朝末期，齐国的盐被贩卖到整个中原东部地区，为 298-299 齐国国君带来了可观的收入。此外铁器似乎也是被垄断的物品。

由于在行政、财政和军事上领先于所有邻国，齐国在（公元前）7世纪上半叶成为最强大的诸侯国。而此时，处于中心地带的小国形势都很严峻，卫国、郑国、宋国等国纠缠于它们之间无休止的争执，一个外部的敌人——源自野蛮部落的楚国便利用它们的争斗和无能，威胁要将它们全部吞并。楚王似乎是被郑国的内乱吸引到这个区域的，公元前697年，郑厉公被卿士祭*仲赶出国都躲避于栎地，他接受了楚王的册封，作为交换条件，他

* 祭，此处音 zhài。

请求楚王对付他的对手郑昭公[564]。在此影响下，受到（楚国）威胁的国家都很惊恐，它们当中的几个：宋、陈、蔡、邾娄希冀能够得到齐桓公的保护，于是他们在北杏举行会盟并签订了盟约（公元前 681 年）。这是诸侯联盟的第一个核心，该联盟由齐桓公领导接近四十年，即便在齐国衰弱后，该联盟在超过两个世纪的时间里仍然是中原政治的基础要素之一。此时郑厉公已经成功地赶走了他的哥哥回到国都（公元前 680 年），他希望得到齐国的认可，如同当初对楚称臣那样：于是他与楚国断绝了关系加入了诸侯联盟，此后不久那些尚在犹豫的国家如卫、许、蔡、鲁也都加入联盟，在周王的代表单伯的主持下于鄄*地会盟（公元前 680 年）。诸侯们很快就意识到会盟时的誓言是要严格遵守的：郑国因与宋国的积怨出兵进攻宋国（公元前 679 年），齐桓公前来营救宋国（公元前 678 年），郑国在进行了短暂的战斗后不得不投降。

299–301 从这个时候开始，诸侯联盟终于在齐国国君的领导下形成了；东部所有的国家都参与其中；齐桓公的权威达到顶峰：齐桓公成为霸主，而且公元前 680 年王室的代表出现在鄄地会盟标志着王室正式对此局面的认可，这与几年前对郑庄公一样。人们对齐桓公称霸的辩解理由是：从周武王开始帝国的行政就有分而治之的传统，武王时行政事务由两个大臣，即两个伯爵来分担，

* 鄄，音 juàn。

一个在西边居住在国都，另一个在东边，控制所有京畿之外的省份；与当时的周公一样，齐桓公就是那个居住在国都之外的大臣[565]。齐桓公的能力使齐国的领土一下子得到了极大的扩张，之后其领土就没有再扩大。不过齐桓公的影响力从未能逾越黄河下游地区；在齐桓公长期在位的时间里秦国的伯爵从来没有参加过由齐桓公主持的联盟，晋国的侯爵也无一人加入，尽管齐国曾为晋国重建和平出兵干预[566]。

诸侯联盟从没有定期举行会议，而“大会诸侯”的情形也只有在需要时才会发生。齐桓公所主持的十二次会盟时间间隔很不均匀：开始的四年每年一次，第一次在北杏（公元前 681 年），之后两次在鄄（公元前 680—公元前 679 年），另一次在幽（公元前 678 年）；之后的二十年间只召集过两次会盟，大约每十年一次，分别在幽（公元前 667 年）和柽*（公元前 659 年）；在齐桓公执政的最后几年会盟又变得频繁些了，但始终都不规律。出兵伐楚这个大事件似乎是在阳谷会盟（公元前 657 年）后集体做出的决定；为解决周惠王立太子之事是首止之会（公元前 655 年）的起因，在惠王死后另一次会盟在洮（公元前 652 年）召开。

诸侯由他们的大臣陪同亲自前往会盟。会盟有两种：301 一种是出征前的军队会盟，总体来说就是在战役之前将军队集合起来，每个诸侯带领他的部队前来，这种会盟的次数相对较少，齐

* 柽，音 chēng。

桓公执政的很长时间里只有过三次这样的会盟；另一种普通的会盟是和平的聚会，诸侯只会带几个护卫前来。不论哪一种会盟，每个诸侯都有自己特定的营地，按他的领地在帝国所处的方向来设置，每个营地都由篱笆围住，中间是诸侯的帐篷，通常都非常奢华[567]。会盟有一套程序，参加者的次序是经过精心安排的，一旦确定便保持不变：齐国国君作为盟主排在首位，之后是宋国公，第三位是陈国公，其后是卫侯、郑伯、许国子、曹国伯爵；在稍后晋国称霸期间，晋侯自然排在第一位，紧跟其后的是旧时的盟主齐国，因在那段很短的时间里，齐国处于晋国权威之下；其他国家的排位保持不变，即宋、陈、卫、郑、许、曹，在这些国家之后是一些重要性较低的小诸侯国，其次序似乎也是固定的。唯一一次尝试不同的排位是在 632 年晋文公支持的践土会盟，他将陈国的位置给了蔡国，紧跟宋国之后，并将卫国和郑国的位置对调，不过从 624 年起重又恢复了旧有的排位次序[568]。这种排位方式可能是将宗教因素和政治考量相结合的结果：前朝帝王的后代，如殷王的后代 301–302（宋）和舜帝的后代（陈）排在前面，之后是王室诸侯按顺序排列——鲁、卫、郑，再之后是与王室祖先没有任何关联的诸侯，如鲁仲的后代许国，曹国虽是姬姓，但非王室血统，等等[569]。

举行仪式的场地中央供奉着会盟之地土地神的神社，诸侯们的营地围绕在旁边。会盟以相互敬酒的礼仪揭开序幕。有时正是在此时王室的代表会为盟主带来供奉王室祖先的胙肉及会盟的使命。“王说：叔父，请带着崇敬之心执行王的命令，以安定四方诸侯，驱赶对王有不良居心者！”（“王谓叔父，敬服王命，以绥四国，纠逖王慝。”）（践土之盟，632 年）以这样的方式开启会盟后，正式议题开始：盟主坐在讲坛上主持辩论，他的谋士围着他站在讲坛的台阶下，其他诸侯坐在按先后次序划分好的位置。大家讨论出兵惩罚野蛮部落或拒绝顺服的领主；或者解决盟国间的争端；有时甚至会审判犯了错误的诸侯。需要磋商的事宜结束后就进行庄严的宣誓。宣誓在三级台阶的广场上举行，在土地神社旁；人们在不远处挖一个长方形的深坑，在坑底宰杀牺牲品。牺牲品通常是牛，但至少有一次，即在公元前 641 年，牺牲品是一个人，鄫子，鄫子因疏忽和迟到被认为有罪，宋公下令杀鄫子用来祭祀。盟主主持祭祀仪式并命其大夫 303-304 宰杀牺牲品；牺牲品的左耳被割下放在一个镶着玉的盘子中；血被收集在一个盆里；人们以血在竹简上书写约定好的盟约条文——竹简在此时是用于书写之物；之后盟主向北立于三级台阶的广场之上，他的大臣仍在台阶下面向土地神社，以神社为证，盟主高声读出盟约的条文。各方都会借此机会无所顾忌地恫吓对方：如有人试图在盟约中加入更多的条款，或某个大夫借盟主独处的机会以威胁的方式要求盟主给予自己的诸侯更多有利的条件。盟主诵读完盟约之后，用牺牲品的血擦拭自己的嘴唇，每个诸侯再轮流诵读盟约，并同样以血拭唇。之后人们将写有盟约的竹简放入深坑中，放在牺牲品之上，随后用土将坑填满。

会盟时所做的最重要的承诺大概就是各个诸侯承诺定期向盟主进贡，其数额是经过各方激烈地讨价还价而决定的[570]，盟主则向各诸侯承诺当有外部敌人来袭时会立即提供援助，齐国的强大在此承诺中显示出它的价值。齐国说到做到：公元前668年齐桓公派兵对抗野蛮部落徐部对邻国宋、鲁、鄫的进攻；公元前664年应燕国国君的请求，齐国出兵进攻来自山区不停骚扰燕国领土的野蛮部落戎部，齐桓公将戎部击退并在今日分隔直隶与满洲的山区（今山海关地区）杀死令支和孤竹部落的首领；公元前659年，齐桓公保护卫国和邢国对抗野蛮部落狄部，并命人帮两国加固国都的城墙；公元前644年在齐桓公去世之前，他派兵援助受到戎部进攻的周襄王。

正当齐国如此达到其强大的顶峰$_{304\text{–}305}$之时，楚国却正经历着一场危机：不久前才顺服的巴国在公元前676年发动叛乱；之后楚文王于公元前675年死于战场，他死后楚国发生内乱直至公元前671年楚成王登基才平息。楚国但凡发生动乱通常都会比较严重，其国土广大，人口又仍是野蛮部族，管制起来着实不易。

因此很自然的，（楚国）应以纯粹中原人管理的诸侯国作为榜样。楚王身边有一位卿士，即统帅，称为“令尹”，他通常由一个“左尹”和一个“右尹”辅助；之后是按照中原模式设立的各个部的首领：“大司马”是负责军事的大臣；“司徒”是内政部长，当地的称呼原为“莫敖”[571]；“司空”负责公共工程；“大宰”是负责财政的大臣；“司败”掌管刑罚狱讼；此外还有其他一些高官，其中一部分负责保护国王、宫殿、王室等，如大太监“司宫”，负责王室居所的“王尹”，管理国王马厩的“王马之属”；三个王室家族的大夫“三闾大夫”，又称“三族”或“三公”，负责监督王室后裔屈、景、昭三个家族；另一部分负责公共事务，如史官“大史”，护卫国都大门的“大阍”，分工监管山泽的“蓝尹”和“陵尹”，以及管理手工业者的“工尹”等等。

整个组织结构看起来很好但效率不高。并不是中原的影响力不够实在和深远，至少对上层社会并非如此：这个社会阶层采纳了中原的习俗、中原的礼仪，将中原的语言作为行政语言，而且他们的中文读写能力也都不错 305–306，公元前 3 世纪中国最伟大的诗人就出自他们中间。几个强大的部落首领在投降楚国后仍保留了自己的国家，如四川的巴蜀、长江边的勾吴以及浙江的于越，除此之外楚国本身并没有什么具有影响力的封建贵族；国家划分成县，由楚王任命的县尹掌管。但令整个架构出现扭曲的，是过于强大的王室贵族。所有权力都被王室家族的分支控制，特别是若敖的后代斗氏和成氏，尽管有其他家族的竞争，他们仍掌控着所有高官职位。此外，除了个别地区楚国地广人稀，远离长江之后交通也不便利，因此楚国无论在军事上还是财政上都无法维持长期的力量。

新国君执政的头几年一般都用来修复前些年留下的废墟，由于无法派兵远征，楚成王尝试以外交谈判取代出兵：这是第一位与周王室发生联系的楚王，他向周王告知自己的登基并向周王进贡礼品。“天子赐胙，曰：镇尔南方夷越之乱，无侵中国。”[572] 楚国开始恢复元气，不过它的国君面对强大的齐国及诸侯联盟阵营仍需保持谨慎，尚未敢重新插手黄河南岸的国家；他满足于对其周边的诸侯国保持一定的影响力，特别是郑国和陈国。和平的状况就这样持续了几年，直至公元前 667 年，楚国的盟友“变心”令楚国看到自己退而求其次的计划都受到威胁，于是决定是时候采取行动了。这一年，郑国和陈国感觉到强大的齐国更令他们安心，于是臣服于齐国，也就是说他们放弃了 306–308 十年来所奉行的谨慎但负担沉重的（向齐楚）两国双重效忠的政策，彻底地放弃了对楚王称臣。楚王立即进行干预：第二年他的令尹、叔父子元出其不意攻郑，未经战斗就轻而易举地来到国都城门外。幸好都城加固得很牢，而楚国的军队没有惯常围攻的装备，这场战争虽然开了个好头但却拖延了很久；齐国的军队及时赶到救了郑国。之后的十几年间郑国一直在齐国的庇护下，曾遭到几次进犯但都被诸侯联盟击退；公元前 657 年经历了三次连续的战斗后，郑伯想要重回楚国联盟，因为楚国位置靠近，但可以明显地感觉到（齐国）对此的不满。郑伯的大夫、忠诚于齐国的孔叔[573]成功地阻止了这项计划；但很显然，如果齐桓公想要保住他在该区域的影响力，必须要给楚国决定性的一击。

齐桓公很快意识到当前的局势，但他不想鲁莽行事，希望以出其不意取胜。如同传奇故事一般，他以与楚国小邻国的私人事件为借口接近楚国的领土但却没有惊动楚国：齐桓公的妻妾中有一位是蔡国诸侯的女儿，齐桓公就以一个无关紧要的理由将她送回到她父亲身边但并没有休妻（公元前 657 年）；蔡国的诸侯恼羞成怒，认为女儿被送回来就代表离婚，很快便将女儿嫁予他人。这次轮到齐桓公感觉受了侮辱，集结诸侯联盟的军队，组织出兵攻打蔡国。就这样，他得以带领军队直至楚国边境并很快越过了楚界。不管这个故事是真是假，楚成王看似是没有预料到这次进攻，他派了使臣前去了解原因，因为齐楚两国并没有什么争端。齐桓公回应说自己并不是以齐国国君的名义行事，而是以霸主身份代表周王来责怪楚国不向周王 308–309 进贡，并要求楚国解释周昭王两个半世纪前出兵南巡途中身亡的原因。这是向楚国表明要与其决裂，楚国的使臣明白了这一点；作为回复，他邀请齐桓公亲自去昭王溺水的汉水岸边做调查。原本一次快速的进攻可以令齐军出其不意地越过未经防守的淮阳山，但相反的，军队行进得很慢，并谨小慎微地在陉山脚下停下了脚步，不敢尝试强行越过。反倒是楚国的军队冲出了平原；中原军队向后退了两级并再次停下。敌对的双方都没有准备将战斗进行到底：双方都意识到胜利的无用和失败的危险；于是战斗并没有发生，双方签订了和约。楚国承诺定期向周王室进贡，齐桓公撤退（公元前 656 年）。这次远征的唯一后果便是楚国边境残存的中原小诸侯国的彻底毁灭。齐军的南下曾给予他们楚国灭亡的希望，于是这些诸侯纷纷背叛楚国[574]；诸侯盟军的离去使得他们不再有任何保护而任楚成王摆布，成王也毫不手软：公元前 655 年，楚灭弦国；公元前 654 年占领许国并降服其国君；公元前 648 年灭黄国；公元前 646 年灭英国；公元前 645 年入侵徐国。

此次出兵不怎么辉煌的战绩似乎并没有减弱齐桓公的威信。之后第二年，周太子给了齐桓公插手王室事务的机会，请求齐桓公召集诸侯以阻止父亲废掉他这个太子，这反而使得齐桓公的威信又再增加。不过这正显示出齐桓公权力的局限，至少有一个国家可以牵制他——很快他就看到了后果。首止会盟确定了太子郑为嗣君，周惠王很不高兴（公元前 655 年），他即刻想到靠楚国来对付 309–310 齐国，此时齐国对他的保护已变得令他讨厌；甚至在首止会盟前，周惠王就督促郑文公放弃诸侯联盟与楚国结盟；郑文公在惠王的鼓动下拒绝出席首止会盟。第二年，齐桓公带领诸侯进攻郑国；在本可取胜之前，他又不得不前去救援盟国许国的许僖公，当时楚国的军队包围了许国的都城；诸侯联军解救了许国都城，但当他们一撤走，许僖公感觉会受到新的攻击，于是前去向楚王投降并得到楚王的接纳：许僖公穿着囚犯的半裸的衣服，好像随时准备被斩首，两手反绑，嘴里衔着璧玉，他的大夫穿着丧服跟在后面，抬着棺材，如此前去见楚王（公元前 645 年）。经历了这些，齐桓公遭到失败，所有黄河以南的地区，包括京畿地区、郑国以及楚国边境的小国许、蔡、陈等都一时间离他而去。不过这并没有持续太久。周惠王年事已高，人们估计他很快就会过世，而年轻的太子从首止大会起就与齐国同道；郑文公害怕自己被孤立，当听到诸侯又在准备出兵郑国后，他再次向齐桓公投降（公元前 652 年）；似乎和之前一样，他虽受齐国的庇护但并没有放弃对楚国效忠。

到了年底周惠王去世，如事先已约定好的，太子郑毫无阻碍地继承了王位（是为周襄王），齐桓公获得了全面的胜利：在公元前 651 年夏天举行的葵丘会盟上，新王襄王派周公孔宰赐给齐桓公祭祀文王和武王所用的胙肉、象征权力的彤弓矢及举行仪式用的马车，同时要求齐桓公在接受这些礼物时无须跪拜。称霸的诸侯陶醉在他的成功中，同意接受这项要求——他的大臣管仲想阻止齐桓公接受这样错误的礼节，这会过分清楚地表示出齐桓公的野心，但未能成功[575]。

310–312 因为在此时齐桓公幻想着推翻周王朝建立自己的王朝。但他没有时间到达他的目标了：他年事已高，他长期的统治就快要结束了；他的大臣管仲和隰朋不久后都去世了[576]；齐桓公在淮又主持了一次诸侯会盟之后，在他在位的第 43 年，即公元前 643 年去世，时年八十有余[577]。

齐桓公的死是他的封国和联盟彻底崩溃的信号。他留下十个儿子，其中六个是他的六个宠妾所生，齐桓公不合仪礼地将这六个宠妾列为公主；在管仲的建议下，齐桓公将嗣位太子托付给他最久的盟友宋国国公，但当大臣的强硬手腕消失后，甚至齐桓公还没有死，公子们便开始争权。没过多久齐桓公就病倒了，每个公子都武装起他们的仆人和门客，相互交战；战斗持续了两个月，无人照顾齐桓公直至他死去，他的尸体被遗忘在床上。最后大臣易牙凭借他从后宫得到的情报，潜入了宫殿，立公主卫姬的儿子公子无亏为君，公子无亏在其父亲死去六十天后即掌权。直到此时人们才开始准备葬礼：尸虫已从卧室的门爬出，场面如此可怕以致人们在夜间才去清理尸体，陈列的也不是尸体而是棺材。嗣位太子逃到宋国，宋国公信守承诺，出兵相助；第二年的三月，宋国公召集诸侯联盟的军队并将太子带到临淄：无亏及其兄弟被打败，他们虽然求助于野蛮部落狄部但后者来得太迟，五月，太子即位。

312–313 这些纷争最终毁灭了齐国，它在齐桓公辉煌但令人疲惫的统治下已经苟延残喘；霸权立刻离它而去。宋襄公尝试取得霸主的地位，但诸侯联盟已经解体；这些黄河岸边势均力敌的小国家谁都不情愿屈服于它们当中的某一个。公元前 641 年 6 月，宋襄公召集诸侯在曹（南）会盟，除了与宋国接壤的两个小诸侯国邾国的邾子和鄫国的鄫子之外[578]，其他人都没有来，甚至连曹伯也没来，只派了一个官员做代表；这年冬天，宋国所有的邻国陈、蔡、郑组成了一个联盟，楚国也参与其中，以“修桓公之好，以无忘齐桓之德”，其目的大约是针对宋国。公元前 639 年宋襄公再做努力，但运气更为不佳；他召集诸侯到盂：这一次除了齐孝公几乎所有联盟的成员都出席了，包括陈、蔡、郑、许、曹的诸侯，甚至楚成王也来了；宋国的无能在所有人面前显露无遗——楚成王下令在会盟时抓捕宋襄公，盟友要么出于害怕，要么是看到宋襄公受此羞辱也不觉得懊恼，总之无人反对。几个月后宋襄公被释放，联盟分解；郑国重又效忠楚王也因此不再惧怕中原小诸侯国所组成的针对它的袖珍联盟。然而宋襄公仍不放弃他的尝试，第二年，他集合仍忠于他的盟友卫、滕、许、陈，在夏天出兵进攻郑国，想迫使它回到联盟中。不幸的是，对宋襄公而言，他无法快速取胜；战争不停拖延，直到十一月仍在进行，此时楚军赶到，在泓水岸边粉碎了宋及其盟友的军队。宋襄公在这次战役中手部受伤，来年（公元前 637 年）5 月因伤死去。

560 《管子》本应是我们了解（公元前）7 世纪齐国组织结构和历史的主要来源，因为它被认为是齐国此时期的大臣所作。可惜现存《管子》几乎全是在公元 4 世纪或 5 世纪时的伪作，甚至将仅存的古代文献部分做了改动。但《管子》的真实性时常受到学者支持，如顾路柏（Grube）的《中国文学史》（*Geschichte der chinesischen Literatur*），又如近期庄延龄（Parker）的《管子》（Kwan tze）（《新中国评论》（*New China Review*），III，1921 年，I–II，405–513；同时参见图齐（Tucci）的《古代中国哲学故事》（*Storia della filosofica cinese antica*），不过这些观点都经不起严格的检验。——有一部《管子》应是作于公元前 4 世纪，但非管仲所作；《国语》第六卷以及《左传》《孟子》《公羊传》《韩非子》等（可能还包括现代版的《管子》）以概述的形式为我们保留了这部作品的一些片段。参阅正文第五部，第七章，下标 584–587 处。

561 《国语》，卷 6（《齐语》）：“管子于是制国以为二十一乡：工商之乡六；士农之乡十五。”农民并没有分开提及，因为他们是和领主的土地联系在一起的。这些描述非常系统化，不过在我看来它是以（公元前）4世纪齐国真实的组织架构为基础的，人们将这种组织架构的起源归功于管仲。

562 《国语》，卷6，9b。这些描述的系统化清楚地表现在数字中：共有5属，10县，3乡，由此可知国君的领地为15个区域而封地领主共有150个区域（5×10×3=150），其比例为十分之一，这也是王室的领地与封侯领地礼仪上所要求的比例。韦昭在他的评注（公元3世纪）中承认五个"政"是特设的职位，但他认为"牧政"是官府大夫的另一个称谓，"县政"是县"帅"的另一个称谓；这样的解释在我看来与古文献不符，但却与现代版的伪《管子》中的章节相对应。此书也有对领主封地的军事组织所进行的描述，但其中的数字更加不可信。

563 《国语》，卷6，11b；《吴子》，卷1，1b；《吕氏春秋》，卷8，10a。这些数字应该来自失传的《管子》中的不同段落。亦可参阅《左传》（顾赛芬译本，III，323，521年）有关齐国在（公元前）521年的收入。

564 由于郑厉公向楚王称臣，在《左传》95，［顾氏，TT1–165］中，他因不合礼仪受到谴责逃避到栎，没有提到他返回国都。——这位郑国伯爵的谥号"厉"与他逃亡所到的"栎"同音不同字。

565 见正文下标282–283处。

566 有关桓公的政治、远征，以及他权力的扩张，参见哈隆（G. Haloun）（*Seit wann kannten die Chinesen die Tocharer*），47页及之后篇幅。（《泰东》，1926年）

567 《左传》，顾赛芬译本，II，479，483，486等；III，214–215，228–237。参见葛兰言的《舞蹈与传说》，172。

568 有关参与践土之盟的诸侯的排名先后次序在文献中不一致，一是在《春秋》（公元前）632年（理雅各，202）中，另者是保存在《左传》（公元前）506年（理雅各，750，［顾氏，TT3–501］中的盟约的片段。

在这个片段中可以看到践土之约有如下段落：“王若曰：晋重（耳），鲁申，卫武，蔡甲午，郑捷，齐潘，宋王臣，莒期……”但这个段落是魏国为了反对皋鼬之盟（506 年）时给予蔡国的排位而用来佐证的，无法保证其准确性，在我看来《春秋》中的先后次序更加准确。

569 （会盟）的优先次序与程序问题在诸侯国的关系中扮演了重要的角色。有关鲁国的诸侯在（公元前）588 年时应按什么顺序与晋国及卫国签署盟约的讨论就是个很好的例子（《左传》，351，［顾氏，TT2–40］）。在这个例子中如果国君的封号相同（在这里大家的封号都是“侯”），那么这些诸侯国应该是平等的，似乎应由国君使者的头衔决定先后次序，但难题是两个国家派出了头衔相同的大臣。优先权最后给了晋国，因其是“盟主”。

570 参见郑国和晋国的代表（晋国为盟主）在（公元前）529 年平丘之盟时有关减免郑国贡奉的讨论（《左传》，652，［顾氏，TT3–255］，昭公十三年）。

571 《淮南子》，卷 19，12a。

572 《史记》，卷 40，沙畹，IV，346。

573 郑国、卫国和陈国的孔姓家族与宋国的孔姓家族没有任何关联，孔子属于宋国的孔姓家族。

574 其中一人，即许穆公的事实是确定的，他在远征返回时死在齐国的军队（《春秋》，理雅各，140）。

575 《左传》，154，［顾氏，TT1–270］；《国语》，卷 6（《齐语》），13b；另见《史记》，沙畹，IV，54，它是跟从《国语》的描述的。《左传》和《国语》的内容很明显来自同一个源头，即古代的《管子》；《左传》很笼统，《国语》比较详细，可能更好地重现了原文。

576 《史记》，IV，57（齐）给出的时间是（公元前）645 年；但 II，30（晋）中给出的是 648 年，这与《穀梁传》卷 5，12a 中给出的时间是一样的。

577 齐桓公在葵丘会盟时已经七十多岁；参见《左传》，154。

578 鄫子因迟到被当作祭祀会盟之地土地神的牺牲品（《春秋》，176；《左传》，177，［顾氏，TT1–320］。

第三章
晋国的霸权

[314] 宋襄公失败的尝试显示出中原诸侯国无法集结在其中一国的领导下。无论是郑国还是宋国都不愿放弃第一的位置，但它们又没有力量获得这个位置。这些国家之间的对立正中楚王下怀，楚王利用这一点逼迫它们一个又一个在无可奈何之下接受楚王的霸权。成得臣（又名子玉）的一次短暂出兵就足以令诸侯国全面投降：郑国第一个加入与楚国的联盟，之后是陈国（公元前636年）；宋国战败已无实力，也不得不签署盟约。不过楚国的权威似乎止步于此，因为再向北，卫国和鲁国结成了联盟。但齐国的轻率为楚国打开了通路：齐桓公的继任者齐孝公因担心卫鲁联盟是针对他而来，于是立刻进攻鲁国，鲁国只得向楚国求救。这个

出兵的借口正是楚国求之不得的，子玉派军队对抗齐国（公元前634年），随军出征的还有齐桓公逃到楚国的一个儿子，楚军胜利后将刚刚攻克的谷城交给了齐桓公的这个儿子[579]，但也不忘在他身边留下驻军以监控他。如此，整个平原直至泰山的地区都在楚国控制之下，到了第二年年底，陈、蔡、郑、许、鲁都不得不签署了正式的盟约——子玉获得了全面的胜利；楚成王在此之前对自己激进的政策略有担心，但胜利令他改变，他免去了斗谷于菟（子文）的令尹之职，让获胜的将军子玉取代他。

315–316 宋襄公之子宋成公因担心郑国而考虑得比较长远，他懂得从外部寻找有力的靠山来与楚国抗衡并重建因齐国衰落而被打破的平衡——他求助于晋文公，此时周襄王被叛乱的弟弟赶出了都城，晋文公正将对其有利的出兵勤王之事放在第一位。

晋文公刚在一场权力之争后即位，在流亡十九年后他终于回到了自己的国家。晋文公是晋献公的儿子，晋献公继任者晋惠公的哥哥，当听到晋惠公去世的消息后，重耳（晋文公的名）突然从秦国返回，秦国是他历经磨难最后居住的地方；他受到了热烈的欢迎，当他进入国都时他的侄子、晋惠公的儿子晋怀公逃跑，重耳重夺政权。乱党一度险些倒戈：他们密谋烧毁宫殿将重耳烧死；重耳及时收到消息，逃到秦国，很快他又在秦穆公派出的三千大军护卫下返回晋国，这一次他长期地定居下来（公元前636年）[580]。

晋文公刚安顿好就意识到应该回应周襄王的求助——周襄

王第二次被弟弟公子带，即大夫带赶出国都，于是求助于诸侯，特别是向秦国和晋国的诸侯求助，因为这两位的祖先曾保护过他的祖先周平王。周襄王逃到郑国的小城汜*，而公子带感觉都城不安全不敢停留于此地，仍居住在自己的封地，黄河左岸的温 316–317。秦穆公和晋文公起先回应周襄王的求助时并不是很积极，秦穆公派遣的一支军队到了晋国边境便止步返回了，没有再向前进。至于晋文公，他凭借武力刚刚坐上国君的位子，此时要离开国都令他有些犹豫。他于是求助于占卜，龟甲占卜给出了应该出兵的回复，并以黄帝战胜叛乱的蚩尤作为提醒，晋文公拒绝接受这个结果，他的借口是“此天相太强，他担当不起”，之后命人用蓍草占卜，结果又一次是有利出兵的，晋文公于是被说服。他派出两支军队，一支在温地包围篡权者，将其捉住并杀死；另一支前去汜地寻找周襄王并将他带回洛邑（公元前 635 年）。重回王位的周襄王为表示他对晋文公的感激，将温、阳樊、原等黄河以北从叛乱者手中夺回的城邑送给晋文公。之后晋文公回到自己的国家，集中精力处理内政事务。

此时的晋国其实已经非常衰败，长期的内乱、连续的饥荒及战争几乎将它摧毁。晋献公在他临死前被他的宠妃（来自野蛮部落的）骊姬怂恿，想要立骊姬的儿子奚齐为太子；经过一场宫廷阴谋，太子申生被诬陷试图毒死他的父亲而自杀（公元前 656

---

* 马伯乐原文中指周襄王逃至 Fan，但无法查证到相关的地名。——译注

年）——申生是齐姜的儿子（齐姜原是晋献公的父亲晋武公的妻妾之一，晋献公违背礼仪，将齐姜变为自己后宫的一员）；另外两个公子重耳和夷吾也差一点被处死，不得不逃亡国外。晋献公随即立奚齐为太子，不过逃亡的公子还保留着许多拥戴者；晋献公一死，奚齐就在晋献公的棺木前被杀死；奚齐的弟弟卓子宣布即位，但几天后也被杀；妃子（骊姬）被鞭刑而死，她的主要同党荀息也被迫自杀。当时夷吾在秦国，他向秦穆公承诺将所有黄河右岸的土地（西部在今天陕西的土地及南部在河南的土地），甚至连左岸山西西南角的解梁城全都让给秦穆公，以换取秦穆公的协助。317–318 可一旦即位（公元前 650 年），夷吾马上把自己的承诺都忘光，故意拖延时间，以致被耍弄的秦穆公出兵进攻，在韩原（公元前 645 年）彻底打败夷吾并将他俘虏，直到夷吾承诺用儿子来做人质才放了他（公元前 644 年），其间河东，即山西西南地区都被秦国军队占据着，直到夷吾的儿子在第二年（公元前 643 年）到来。晋惠公（夷吾的谥号）在位时间如此之短，国家未能彻底重建；在他之后，经过纷争公元前 636 年他的哥哥重耳被推上国君的位置，重耳曾在之前的混乱时期拒绝即位。

晋国无法像齐国甚至秦国那样实现快速和全面的统一——众多山谷之间的交通不便，黄土高原陡壁间的道路很容易被袭击或掠夺。同时大封主们在此处小心翼翼地坚守着自己的独立，众多的内战反而帮助他们扩大了各自的影响力。由于无法将他们置于一个常规的组织中并维持良好的秩序，晋文公所做的似乎是努力建立一种大家族间的平衡，有十多个这样的家族，目的是使他们相互制约以保持自己的权威：这样的体系是危险的，如果换成一个不似晋文公这样精力充沛的主人可能会有很糟糕的结果，但至少在开始时，这种做法不无是处。

晋文公为晋国带来了一个全新的组织结构。在他之前，晋国的行政架构大致与王室及其他诸侯国一样，有三位大臣司徒[581]、司空、司马；不过在很多方面它也有独特之处，如祭祀仪式的服饰、历法等，这是因为大禹的都城就在晋国的领地内，在周朝时晋国遵照的是夏朝的礼制；同样它们的礼仪和管制与其他诸侯国 318–320 相比也可能会有些许不同。晋文公将组织军队放在第一位，因为这是他整个行政制度的核心。（公元前）7世纪初晋国只有一支军队，正是由于这个局限，周僖王在公元前678年承认了曲沃伯爵的篡位；不过到了公元前661年晋献公创立了第二支军队，并打了胜仗扩充了领土。当晋文公决定干预王室事务时（公元前633年），他建立了第三支军队；第二年在对抗野蛮部落狄部的战役中晋文公又征集了三支新军，但他不敢把它们称为“军”（因为拥有六军是天子才有的特权），只是简单地将它们称为“行”；而且似乎远征回来后他就将“三行”解散了。公元前629年，在新的一次讨伐野蛮部落时，晋文公又创立了两支“新军”，这两支新军持续的时间比三行长，到了公元前621年，即晋文公在位的最后阶段，才被他的儿子晋襄公取消。到了公元前588年，当时的政治形式促使晋国国君再次建立了三支新军并一直保留到公元前559年；那时与吴国的联盟能够允许晋国减少它的军队。

每支军队由两百战车组成，每个战车上有三个人，随行的步兵排有七十五人，即每支军队有约一万五千步兵——这与齐桓公所征集的三军四万五千步兵的人数差不多；在有需要的情况下这个数字可以通过招募六支军队达到双倍；虽然这些数字应该是招兵的数字而不是实际出兵远征的人数[582]，但也使我们了解了晋国凭借如此强大的军队能够长期称霸的原因。

晋献公时军队最初是由晋国国君和太子指挥的；晋文公将军队的第一和第二指挥权分封给大家族赵、魏、韩、郤、范（也称为士氏），栾、320 先、胥、荀（荀氏的一支因其祖先指挥中行而得名中行氏）、智（荀氏的另一支旁系）、原、狐。军队至少在初期并不属于这些大家族，国君会指派一支军队，将其指挥权作为分封赐予这些家族[583]；这些大封臣按照国君的意愿及晋级的情况从一支军队转到另一支军队[584]。320–322 事实上军队之间是有等级的：三军排在三支新军之前，在每一组别中，"中军"排第一，之后是"上军"，然后是"下军"。军队的长官"将"和副长官"佐"都是诸侯国的大臣：中军将负责早期归属于司徒的事务，也就是卿士，他与军队的其他将佐组成国君的谋士团。他们的先后顺序由所指挥的军队等级决定——中军的将和佐排在最前面，然后是第一军的将佐，如此类推[585]。在他们之上的一些官员，其职称借鉴于王室朝廷，但这些职位只是徒有虚名，如"太师"、"太傅"，他们大多是以前的大臣，已到退休的年纪（如士会，他曾是中军将，在公元前 592 年出使王室后被任命为太傅），或另有一些得到国君赏识，但其家族并不掌握兵权，如羊舌肸*（叔向）在公元前 557 年被任命为“傅”。晋文公所进行的改组中最持久 322–323 但也是对其最不利的是将贵族阶层分为两级，大家族掌握兵权，其他贵族则没有这个权力，同时为前者建立起特权。随着时间的推移，这些特权家族逐渐减少以致整个国家被掌握在几个家族的手中，这对于国君以及国家来说是致命的。

由此可见晋国的行政组织是非常军事化的。中军将负责管理农民，他手下特设一个官员负责征兵。晋国是第一个取消了古老而复杂的井田制的国家，取而代之的是一个简单的按家庭分配土地的制度，而不是像以前那样以八个家庭为一组。新的制度虽然还没有将土地所有权赋予农民，但至少是向前迈进了一步。负责工程的司空保留了这个称谓，但不再是大臣，只是一个普通的大夫，他主要的职责是军事工程、加固（城池）及修筑道路等。掌管刑法的司寇，又称“理”，也仅是大夫中的一员，负责刑狱及管理行刑者。（晋国）整个行政管理的弱点是财政管理，如同所有古代中国的诸侯国一样。国君领地的收入构成了他主要财政收入的来源，但封臣的收入也应该以某种形式计入，只是我们完全不知道它如何运作；我们只知道晋国和其他诸侯国一样保留了以分配土地作为官员酬劳的制度，而土地的分配也是以军事组织

* 肸，音 xī。

来衡量：分配给一个大臣的土地能从其人口中征集到 500 士兵；而分配给大夫的是能够征集 100 士兵的土地，等等[586]。

晋文公花了两年的时间来巩固他的统治并重整国家。宋国公的请求（公元前 634 年）$_{323-324}$ 令晋文公走出自己的领地——他与宋结盟并承诺保护宋国。很快宋国就需要晋国的保护了，当楚王听到宋国背叛的消息后便召集诸侯联盟进攻宋国，在宋国都城外（楚国）大将成得臣（子玉）将宋都包围（公元前 633—公元前 632 年）。晋文公不敢直接攻打诸侯盟军，而是入侵与晋交界的两个小诸侯国曹国和卫国；他俘虏了曹伯，将卫侯赶出了卫国（公元前 632 年春天）。子玉派兵救援曹卫但并未解除对宋国的围困，宋国的抵抗已快到了极限。晋军此时在黄河边，晋文公尚未下定决心越过黄河，他担心如果出兵失败，邻国齐国和秦国就会利用他的军队孤立于黄河右岸的危险局面，一个堵住他的去路，另一个进攻他的领地。对于齐国，因有敛盂之约，晋文公还不是那么担心，但秦国仍是个不确定因素。宋国公使用重礼似乎成功买通了齐秦两国大将，并以此让晋文公安心。四月，晋文公决定出战。晋国的大统帅是刚刚出色指挥了曹卫之战的先轸，他从右侧救援被围困的城池。（楚国）指挥官子玉向楚王请求增兵但未能如愿，楚王只给了他很少的军队。子玉于是向晋国国君提议如果晋文公让曹卫复国，他便解宋之围；晋文公拒绝了，其军队继续向前推进，子玉没有等到晋军到来便迎向晋军出战。并不想冒险开战的晋文公一边迎战，一边后退，退避三舍直至城濮（离今天的山东曹州府不远）。后期《左传》中为我们保留的有关晋文公的小说概述里解释了晋文公退兵的原因（同时也解释了晋文公在位时的所有事件），这是对其流亡生活的回应：之前重耳流亡时曾居住在楚国，他答应楚王有朝一日他重回自己的国家后，如果晋国与楚国交战，两军在战场上相遇时晋军将退避三舍，退让之后如果楚军仍坚持进攻，晋军将全力迎战[324–325]。不管这个故事是真是假，晋文公似乎与之前的齐桓公相似，不愿投入战斗；反而是子玉希望开战，过往六年他不断取得的胜利令他相信他的军队强于中原所有军队——他强烈地感觉到此战必须胜利以驱逐中原政治版图中这个新来的不速之客，从而彻底巩固他在此地所掌控的局面。子玉跟随晋军直到城濮，在有利之处安营，之后他便安静地等待，因为如果敌人再次退兵就等于是他的胜利——他只是向晋文公发出了挑战书。尽管所有军官都激励晋文公出击，但晋文公却犹豫不决，不知该如何处理。最终是各种征兆帮他下了决心，特别是他的一个梦，在梦中晋文公与楚王搏斗，被楚王掀翻在地，楚王突然跪下，吸晋文公的脑浆——与表面现象相反，这个梦的寓意是对晋文公有利的[587]。

据说晋军合计七百战车，即大约五万二千人，分成三军，国君位于中军，此外还有宋国和齐国的军队附属晋军。楚军数量应大致相同，大统帅也是指挥中军，右翼由陈、蔡军队附属楚军而成，左翼为楚军第二支军队。附属军队没能抵御晋军战车的进攻，战斗刚一开始就溃败而逃；同时左翼被晋军第一军指挥官的狡猾战术打乱了阵脚——为了将楚军引出他们的阵地，晋军在第一次进攻后便假装四散而逃，楚军也分散开来追捕晋军，此时晋军重新集合并击败敌人。（楚）中军尝试将逃走的士兵重新集结但未能成功，得臣所能做的只是保持良好的秩序撤退，不让他的队伍被打散。晋军在敌人的营地掠夺了三日，但他并不敢追击后退的楚将而是撤回了北方。楚王得知战败的消息后恼羞成怒，让人传话给指挥官："如果 325-327 你回来将如何向申、息的祖辈交代（他们的子孙战败一事）？"（"大夫若入，其若申息之老何？"）指挥官（成得臣）自杀（公元前 632 年）。据说听到他的死讯后，晋文公大叫"无以侵蚀我的喜悦！"（"莫馀毒也已！"*）楚国最优秀的将军，使得楚国能够在五年时间里掌控中原大地的人就这样消逝了。

晋文公的胜利取得了巨大的回响。楚国的所有盟友都立即放弃了楚国。当时晋文公驻营在践土，离今天的开封府大约 75 公里，周襄王亲自前往践土向晋文公致贺：晋文公向周襄王献上部分战利品，包括一千个俘虏、上百辆战车等；周襄王则赐予晋文公精致的礼物，如大型祭祀仪式中在马车上穿着的裙袍、战车上穿着的裙袍、一把红色的弓、一百支红色的箭、一把黑色的弓、一千支（黑色的）箭、一卣** 香酒以及三百名周襄王自己的护卫"虎

* 正确的意思应为："没有人再来毒害于我了！"——译注

** 卣，音 yǒu。

责”，作为晋文公的私人护卫。更重要的是周襄王授予晋文公“侯伯”，即诸侯之首的职位，其职责为“王谓叔父，敬服王命，以绥四国，纠逖王慝”。晋国国君辞谢了三次，最后才接受并说道：“重耳敢再拜稽首，奉扬天子之丕显休命”，之后他接受了策书就离开了[588]。几天后，晋文公召集诸侯在践土会盟，此时周襄王已经离开，但派了他的弟弟留下主持会盟；诸侯承诺协助王室且不会自相残杀。伴随着这次会盟是晋国称霸中原的开始，晋国称霸的时间长达一个多世纪，直至为了维持霸主地位所做的努力令其筋疲力尽，晋国遂在内乱中瓦解。

晋文公似乎下定决心要乘胜将过于依附于楚国的几个诸侯国立即除掉。楚国的追随者中有三国 327–328 许、郑、卫，这三个国家所在之地如同从楚国边境插向黄河以北的楔子，将晋国与它的盟友完全分隔开，无法顺畅地往来。晋文公希望结束这种难堪的局面，要将这些国家敌对的诸侯换成顺服自己的人。这一年（公元前 632 年）冬天，晋文公召集诸侯在温地会盟以决定如何惩处在对楚作战中背叛联盟的许国和卫国：卫国的国君前来参加会盟但晋文公禁止其入内，并将其及其大臣投入监狱，等待周王宣布判决；卫国国君在两年后才被释放。至于许国，晋文公因病指挥出兵但没有成功。第二年轮到郑国，晋军和秦军包围了郑国国都，还随军带来逃亡至晋国的郑伯文公的儿子，并让郑国承诺这个儿子会继承郑国国君的位子。晋文公想用顺服自己的人取代郑文公的弟弟、郑国大臣叔詹，叔詹在此位已二十多年，从齐国称霸时起就一直坚定支持与楚国结盟；叔詹自杀，人们将他的尸体带到晋文公面前。围攻仍在继续，但已经疲惫的秦军与郑国私下讲和后返回了秦国，晋文公没能占据郑都，只得满足于要求郑国承认将受他保护的王子立为太子（公元前 630 年）。虽然晋文公没有达到他的企图，但已足以使敌人感受到他的力量从而决定投降。郑文公及其儿子郑穆公（刚由晋文公指定接替郑文公）在长达十二年的时间里成为晋国忠实的盟友。楚国一度放弃争斗寻求和平（公元前 628 年）。

晋国的秩序似乎再一次重新建立起来，但却是不稳固的：晋文公此时已经七十一岁，人们无法指望他还能长期在位，对于未来的不确定性令他所取得的成就显得非常脆弱。从这时起人们也看到晋文公和他的继任者为了保护他们的杰作不仅要与南方的楚国争战，还要对付西边[328-329]的秦国：对郑国作战时秦国的背叛只不过是晋国所担忧的情形的第一次表现，这种担忧在随后的几年中不断加剧。

半个多世纪以来秦国的诸侯为自身的利益实现了渭水河谷的统一，他们的野心是将旧时雍州的整个区域置于他们的统治之下，以不负伯爵的称号，为此一方面要降服野蛮部落，另一方面要将领地向东推进至黄河，希望以此为国界。第一部分野心似乎已经完成：公元前 659 年即位的秦穆公通过某种和平渗入的方式令渭水和泾水所流经山区的十二个小的野蛮部落首领承认了他的领主地位，虽然这些胜利是暂时性的但也是很光彩的，天子都向秦穆公表示祝贺，为他送来一面铜鼓（公元前 623 年）。至于第二部分野心，韩原之战的胜利（公元前 645 年）令秦国以为稳操胜券，和平条约签订后秦穆公便松懈了，几年后晋文公所取得的强权不仅将秦国胜利的机会化为泡影，晋国的不断强大更险些成为秦国伯爵真正的威胁。

晋文公在公元前 628 年年末突然去世，这似乎为秦穆公提供了一个推倒这个东边邻国的机会，正好可以利用新国君刚即位这段充满不确定性的时期。公元前 627 年，秦国的军队在出兵郑国无功而返后进攻晋国的附属国滑国并将滑国消灭。新即位的晋襄公立即迎战，甚至联合了姜戎；晋襄公身着丧服亲自率领军队，由于丧服的白色不吉利他在衣服上简单涂了黑色。晋襄公前往崤山谷等待秦军经过，秦军要经这里穿越分隔洛水和黄河的山岭：秦军被歼灭，三名将军被俘（公元前 627 年）。秦晋之间的争斗在前任晋侯在位时停歇了几年，现在重又开始并越演越烈；晋襄公没有他的父亲以及齐桓公幸运，他们二人在夺取黄河岸边国家的控制权时只有一个对手楚国，而晋襄公和他的继任者 329–331 从此还要把秦国也算进来；所幸的是，与楚国交界的秦国也长期与这个国家交战，先是为了争夺汉水的控制权，之后是在今天的四川地区争夺野蛮部落的统治权。

三国的地形及政局给中国这三大诸侯国之间的争斗强加了一些特色：晋国与楚国相距甚远，他们在各自控制的旁人难以到达的山区，一个在北，一个在南，争夺对中原地区的霸权；而秦国的（这两个）对手一个占据着黄河上的两条河流，另一个占据着汉水和长江，将秦国东部的通路全部堵死，因此秦国迫不得已放弃其对（周朝）帝国政治的兴趣，转而尽其所能从这两个强大的邻国手中一个城池接一个城池，一个区域接一个区域地开辟出一条通向这两个中心地区富庶国家的道路，如果能征服它们就能得到霸权。

晋国和秦国友好关系破裂的最初效应很快便显现出来：楚成王立刻借机撕毁了前一年签署的盟约，他派遣令尹、大将斗勃（子上）出兵，在降服了蔡国和陈国后，在郑国牢固的城池前突然止步了；晋国虽有出兵但无战果，因（楚晋）两支敌对的军队不敢互相靠近，没有开战便各自撤退了（公元前627年）。（楚国）太子因担心被废黜，谋害楚成王，他围攻他的父亲，逼其自杀，这件事很快地削弱了楚国的力量，即使是暂时性的。陈国因担心后续的混乱，重又回到晋国联盟；只有卫国仍然效忠于楚国，但它孤立于敌对的诸侯国之中，这种局面不会维持太久。公元前626年原大臣先轸的儿子先且居率晋军攻卫，但没有取得彻底胜利。第二年诸侯在垂陇会盟时（攻卫的）计划又被提出，不过晋国的盟友们并没打算助其一臂之力，要么是厌倦了战争，要么是害怕晋国的力量还会 331–332 由此增强，他们纷纷帮卫国说情，最后晋国同意将卫国纳入联盟（公元前625年）。晋襄公之所以如此轻易地饶恕了卫国是因为此时晋国受到秦国的威胁，秦穆公想要报早前失败之仇，晋襄公正在思索自己国家的安全问题。统帅先且居被迅速派往被秦军侵占的黄河右岸，他在彭衙遇上秦军，这里离洛水不远，秦军刚越过洛水而来，先且居在此地击败秦军，但未能驱逐秦军驻扎在边境城池的守军——这些城池是在战役开始时被秦军夺去的。由此可见晋襄公更关切的是如何取胜（秦国），而非如何报复卫国公，他轻易地宽恕卫国是为了凑足盟军（数量），在即将来临的冬季出兵伐秦。（此次伐秦）令他收复了汪和彭衙的要塞，可以暂时将来自西边的忧虑抛诸脑后。但这一侧刚刚平息，他就要奔赴南边救援重又受到楚国威胁的盟友。此次出征却没有任何结果：两军相遇时如同上一次一样，双方都不敢开战，在达成协议后双方分头撤军（公元前 624 年）[589]。

晋襄公之死（公元前 621 年）所带来的内乱阻止了晋国国力的继续增强。已立的太子夷皋还是个孩子，晋国有权势的一些大人物想让他的叔叔、亡君的弟弟公子雍来取代他，公子雍逃亡秦国并娶秦国国君的女儿为妻，他们希望公子雍能使两国和解。夷皋的母亲成功地获得了谋士中职位最高的卿士及中军将赵盾（宣子）的支持——赵盾的父亲是晋文公忠诚的拥戴者赵衰*，他的爷爷是晋献公时期的将军赵夙，获得耿国的封地。赵盾立即宣布夷皋即位，是为晋灵公 $_{332-333}$，并驱逐公子雍的同党，这些人都逃到觊觎君位者那里。公子雍很快成为秦军的一员将领：赵盾出兵迎战，在令狐将其彻底击败。新国君年幼，国家实际上由

* 衰，此处音 cuī。

卿士（赵盾）管理。赵盾即刻召集诸侯于扈，所有诸侯均数前来，包括齐、宋、卫、陈、郑、许、曹，盟约重新签订，所有诸侯都承认晋灵公。

晋国的霸主地位似乎经历了各种变故的考验，但这只是表面现象。秦国和齐国的敌对使得形势非常严峻，一方面秦国继续支持被驱逐的觊觎君位者，另一方面齐国希望借此机会重回霸主的位子。外部的难题之外还有内部的困难。觊觎君位的公子雍在晋国还有不少同党，赵盾只对自己的军队有足够信心。公元前618年任中军佐的先克被刺杀后，赵盾不得不下令处死下军将佐箕郑父和先都，以及司空士縠*，士縠的侄子士会在秦国，是公子雍的主要拥戴者。这些人被处决后，公子雍的党派开始衰败，此外秦军接连战败也打击了他们；到了公元前614年士会认为希望破灭，彻底放弃了公子雍自己回到了晋国。这段时期标志着晋国影响力的下降，多个诸侯国背叛联盟，联盟逐步瓦解。北方，齐国国君严重威胁着他的邻国鲁、莒、郑、曹，并掠夺它们的土地，这些国家知道求助于霸主也是徒劳，便寻求与齐国结成联盟以得到保护。在南方，先是蔡国，之后是郑国和陈国纷纷投向楚国，成为其追随者（公元前618年）；唯一仍忠于晋国的宋昭公在楚国伐宋后也投降了楚国（公元前617年）。整个中原实际上就这样脱离了晋国，赵盾被迫防御秦国，对此也无能为力，他只

* 縠，音hú。

得将之前从卫国和曹国掠夺来的土地归还，以保留与这两个国家的联盟。

333–334 但就在此时楚穆王之死（公元前 614 年）成为楚国严重内乱的信号。他的儿子楚庄王还年幼，权贵们便以武力争夺摄政权；此时的大饥荒又为内战雪上加霜；西部的（野蛮部落）山民眼看要饿死了，成群结队涌入平原地区，威胁国都郢；国都里惊恐不安的人们想着逃到汉水上游（公元前 611 年）；百工之官“工正”蔿贾出面严惩，终于成功保住了国都。那些饥饿而又指挥不当的团伙间也引发混乱；楚庄王亲自带领他所能召集的军队，并将另外两支队伍交给大将斗椒（子越）和子贝；巴国的子爵是野蛮部落首领中唯一仍忠于楚王的，也带来了一支军队；就连秦侯也派人相助，因为这些在他南部边境骚动的野蛮部落也令他不安；最终叛乱者被赶回了他们的大山里（公元前 611 年）。这之后需要几年的和平时期来修复这几个月造成的破坏，楚王也因此无暇顾及中原的事务。在这段时间里，所有的盟友自然全部都投入了晋国的怀抱。直到公元前 608 年楚庄王自认已经足够强大，可以重操他的前辈留下的外部政治事务，并在郑国前来寻求保护时再次接受与郑伯联盟，不久后楚庄王便利用与郑国的联盟出兵陈国和宋国。赵盾前去救援盟国，被时任司马的蔿贾在棐林击败，赵盾不得不撤兵，随后宋军也被彻底击垮（公元前 607 年）。

胜利似乎又长久地回到了楚国，权贵们彼此争斗瓜分胜利果实。在将近一个世纪的时间里，楚国的权力几乎都掌握在若敖王（公元前790—公元前763年）后裔的两个分支手中，一支为斗伯，一支为成氏，几乎所有的令尹都来自他们中间[590]。他们的强势引发公元前334—公元前336年其他家族的仇恨。公元前612年，令尹斗般（子扬）在任职刚满一年后因工正蔿贾所设的阴谋被杀；斗般是斗谷于菟（子文）的儿子，后者担任了二十七年令尹，在公元前637年让位给他的表亲成得臣（子玉）；蔿贾是楚国王室另一个家族蚡冒王（公元前757—公元前741年）后裔一支的首领，（家族）得名于封地蔿，他是吕臣的儿子，蔿吕臣曾在公元前632年时担任令尹一职，蔿贾希望这个职位能回到自己身上，谁知给了时任司马的子扬的表弟斗椒（子越）[591]。子越一心想着为亲人报仇，公元前605年他利用一次有利的机会召集族人拿起武器，抓住蔿贾并将他杀死。惊恐的楚庄王宽恕了子越并提出给他人质，但被子越拒绝，武装好他的同党后，子越开始公然反叛。在皋浒的战役中子越险些以箭射死庄王，但最终子越战败被杀，整个家族被满门抄斩。若敖王家族的后裔——斗氏及成氏，只有一人被免于诛杀，他就是斗克黄，子文的孙子，家族遭屠杀时他正出使齐国，336–337但仍坚持回国述职，楚庄王念及他的祖父而赦免了他；另有几人逃离，如斗贲黄逃到晋国，在那里获得封地苗，以及令尹大心（大孙伯）的孙子成熊，他在公元前530年才被杀。

这次动荡动摇了楚国，它的盟友们再次离它而去。楚国为迫使这些诸侯国重新降服而作的努力并不如意，反而令晋军在公元前600年和公元前599年的军事干预中获胜，不过晋军的胜利也没有起到什么作用，晋国本身也被内部的危机困扰着。赵盾在晋灵公之下执掌政权，后者试图起兵背叛，最终却被赵盾杀死（公元前607年）；赵盾以晋灵公的叔父取代晋灵公，是为晋成公。晋成公已是成年人，赵盾无法向对待前任国君那样轻易地对他发号施令，赵盾于公元前603年退位。胥克接替赵盾成为卿士，但几个月后便疯了；接替他的郤缺在位不久就死了，一说是失宠了（公元前597年），由年迈的荀林父接任，荀林父在晋文公时期（公元前631年）曾是中行将，从公元前615年起担任中军佐之职。这些年老的或癫疯的人士相继管理政权使得晋国政治脆弱，政策也难以持续。

在十年的时间里，中原的诸侯国每年都会经历一次晋军讨伐或楚军讨伐，军队掠夺之后便带着订立的盟约返回，但这些约定几乎没订多久就被撕毁，任何一方都没有真正的胜利。这种纷扰的局面直到公元前597年才结束。这年春天楚庄王围攻郑国国都，他行事迅速，尽管遭到居民的反抗，还是在救援的晋军来到之前就夺取了郑都。消息传到中军将（即大统帅荀林父）那里时他正准备横渡黄河，考虑到如此出战徒劳而危险，荀林父决定撤军；但他的将军们却不听从他，中军佐先縠自行渡过了黄河；大统帅竟 337–338 软弱地跟了过去。楚王这边其实也没有决定要（与晋军）开战：令尹蔿艾猎（孙叔敖）[592] 主张撤军；楚王的宠臣伍参却极力鼓动出战并最终说服了楚王。楚国取得了全面的胜利；晋军受到突击还没能列队迎战便四散了，混乱中他们勉强能够渡过黄河，将大量战车及武器扔在邲的战场……这次失败将晋军一度逐出此区域，它忠实的盟友宋国公随即便感受到了后果：公元前 596 年，楚军在宋都外驻军，在长达两年的围困中晋景公不敢派兵救援，宋国只得投降（公元前 594 年）。这一次楚国取得了彻底的胜利，所有黄河以南的国家都承认它的霸权。楚庄王无可争议地保持着霸主的地位，甚至他在公元前 591 年死后，他年仅十岁的儿子楚共王即位，该地位也没被动摇。只有卫侯借此机会依附了晋国。楚国决定出兵伐卫，连年幼的楚王也参与其中。此次出兵可谓轻松取胜，楚军所到之处对方就乖乖降服；而晋军只能隔岸远观其动（589 年）。正当楚国的霸权似乎已非常牢固地树立起来之时，它却突然间轰然而倒，如同它当初出其不意地称霸一般。

摧毁了楚国并将霸权归还晋国的是发生在远方看似无关的事件。齐国一时的沉寂唤醒了齐惠公的野心，他希望借此树立自己的威信，或至少向紧邻的国家加大他的影响力。过往的二十年间齐国全面控制着鲁国，从公元前 609 年开始就以某种 338–339 保护国的姿态管制着后者，首先是协助（鲁国）大夫襄仲将宠妃之子而非正妻之子的鲁宣公推上王位，此举引发群臣反对；随后由于齐桓公后代的三大家族季、孟及叔孙变得强大起来，齐国又在襄仲与这三大家族的权力斗争中支持襄仲。鲁宣公死后（公元前 591 年），季氏首领季文子驱逐了襄仲的儿子，在鲁成公之下重新坐上他的家族世袭的卿士之位；在公元前598年继承齐惠公成为齐国国君的齐顷公因此担心失去对鲁国的影响力，便攻打鲁国，占据了鲁国的隆城；季文子向家族的保护者晋国求救。晋景公立即派郤克率八百战车攻齐，在鞌*大胜齐军（公元前589年）；齐顷公险些成为俘虏，幸亏他忠实的战车车夫假扮成他才使他得以脱身。胜利的大军迅速向齐都开进，没有受到任何抵抗。齐国以归还所侵占的鲁国土地为条件换取了和平。晋国的实力获得了真正的重生：对内晋景公刚刚降服了居住在山西东南河谷的赤狄（公元前593年）[593]，对外，齐顷公向其称臣（公元前588年），同时中原的郑国归顺；整个诸侯联盟重又建立起来；楚国虽有前一年的胜利，还是（与晋国）订立了和约并交换了俘虏。晋景公实力如此强大，齐顷公向他建议使用"王"的称号，被晋景公拒绝——他并不需要这个称号来使一度落入楚王手中的霸权重回自己的家族。

579 谷城在济水岸边，靠近东阿，在齐国的南部边境。

580 有一部历史小说讲述的是晋文公流放时的经历，但今已失传，《左传》186［顾氏，TT1–343］（僖公二十三年）中保留了该小说的概述，而部分章节的节选构成了《国语》第十章。小说的主题是以晋文公流亡时的经历来解释他在位时的所作所为，例如与宋国结盟是由于他在宋国时受到了礼遇，相反出兵曹国是因为重耳经过曹国时曹国

* 鞌，音 ān。

公无礼，等等（另可参见著名的在楚军面前“退避三舍”的故事，见正文下标323–324处）。这部小说写作的时间大致是公元前4世纪，它应被当作一部想象出来的作品，而不是历史史料。

581 司徒的职位应有另外一个名字，因晋僖侯（840年—823年）名司徒，应避讳这个名称，但不知道另外的名称是什么。

582 不过城濮之战（公元前632年）时晋军确实有700战车（《左传》，204，［顾氏，TT1–396］。

583 从《左传》中可以找到一个中军将的名单，就某段时期而言这个名单是完整的，从中可以看到各个大家族的名字：

原轸，公元前632年—先且居，公元前627年—狐射姑，公元前621年—赵盾，公元前621年—胥克，公元前603年—郤缺，公元前601年—荀林父，公元前597年—士会（范氏家族），公元前593年—郤克，公元前592年—栾书，公元前587年—韩厥，公元前573年—智罃，公元前566年—荀偃，公元前560年—士匄，公元前554年—赵武，公元前548年—韩起，公元前540年—魏舒，公元前514年—范鞅，公元前509年—赵鞅，公元前497年—智瑶，公元前475—公元前453年。

584 军队的指挥权确实会从一个人换去另一个人，这不仅是为了满足荣誉职责所需；但同样的军队仍在同样的将佐手中，随着将佐头衔的改变军队的名字也作相应改变。在这里我总结一下（公元前）6世纪初一系列职位的变化大家就能看得很清楚。597年军队的将佐分别为：中军将荀林父、中军佐先縠；上军将士会、上军佐郤克；下军将赵朔，下军佐栾书。596年，先縠被处死，士会取代他成为中军佐，郤克取代了士会的职位成为上军将。593年荀林父去世，士会坐上了他的位置成为中军将，郤克成为中军佐；上军的变迁不是很确定，似乎荀首在596年代替郤克成为上军佐并在593年成为上军将，而荀庚成为上军佐。592 年，士会因年老退位，郤克取代他成为中军将，荀首似乎成为上军将，士燮，士会的儿子肯定是做了上军佐。至于下军，赵朔死于 593 年，由栾书取代成为下军将；栾书在 572 年郤克死后成为中军将（荀首为中军佐）。

585 上述（公元前）597 到 572 年间的职位变化和升迁明确地显示出上军将的职位要低于中军佐，因为由上军将成为中军佐是接受了晋级，对其他军队亦是如此。

586 《国语》，卷 14，13b。

587 《左传》，204–209，［ 顾氏，TT1–390–398 ］。

588 《左传》，211，［ 顾氏，TT1–401 ］。

589 有一只年代大约是（公元前）624 年的铜盆上有晋襄公颂扬他的祖先和父亲的铭文。参见吴式芬《攈古录》，卷 3，3，28；郭沫若，《金文韵读补遗》，刊于《汉学》，VI（1932 年），第一期，22 页。

590 我们由此可以大致列出（公元前）7 世纪从楚成王在位开始的楚国令尹的名单，这之前的名单会很不全面：

子元（688）—664 年—斗谷于菟（子文）664—637 年—成得臣（子玉）637—632 年—蔿吕臣（叔伯）632 年—斗勃（子上）631—627 年—成大心（大孙伯）626—615 年—成嘉（子孔）615—613 年—斗般（子扬）612 年—斗椒（子越）611—605 年—蔿艾猎（孙叔敖）604—591 年—婴齐（子重）590—570 年。

591 这些事件的时间不太确定：《左传》在（公元前）605 年提到这些事件，但说这些事件是已经发生的，且无确切时间。斗般在“其父子文死后成为令尹”（《左传》，297，［ 顾氏，TT1–584 ］），这句话的意思似乎是斗般接替其父，但在此处不应该是这个意思，因为子文是让位给了子玉（同前，186）。我采纳了 612 年这个时间，因为 613 年之前成嘉（任令尹）是确定的，而 611 年之后斗椒似乎扮演了第一大臣的角色，尽管“令尹”的称号直到605年才明确出现。

592 我同意大多数中国学者的看法，即孙叔敖是蔿艾猎的字，这两者是同一人。《Che pen》认为孙叔敖，或蔿敖，是艾猎的兄弟，艾猎在604年—598年间担任令尹，而兄弟敖在597年接替他。

593《史记》，沙畹，IV，319。

第四章

晋吴联盟

340 这些霸权的快速形成和瓦解显示出它们的根基是多么的不牢固。总体而言，（公元前）6 世纪初的晋国和楚国势均力敌，任何一方都无法彻底完胜，它们在击垮对方的同时也都要被迫放弃后续对中原事务的干预；两个国家似乎在追逐霸权的无休止亦无结果的争斗中互相利用，他们可以一时成为霸主，但却不能保持（优势）。一名楚国的大臣巫臣，又名子灵，在抢走了美丽的夏姬后逃到晋国，正是他向晋景公提议要将长江下游的野蛮部落组织起来并与他们结成联盟，从而钳制楚国，并且他自告奋勇去完成这项棘手且危险的任务[594]。

野蛮部落勾吴居住在长江和淮水入海口处的富庶的平原，

他们在那里形成了很多小团体，由世袭的首领掌管，向楚国称臣；这些小首领实际上从（公元前）7世纪起已将他们的势力范围扩大到长江盆地的所有野蛮部落，西起现在的四川，直至大海。勾吴人主要靠农业和打鱼为生；他们与中原人的不同之处是他们种植稻米，也许还有一些小麦，而非 341-342 黍麦；此外他们身上涂有纹身，留着短发。其余的方面他们应该与中原人很接近，因为他们似乎是某个中原大家族的较落后和“野蛮”的一支。从他们身上也能逐渐看到（中原）文明的影响，这些影响要么直接来自黄河中游的诸侯国，要么间接地通过他们的领主楚国传给他们。公元前584年当巫臣到达吴王寿梦那里时，他应该不是第一个尝试从中原国家来此野蛮部落建功立业的冒险者。吴寿梦热情接待了巫臣，并且没有费太多周折就与晋国达成了盟约共同抗楚。巫臣按照中原的方法训练吴王的军队：他教授当地人驾驭战车以及在战争中排兵布阵的艺术。当寿梦认为他的士兵已准备妥当时，便利用一次楚军忙于出兵伐郑的时机发动起义，与他同一阵线的晋军则在此时前去救郑。

寿梦选择勾吴（或简称吴）王的称号是为了显示出他与旧领主楚王平起平坐；吴王迅速取得了胜利：他降服了居住在巢湖与长江之间巢湖边的野蛮部落巢部，以及淮水北岸，临近洪泽湖的徐部。楚国令尹、楚共王的叔父婴齐（子重）正在与郑国交战，不得不以最快的速度赶来救援，但未等有结果就听说他的弟弟、司马公子侧（子反）在北方被晋军打败（公元前584年），于是便又急忙赶了回去。一年中楚军就这样被迫在两个战场间疲于奔命：子重和子反在一年中往返两地多达七次。寿梦趁机降服了所有东部的野蛮部落，在此之前这些部落只承认楚国的霸权，他还沿淮水而上直至州来（临近今天的寿州，在安徽省）：现今江苏全境以及安徽的北半部[342–343]便彻底成为新王国吴国的领地。在这期间，晋国征服了就在楚国边界的蔡国和陈国（公元前583年）。晋景公的权威已非常强大：东南部的吴国承认与他的联盟，为了报答吴国所做的努力，吴国被邀请参加诸侯会盟（公元前582年）；东部的齐国也成为晋景公的盟友，作为回报，晋景公让鲁国归还了鞌之战胜利后占领的齐国领土；中部除了郑国，其他联盟的诸侯国都已顺服；而楚国不仅失去了其在中原诸国的影响力，而且还要被迫防御自己的边界。不久后楚国就决定派使者前去晋国，以求两国能从此达成牢固的友谊，建立持久的和平（公元前582年）。整个中国只有秦国仍维持敌对，不过这种情形并未持续太久。晋楚间的和平维持了八年，是中国有史以来最长的一次，晋景公之死（公元前581年）也没有动摇它，两国几乎每年都互派使臣。晋厉公继承父业并利用这段和平时期全力对付秦国以结束长达多年的战争。公元前580年，事情似乎终于可以解决了：两国国君决定在令狐碰面订立盟约，但到了最后一刻秦桓公拒绝渡过黄河与晋厉公见面，只派了一名大臣代替他。在他返回秦都后不久便撕毁盟约，准备重新开战。秦桓公试图与狄部及楚国结盟但均未成功，后者仍忠于晋国。公元前578年，晋厉公以秦国撕毁盟约违背誓言为理由带领所有联盟的军队伐秦，并得到周王的认可，秦军大败于麻隧。晋国的实力达到了巅峰，此时它能在帝国行使王者的权力。

又是郑国再一次打破了晋楚（的友好）：郑国不停地骚扰它的小邻国、楚国的封臣许国；公元前577年郑国逼许国出让了一大片土地。第二年楚共王大概是为许国报仇，343–345 虽未直接伐郑，但决定与其中断和约。当（楚国）大臣们讨论出兵的时机时，楚共王的叔父侧（子反）说道："如果能够取胜就应该出兵，盟约有什么重要性？"（"敌利则进，何盟之有？"）楚共王被他说服，派子反带兵入侵郑国和卫国（公元前576年）。此举并未得到晋厉公的重视，楚共王于是有恃无恐，要求郑成公离开联盟投靠他，作为交换条件，他会将两国交界的汝阴让给郑国。郑成公立即答应了，并出兵攻打宋国。这一次晋厉公有些担心了，组织出征。前来救援盟友的楚军越过了黄河，在鄢陵等待晋军（公元前575年）。战役非常激烈，持续了整个白天，到了晚上也没有停息；国君们都有所付出：楚共王的一只眼被箭射伤，郑成公两次险些成为俘虏。战局到了晚上仍不明朗，当夜幕迫使双方分开时，每一方都等待着第二天重新开战并为此做着准备。但楚军的大将侧在一切准备就绪后酩酊大醉，楚王要召见他谋划策略他也没能回应；楚王并不了解实情，以为（自己的军队）战败，便立即下令撤退。（第二天）早上，晋军发现（楚军的）营地已被放弃，却不敢追赶楚军。此时，侧酒醒，自尽，尽管楚王央求他不要这样做并声明不会将战败的责任归罪于他也无济于事。楚国的进犯停止了一段时间，但和平的局势重又变得不稳定。此外，这些无休止的战事令晋国开始感到疲惫，霸主的地位需要时时刻刻出兵才能重新保住，晋国为出兵所付出的代价远高于它所能得到的。几个大诸侯也看到了出兵的损耗并且对他们来说无个人利益可言，许多人都因此提出反对。在鄢陵之战前[595]，他们中的某些人并不掩饰希望（晋军）战败，这样他们就可以与联盟及盟主分道扬镳，退回[345-346]自己的国家，在平安中度日。甚至有一个派系想要利用晋厉公随军出征远离国都的时机试图发动叛乱，将远房亲戚（公子）周推上国君的位子。晋军的胜利阻止了他们的计划，晋厉公也听说了此事，于公元前573年年末诛杀了郤氏家族作为报复，但他并没有斩尽杀绝，没有让栾氏和中行氏遭受同样的命运，他甚至将他们召回朝廷恢复了他们官职。这无异于自掘坟墓：栾书和中行偃成功突袭晋厉公并将他囚禁起来，晋厉公在六天后死去。之后栾书和中行偃迎回周即位，是为晋悼公[596]。

晋厉公被杀标志着晋国国君的强势从此终结。从这时起晋国的国君中再无人尝试摆脱大封臣的控制。即位时只有十四岁的晋悼公是这些柔弱的国君中的第一位，被他们的大臣、大家族的首领玩弄于掌骨之间，而这些大臣、首领相互间争权夺利。在整个晋悼公在位期间他都要忍受魏绛的自大，魏绛甚至侮辱了晋悼公的弟弟，但晋悼公也未能摆脱他。除此之外，晋国的对外政策与以往并无不同，晋国国君继续召集诸侯，主持会盟。郑国曾企图利用晋国国君交替之际离开联盟，但被击败并被迫顺服（公元前571年）；第二年，许国也经历了同样的命运。陈国长期以来一直臣服于它南部的强国，此时晋国似乎已足够强势，使得陈国承诺放弃它的旧主（公元前570年），但晋国的强权难以在如此遥远的地区有效地实施，所以直到几年之后晋国才在陈国被围困时前来救援（公元前566年）。相反在自己家门口，晋国一直保持强大：它很快打破了楚国和秦国在公元前561年达成的联盟，该联盟险些（对晋国）产生严重的后果：魏绛率领诸侯联盟伐秦，一直深入到敌人的腹地大举获胜并越过泾水到达棫林（公元前559年），在这之后秦伯因畏惧晋国而断绝了与楚国的盟约 346–347，与晋讲和。晋悼公在十一年中九次会盟诸侯；到了他的儿子晋平公时期（公元前556—公元前531年）势头未见减弱：晋军出兵大胜齐军，齐军在平阴被击溃，四散而逃，首都临淄被包围，城外被烧毁，整个齐国被收入囊中（公元前555年），此次胜利更加提高了晋平公的威望。不过下面的事件显示出（晋国的）强权并不稳固。大夫栾盈 [597] 被指想阴谋推翻卿士士匄 *，于是不得不逃亡，先到楚国，后又到了齐国；公元前550年栾盈带领着一支齐国的军队返回晋国并号召他的家族武装起来，在魏舒（献子）的帮助下夺取了郢城，并在魏舒的掩护下成功地进入了国都；栾盈的反叛来得措不及防，晋平公在朝中得知后想要自杀而卿士士

---

* 匄，音 gaī。

匄（范宣子）准备逃跑；他们被赶来的韩、赵、智及中行氏救起，这些家族都与栾氏有不共戴天之仇；还多亏士匄的儿子士鞅的勇气——魏舒正准备带领手下前去与栾盈会合时士鞅出其不意地赶到，没等魏舒反应过来士鞅就将他带到了晋平公处，魏舒便无法再行不义；众叛亲离的栾盈只得逃走。获救的晋平公为了报复，诛杀栾氏家族。两年后，晋平公趁齐庄公被杀齐国内乱时进攻齐国，在高唐打败齐军。尽管混乱的局面很快被平息了但晋国政权的根本缺陷也已暴露无遗：无能的国君无法向封臣施加自己的意愿，只能退而求其次希望这些封臣相互对抗从而利用他们的贪欲及相互间的仇恨保留自己越来越微弱的权威。

347–348 晋国国君对外强势对内无能的畸形状况无法持续太久。楚王便借此机会逐步收复失地。公元前 546 年，宋国左师向戌希望能够阻止不可避免的冲突，想让（晋楚）两国接受某种分享霸权的安排。诸侯在宋国国都亳举行会盟，十二个诸侯国派大臣参加，包括晋、楚、蔡、卫、陈、郑、许、曹、宋、鲁、秦、齐（但秦齐两国没有加入公约）。会盟险些以屠杀收场，因为（楚国）令尹屈建（子木）想借机出其不意杀戮晋军，最终他意识到这样的计谋不合时宜，于是同意两个敌对的阵营联合起来组成一个大联盟，晋国和楚国共同享有盟主的地位，盟国应定期向晋国和楚国同时派遣使臣[598]。这个盟约在公元前 541 年的虢之会盟被重提[599]，之后又延续了一段时间，但随着晋国的实力不断下降，它的对手已经感觉到过不了多久就能将它彻底排斥出局。

公元前538年，楚灵王向晋国派遣了一名使臣以声明自己想要召集诸侯的意愿；楚灵王是在三年前勒死了自己的侄子郏敖王而即位的[600]。这次派遣使臣（其实）是为了礼貌地向晋国表示楚王已经成功组织了一个与晋联盟对抗的联盟，此次是来与晋国断交的。晋国领会了楚灵王的意思，在楚灵王主持的申地会盟上，晋国及其盟友宋、鲁、卫、吴都没有参加；楚国决定出兵讨伐这几个国家中实力最强 348–350 的吴国。之后的几年，楚国因不断取得胜利而壮大，但晋国却不敢采取行动；（楚国）与吴国的战争持续了好几年，双方各有胜负；不过北边的陈国和蔡国则被楚国降服并升格为楚灵王的弟弟、公子弃疾的封地。此时所有有可能受到吴国入侵的国家，即所有临近吴国边界的以及沿海的国家如齐、鲁、卫、莒、邾等都寻求楚国的保护，承认了楚国的霸权；陈国和蔡国的都城外也加装了堡垒以保护（楚国）北部的边界；楚灵王还准备出兵伐郑，借口是郑国霸占了楚王家族的祖先许所在的地方；楚灵王甚至想要推翻周王朝取而代之。人们讲述有一日楚灵王问卜龟甲他是否能成为整个帝国的主人，但回复是否定的，楚灵王愤怒地扔掉了用来占卜的龟甲并向天大吼："这么区区小事你都不能满足我！我自己能得到！"然而楚王所做的一切令民众疲惫不已，从军事远征到修筑城防，人们不堪重负[601]。不满的人们聚集到楚灵王的兄弟公子弃疾、陈国国公以及蔡国的公子比周围；他们在公元前529年趁着楚灵王亲自带领军队再次伐吴的时机，带着陈国和蔡国的军队攻入（楚国）国都：太子禄被杀，（公子）比被推立为王，弃疾成为司马。

楚灵王的军队听到政变的消息后便溃散了。而楚灵王因儿子被杀失去理智并不能自拔。当他听到死讯时，他跳下战车说道："人之爱子亦如是乎？"他的侍者回应道："甚是。"楚灵王又说："余杀人之子多矣，能无及此乎？"接下来他便放任自流，连他最后的追随者都感到沮丧。楚灵王的右尹向他 350–351 提议应先回国都看一看，也许灵王归来这件事本身就能重整秩序，然后可以召集周边城池的军队，最后还可以向北方的公子求助；但楚灵王拒绝了所有的建议，没做任何决定；他最后回应道："大福不再，祇取辱耳！"说完他便沿汉水准备前往楚国的陪都鄢。楚灵王身边的人看到他毫无计划，担心自己跟着他也无前途，一个个离开了。他一个人在山中游荡，没有农民敢收留他，三天都没有吃东西；他遇到一个以前打扫宫殿的涓人，此人告诉他如果有人拿东西给他吃全家都会被抄斩，这个涓人不敢把楚灵王打发走，便跟了他一阵，趁他睡着时跑走了，楚灵王醒来后极度虚弱，已无法站起身来。楚灵王旧部的儿子申亥得知楚灵王的窘境后前去寻找他，在釐的池塘边找到奄奄一息的楚灵王；申亥给了楚灵王食物并将他带回自己家中；五月，楚灵王在申亥家中自缢而死；为了给楚灵王一个体面的葬礼，申亥杀死了自己的两个女儿陪葬，让她们陪着楚灵王去到另一个世界（公元前 529 年）[602]。

楚灵王在几乎就要看到自己成为整个帝国的主人之时就这样在众叛亲离中死去了。与此同时在国都内，相互嫉妒的谋反者担心楚灵王会突然回来，都不知该如何行事。新楚王的弟弟弃疾利用人们的担忧佯称楚灵王回归以制造恐慌；新楚王（因此）自杀，弃疾登上了王位，是为楚平王。楚平王杀了两个人（才坐上王位），为了让诸侯接受他，他将陈国和蔡国归还给被楚灵王赶下王位的国君，并将之前从郑国夺来的土地归还郑国（公元前 528 年）。

楚平王所做的这些开启了和平的对外政策，使得楚国重新繁荣——此前在楚灵王任下常年的征战已令楚国筋疲力尽。作为其外交政策的补充，楚平王娶了秦国伯爵的女儿为妻，以确保这一侧的国土安全（公元前 527 年）。

351–352 楚国在楚灵王统治下称霸十年后，权力似乎又如以前一样回到了晋国。晋顷公重新成为霸主；他重整周王室，将周悼王护送回都城（公元前 520 年），周悼王在其父亲周景王刚刚死后就被其兄弟王子朝驱逐；不久后周悼王去世，王子朝在楚国的帮助下[603]再次企图夺回王权，晋顷公带领黄河以南地区（旧虢国）的军队将周悼王的另一个兄弟推上王位，是为周敬王（公元前 519—公元前 516 年）。当鲁昭公被孔子保护者的父亲季意如（平子）及高官们赶出鲁国（公元前 517 年）后的第三年，鲁昭公也正式向晋顷公寻求协助帮他返回鲁国，但未能成功。即使在晋顷公死后（公元前 512 年），周敬王仍将晋顷公的继任者晋定公当作诸侯之首，找他征要修建都城城墙的补贴；晋定公召集诸侯在翟泉会盟讨论此事，诸侯无人缺席（公元前 510 年）。之后晋定公主持昭陵会盟（公元前 506 年），有十八个诸侯国参加，其中几个曾是楚国最忠实的封臣，因楚国公开庇护觊觎周王王位的朝，会盟商议伐楚的时机。彻底摧毁楚国的机会到了：吴国军队不停歇的胜仗令楚国疲惫不堪；楚国的盟友对其非常了解，只想快点离开它，而楚国干预王室事务给了他们一个极好的借口；成功已胜券在握，几个月后吴王来势迅猛的胜利便是力证。晋定公 352–354 却不敢有所作为：昭陵会盟将他的弱点暴露在所有人面前，人们看到他在自己的大臣中间摇摆不定，不知所措；而这些腐败的大臣则公开地接受贿赂；最终晋定公以北方的野蛮部落令其忧虑为借口，拒绝出兵远征，只简单地举行了一次没有什么意义的军事演习。

晋国的霸权气数已尽。只是因为缺乏另一个强有力的霸主，大多数的诸侯才没有放弃联盟，不过郑国已经投靠楚国（公元前505年），卫国和鲁国也投向了齐国。从公元前497年开始，（晋国）大家族之间的长期内战充斥了晋定公统治的最后时期，伴随着不时变化的方式以及齐景公的干预——齐景公不停地向叛乱者输送军队和资助，最终导致联盟实力减弱；渐渐地联盟中的成员都各自独立了。内战结束后，晋国打了个漂亮的胜仗，打败了长期支援叛军并在叛军战败后为他们提供庇护的齐国，这多多少少提升了晋国的威望（公元前485年）。不过人们已经感觉到晋国已没有能力推行帝国所需要的强有力的政策，它的这些引不起什么后果的胜利对众诸侯来说也已经没有效力了。所有人都意识到被内战削弱的晋国已经没有真正的实力了，人们把它的霸权当成是尚未有强者取代时的既成习惯，小小的变故就会显露出（霸主之位）已是虚位以待。这样的变故发生在公元前 482 年，晋国长期的盟友吴王沉醉在自己的成功中，他要求成为诸侯会盟的盟主并在黄池之会时夺得了这个位子，晋定公虽有抗争但却徒劳。

近一个世纪以来，吴国已经变得极其强大。它接纳所有从楚国逃亡来的人并给予他们高官的职位，这使得吴国在对抗楚国时获得了宝贵的帮助。吴国成功地将楚国彻底击退到淮阳山以西，在长江上则将他们打得更远，攻克了鄱阳湖盆地。楚国试图召集于越国或越国（位于浙江）的野蛮部落来对付吴国但未能成功；这些野蛮部落曾在公元前 510 年鲁莽地进攻吴国，被后者轻松战胜并不得不臣服[604]。不过直至 354–355 此时，作为晋国忠实盟友的吴国还从未插手过中原国家自身的事务。吴国的政策是到了（公元前）6 世纪末才变得较为独立。

吴王阖闾在公元前 510 年刺杀了侄子吴王僚后登上王位，他任命伍员（子胥）为谋士和令尹，伍员是楚国贵族，他的父亲和兄长被楚平王杀害，他希望出战楚国以报家仇。公元前 506 年，时机似乎成熟了：楚国实力消耗殆尽，大夫们相互仇恨；借助唐国和蔡国的反叛，吴国以迅雷不及掩耳之势取得了胜利。阖闾从东到西横扫了大半个楚国直至汉水，都没有遇到抵抗；在汉水边敌军列队挡住了阖闾的去路，他没敢开战，但阖闾的弟弟夫概带领着 5000 兵士成功渡过汉水袭击敌军，被打败的楚军边还击边向都城郢城的方向后退，吴军紧追不放：一共有五次战役，吴军的士兵全部取胜并凯旋进入郢城，楚昭王逃到了随国。胜利的将军伍子胥和伯嚭，两名楚国的流亡者，挖出楚平王的尸体鞭尸，为他们的父亲报仇。

吴国全面的胜利令所有人感到惊恐。秦哀公即刻派兵救援楚国，吴军被打败。同时越王利用吴军撤退的时机进攻吴军并轻松取得了胜利。然而吴王阖闾不愿承认胜利已离他而去的事实，坚持留在楚国听任局势一天天恶化。阖闾的弟弟夫概认为阖闾大势已去，立即逃回吴国自封为王，这才让阖闾看清了事实。阖闾赶回吴国攻打他的弟弟，此时楚昭王回到了被解救的都城郢城（公元前 505 年）；不过这种局面并没有维持太久；吴国的局势刚一稳定阖闾就再次出兵攻打楚昭王；楚昭王听到消息后没等敌人来到就离开了 355–356 郢城；他前去定居在汉水岸边、通向北部山区的一个叫作鄀的地方，古时的诸侯国鄀国位于汉水上游，公元前 623 年被秦国吞并了国土后鄀国的居民就迁移至此，故得名鄀；楚昭王将此处称为“鄢郢”以纪念他的旧都（公元前 564 年）。不过阖闾的好运也到了尽头，公元前 496 年他被越王勾践在槜*李击败，在这次战役中阖闾脚部受伤，不久后便因伤去世。

三年后阖闾的儿子吴王夫差完胜越王为父亲报仇，逃到国都南边会稽山的勾践只剩下极少的兵力，在迫不得已之下表示愿意向吴王全面投降。尽管伍子胥建议诛杀勾践并将越国变为吴国的属地，但吴王（没有采纳），仍然接受了勾践的投诚，至此双

* 槜，音 zuì。

方的争斗结束；越国成为吴国的附属国（公元前 494 年）。

此时西边的楚国已不再具备杀伤力，南边的越国也彻底投降，吴国西边和南边的忧患都同时解除了，吴王夫差将他的野心转向了北方，毫不理会他的大臣伍子胥的意见——伍子胥比夫差更具洞察力，他预感到（楚、越）这些敌人并未完全丧失武力。公元前 489 年吴王夫差利用齐国年老的齐景公死后的内乱进攻齐国，他战胜齐军并降服了齐国南部边界的小诸侯国鲁国、郲国等，这些小国都承认了吴国的霸权；然而虽然有了这些胜利，战争仍拖延了好几年并且没有决定性的战果。公元前 485 年，齐悼公被鲍牧所杀，吴国以此为借口发动了一次海上进攻，攻打齐都临淄，这次进攻彻底失败，从此以后吴国停止了对齐国的征战。尽管此役失败，吴王仍然是此时整个中国最强势的国君；他能够快速地战胜楚、越、齐使得他成了真正的霸主，而晋国的霸主地位只是徒有虚名而已。不过不久后，吴王连这个虚名也不想留给晋国，他召集诸侯在黄池会盟以确立自己的霸权。晋定公与吴王夫差之间的争吵非常激烈，赵鞅更一度主张用武力来解决问题。最终似乎双方达成了让步：晋定公 356–358 保留荣誉盟主的位子及在诸侯中的优先排位，而真正的盟主属于吴王（公元前 482 年）[605]。

正当吴王达到他权力顶峰的时候，他的灾难时刻也刚刚开始。人们讲述吴王的大臣伍子胥预见到他的主人对中原的野心将导致吴国的灭亡便转而投靠越国，当他在公元前 485 年接到要求他自杀的命令后，他在临死前写道：“必树吾墓上以梓，令可以为器，而抉吾眼县吴东门之上，以观越寇之入灭吴也！”[606]事实与他的预言相符：当吴王远离吴国在黄池主持会盟之时，越国5000人的军队前来攻打吴国，在掠夺了国都并抓走了太子之后便撤兵了；当夫差听到这个消息时，为了不让消息在会盟的诸侯中扩散，夫差在自己的帐篷中亲自将七人斩首。然而夫差却无法为此次事件复仇，他的军队由于长期在北方作战已被削弱，他的儿子被俘，他的国家已因战争而疲惫不堪……夫差回到国内后只得以厚礼向勾践换取和平。但这只是缓兵之计：六年后勾践再次进攻吴国，将其击败并围困其都城；吴王抗争了两年，最终在公元前473年末不得不投降。勾践没有犯与吴王同样的错误，他吞并了整个吴国；至于年迈的吴王，勾践想将舟山岛上的甬东封给吴王，吴王拒绝道："孤老矣，不能事君王也。吾悔不用子胥之言，自令陷此！"[607]吴王担心伍子胥的亡灵在另一个世界会责备他，于是用布蒙住脸说道："我无颜见358伍子胥！"随后自刎[608]。吴国只存续了一个世纪，但这短短的一个世纪足以使吴国摧毁了楚国和晋国的威望，在此之前，楚晋乃是中国最强大的两个国家。

霸权时代就这样戛然而止：新的胜利者越王尚未具备成为中国第一的规模；失去了盟友吴国的晋国也已无法向其他诸侯国施加自己的意愿，而且晋国很快就要因内部的纷争而消亡了；晋国没落之后，秦国和齐国便少了一个忧虑，这使得它们能够阻止楚国重振雄风。一个不稳定的抗衡的时代即将开启，这便是"战国"时期。

594 《左传》，347［顾氏，TT2–23］；364［顾氏，TT2–64］；《史记》，沙畹，IV，5，281，282。这些文字显然是一部以巫臣为主角的小说的概述。不过这部小说是有历史基础的，小说中叙述的晋国帮助吴部组织其野蛮部落正是基于晋吴联盟。

595 参见范燮（子文）在鄢陵之战时的相关言论（《左传》，395，［顾氏，TT2–129］）。

596 有关这些事件可参见后续正文下标 364–365 处。

597 《左传》中写作“盈”，《史记》，IV，330 中写作“逞”。原始文献中应该是一个比“盈”字简单的字，《左传》加以补充成为现在这个字，而司马迁错误地将这个字当作“逞”，因为两者比较接近。参见沙畹，《历史的记忆》，V，228，n. 2。

598 《左传》，528，［顾氏，TT2–476］；《国语》，卷 14，8 b；禄是遒（Doré），《公元前 546 年中国的和平大会》（*Le Congrès de la Paix en Chine en 546av J.–C.*）（刊于《学习杂志》（*Les Etudes*），1918 年 7 月，77–82 页）；任修本（Warren），《诸侯国的第一次联盟》（*The first League of the Nations*）（刊于《新中国评论》，I，1919 年，356–367 页）。

599 《左传》，575；《国语》，卷 14，10a。

600 楚共王（590 年—560 年）的继任者是他的儿子楚康王（559 年—545 年）；楚康王的儿子郏敖继承楚康王成为楚王并任用他的叔父、楚共王的儿子公子围为令尹（542 年）；第二年郏敖王生病，公子围以探病为借口勒死了郏敖，夺取王位，是为楚灵王。

601 有关楚灵王大兴土木的记载，参见《晏子春秋》，卷 2，8 a。

602 《左传》，648［顾氏，TT3–215］；《史记》，IV，364。

603 如果阮元在《积古斋钟鼎款识》卷 4，22a 中所作的假设是正确的，那么 Yun de Ki 三足鼎上的铭文所讲述的未指名的帝王从洛邑出行到楚国就应该是王子朝（前往楚国一事），不过王子朝借用了周王之名；铭文中还记述了“小臣”［《周礼》，毕欧（Biot），II，229］在晋军到来时安排王子朝撤退到楚国之事：

“正月王在成周；王到楚国山林，命小臣夌先他前去查看楚国的居所。王到了新居所后赏赐小臣夌贝币及两匹马……”

参见戴遂良（Wieger），《汉字—附录—古代符号》（*Caractères chinois*，*Appendice*，*Graphies antiques*），483页。

604 《史记》，IV，22；《春秋》，740。

605 《左传》，II，883，［顾氏，TT3–684］；《国语》，卷19，8 b–11b；《史记》，IV，31，334。根据《左传》和《史记》31，特别是《史记》31详细记述了事件，盟主之位留给了晋国；根据《国语》和《史记》334，盟主是给了吴国。有关会盟本身的描述显示出吴王才是真正的盟主；我认为我在此处所作的假设是对上述对立的两种记载的最好的中和。

606 《史记》，沙畹，IV，29–30。

607 《史记》，沙畹，IV，32。

608 《史记》，沙畹，IV，431；另见《国语》，卷19，18 a。

[illegible]（[illegible]）[illegible]

[illegible]十《周礼》[illegible]毕瓯（Biot），II，229）[illegible]

[illegible]

[illegible]

[illegible]

[illegible]（Wieger），《汉字——[illegible]》（Caractères chinois, [illegible], Graphies antiques），483页。

604 《史记》，IV，22；[illegible]，740。

605 《左传》，II，883，[illegible]，173–684 [illegible]，卷19，9[illegible]

[illegible]，IV，31，[illegible]

[illegible]

[illegible]

[illegible]

[illegible]

606 [illegible]，IV，29–30。

607 [illegible]，IV，13。

608 《史记》，[illegible]，IV，431；[illegible]，卷19，18。

第四部　战国时期

第一章

晋国的消亡

(b41) 361 黄池事件（公元前 482 年）将晋国真正脆弱的一面突然间曝光出来，在这之前晋国强大的声望尚能掩盖住它的虚弱；不过这一事件本身还不足以导致晋国之后的崩溃。在大约十二年后，随着智伯所取得的胜利，晋国开始重新振作，对外重又获得了自己的地位；智伯首先在犁丘以一场短暂而漂亮的战役大败齐军（公元前 472 年），以惩罚齐国多年来协助叛乱者；随后进攻郑国，第一次因齐国的救援未能取胜（公元前 468 年），之后在公元前 463 年将其击败，郑国被迫臣服。然而不幸的是晋国存在着导致其灭亡的更深层的祸根：大封臣之间从未间断的争斗事实上已使晋国逐渐削弱，也令统治家族的威望最终消失殆尽。

恶习几乎在晋国初始时就形成了。晋侯[362-363]随意地将土地分给他们的宠臣，要么是他自己领地的一部分，要么是新吞并的土地，从（公元前）7世纪开始后者更为盛行；这样便在晋侯周围形成了由大封臣组成的强大的贵族；晋国地势多山而复杂，又被众多狭窄的河谷阻断，这便使得这些封臣在自己的领地能够获得越来越大的自主权。这是一个由大家族组成的不安分的贵族阶层，家族的首领要求家族中辈分低的分支绝对服从，首领之间则不停歇地争斗以扩大自己的领地或在新朝廷中谋得要职。最初的（贵族）核心由曲沃伯爵的忠臣的后代组成，因曲沃伯爵在公元前7世纪初帮助他们推翻了家族中年长的一支，这个核心包括韩氏诸侯，其前辈是晋武公的弟弟，在进军都城的征途中为晋武公驾车；梁氏诸侯，前辈是晋武公战车上的卫士；栾氏诸侯，等等。晋献公的宠臣帮助他攻克敌国，赵夙获封耿，毕万获得了魏；晋文公在长期流亡生涯中始终有忠于他的随从陪伴，如胥臣（臼季）、荀林父——出征楚国时为晋文公驾车（公元前631年）以及他的母系表兄弟狐毛和狐偃；晋献公和晋文公这些宠臣的后代也形成了强势的家族，还没算上已经是重要家族的赵衰、魏犨，他们也排在第一位。此外还有晋侯家族的旁系，如晋靖侯（公元前858—公元前841年）的后裔栾氏，晋献侯（公元前822—公元前812年）的后裔羊舌氏，晋文侯（公元前780—公元前746年）的后代籍氏（此姓因其祖先担任典籍之长而得），祖先为曲沃伯爵叔父的韩氏，等；以及来源各异的家族，如祁氏、范氏——他们自称是逃亡到晋国的杜伯（公元前730年被周宣王所杀）的一个儿子的后代[609]，因此是古老的唐国 363–364 诸侯——唐国被周吞并前所处的位置是晋国都城所在地；还有采纳了中原文化的野蛮部落首领，如太原地区的狐氏，该部落的一个女儿是晋文公的母亲，等等。所有这些家族相互嫉妒、相互争斗，甚至真枪真刀地作战。新成立的两支军队以及后来被称为新军的三行给予了这些家族中的某些人优于他人的影响力，因为这些军队的统帅成为真正意义上的封臣，虽不是绝对世袭的，但这些统帅一直保留在赵、韩、魏、范、栾、先及荀氏两个分支的家族中；荀氏的其中一支有个独特的名字，"中行"（三行的中间一支）。

（公元前）7世纪末，赵氏是最强大的家族，先是有赵盾——赵衰的儿子、晋文公的外甥，赵盾在晋灵公未成年时摄政，之后将晋灵公杀害（公元前607年）并将晋灵公的叔父晋成公推上国君的位子，而他自己保留着自己的权力；之后是赵盾的儿子赵朔，他娶了晋成公的姐姐。赵朔也大权在握，引起了其他诸侯的嫉妒和不满，他们进攻赵朔并将他全家诛杀（公元前583年）。这之后赵家的权势失去了差不多半个世纪，赵家的财产和职权先是充公并由晋侯给了祁奚，但之后又归还给了避开大屠杀的赵朔的儿子[610]。（公元前）6世纪最初的四分之一时间里，最重要的家族是郤氏：晋厉公（公元前580—公元前573年）时，郤氏担任三卿五大夫[611]。晋厉公希望借助郤氏的 364–365 敌人胥氏来铲除郤氏，他杀死"三郤"并满门抄斩，将三郤的尸体陈尸朝堂（公元前574年）；不过当他的宠臣想在他面前杀死栾书和中行偃（荀献子）时，晋厉公却起了恻隐之心，他将这两人放走，没过多久他就为自己这一时的心软付出了自己的性命（公元前573年）。晋厉公之后，晋国国君的威望就只能靠大家族之间因妒而生的互相监督而得以维持：大家都看得到公元前550年当栾盈在都城谋反时，是多亏了与栾氏敌对的家族阻止才使栾盈的计划失败[612]。不过经过了一代又一代这些大家族也逐渐消亡：如果说赵氏有幸逃脱灭门之灾，那么郤氏（就没有那么幸运）在公元前574年被诛杀；栾氏在公元前550年的事件后被处死；羊舌氏和祁氏在公元前514年被摧毁；公元前506年轮到伯氏，他们的首领逃到了吴国。公元前497年一场持久的内战开始了，开战的一方是赵、魏、韩、智（荀氏的一支），他们成功地保护了晋国国君，另一方是范氏和中行氏，后者不但得到齐国的支持，也得到周王的支持，虽然周王的支持效用不高，但却在某种程度上令叛乱合法化；直到公元前490年，叛乱者所有的封邑都被攻克，内战才结束，叛乱家族的首领被迫逃到了齐国,他们的土地先归还给了晋国国君，之后在公元前458年被四个胜利的家族瓜分。在存留下来的四个大家族中，赵氏和智伯是此时最强大的，但他们因相互仇视而彼此牵制，直至赵鞅死后，智氏首领荀瑶继承了赵鞅的中军将一职，即卿士的职位，此时荀瑶终于感到行动不再受约束，便放任自己想要成为晋国国君 365–367 的野心。荀瑶差一点就成功了，他在公元前457年驱逐了晋出公，晋出公尝试求助于齐、鲁，想干掉荀瑶（未果），荀瑶以还是孩子的晋哀公取代了晋出公。之后荀瑶想要征服他的旧盟友，要求他们将所得的中行氏和范氏的财产交出来；韩氏和魏氏被说服了，只有赵鞅的儿子赵无恤自认足够强大，拒绝了荀瑶的要求；赵无恤离开了朝廷，前往他的封地晋阳（近今天的太原府）并固守在那里；智伯带领韩氏和魏氏前去攻打赵无恤（公元前455年）。一场速战速决的战役可能使智瑶彻底取胜，但对晋阳的围攻却拖延了很久。他的盟友本来就是不得已才跟随他前来的，此间秘密背叛了他转向赵无恤一边。荀瑶被杀，他的家族被抄斩，财产被赵、韩、魏三家瓜分（公元前453年）。民间流传的说法是荀瑶因自己的狂妄和疏忽毁了自己：在围攻期间，荀瑶下令将晋水的一条支流改道以水淹晋阳城，一日他乘车视察工程，魏驹（桓子）为车夫，韩虎（康子）为卫士与其同行，荀瑶突然说道："我之前不知道一个人就可以毁掉一个王国，现在我知道了：可以用汾水对付安邑，用绛水对付平阳。"两位随从大惊失色，因为这两地正是两人封邑的都城。不久后他们就与赵无恤达成了共识。荀瑶被杀后头被砍下，他的颅骨被涂上漆当作赵氏的饮酒之器[613]。

此后的三十年是晋国历史上从未经历过的最混乱的年代[614]。智伯$_{367-368}$之死成了中央集权的终结：赵、韩、魏三位大夫因恐惧谁都不想担任卿士之职；他们宁愿放弃彼此间的争权夺利，于是在公元前 424 年相互承认了各自的独立；他们旧时国君的后代晋敬公以及他的儿子晋幽公只剩下绛城和曲沃地区，不得不朝见这三位过于强大的封臣。公元前 420 年晋幽公在宫殿被他的妻子所杀，魏文侯利用晋幽公死后的混乱将他的一个心腹推上国君之位，是为晋烈公[615]；晋烈公及其两个继任者从此都臣服于魏文侯，直至最后一个国君晋静公被流放并贬为庶民（公元前 376 年）。周天子威烈王在公元前 403 年正式承认了（三家分晋的）局面并分封魏、韩、赵三家为诸侯。

三个新诸侯国的领土极其错综复杂。（公元前）5 世纪初，赵国占据了原晋国北部的所有地区：诸侯本人的领地在今天太原府所在的盆地；向南，不能确定汾水下游赵氏旧有的封地——“赵”的姓氏便是由此而来——是否仍然属于赵国；赵氏家族及其封臣的领地分散得很广，远超出了赵氏原封地的边界；向西，赵国很可能达到了黄河边；向东，毫无疑问黄河旧道（大约为今天的滹沱河和漳河所经之处）成为赵国与齐国的分界，在今天直隶省的广平府和顺德府地区[368]，这里还有执政家族一个旁系所拥有的封地邯郸。北方的野蛮部落王国代国在今天的宁武和大同地区，随后被降服的胡人部落儋林和林胡分布在黄河两岸，（这些野蛮部落所在地）几乎将赵国的领土增加了一倍，并在其分散的封地中形成一块紧凑的区域：赵国诸侯便是从这里招募骑兵和骑马的弓弩兵，他们是（公元前）4 世纪赵国军队的主要力量。赵国的国都位于东部，先是在中牟（424 年），从 386 年起迁到邯郸[616]。

但属于韩国和魏国的领土将赵国东部的这部分地区与赵国西部和北部分隔了开来。

韩国（的领土）小很多。韩氏的首领为姬姓，他们中的第一位，韩武子，接受了黄河岸边的韩地为封地。不过这块封地似乎并没有在他们手上停留太久就被秦国吞并了；到了（公元前）5世纪初，韩氏定居到一个没有那么危险的地区，在汾水边，靠近今天的平阳府。在这个时期，韩氏的重要性已经建立起来，从公元前587年起韩厥就是晋国六卿之一，是六支军队其中一支的世袭指挥官。他的儿子将居所搬到了沁河下游的周地，即今日的武陟，由此可见韩氏家族的领地在韩厥去世时向东延伸了很远。公元前514年，韩氏在同族的废墟上逐步扩大，此时羊舌和祁氏被灭绝，到了公元前453年智伯也被铲除。（公元前）5世纪末时，封地主人的变更不计其数（例如平阳原属于韩氏，韩厥曾居住于此；在某个不确定的时期它转到了羊舌家族手中；当羊舌氏被灭绝、财产被充公后，这块封地在514年又被封给了赵朝——百年之内至少有三次变化），韩国的领土大致包括了整个沁水盆地以及盆地东侧的山区，这里的山区也是两条漳河的发源地（此地曾为野蛮部落赤狄所居住的上党地区）；还包括今天山西的东南部，以及河南怀庆府以西的地区。由此韩国北侧与赵国接壤，南与郑国相邻，以黄河分界；随后不久韩国攻克了郑国（公元前375年），将疆界扩展到今天河南的整个中部，西接周王的领地，南邻楚国，东靠宋国。

魏国继承了之前晋国在黄河周边的几乎所有土地。它的领土围绕着它最初的领地——魏（即今天的芮城，在山西西南端的解州）逐步地扩大，此地是在（公元前）661 年封给毕万的，毕万曾是晋侯的车右，陪伴晋侯打了很多胜仗。魏氏家族起初是姬姓的小农家族，他们与子姓及其他部族一起在黄河两岸从汾水河口到洛水河口之间的区域形成了当地的小贵族阶层。当其中一个家族成功地建立了周朝之后，这些家族纷纷声称自己的祖上都是源于不同的王室家族的。毕万声称他的家族早就开始在晋国担任重要的角色，家谱学者也没费什么困难就帮他找到了一个祖先：周朝建立的历史是与周公和召公联系在一起的，而毕公是协助他们巩固新朝代的人物之一，以毕公之名来解释自己的身世真是再合适不过了，魏国的领主于是便很自然地接受了毕公作为了自己的祖先[617]。不过魏氏真正的飞黄腾达 369 是在一个多世纪后才开始的。（公元前）7 世纪中，魏氏领主魏武子以及在他死后他的儿子魏悼子都将自己的命运与公子重耳的命运联系在一起，重耳在流亡十五年后终于回到了自己的国家成为晋侯，作为对魏悼子的奖赏，他将魏地归还魏悼子并将晋国北部的霍地也封给了他，同时还赐予魏悼子“大夫”的封号。魏悼子的儿子魏绛是晋悼公的宠臣，做了八年大臣（公元前 569—公元前 562 年）；从此时起魏家名列“六卿”，分享晋国的权力。（公元前）6 世纪末，魏绛的孙子魏献子再次成为大臣。我们并不很清楚魏大夫在（公元前）5 世纪期间领土扩张的情况，但我们所知道的是魏氏从被灭绝的家族中获得了重要的财产，包括公元前 514 年灭绝的祁氏和羊舌氏，公元前 490 年的范氏和中行氏，以及公元前 453 年的智氏。（公元前）5 世纪末当魏国彻底独立时，其领土包括了黄河两条支流间原属于晋国的所有领土，在今天山西的西南端：魏国在那里拥有晋国的旧都安邑，并将它作为自己的都城，直至公元前 365 年；它还拥有黄河右岸一部分曾经属于晋国的土地，在黄河与洛水所形成的三角地带的南部(今河南西北部)及西部——（公元前）5 世纪的最后几年从秦国夺回的河西地区[618]。除了 369–371 黄河两岸这片紧凑的区域，在原晋国的西南侧，魏国还占有旧时卫国的东部地区，以及曹国的全部领土，即黄河折向东流时所经过的两岸地区，在今天直隶、河南和山东的交界处，在大梁（大致在今天河南省的首府开封府）周围；大梁从公元前 365 年起成为魏国的都城直至魏国独立的终结。不过魏国的这两部分领土被韩国分隔开，相互间无法沟通。此外（魏国还拥有）在公元前 408 年吞并的中山国（在直隶的定州地区），但中山国四面被赵国包围着，始终与魏国在西部和南部的领地相隔绝；中山国似乎成为魏国统治家庭的封地，先是属于太子击，在太子击即位（魏武侯，公元前 386 年）后这里给了他的弟弟挚，之后还曾属于其他公子[619] 直至 300 年中山国被赵国攻克，（魏国）公子被驱逐（公元前 296 年）：（赵国的）这次胜利正是得益于中山国与魏国其他领土的隔绝。

这种错综复杂的领土分布导致了三个诸侯国之间纷争不断，

它们中的每一个都希望能够实现统一。不过不论哪一方所做的尝试都未能成功：（公元前）386 年因赵武侯的继承问题赵国发生内乱，魏武侯借此机会支持赵武侯的儿子对抗被群臣拥立的赵敬侯并协助他围攻邯郸，企图夺取邯郸，但未能如愿。几年之后的公元前 370 年轮到魏武侯死后魏国内乱，韩国和赵国便利用这个时机进攻魏国；赵成侯希望借此机会灭绝和瓜分魏国，韩懿侯可能担心赵国的势力会因此而不成比例地壮大，反对赵成侯的打算。到了这个时期，原本力量悬殊的三个诸侯国逐渐变得势均力敌，特别是在它们当中最小的韩国在 375 年吞并且灭绝了郑国之后。在北方建立起一个强大国家的机会变得十分渺茫。

609 范氏又称士氏，由其祖先担任“士”之职得名。

610 这便是司马迁在《史记》（沙畹，V，15–22）中以富有戏剧效果的手法讲述的“赵氏孤儿”的故事。唯一能够确定的史实一是（公元前）583 年赵氏被抄斩，这在《春秋》中有记载（《成公八年》，理雅各，366，［ 顾氏，TT2–69 ］）；另一个是后来赵家的财产被归还——因赵氏在三十年后又出现了；其余的应该是出自历史小说，周朝末年的文学领域有众多这样的小说。——祁氏与郤氏是完全不同的两个家族，如正文前文所显示的。

611 《国语》（《周语》），卷 3，第一段。

612 《左传》,501,［ 顾氏,TT2–387 ］中将这些不同家族的情形突显出来。参阅彭安多，《晋国史》，273–274。——有关这一事件，也可见正文下标 346–347 处。

613 《战国策》，卷 6，1b（赵）；参见《史记》，V，174。

614 这段时期也是最鲜为人知的——我们完全不知道公元前453年至公元前424年间晋、赵、韩、魏都发生了什么:《史记》,沙畹,IV,335(《晋纪》)只指出了一个事实,即晋幽公臣服于他的大封臣;有关赵、魏、韩的章节没有任何这段时间的内容;《竹书纪年》(《中国经典》,III,167–168)甚至没有提到晋阳被围和智伯之死,只提到了魏文侯在434年即位[即晋敬公(451—430年)十八年,参见《史记索隐》的引述(《史记》,卷39,15 b);现存的文献错误地将此年代说成(晋敬公)12年]。这两部著作对于这位被智伯送上国君之位的晋侯的谥号也不统一:《史记》称其为晋哀公而《竹书纪年》为晋敬公。(史籍)对于这段时期的沉默大概是因为在削弱得近乎无能的晋国,大封臣已经几乎独立,官方的编年史家无以再记述这些封臣的事件,但在封臣中定期编制官方编年史的习惯还没有开始。

615 《竹书纪年》,见《史记索隐》(《史记》,卷39,15 b,参阅沙畹,IV,335)。现存《竹书纪年》168中写为"晋大夫"而非"晋夫人",但秦嬴是个女子的名字,所以(《竹书纪年》的)错误是很明显的。

616 两者在同一地区,前者在彰德府(河南)的汤阴附近,后者靠近广平府(直隶)。

617 《书经》,XXII,3,XXIII,1,等,理雅各,II,545,562,等;《史记》,卷44,1a;沙畹,《历史的记忆》,V,223。

618 《秦纪》(《史记》,沙畹,II,58)提及(秦国)在公元前385年前后攻占河西:但根据上下文来看在这个时间河西已不属于秦国,因此所谓战胜魏国之说(要么出自编年史家,要么来自司马迁)只是为了说明这片领土几年前曾被秦国攻占但又被魏国夺了回去。魏国的胜利是在魏武侯死前(公元前387年),因为吴起将军曾为魏武侯掌管河西好几年(《史记》,卷65,3a;可惜司马迁概述的《吴子》是由公元前3世纪某个作家所作,他以富有传奇色彩的事件美化了吴起的一生，不顾历史事实并充满了时代错误）；此次魏国的胜利肯定是公元前409年远征的结果（《史记》，沙畹，V，138；《竹书纪年》，理雅各，169）。

619 中山国的一位领主“中山君”在公元前343年为魏惠王的大臣（《史记》，沙畹，V，155）：这可能就是庄子所说的中山牟，在经历了精彩的朝廷生活后，这位哲学家兼智者抱怨他在自己领地孤独和半野蛮的流放生活（中山曾为白狄的居所）（《庄子》，卷28，460；《列子》，卷4，127；《吕氏春秋》，卷21，7 b）。他的后代继续执掌这个诸侯国（《吕氏春秋》，卷2，9b）。

第二章
（公元前）5 世纪末的中国

372 晋国因为未能及时转变而灭亡，当整个中国开始摆脱旧有的封建模式时晋国仍然一成不变。其实从（公元前）6 世纪开始到 5 世纪，在哲学大师和政治理论家的影响下，新的趋势已经显现出来；孔子以及在他之后更为成功的墨子，还有其他很多人，在传统主义的外表下带着重返古代原则的意愿，成功地实质性地改变了事物的现有状况并彻底推翻了现代的组织结构。5 世纪末及 4 世纪初是变革更加猛烈的时期：正是在这个时期古老的封建形式消失殆尽，包括立法、行政，甚至宗教在内的各个领域都引入了新的思想；在即将远离的旧有社会的混乱和不平衡中新的原则逐渐形成，这些经过数个世纪发展而成的原则将会至高无上地统治中国。

晋国的覆灭产生了某种暂时的和平：那些存留下来的大国如齐、秦、楚等带着不安相互观望，却没有一个敢于尝试取代晋国的霸主地位。它们都利用这段时期尽各自所能进行内部的整治。

齐国在经历了（公元前）7世纪齐桓公在位时的辉煌后，在晋国为霸主的时期忍受了长时间的沉寂。齐桓公及其大臣管夷吾野心勃勃的政策导致了齐国国力衰竭，齐国需要从这种衰败中重振起来；齐国很长时间以来都不被重视，齐顷公在鞌之战及马陵之战战败[373–374]后不得不承认强劲邻国的霸主地位，甚至向晋侯提议使用王的称号（公元前587年）；齐国还被迫放弃了重新成为帝国霸主的机会，只能满足于靠损害周边小国的利益，一个接一个将它们吞并来扩张。整个（公元前）6世纪期间，受封的大家族之间的争斗令齐国耗尽了气力，相继即位的齐侯的后裔中最不安分的族群在这个国家形成了源于近期的封建制度：他们之中高氏为（公元前）9世纪齐武公的后代，崔氏领主声称源自齐丁公（11世纪？），国氏和庆氏是齐桓公（公元前685—公元前643年）的后裔，栾氏[620]为惠公子（公元前608—公元前599年）的后代，以及田氏，陈厉公的儿子田完的后裔——陈厉公（公元前706—公元前700年）在公元前672年逃亡到齐国受到重用，很快就成为最重要的臣子之一。

高氏与不同家族为了争夺及保存政权而进行的争斗充斥了（公元前）6世纪。高厚在（公元前）554年被杀开启了以崔杼为首的崔氏的短暂胜利，特别是当崔杼杀死了齐庄公，让齐庄公的弟弟齐景公取而代之后，崔杼与其敌人庆封和解，共享大权，崔杼仍为国相官衔为右相，庆封为左相，他们还强迫所有大臣发誓对他们两人效忠（公元前 548 年）。但在公元前 546 年庆封利用崔氏家族的不和将其满门抄斩，崔杼自杀，庆封独自一人成为国相。不过庆封也没能过久地享受他的成功：第二年田、鲍、栾、高家族联合起来对抗庆封；一日当他出外狩猎时，他的宫殿被攻破，家人被屠杀，庆封逃到了吴国（公元前 545 年）。这回是田氏取得了胜利，他们的首领田乞成为国相；在齐景公在位（公元前 547 年—公元前 489 年）的很长时间里，田乞 374–375 始终都颇为尽力地包容制造麻烦的封臣，尤其是晋国势力的削弱帮他找到了将封臣们的欲望转向外部事务的方法：他干预晋国所有的内乱并支持反叛的范氏和中行氏。同时，田乞付出了巨大的努力以成为黄河下游平原绝对的主人并希望降服当地的小诸侯国，特别是它们当中最强大的鲁国，为此田乞与鲁国开战并一发不可收拾。此时吴国在吴王阖闾数次战胜楚国后国力达到顶峰，田乞的政策将齐国置于与吴国的对抗之中，不过田乞毫不犹豫地拔了头筹，屡次击败吴国的舰队，他没费太多周折就成功地将所有紧挨着齐国南部的邻国变成他的附属国，其中包括鲁国、邾娄、郯国等（公元前 487 年）。

但就在此时，齐景公之死（公元前 489 年）带来了常规内乱所伴生的一切：齐景公年事已高时仍不愿意谈及他的继任者，他在众多的儿子中犹豫，害怕做出决定；直到他行将死去才指定了他的宠妃之子公子荼为嗣位太子，此时公子荼还是一个孩子，齐景公将他托付给国夏和高张；但公子荼很快被田乞杀死，田乞将齐景公的另一个儿子阳生推上国君之位，是为齐悼公，田乞（因此）夺取了政权。田乞死后（公元前485年），鲍牧杀死了齐悼公，以悼公的儿子齐简公取而代之，齐简公曾试图摆脱田氏的控制，他选择了阚止为相——阚止身世不明，是在齐简公逃亡鲁国时相识的，尽管阚止向齐简公建议赶走田乞的儿子田恒，但齐简公却没能下定决心这样做，相反还任命田恒为左相。但田恒并不满足于这一恩典，他武装起自己的族人攻击阚止将其杀害并杀死了齐简公；之后田恒以齐简公的弟弟齐平公取代简公（公元前481年），并诛杀他所有的敌人：鲍牧、晏圉*及国君家族的成员。田氏此时已不再有敌人，田恒的权力也建立起来；不过他仍尽力巩固他的权势：他将齐国分为两部分，自己375–377取了东部较大的部分（即山东半岛），只将国都临淄及西部的领土（泰山脚下直至黄河的平原地区）给了齐平公；田恒死后，他的儿子田盘接替他为相，田盘任命他的兄弟（他有七十个兄弟）和亲属管理齐国所有的城池，由此掌控整个齐国并已准备好将整个国家据为己有[621]。不过有胆量做出决定性行动的并不是田恒，而是他的孙子田和，田和在公元前391年放逐齐平公的孙子齐康公于海边，仅留给他一

* 圉，音yǔ。

个城池作为封地，齐康公在公元前 379 年死于流放之地，没有留下任何后代；从最初就统治齐国的姜姓吕氏家族至此完结，齐国的统治权从此正式由妫姓田氏家族取代。田和甚至没等齐康公死去就（急于让世人）接受齐康公的失势：从公元前 387 年起，田和得到魏文侯的帮助，在周安王身边斡旋以承认田和为诸侯之一，周天子最终同意：田和成为齐侯（公元前 386 年），后世以他的谥号齐太公称呼他。

就这样齐国避开了被瓜分和瓦解；大家族被田氏消灭，这也使得田氏能够以自己的利益重新统一齐国，大片封地亦无须重新分配。田氏国君可能不太放心臣民的忠诚度，除了任用他们田氏众多的家庭成员外很少聘用齐国人：田氏大概是最早开始系统化地聘用外来政治冒险家的，包括文人和军人，这些人来自他国，靠接纳他们的（齐国）国君谋生，之后便成为顺从齐国国君的工具；这种制度在（公元前）4 世纪的中原诸侯国中将越来越普遍。

正当东部似乎由此安顿妥当，齐国以霸主的身份统领旧有诸侯联盟的同时，西部的秦国在秦孝公和大臣卫鞅的领导下也已经成为第一大强国。（秦国的成功）来之不易：这个国家刚刚经历了一场 377–378 内部危机，这样的危机会不时地扰乱中原各诸侯国，而走出危机的秦国已近乎被毁。自秦怀公在宫殿被他的大臣围攻并杀害（公元前 425 年）后，在将近五十年的时间里，秦国国君的位置几乎都是由孩子来担任；这些一个接一个的未成年人引发出宫廷的阴谋及君臣间的纷争，内战一直都没有停止。秦怀公的儿子先于怀公身亡，继位的秦灵公就是个孩子，他在位十年，刚到成年就去世了（公元前 415 年），留下一个年幼的孩子；灵公的这个孩子被驱逐，他的伯父秦简公被推上王位，简公是秦怀公的小儿子，继位时应该也很年轻，他死后（公元前 400 年）只有一个年少或刚刚成年的儿子继承了国君的位子，是为秦惠公，秦惠公不久就死去了，留下的太子只有一岁（公元前 387 年）。小国君连同他的母亲被淹死，国君之位重又回到法定继承人——逃亡到魏国并在河西长大的灵公之子秦献公手上，他即位时应有三十多岁[622]。秦献公在位二十四年，在他长期的统治期间他所有的努力都是致力于让被摧毁的秦国重新繁荣起来，并尽其所能维持对内和对外的和平。在秦献公以及他的儿子秦孝公在位期间，秦国在政治体系、行政及财政方面都发生了深刻地转变，从古老封建国家陈旧的组织形式演化为一个不再那么简陋的、较为规范的体系。

在这场真正的变革中扮演主要角色的是秦孝公的大臣卫鞅，亦称商君[623]，不过中国的历史学家 378–379 肯定夸大其辞了，将几代人的成果归功于卫鞅一人身上。如同这个时期很多著名人物一样，卫鞅是一个冒险者，是偶然的机会将他推到了秦国：他的家族是卫国国君，他名为公孙——这是给予在位国君的孙子使用的名字。他最初效力于魏国（当时他的祖国卫国从属于魏国），欣赏他的国相公叔死前向魏惠王推荐卫鞅，据说魏惠王拒绝任用卫鞅，国相便向魏惠公建议将卫鞅处死，以防止他为别国国君效力，随后国相出于友善告诫公孙鞅，建议他出逃；但年轻的卫鞅拒绝了国相的建议说道："彼王不能用君之言任臣，又安能用君之言杀臣乎？"卫鞅于是仍留在魏国。之后当秦孝公在统治初期招贤纳士时（公元前 361 年），卫鞅前去秦国，由景监引荐给秦孝公；景监也是一个外来冒险者，属于楚国王室家族的一个旁枝。秦伯很好地接待了卫鞅并将他视为亲信之一；不过当卫鞅第一次提出他的改革方案时遭到甘龙和杜挚的反对；但卫鞅成功说服了秦国国君，先被任命为左庶长（公元前 356 年），之后又做了大良造（公元前 352 年），是秦国最高官位之一，在仅有的十八个级别中位列第十六级，卫鞅自始至终都得到秦孝公的坚决支持；公元前 340 年秦孝公将秦岭山区一小片土地於作为封地赐予卫鞅，卫鞅所受的恩典以此达到了顶点，此封地名为"商"，商君的称呼便由此而来。不过秦孝公死后他的儿子不再恩宠卫鞅。据说两人还曾发生过争执：当（新）国君还只是太子的时候曾拒绝遵守大臣（卫鞅）所定的某些规矩，卫鞅便下令对太子的师傅实施劓刑割掉鼻子，又对他的老师施行墨刑，为此太子从未饶恕卫鞅对他的侮辱。太子即位时卫鞅因害怕逃至魏国；当他被遣返回秦国时，卫鞅成功逃脱，躲到了自己的封地商并在那里武装他的随从；不过卫鞅[379–380]被打败并被抓获，秦伯对他处以车裂之刑并满门抄斩（公元前 338 年）。

卫鞅变法覆盖的范围非常之广，涉及方方面面，而且越变越勇，第一次变法的成功让他敢于做出更多的改变。最初的措施是治安方面的，目的是制止劫掠，这在中原各诸侯国中都存在，秦国也不例外。居民被分为五家或十家相互关联的群组：当其中一家的成员犯了法，如果不把罪犯交出来，这个群组全部人都要接受审判。如果有人知道罪犯而不报，此人将被腰斩；谁要是藏匿罪犯，此人将按投敌罪判处，也就是会被处死，他的妻子和孩子将被贬为奴隶；相反如果有人举报了罪犯将会得到奖赏。此外四处流浪的人将被惩罚：所有出行的人必须有一个证书，否则会被审判。这些被严格执行的措施在某种程度上重建了国家的治安：实施这项制度十年后，“山无盗贼，道不拾遗”。行政制度的改革又增加了这些治安措施的效力：全国被划分为三十一个县，县长为其首；该项改革旨在统一管理农民的村落“乡”以及小型封建领地“邑”[624]。

同时卫鞅还以更为积极的、旨在强迫人民更加辛勤劳作的措施来努力提高（国家）整体的繁荣程度。第一个系列（的变革）包括对农业活动的奖赏、强迫懒惰者劳作等并非十分有效；统一度量衡，对违规者处以重罚较为有效，但应用的范围不广。道路的修复和维护道路的规章则得到较为广泛的应用。到了（公元前）350 年，卫鞅可能感觉到所取得的成果还不够显著，他果敢地进行了一场所有权制度[380–382]的彻底变革：直到此时，秦国如同中国其他国家一样，土地的所有权主要是宗教层面的话题，土地的获得需要通过特殊的宗教仪式；只有诸侯被赐封的封地是实实在在属于诸侯的土地，除此之外，贵族并不拥有被分封的领地，普通百姓的田地也不属于他们，只是按井田制度分配来劳作的。卫鞅彻底废除了井田制，还将一部分以前共用的土地分给了农民，使得每个人对于自己拥有的全部或部分土地有完全的控制权。在此之前一直被禁止的庶民土地的买卖也解禁，可以自由买卖了。这项变革还带来了另一项财政上的变革。之前国君的收入是井田制度下以实物缴纳的什一税；在井田制被取消后，卫鞅建立了由实物缴纳的土地税制度[625]，以土地面积按比例交税，这项制度的优点是可以保证国家有固定的收入，不必考虑收成的变化（公元前348年）。这些措施取得非常成功："居五年，秦人富强。"这个时期还有一项伟大工程的实施使得秦国更加富裕，这便是通过连接了泾水和洛水的运河对覆盖在北部地区山脚下的沼泽进行了疏通。作为秦国强大后的标志，秦孝公在公元前350年下令建造与此时强大的秦国相匹配的新大都咸阳[626]，从而放弃了父亲秦献公在公元前383年离开旧都雍城后所建造的小城池栎阳；秦孝公在咸阳建造了很多宫殿，这些宫殿在他的继任者手中不断扩大，直至秦朝结束$_{382-383}$。为了纪念秦国对魏国取得的胜利，秦孝公还在那里建立了翼阙[627]。

除了内部的改革还有一个因素令秦国的实力增强。秦国四面都被野蛮部落戎部包围，长期以来秦国为对付戎部所付出的努力到了（公元前）4世纪开始显现出成果，主要的部落终于被降服了。与戎部的对抗是秦伯几个世纪以来主要关注的事务，它消耗了秦国全部的资源，也无疑是秦国长期被排斥于帝国其他事务之外，无法有效实施对外政策的最主要的原因。渭水河谷的中原人是迟来的移民，在史前时期他们就占据了这里的平原地区，降服并同化了当地人，但并没有进入山区，相距不远的山脉就这样俯视着平原。当周朝的都城还在镐时，周王就已经在与山区的部落对抗，这些野蛮部落的入侵成为放弃都城（迁都）的主要动机之一，因为这个西都过分暴露给野蛮部落。秦伯接手了这个艰难的局面，为中原人民防御野蛮部落的责任就此落到了秦国身上；秦伯带领他的半野蛮的国民与野蛮部落进行了无休止的战争，我们后来所看到的秦国坚韧和残忍的性格便是来自这些无法避免的战争，同时它也迫使秦伯采取谨慎的政策。

野蛮人划分成众多的部落，他们所受到的中原文明的影响越来越大，但他们仍不无艰难地坚守着他们的独立。（公元前）7 世纪末，秦穆公狠狠打击了戎部的首领，消灭了十二个小国家并开地千里，成为“西戎之王”[628]：383–384 他打败了渭水上游的绵诸和翟豲的戎部；泾水上游的乌氏；乌氏北侧、岐梁山的义渠；岐梁山脉另一侧的朐衍，朐衍向西的势力范围曾到达黄河的灵州一带；也就是说整个泾水和渭水发源的高原山区（都被秦穆公征服），此山区也将泾渭与黄河上游分隔开；（周）天子因此为穆公送来了一面铜鼓（公元前 623 年）。不过这些辉煌的胜利只是短暂的，野蛮部落的顺服也是表面而非实质的。战争重又开始，秦穆公的继任者们在长达几个世纪的时间里与这些部落进行艰苦的战斗，野蛮部落以自然界的沟壑及森林作为天然屏障，顽强抵抗；当取得一点点胜利后（秦国）就要开路、修筑城防，需要随着缓慢的进展一步一步地攻克野蛮部落。这些部落中最强大的义渠在一个多世纪的时间里（公元前 444 年—公元前 315 年）一直令秦军处于下风；而以豲部为邻、在渭水源头的义渠王国在 361 年国君战败被杀时仍保持着独立。不过在秦国取得胜利之前很长的一段时间，野蛮部落至少已经比较克制，他们对中原的入侵虽然没有完全停止，但已不那么频繁，也不再构成很严重的威胁。野蛮部落全部投降后秦国人一下子与最遥远的西部取得了联系：接近公元前 4 世纪末时秦国彻底战胜了义渠国，这使得秦伯掌控了大陇山高原，此山西侧将渭泾上游与黄河分开，秦国人终于可以从今天的兰州府一侧通往此山，秦国的陇西郡$_{384-385}$从(公元前) 280 年起就设在这里；秦国人估计还找到一个已在此处定居的中原人居住地，这里既是黄河最上游的内河航运站，也是来自中亚的沙漠商队到达的地方。秦国的影响力和声望从这里照耀着西方，西方人似乎就是用秦的名字来指代远东的文明群体，如印度史诗诗人所用的“Cîna”或“Mahâcîna”，以及希腊地理学家使用的 Σῖναι 或 Θῖναι。

秦国的扩张并不只是向西，还到达了南部的地区。从（公元前）475 年起，野蛮部落国家蜀国（位于广阔而富饶的成都盆地，在四川境内）的首领因担心楚国的扩张，或是更害怕相邻的、臣服于楚国的巴国（巴国在长江上游今天四川的叙府或叙州府地区），前来请求秦厉公（厉共公）的保护。不过这只是一个没有下文的插曲，直到一个半世纪后的公元前 316 年，巴国才被司马错将军攻克；不过由于距离遥远，这里并没有马上被降为秦国的郡县，而是被设置为秦国公子的封地，这样的制度维持了四十多年后，蜀地才被封为郡。

秦伯攻克了众多的野蛮部落后，也与北方和西北方的游牧民族如胡人及月氏等产生了直接的联系，或许这就是（公元前）4 世纪秦国进行大规模军队改组的原因[629]。直至此时秦国的军队与中原其他诸侯国的军队相类似，由战车及支援的步兵组成——据说秦穆公有三百战车。秦伯与赵侯（赵国北部边界也与胡人直接接壤）是最早以骑兵取代战车的国君；这些战车阵很难操控，将军们也无法随心所欲地指挥军队。可惜秦国的军队改组鲜为人知，不过我们知道（公元前）4 世纪和 3 世纪秦国军队的主要力量 385–387 是由骑兵组成，秦伯随后连续不断的胜利也应该归功于轻便的骑兵部队，他们在与对手笨重的战车部队周旋时游刃有余。

由此一个组织精良、富裕、拥有常规资源的大型国家在西方建成；它唯一的弱点是被巨型山脉分隔开的不同地区沟通不便；不过这个弱点也得到了补偿——同样是这些大山保护了他们不受敌人的侵犯，只有来自山西高原的一个敌人会对他们造成威胁；然而晋国的消亡使得他们在这一侧不会再面对极度的危险。

与此同时，楚王国正缓慢地从上个世纪的战争消耗中恢复过来：（公元前）5 世纪初为它所带来的解脱胜于其他任何国家，而吴国的灭亡（公元前 473 年）比晋国毁灭更使楚国如释重负；

战胜吴国的越王还太弱小不足以构成威胁，而且吴国（之前）将力量都用在了北方，与齐国争夺东部平原那些中原小诸侯国的控制权。楚惠王在位的半个世纪时间(公元前488年—公元前432年)以及他的继任者楚简王（公元前 431 年—公元前 408 年）、楚声王（公元前 407 年—公元前 402 年）在位期间都是在平和的重整中度过的，即使此间（楚国）消灭了北部边界的中原小诸侯国（公元前 479 年灭陈，公元前 447 年灭蔡，等）以及越王勾践灭吴（公元前 473 年）后分封的淮水上游的一些小国，都没有影响到楚国的复原。此时的楚王似乎努力想要进行变革，但（楚国的现实条件）令变革难以推行：楚国国土广阔且大部分地区被大面积的森林沼泽覆盖；野蛮部落是其国民的基础，国家仍处于野蛮状态；即使在最富有的地区人口密度也偏低；（楚国）朝堂越来越适应中原的文明生活但民众仍生活在半野蛮状态，这其中的不和谐不断增加。一个没有什么价值的史料[630]特意将行政、司法及军队的全面改革归功于楚悼王（公元前 401 年—公元前 381 年）：这样的尝试可能的确在 5 世纪时发生过，但我们却无法知道这些变革的细节。

当东北部、西部和南部势均力敌的大国形成时，中部的小诸侯国行将灭亡：周、郑、卫、宋、鲁都无法再扮演任何重要的角色，它们的彻底消失将只不过是时间问题。

周王从（公元前）6 世纪起已经丧失了权力。在晋国称霸期间，虽然周王已经没有实质的权威，但他们还是重要人物，晋文公及其后的晋襄公都曾在不同场合以官方的形式公开表示他们对周王的尊敬。但晋国的没落对所剩（无几）的王室威望来说是致命的。长期以来所保持的外在的敬重一点点消失殆尽。诚然，魏、韩、赵的领主（公元前 403 年）及稍后田氏家族的首领（公元前 386 年）都仍然要向周王寻求他们篡权的合法性，但这不过是征得周王对于既成事实的认可，这样的交易只是将王室的无能突显出来。此外王室的领地也在不断缩小，南部被楚国侵蚀，北部被魏国蚕食，西部又有秦国，王室的领地很快就剩下都城郊区的地方。（公元前）5 世纪中[388-389]，周考王还将王室的领地与其弟弟揭分享：周考王是杀死了哥哥周思王登上王位的，而周思王也是杀了他们的哥哥周哀王（公元前 441 年）才夺得王位；周考王担心同样的命运会发生在自己身上，便将自己领地的一半分给了揭，并为他恢复了周公的称号——这个称号在周公楚逃亡至晋国（公元前 580 年）后已不再使用，周公楚是被周惠王的后代、叛乱公子叔带的曾孙甘氏以及周襄王的后代所驱逐的[631]。周考王为自己保留了东部的领地，此处有四分之三个世纪前在公元前 512 年由周敬王所建的新王室寝宫，以旧时名称“成周”来指代；西部的领地，即河南，给了揭，并将仍被称为“王城”的古都也让给了他——王城的建立是在周朝最初的时期，由周武王的弟弟周公所建，从周平王到周敬王时期（公元前 770 年—公元前 512 年）这里一直是王室的寝宫。河南桓公（即公子揭）原则上依附于周王，但事实上他立即就享有了如其他诸侯一般的独立，这也是他的继任者使用了“西周”之名的原因；更有甚者，公元前 367 年[632]，即周显王二年，（西周）桓公的孙子惠公任命他的小儿子班为“奉王”，以此为名取得了东部城池的权力，并将巩地分封给公子班：公子班借此机会占据了整个王室的领地并成立了“东周”国，他自己成为（东周）惠公。从这时起，周王便不再拥有任何属于自己的土地，他们极其微小的领地被两个对立的国家瓜分，这两个国家为些鸡毛蒜皮的争执，如他们山谷的灌溉水的分配问题，耗尽了自己的实力[633]。周王的政治角色从此彻底地完结了。

389–390 紧挨着周的郑国虽然经历了十年（公元前 408 年—公元前 398 年）激烈的战争，最后还是被韩烈侯打败，成为韩国的半个封臣；韩国利用了驷子阳和郑繻公被杀后的内乱（取胜）——郑繻公下令杀死国相驷子阳（公元前 398 年），而繻公又被国相的同党杀死（公元前 396 年），繻公的弟弟郑康公被送上王位（公元前 395 年）。随后郑国又被韩哀侯攻克（公元前 375 年），很快就彻底地消亡了。卫国虽然名义上还存续着，但它的领土已经一点点被魏国侵蚀而缩小，卫侯也不得不向魏国称臣。南边，楚国连续消灭了陈国（公元前 478 年）、蔡国（公元前 447 年），以及杞国（公元前 445 年）和莒国（公元前 431 年）——这两个国家后来又被齐国夺去；仍然独立的宋国则艰难地对抗着楚国。在距离稍远些的东部，鲁侯与强势的世袭卿士季氏之间的斗争使得鲁国越来越依附于强大的邻国晋国、齐国及楚国。齐侯支持的是鲁侯；而季氏首领季文子能够在（公元前）6 世纪初得以彻底恢复他的权势是多亏了晋国的干预；鞌之战（公元前589年）令鲁国在长达半个世纪的时间里成为晋国的盟友[634]。之后，一个没什么主见的鲁侯——鲁昭公登上了鲁国国君的位子（公元前541年），这使得齐国得以手重拾它在鲁国的角色，而他所做的大概就是协助季氏的众多敌人（对抗季氏）。季氏的这些敌人依靠齐国，借鲁昭公之名因鲁国遭到晋国的侮辱（公元前539年）加剧对抗晋国，也因此间接攻击受晋国保护的鲁国卿士，他们的目的是要打败三大家族孟孙、叔孙及季孙[635]的首领，这三大家族源自鲁庄公（公元前693年—公元前662年）弟弟的后代，三大家族共同掌控鲁国，将鲁侯置于无能之位，只给他留下表面上的权力。鲁昭公企图杀死季氏首领、鲁国世袭卿士季意如（平子），未果，反被三大家族联合驱逐，被迫逃亡（公元前514年）；鲁昭公从此没能再回到他的国家，在流亡中死去（公元前510年）。鲁昭公逃亡期间季意如行使国君的权力，依托晋国打击齐国；甚至在新的鲁侯鲁定公在位时季意如仍保持着这个权力直至他死去（公元前505年）。此时季意如的家臣阳虎感觉到在季氏继承人季斯（桓子）身边不受重视，便囚禁了季斯，篡权做了卿士；他极力打压三大家族，特别是季氏，将非三大家族拥戴者的贵族家族集结在自己身边：正因为这样，年轻的孔子从阳虎那里得到了一个官职；不过最终受到阳虎威胁的利益团体联合起来对付他，阳虎只得逃亡（公元前503年），卿士的位子重新回到了季斯手上。无论结果如何，阳虎确实削弱了季氏的势力[636]，而三大家族无休止的争斗让鲁国进入到一种衰败和消沉的状态；但由于鲁国处于齐国和吴国（及其后的越国）之间，这些强大的邻国相互对立，鲁国从而保留了表面上的独立。

总而言之，（公元前）5 世纪末的中国由四个大国围绕在四周，它们分别是齐、秦、楚、越，中部和北部的空隙由众多小诸侯国填充，如燕、赵、魏、韩、宋、鲁等，这些小国家的软弱必定会使它们丧失权力，而它们之间的对立和嫉妒则成为强大邻国的战利品。晋国的陨落不仅仅是一个大国的消失，也是某种类似联邦制度的政治理念的消亡，这种制度在某种程度上尊重各地诸侯的权力。从公元前 5 世纪开始，旧有的霸权体系不复存在，各个大国之间的战争并非为了恢复 391 旧有的体系，而是以损失较弱邻国的利益来实现自我扩张，直至其中一个国家的彻底胜利，它将第一次实现整个中国的绝对统一。

620 齐国的栾氏领主与晋国的栾氏没有任何关联：齐国的栾氏来自姜姓部族，是齐惠公（公元前 608 年—公元前 599 年）的后裔而晋国的栾氏为姬姓部族，是晋靖侯（公元前 858 年—公元前 841 年）的后代；他们的名字之所以一致（连中文汉字也一样）是因为他们的封地的名字是一样的。

621 《史记》，沙畹，V，236。

622 有关秦国的内乱，参见《史记》，卷 5，沙畹，II，58：
“近期秦国国君经常变换；公子及大臣借一切可乘之机制造混乱。”（“秦以往者数易君，君臣乖乱。”）

这里并没有明确地说出哪个公子即位时是孩子，除了最后一个提到的年幼的出公，文中提到了他出生于前388年；不过我认为（这些年代）出自世系表，根据《史记》可以重组出来。

623 此人（卫鞅）的传记见《史记》，卷68。现存的著作《商子》被认为是商鞅所作，但其实是伪作。

624 《史记》，卷68，2a–b。

625 人们认为这项改革是在稍后的时期进行的，约为前303年［见《秦别纪》，刊于《七国考》，卷2，1b；有关这部失传的著作，参阅上述注释（141）］。但所有这些日期都不应照搬：不论是卫鞅还是管夷吾，人们可能一下子将几代人的改革集中在一个短暂的时期并将它们归功于某个杰出的人物。

626 我采纳了《史记》，II，65中的日期。《秦别纪》认为工程开始于（公元前）349年并用了十二年时间完成（公元前349年—公元前338年），这大概与当地的传说相呼应，但似乎是夸大了（《七国考》，卷3，2b）。——咸阳离今天的西安府很近。

627 晋国的旧都为翼，被魏国承袭下来，是为此称呼的出处（《七国考》，卷4，4b）。沙畹的《历史的记忆》II，65，注释3则给出了另一个解释。

628 《史记》，卷5，沙畹，II，44–45；及卷110，2b，我从中找出有关被降服的部落的细节。拉古柏（Terrien Delacouperie）的《中国文明的西方起源》（*Western Origin of the Chinese Civilization*）264–275及其后的沙畹，V，488–489（附录二）都认为秦穆公的胜利一直延伸到中亚的库车；但如果“益国十二”的数字十二是准确的，最接近的解释应为前文中根据《史记》卷110所列举的七个国家加上另外五个位于同一地区、在今陕西和甘肃交界处的国家，而不是遥远的中亚国家。——野蛮部落“乌氏”名字中的第二个字通常读“che”（即“shi”音），此处例外地读“tche”（即“zhi”音）（《前汉书》，卷 28B，2b）。

629 《商子》详细地描述了军事改革并将之归功于卫鞅，但我在文中并没有提及，因为现在叫作《商子》的著作是伪作，是后期创作的。

630 吴起将军的传记中讲述他效力于魏文侯和魏武侯时充满了小说般的细节，并以他逃离魏国，避难到楚国的故事作为结束；楚悼王任命吴起为令尹并根据他的建议改革了整个地方行政，减少官员的数量，重组财政节省开支，改组军队等等；吴起之死也富有戏剧色彩，他被嫉妒他的贵族用箭射死，就死在庇护他的楚悼王刚刚冷却的尸身上（《史记》，卷 65，3a–b）。传记的这些内容都不过是小说而已，还带着明显的年代错误：楚悼王死于 381 年（《史记》，卷 40，沙畹，IV，384），而吴起在四年后的 378 年还在魏国，负责指挥军队伐齐并在灵丘取得了胜利（《史记》，卷 44，沙畹，V，148–149，241）。另参见马伯乐的《苏秦的小说》（*Le Roman de Sou Ts'in*），刊于《亚洲研究》（*Etudes asiatiques*）法国远东学院成立 25 周年特刊，II，140。——坊间流传着一本讲述吴起军事艺术的小册子《吴子》，但这个小册子似乎只是司马迁所看到的《吴子》的一部分，作者对这一部分进行改写而成书；司马迁是根据他所看到的《吴子》提取了吴起传记中的素材。

631 《左传》，理雅各，376。

632 367 年这个日期来自《史记正义》，这是一部有关史记的评述，由张守节在 737 年出版，是对古文献的整体编注；另见《史记》，卷 4，13b：周显王二年（的出处）。沙畹，I，301，注释 1 写作 376 年，这很明显是个印刷错误。

633 《战国策》，卷 2，4b。——周公世系的时间表及历史，包括西周公和东周公，是比较混乱的，而（公元前）4 世纪中期统治这两个公国的国君谥号都为“惠”，更容易使人混淆。

634 有关鞌之战及这段时期鲁国发生的事件，参见前文正文下标 338–339 处。

635 第一个和第三个（家族）也被简要地称为“孟”和“季”。

636 有关阳虎的故事见《韩非子》，卷 16，17a，齐景公的大臣责备齐景公接收并礼遇逃亡的阳虎，他指出阳虎意在削弱“三桓”，而三桓间的争斗正是鲁国的弱点，是对齐国有利的。

第三章

战国——纷争中的国家

[392] 处于帝国四周的四个大国之间距离遥远，因此长期以来它们之间似乎并没有发生激烈的交锋。但它们至少有一个共同的利益，就是不能让北方再形成一个强国，为此它们都要干预“三晋”（魏、赵、韩）的事务；另一方面，它们心怀嫉妒地相互监视着对方对中部国家的政策，下定决心不能让其余任何一方重新获得晋国在这些小诸侯国中长期享有的影响力，这种影响力曾经是晋国实力的一部分。因此尽管距离遥远，矛盾却迟早无可避免。

魏国国君的不谨慎以及他们所采取的与其国力不相符的过于大胆的政策立即成了导火索。（公元前）5世纪末，魏文侯（公元前423年—公元前387年）利用秦国内乱所造成的破坏重新占领了黄河右岸所有的秦国领土，即从河西直至洛水的领土（公元前419年—公元前409年）。魏文侯的儿子魏武侯(公元前386年—公元前371年）自认为足够强大，强迫赵国和韩国向他称臣，就算不能达成旧时晋国的统一，也至少要在北方国家中重建霸权。韩国国君自知实力不强，似乎较为情愿地依附了魏国；但没那么听话的赵国国君则求助于齐国，而齐国是决意不能让（魏国）重建成一个如此危险的强国从而威胁到自己的。公元前336年*，魏武侯差一点就成功插手赵国事务，他因支持一个企图窃取赵武侯之位的人前去围攻赵国都城邯郸，但邯郸城防牢固，抵御住了 393-394 魏武侯所有的进攻，魏武侯不得不退兵，不过魏国出兵也不是一无所获，魏武侯强迫没能被他赶走的赵国新君与他结盟对抗齐国，旨在将齐国排除在“三晋”事务之外。此联盟除了几次很快就被制止的变故持续了整个魏武侯在位期间，一系列的胜仗，禀**丘（公元前384年）、桑丘（公元前380年）以及灵丘（公元前378年）使齐国出兵干预的企图很快就停止了，并将齐国干预三晋事务的最后一点意愿也打消了；由此，在（公元前）4世纪上半叶魏国似乎正在成为一个非常强大的国家，特别是在鲁阳战胜了楚军（公元前371年）之后，一时间让人觉得魏国行将成为中部诸侯国的保护者——这是晋国曾经长期担任的角色。

* 此处年代有误，应为公元前386年。——译注

** 禀，音bǐng，马伯乐原文中写作“Lin-k' ieou”，疑将禀与廪混淆。——译注

魏武侯死后的内战以及随后韩赵联合（对魏国的）进攻（公元前370年）都只是短暂地削弱了魏国；魏惠王在他统治初期仍可被视为中国北部最强势的国君：他的威望使得韩国和赵国都认为有必要与魏国保持联盟的关系，甚至连韩（郑）、卫、鲁、宋等国君也集结在他周围[637]，形成了以魏惠王为盟主的联盟共同抗齐，并在范台订立盟约（公元前356年）；魏惠王似乎因此在北方建成了较为稳定的政权。不过这并不是他的邻国希望看到的，它们担心见到旧时的晋国以一种新的形式重生，而它们的目的是引导联盟的成员离开联盟。要做到这样其实并不难：联盟和反联盟就如同承诺或反承诺一般混杂在一起。就在范台之会的同一年，赵成侯与齐国在平陆结盟，宋国也参与其中，而他们并没有放弃与魏国的友好关系，魏惠王在这一年还成功地在他的旧都安邑为赵国和燕国和解，第二年赵成侯（为此）给魏惠王送上厚礼。394–395 但在公元前354年魏国在与秦国的战争中就没有那么幸运，魏国最终在元里失败，失去了洛水和黄河间的少梁之地；赵成侯认为打破强加在他身上的魏赵联盟的时机到了。但赵侯低估了他的敌人的实力，魏军刚刚结束了在西部的战役就转而进攻东部，打败赵军，围攻赵都邯郸。所有的邻国都不愿放弃这个绝好的机会：先是楚王，接着是齐侯，都即刻赶来干预，对邯郸的围攻被解除了。赵国的这次变节险些将联盟彻底击碎。第二年魏惠王重整旗鼓，这一次他在救兵到来前就夺取了邯郸（公元前353年）。此时的形势比之前更加严峻，魏国的确正在为了自己的利益重建晋时的统一。齐、楚，甚至秦国都感觉受到威胁，于是出兵伐魏：经过两年的战争，魏惠王终于放弃了他所攻克（的邯郸），并被迫在漳水岸边订立盟约（公元前 351 年）。

这些败仗令魏国失去了威望，只有韩国仍忠实于它，但韩国可能是出于对楚国的畏惧才与魏国一起：韩国在消灭了郑国后与楚为邻，魏韩联军在公元前 346 年对楚打了一场精彩的胜仗[638]。不过联盟的散落使他们想要对付齐国的影响力变得非常不易，他们不得不依靠秦国并与秦国在彤订立了盟约（公元前 350 年）。第二年，他们允许秦军从他们境内经过前去攻打齐国；公元前 342 年，魏韩参加了逢池会盟，秦孝公在此次会盟被确立为霸主。大概就是在逢池之会韩侯意识到魏国的衰弱，对自己的保护也没有什么作用，于是韩侯在回到韩国后，于同一年断绝了与魏国的盟友关系。当魏惠王想要惩罚并征服韩国时，十年前所发生的一幕再次重演：齐国第一个派兵 $_{395-397}$ 救韩，齐军由孙膑指挥，孙膑是齐国将军，有一本有关战争艺术的书籍就是以他的名字而作[639]，魏军在马陵峡谷被击溃[640]，魏军主将自杀，随军出征的太子被俘（公元前 341 年）。这次失败标志着各国分食魏国的开始：赵国也参与了战斗，第二年卫鞅率秦军大胜魏军，为了求和，魏国不得不出让黄河右岸河西的部分土地。多亏了楚军从南部入侵齐国，魏国才得以获救。

魏国没能从这场灾难中复原，它的力量已被彻底击垮。三国分晋时的偶然性使得魏国地处黄河两岸，同时占据着黄河出山西折向东流的地区以及出河南折向北流之地，这使魏国在某种意义上（同时）把守着西部和东部，阻挡了秦国和齐国进入山西之路，这样的地理环境给了魏国一个不易的角色，因为它身后的内陆地区并不属于魏国而是归赵国和韩国所有；从（公元前）四世纪中开始赵韩与魏国敌对，这使得魏国无法完成它（阻挡秦齐进入山西）的使命，而接连的败仗也将它拖垮。魏惠王在位的最后时间全都用在试图以各种让步从邻国换取和平，为的是使自己能在人生的最后几年里在他招揽来的文人墨客中平安度过：魏惠王因其宽容大度吸引了很多文人和思想家来到魏国，这些文人墨客都受到很好的接待，分得封号和财产，但并没有真正的官职，年老的国君很乐意召见他们与他们进行讨论，或是让他们在自己面前争斗或争论。魏惠王的朝堂因此成了当时杰出思想相聚的地方：据说庄子曾于公元前333年在那里拒绝了一个授予他的官职，而惠子在那里担任谋士，经常与魏惠王讨论的是杨子，之后还有中山国领主做大臣时恩宠的公孙龙；孟子曾在魏惠王在位的最后几个月经过那里；邹衍也曾到过那里[641]。

由于魏惠王忍辱求和，他与齐宣王相处融洽。西部已无危险需要担忧，齐宣王*对此很满意，他便没有再将他的优势进一步扩大，而是满足于胜利所带给他的在北部和中部诸侯国中的影响力。两个国君在徐州相会，互认为“王”（335年），这也是

* 此处疑有误，应为齐宣王的父亲齐威王。——译注

第一次公然宣告周王权力的实质性丧失，此前大家对此只是心照不宣[642]，这样做或许也是为了抗议周王几年前将霸权交予秦伯。魏齐从此保持盟友的关系，几乎每年都进行友好的会面。但魏国与秦国的关系却不能如法炮制，秦孝公下定决心要利用此时的机会实现家族的古老野心，最终将秦国边界推到了黄河边。就这样，（魏国）为了建立持续的和平所做的所有努力和让步都是徒劳，它每一年都会遭到秦国的入侵。黄河西部和南部的国家都已被加固并顽强抵抗，但自从魏惠王将都城从汾水边 398–399 的安邑迁到他东部的领地大梁（近开封府）后，这些国家就只能凭借自己的资源来抗争，它们无可避免地不得不屈服。（秦国）首先攻克的是黄河南岸地区，华山脚下的阴晋一带（公元前 332 年）；之后是西郡河西，公元前 331 年雕阴之战的失利使得（魏国）不得不在第二年（公元前 330 年）将此地让与秦国，还有河西以北的上郡，秦军在公元前 329 年出兵之后迫使（魏国）签署了和平条约（公元前 328 年）（将上郡送予秦国）。当公元前 325 年秦惠文公称王时，他终于实现了祖先的政策将秦国的边界延展到黄河，而黄河右岸的所有地区都归秦惠文王所有。在秦惠文王统治的末期，他战胜了渭水上游的野蛮部落并快速攻克了蜀国（公元前 316 年），这些胜利使他毋庸置疑地成为中国西部的首领。不过攻克蜀国虽给了他富庶的四川盆地和扬子江上游的地区，但也使他置于与楚国的冲突之中，因为掌控着汉水中下游河谷的楚王国阻断了秦国通向蜀国的最佳路线。

此时的楚威王（公元前 339 年—公元前 329 年）刚刚取得了重大的胜利，他消灭了越国，吞并了越国北部曾经是吴国领土的地区。（越王）勾践的胜利曾一度使他位列中国之首，但（之后）越王在与北方邻国的无用（也鲜为人知）的战争中耗尽了他们的力量；这些邻国的富有勾起了有着野蛮部落本性的越国人的贪欲，他们不时前去掠夺；就这样在公元前 415 年越王朱勾强取了位于山东南部的两个国家滕国和郯国。公元前 379 年，越王将勾践建立的都城琅琊（山东），近今天的胶州，不知出于什么原因迁到了吴国的旧都（位于江苏）；这次迁都并没有给越王带来好运，迁都后不久越王就被他的哥哥诸咎杀害（公元前 376 年）；而诸咎刚刚登上王位没多久就在几个月后被杀，被一个王子取代，这个王子很快又被杀害（公元前 375 年）。越国的内乱并没有就此停止；被越大夫 399-400 推上王位的越王莽安在十年后被杀（公元前 365 年），他的继任者无颛也只在位了数年时间（公元前 364 年—公元前 357 年）[643]。直至越王无彊才使越国重新平定下来；无彊统治的初期致力于重整长期陷于危机中的疲惫的国家，到他在位的后期，他重操先辈的对外政策，与齐国发生冲突。齐威王成功地将矛盾推向了楚国并且与越国组成联盟伐楚（公元前 335 年）。双方在一场长时间的战役中不分胜负，之后楚军前往围攻驻守在徐州的齐军，越王无彊亲自赶去徐州营救；战斗中越王被杀，他的军队溃散，楚军意外地取得了胜利，成为浙江以北整个地区，即整个旧时吴国领土的主人（公元前 333 年）。无彊的残部撤退到越国的原始地区，在那里各个王侯争权夺利，最后分别在各自的领地成立了小王国，依附于楚国[644]。从四川到大海之间的整个长江盆地重新在楚王的统治下统一起来。

经历了（公元前）4世纪末的这些事件，楚国同时在西部与秦交界，在东北与齐相邻；这样的邻国关系使它们之间重新对立起来。齐国和楚国首先爆发了战争，战争持续了十几年，双方没有明确的胜负，与此同时，秦国趁着它的两个对手 400–401 相互交战无暇他顾之时，夺取了魏国西部的省份。公元前323年，决定命运的时刻似乎到了：齐国的盟军魏军在襄陵被楚国大将昭阳击溃，昭阳借此胜利威胁齐国。惊恐万分的齐威王[645]请求秦国调停得到同意：楚国和齐国的大臣在秦国相张仪面前在啮桑会面；其他所有诸侯国的大臣也被召集来，啮桑会盟成了某种和平大会，楚齐在大会上签署了和约（公元前323年）。交战国可能都厌倦了长期的战争，和平比人们想象的持久。更加令人想不到的是，由于秦国有些夸张地表现出它的野心，它的两个长期的对手反而结成联盟来对抗秦国。啮桑会盟刚一结束，秦国就公然在魏国建立起一个名副其实的秦国的保护国，秦相张仪被派往那里常驻，并被封为魏国的“相”；魏国表面上的独立还保留着，但实际上已经沦为一个封国[646]。

（秦国）实力增长所引起的担忧更加拉近了从前的敌人之间的关系；齐楚的关系变得 401–403 非常友好：公元前321年，齐国大臣、靖郭君田婴的儿子孟尝君田文出使楚国受到热情接待并收到厚礼。双方原则上确定了联合抗秦，只是要等待合适的时机。公元前 319 年魏惠王之死给他们提供了这样的机会：魏惠王的继任者魏襄王[647]初即位就想摆脱秦国的束缚并将张仪送回秦国；为了支援魏襄王，楚国和齐国立即召集北方所有诸侯国抗秦，包括韩、赵、燕，甚至在今天蒙古界的胡人部落也被召集来，这些胡人部落在一个半世纪的时间里大致定期地朝见赵王[648]。但联盟刚刚组建起来，齐国和楚国的对立就因谁来领导联盟的问题重新显现出来：双方争夺盟主的位子，当盟主之位被分配给楚王后，齐王感到受了伤害，他并没有主动撤军但没有参加战斗。开头就不顺利的出兵没能取得成功：秦军在函谷关加强工事，联军进攻函谷关但无法突破，只能无功而返（公元前 318 年）。此次出兵唯一的结果就是给了秦国一个入侵邻国魏国和韩国的借口。韩国是最遭殃的，它的军队在脩鱼惨败，大将军申差被俘（公元前 317 年）；（韩国）与秦国的谈判开始了，但当得到楚国会前来救援的承诺后又停止了谈判；重新开始的战役仍然对韩国不利，他们在许州（河南）附近的岸门再次失利，并被迫将太子送到秦国做人质以换取和平（公元前 314 年）。与此同时，在 403-404 北方，秦军不费气力就越过了黄河，一路掠劫汾水下游河谷直至曲沃并将曲沃拿下，魏军逃亡；魏襄王与秦惠文王在临晋会面祈求和平，他唯有将长期争夺的黄河右岸属于魏国的土地拱手相让给秦国才得到了和解（公元前 312 年）。到此时秦国取得了彻底的胜利。战败者曾徒劳地向楚国和齐国求救；楚国承诺出兵但却没有履行承诺，而齐王因几年前联盟之首的位子给了对手楚王一事自尊心受到伤害，到此时仍没从伤害中走出，没有采取行动（救援）。由此韩国和魏国也没有什么好犹豫的了，它们放弃了联盟加入到秦国的阵营，即成为秦国的封国。

（其实）齐宣王之所以没有前来救援盟友魏国和韩国主要是因为他专注于监视在他北方边界的燕国的动静，当时燕国因相国子之企图篡权而内乱。在此之前，燕国国君在中原政治版图中没有扮演过任何角色；他们地处帝国的最北端，主要的精力都用于防御北方野蛮部落通古斯族的进攻；通古斯人曾在几个世纪前降服了满洲南部的中原人，燕国国君不得不在（公元前）664 年求助于齐桓公来对付他们。（公元前）4 世纪末，赵武灵王将北方的胡人和通古斯部落都变为赵国的封国，他也让燕国承认自己是燕国某种程度上的保护国；可能正是如此，燕王哙也被召集进联军在公元前 318 年伐秦。这个年纪很大的燕王将所有事务都全权交给相国子之，子之拥有的权力如此之大以至于自立为燕王的继任者取代太子平，并认为此举有如“大禹告知上天伯益为其继任者而非启”（“禹授益，而以启为吏”）。太子平转而向齐王求救，齐王应允并派兵伐燕（公元前 314 年），但齐王借机夺取了燕国，占领了燕国国都并在那里派驻军队。直到两年后 404–405 燕人群起反抗，赶走了齐军，太子平*才登上王位（公元前312年），

* 此处疑有误，因太子平在（公元前）314 年子之之乱时被杀。——译注

是为燕昭王[649]。

就当齐宣王把时间都花在这些事上时，楚国希望能以一场轻松的胜利报复秦国[650]。但公元前 312 年春，楚军大将屈匄在丹水（河南）边的丹阳被（秦军）击败，全军被俘；楚王立即在全国招兵买马，这支新的楚军越过了秦岭，准备到秦国腹地作战；同时楚王派亲戚、诗人屈原出使齐国，希冀与齐国重结联盟。可惜楚王的这支军队缺乏凝聚力，在山区通向渭水平原的蓝田 405（陕西西安府东南）被打败；这第二次战败的消息对屈原来说要想达成出使齐国的本意实属不易，他最终一无所获。楚怀王至少召回了他的残部，但已无法再战，况且秦军的盟友韩国和魏国也趁机在北方进攻楚军。楚怀王只能退而出让汉水上游的汉中郡以换取和平（公元前 311 年）。这个损失非常惨重；从此以后一直保护着楚国的西部天堑被突破，这些西部山脉对楚国的保护远胜于它所有的军队；秦军可以安心集结在汉中并从那里顺水而下，无须经过任何天然屏障就能直达楚国的首都郢城。

637 《史记》，沙畹，V，249；《竹书纪年》，理雅各，172（他所给出的时间是公元前 357 年）；《战国策》，卷 7，6 b（没有给出日期）。

638 只有《竹书纪年》记录了这一次出兵。但日期并不绝对确定，《竹书纪年》将它放在秦国主持的诸侯逢池会盟的同一年，但逢池会盟应该是在公元前 342 年（《史记》，沙畹，II，67）。

639 有关孙膑参见《史记》，卷 65，1b。传统将这本称为《孙子》的小册子与孙膑联系起来，并称作者为其远房的祖先。就算这部作品不全是伪作，创作的时间不会早于公元前 3 世纪，因此它与孙膑或其祖先都没有关联。《史记》，卷 44，沙畹，V，155 中错误地写为孙膑率兵伐赵，实则应为伐韩。

640 《竹书纪年》先是记录了魏国在 345 年在马陵战胜韩国，之后是公元前 343 年魏国在同一个地方被秦国击败。鉴于马陵（近直隶的大名府）的地理环境，几年之中在此地发生两次战役是可能的。这里韩国战败的时间应追溯到公元前 344 年。这段时期的年代表不是很准确，《史记》与《竹书纪年》的记载有三年的差别。我倾向于使用前者的时间，因为后者经过改写相对来说确定性要低一些。

641 有关这些人物，见正文下标 488–489，531–532，508–509，552–553，612–614 处。

642 惠王，或惠成王在称王后重新开始了他在位时期的纪年，《竹书纪年》的记载正是如此；《史记》将魏惠王的第二个纪年当作是另一个魏王的统治时期，将其称为“襄王”。关于这个错误可参阅沙畹的《历史的记忆》，V，158，n 4；这个错误导致《史记》错误地将徐州相王的时间放在 334 年，将雕阴之战放在了 330 年。

643 有关这个时期越国的历史，参阅《竹书纪年》，理雅各（《书经》，170–171）；《史记》，沙畹，IV，433–434 只给出了越王的名单，而且还是不全面的名单。

644 他们当中的一人保留了越王的称号，在公元前 312 年曾向魏国献礼（《竹书纪年》，理雅各，175）；他们当中两个人的后代在公元前 2 世纪还出现过，分别是东海王和闽王。没有文献表明这个时期的越人从浙江迁移到南方并在随后的世纪在东京三角洲发展壮大，成为安南人的祖先，如同欧卢梭（Aurousseau）先生在他的《有关安南人起源的说明》（*Note sur les origines du people annamite*）中所假设的那样，此文刊于法国远东学院简报 XXIII（1923 年），245–264 中的

《中国人对安南地区的第一次征服》（*La premiere conquête chinoise des pays annamites*）。

645 《史记》，沙畹，V，260 中将威王去世的时间放在公元前 343 年，宣王的去世时间放在公元前 324 年，并将此处这些事件置于服丧期间，即宣王的儿子湣王即位后不久，而且《史记》将湣王在位的时间写为公元前 323 年到公元前 284 年。这个年代表与近代所有作家所使用的年代表相矛盾，是错误的，应该采用下述的时间表：威王（在位时间为）公元前 357 年到公元前 320 年；宣王公元前 319 年到公元前 301 年前后；湣王大约从公元前 300 年到公元前 284 年。参阅马伯乐的《公元前 4 世纪齐王编年表》（*La Chronologie des rois de Ts'i au IVe siècle av. J.–C.*），刊于《通报》，1927 年，367–386；以及武内义雄（Takenouchi Yoshio）的《六国编年表的修正》（*Rectification du tableau chronologique des Six Royaumes*），刊于 *Takase hakase kanreki kinen shinag ku ronsô*，东京，1929 年，89–216。

646 根据传奇色彩的版本，张仪到魏国任相是他狡猾的表现，企图欺骗魏王。事件本身却无须质疑，是真实的，因在《秦纪》中也有提及(《史记》，卷 5，沙畹，V，161；《战国策》，卷 7，6a 及 15 b 只是小说的版本）。同一类型的事件在 386 年也发生过，秦武王与韩襄王在临晋会面后前者派了他的叔父樗里疾前往韩国居住，并被任命为“相”（《秦纪》，见《史记》，II，75）。

647 司马迁将其称为哀王，这是司马迁所犯的一系列错误：惠成王在 335 年称王后重新开始以这个日期纪年，司马迁将这个时期归于襄王。同时期的孟子所提供的证据确定了司马迁的错误。参见沙畹，《历史的记忆》，卷 V，462–463。

648 这是第一次确切地提到中原北部边界的胡人游牧部落入侵中原。

649 《孟子》，98–100；《史记》，IV，140–144。

650 据说秦惠王派秦相张仪前去楚国，向楚怀王提出如果楚国和齐国断交就会将秦岭的商于之地送给楚国。楚怀王接受了张仪的建议，派人前去齐王的朝堂上侮辱他。但这之后，楚国的使者去了秦国却没有得到被承诺的土地，楚怀王非常愤怒，向秦宣战。这个故事连同张仪为救秦国前去楚国的故事大概都来自有关苏秦的小说，或其续作之一。这部小说如此成功引起了众多模仿，而最广为人知的是为苏秦的兄弟苏代和苏厉所作的小说；这个时期的历史大都被乔装成了类似的小说。这里有众多著名人物，如魏国大将吴起，商君卫鞅，秦相范雎等；整个赵国的历史似乎都是以小说的形式来处理的，我们仍可以从《史记》第43章、不同人物的传记以及《战国策》中看到这些小说的痕迹。我通常很自然地将这些小说或研究评论显示来自小说的内容置于一旁，但这个时期的故事确因其历史的真实性而胜出，不过它们却少了些生命力和生动性。有关（公元前）4世纪和3世纪的历史小说可参阅彭安多神父的多部著作，如《秦国史》（*Histoire du Royaume de Ts'in*）、《楚国史》（*Histoire du Royaume de Tch'ou*），等。——张仪是一个真实存在的人物，他在公元前328年到公元前312年间为秦相，后被秦国驱逐逃亡至魏国，他在魏国得到礼遇并在不久后死于魏国。苏秦小说的作者将张仪写作主人公的敌人，但有关他的各种历险还是大致真实的，他的这些经历被收入在《战国策》中，之后流传至所有的历史学家。苏秦的小说也曾被与它同时期的《孟子》（III，II，2，理雅各，140）提及。

第四章

秦国的胜利（公元前3世纪）

406（公元前）4世纪最后几年中秦国在河西和汉中所取得的双重胜利是将会产生深远影响的大事件。它实际上将通往中原各处，不论是向东还是向南的钥匙都交给了秦国；那些围绕着秦国的高大山脉在此之前曾是它发展的障碍，因为出到山外就会落入敌人的领地，现在这些山脉却变成了秦国的林荫大道，保护它免受外界的所有进攻；而秦国的军队，这些山脉关卡的主人，只需沿黄河或汉水而下便可随心所欲地威胁与他们为邻的伯爵们。这种情形使得三个大国楚、齐、秦的对立有着特别之处：楚国和齐国实力大致相近（一个在北，一个在南），在它们长期的争斗中双方都试图招揽北方和中部的小诸侯国成为自己的拥戴者并作为盟主与这些小诸侯国结盟；而秦国在远在西部的领地的庇护下缓慢地沿着黄河进军（中原），占领和吞并沿途的城池和郡县，像一只触角从西到东延伸在被它征服的狭长地带，采用的是中国政治家所称的“横”向扩张政策。当齐国和楚国一度停止纷争联合抗秦时，这两个国家连同它们的追随者所组成的从北向南的联盟则为“纵”向联盟[651]。不过这样的合纵（抗秦）的局面比较罕见，秦国不断取得胜利的历史 407–408 要多于它的对手们的间歇性的抗争，这也是秦国能在历史上的这个时期实现统一的原因。

秦惠文王对楚国所取得的胜利使他成为中国的主宰，不过他却没剩什么时间来享受这个成果，在不久后的公元前 311 年就去世了。秦惠文王的儿子秦武王继位，一共在位三年，他在比赛试图举起一个很重的三足鼎时身亡（公元前 307 年）。秦武王没有子嗣，他的意外死亡原本可能引发严重的危机。最直接的继承人是死去的武王的一个弟弟，由于这位继承者的母亲及她的弟弟穰侯魏冉的操控，危机得以避免；他们夺取了政权，将反对他们的人纷纷处死；随后他们派人前去寻找当时在燕国做质子的年轻的太子；没过多久，秦武王的母亲即太后所策动的阴谋被挫败，年老的太后以及叛乱的公子们都被处死（公元前 305 年）。秦国的秩序只受到很轻微的影响 408–409 便很快又恢复了，但这短暂的危机足以给魏国和韩国带来希望，它们又一次地放弃对秦国效忠，在秦武王死后转向齐国一边。为了阻止楚王加入（与齐国的）联盟，（秦国与楚国）在黄棘订立和约，将上庸（湖北）之地归还楚国，双方结成联盟；楚国的太子被送到秦国的都城咸阳做质子，秦国的一个公主嫁给了楚怀王。秦国相樗里疾是秦惠文王（公元前337年—公元前311年）的弟弟，他在公元前309年开始担任此职直至他公元前300年去世；樗里疾在位期间致力于加固秦国已经取得的胜利，避免将已经很疲乏的国家带进新的战争中。公元前302年，他成功地重修与魏国和韩国的关系：三方在临晋签订和约，（秦国）将之前掠夺来的几个城池归还，以此为条件达成了联盟。与齐国的谈判也开始了，最终以互换人质达成和约而结束——秦昭襄王尚无孩子，便派自己的弟弟芾*去齐国做质子，同时齐宣王送他哥哥前国相田婴的儿子、齐宣王的侄子田文到秦国，田文在秦国得到大臣的称号。

至此，一系列的和约确定了各国的局势，经过一个世纪不间断的战争，此时的中原世界似乎由三个大国齐、楚、秦来分享，它们各自的势力范围内包括了一些重要性没有那么强的诸侯国。在东北部，齐王将他南部边界的诸侯如鲁侯、莒侯、邹侯等都降为自己的封臣；但由于他在公元前314年对燕国出兵使他彻底失去了北方的燕国，而燕昭王成为齐王最强劲的敌人。在南部，吴国和越国的灭亡为楚王消除了来自东边的所有忧虑，（公元前）4世纪初，楚王一度成功地将黄河南岸的所有国家置于自己的影响之下，这些国家因晋国的分裂而失去防御；但楚王失去了他们

* 芾，音fèi，马伯乐原文写为“K’ouei”。——译注

旧时的盟友郑国，因郑国被韩哀侯攻克（公元前 375 年）；不过这个损失由楚宋联盟得到弥补，宋国畏惧韩国 $_{409-411}$，又在一次不走运的战争中失去了淮河流域的部分土地，于是投入了楚王的怀抱，楚王将宋国公置于自己的保护之下，同样被楚王保护的还有周王。而秦国令魏王和韩侯接受了自己的保护，并与齐国的敌人燕国结成紧密的联盟。只有赵国由于它的地理位置仍然保持着独立。诸侯之间的关系由某种礼仪维系着，能照顾到最弱者的强烈的自尊心并保持着表面上的（平等）。诸侯间有着各种不同级别的关系：最灵活的是通过联姻和互换质子得来的约定，如公元前 331 年齐国和燕国的关系，又或者公元前 301 年秦国和齐国间的关系，这种约定原则上将达成约定的各方置于平等的起点，而他们各自的实力则决定了他们在和约关系中真正的位置；但有时保护国为了确保其主导地位，会强行要求自己的大臣前去被保护国做国相，由此以某种常驻居民的身份成为真正的保护者：魏国和韩国便经历过这样的情形，秦国派张仪到前者居住（公元前 322 年—公元前 317 年），樗里疾则前往韩国（公元前 308 年—公元前 306 年）。由此可见，在（公元前）4 世纪的最后几年，三个大国对自己的主导地位均表示满意，它们希望与邻国通过和约和联盟的关系长久地建立各自的霸权，而非进行新的战争。

不过下述这些事件的发生没有留给他们时间来完成原本能产生出某种平衡的外交联合，而是将他们推入了战争政治。公元前302年，在秦国做质子的楚国太子与一个朝臣发生争执并将他杀死，太子随后出逃。秦国立刻准备伐楚，并要求它的新盟友齐、韩、魏协助。楚怀王在每一场战役中都被打败并失去两员大将，于是他在已经受损的联盟中寻求救助；他将太子送去临淄，提议让太子留在那里做质子以换取和平（公元前300年）。秦昭襄王以计谋报复（楚怀王）：他约楚怀王在武关会面商讨和解之事，但在会面过程中将楚怀王掳走作为俘虏（公元前297年）。不过结果并非预想的那样：楚怀王拒绝割让 411-412 巫郡及江南（今宜昌上游）的领土以换取自由；楚国的贵族将此时在齐国做质子的太子扶上王位，更加激烈的战争重又开始了。这场战争是灾难性的，当新王楚顷襄王在公元前292年不得不企求和解时，他已几乎失去了整个汉水河谷。楚国没能从这一系列的失败中重振起来，在（之后）长达十年的时间里都无缘中原政治。

此时孟尝君田文感觉到自己在秦国朝堂受到质疑，来了几个月后便逃回了自己的祖国，成为刚刚继承父亲齐宣王王位的齐湣王的国相，他中断了与秦国仅达成一年的联盟（公元前299年）；随后他趁着秦国忙于在南部与楚国开战之际将北方和中部的诸侯国吸引到他的阵营，由此在公元前296年组成了一个以齐国为首的联盟，盟友包括魏国、韩国、赵国、中山国及宋国，也就是此时除了秦国和楚国之外所有中原的诸侯国。伐秦的时机似乎选得非常之好，因为与楚国的战争牵制住了秦国所有的力量。田文（率军）直到函谷关并取得了漂亮的胜利，但他却没能强行突破关口，战事拖延了下去且不分胜负；秦昭襄王只需归还部分土地给魏国和韩国就重新获得了和平：他将山西西南角的河北还给前者，将黄河南岸与洛水交汇处的河外（河南）归还后者。虽然归还土地的事件并不是很严重，但足以令秦国国相楼缓失宠，楼缓因来自外国而受到质疑（他是赵国人，来秦国之前曾长期在赵国任职），楼缓只得离开；在（秦王）母后的影响下，权力重新回到了秦王的舅舅魏冉手上，魏冉在之后的三十年间以大量的精力推行秦国的对外政策。

当魏冉接手秦国政权时，楚国不断的失利给了他较多的自由——他得以召回一支军队并将其交给他的忠臣之一白起；白起是秦国最优秀的将军之一，此时位居“左更”，秦国官位中的第十二级。白起一来就在伊阙大胜韩魏（公元前 293 年）；之后的公元前 289 年他夺取了魏国大小六十一城；此前一年他还迫使（魏国）割让河东的领地，即山西西南部汾水和黄河交汇处的三角地带。秦国的扩张遭遇到旧时晋国居民的顽强反抗，几个世纪的战争令这些居民仇视秦人；河东三角地带就曾经失而复得很多次：蒲坂*（今蒲州）在公元前 303 年被（秦国）夺走，公元前 296 年被归还，之后在公元前 292 年重新被攻克，在公元前 290 年被（秦国）彻底吞并。秦国一旦占据这个地区便有了一个向黄河以北扩

* 马伯乐原文中将此地写为“P’ou-fan”，疑将“坂”当作“fan”音。——译注

张的牢固支撑点，而扩张也非常迅速：黄河岸边的原及河甬 *（靠近济源，在河南怀庆府界内）在公元前 289 年被攻陷，使得秦国在黄河狭长河谷的出口处拥有了通向东部大平原的通路。在黄河南岸，通向平原的出口几年前已被（秦国）占据，这一侧的行进速度更快，韩国的抵抗受到权力丧尽的周王的阻碍，因周王在此处还有他们仅存的一点领地：公元前 308 年秦军就从韩国手中攻取了宜阳，之后在公元前 295 年秦军沿嵩山脚下南侧从魏国夺取了襄城（襄城的名字保留到了今天），即汝水通向平原的出口，从这里秦军可以入侵魏国的都城大梁，近今天的开封府，以及韩国的都城郑。公元前 288 年秦王和齐王达成约定，界定各自的势力范围：齐国占据东部的大平原而秦国则在今天山西境内的山区；为了显示他们对当地王侯的领主权，他们以神话传说赋予上古君王的称号，即古老的宗教称谓“帝”自封，秦王成为“西帝”，齐王为“东帝”。面对由此引发的斥责，他们不得不很快放弃了413–414 这种称谓，但并未放弃他们对邻国的野心，并立即将其野心付诸行动。魏冉满足于魏王将其祖先的古都安邑之地（近山西解州）割让（给秦国）；齐湣王似乎从双方约定中得到更多好处：他几乎未遇抵抗就夺得了宋国（公元前 286 年）。

自从晋国灭亡，宋国 [652] 面对敌人郑国和楚国便失去了防御，

* 因未能找到相对应的地名，根据原文的“Ho-yong”音译为“河甬”。——译注

自此经历了非常艰难的时刻。（公元前）4 世纪，在郑国被韩国歼灭之后，宋国受到过于强大的邻国威胁，只能将自己的命运与楚国连在一起并成为楚国忠诚的盟友，如同前几个世纪忠于晋国一样；这自然引起齐国的不满，宋国与齐国经常处于战争中。不过在 4 世纪末，秦王、楚王和齐王都将精力投入在相互的战争中以掌控中原事务，公元前 329 年成为国公的宋康公利用他们无暇顾及之际向各方面扩张：他吞并了鲁国南边的小国滕国，从楚国手上攻占了江苏北部直至大海的地区，从魏国和齐国夺取了黄河以东几块小片领土，从韩国夺回了淮水流域曾经失去的土地；如此扩张之后，宋国成功成为东部大平原南侧 $_{414–416}$ 一个占地非常广阔的国家，宋康公称王（公元前 318 年）。不幸的是，这些出兵征战令宋国民众甚是疲惫，胜利后的庆典以及宋王着手进行的工程将民众的能量消耗殆尽；当齐国、魏国和楚国为了夺回之前被宋国掠去的领土而攻打宋国时，它们的军队没有遇到任何抵抗；宋王逃走，不久后死在魏国。宋国被三国瓜分，最大的一部分由齐国斩获（公元前 286 年）。曾经在周朝之前统治中国的古代殷朝统治者的最后一片领地就这样消失了。

齐国攻克宋国，在东部建立起它的强权：鲁国、邹国以及泗水沿岸十二个小诸侯国都臣服于齐国；楚国也没有对齐国夺取淮水以北的土地表示异议。人们一度以为中原东部大平原将形成一个强大的王国；但胜利只是昙花一现。齐湣王此时年事已高，这些快速得来的胜利冲昏了他的头脑，他觉得自己马上将登上周朝的王位，成为整个中国的主人。齐湣王攻打三晋（公元前 286 年），由此打破了之前与秦国达成的约定，而秦国对（齐国）这些来势迅猛的胜利也感到忧虑，立刻派兵回应三晋的求助，夺取了齐国数个城池（公元前 285 年）。与此同时，三晋还找到一个更为靠近的盟友——燕国，燕昭王急切地想要报复（齐国）在公元前 314 年的背信弃义之举。燕王立刻集结所有的军队并将指挥权交给他最出色的将军乐毅；乐毅率军越过黄河，进攻齐国北部边境，在济水西侧取得了重大的胜利，燕军一直攻到灵丘并攻陷此地（公元前 285 年）。齐国所有的邻国都联合起来对付它，军队攻入齐国各处：当燕军继续在北部行进时，赵、魏、韩的军队在西部展开战役，秦国的一支军队入侵（齐国的）西南，楚军则潜入位于淮水盆地的南部。齐湣王失控，恐惧笼罩着都城：他不分青红皂白将批评他的人斩首，同时将他的国相处死，可能他认为灾难是国相造成的。齐湣王的一个宠臣 416-417 触子* 被任命为（齐国）最后一支军队的统帅，但触子不懂得如何阻止济水以西敌军的联合作战，只能被迫接受不平等的战役，全军溃败而逃，他本人也带着唯一一架战车逃离。除了燕国，其他盟友都满足于这次胜利，决定就此而止；燕国国君见无法说服其他国家便命令将军乐毅独自继续战斗。不过盟军间的商讨给了齐国喘息之机：齐国将军达子成功地将逃兵召集起来重组了一支军队，并带领这支军

* 马伯乐原文为“Hiang-tseu”，疑有误。——译注

队阻止了只能靠一己之力出战的燕军；不过齐王从联盟中断进攻后就觉得危险已经过去，并未好好鼓励达子，还拒绝给予他任何奖赏，达子于是停止了抵抗，他的士兵是唯一能保护都城的人，但士兵们也都四散离去了；乐毅未遇任何障碍就进入了临淄，临淄城遭到劫掠，寺庙和宫殿被烧毁。齐国的财宝装满一辆辆战车被运往燕国，齐国就这样被攻陷了。得以及时逃离的齐湣王躲到了卫国，卫君很好地接待了他，不过齐湣王因狂妄自大很快被赶走了；他于是想前往鲁国和邹国，这两个国家在两年前成为他的封臣，但鲁侯和邹侯都拒绝接纳他（公元前 284 年）；齐湣王最后在莒住下，这里连同即墨和聊是齐湣王唯一没有被攻陷的城池。在这里齐湣王没有费太多气力就成功使楚王脱离了联盟，楚王（大概是）对于齐国突如其来的灭亡感到惊恐。不过所有事似乎都与不幸的齐湣王作对：楚国派来救援的将军淖*齿更愿意与乐毅同道，他刚到莒就杀害了齐湣王，并因此获得了临淄的部分战利品（公元前 284 年）。（齐）太子不得不扮成家仆在莒的一户人家躲避了一段时间；直到淖齿离开后他才敢再露面，随后称王，不过他的王国已不复存在。乐毅以燕国的利益来组织被他攻克的齐国，将其分成郡县并派兵驻守；为使新政为民众所接受，他减少税赋，并承诺尊重当地的法典和习俗。乐毅在没有反抗的情况下治理了（原）齐国六年；不过这主要是乐毅个人的功劳，他刚一

* 淖，音 nào。

失宠，为齐湣王之子齐襄王守卫即墨的齐国将领田单就发动政变417–418，夺回了国都并赶走了燕军（公元前279年）。几日之内齐国就恢复了旧时的疆界，齐襄王回到了他的都城[653]。不过齐国从此都很薄弱，无法再重新扮演帝国第一的角色；不仅是齐襄王，还有他的妻子君王后都非常清楚这一点，他们与秦国结盟，联盟在他们的儿子齐王建时仍然继续，除了几次短暂的插曲，联盟直至齐国终结都没有中断。

秦国在这次战争中的获益远多过燕国，秦国才是真正的胜利者；联盟的国家都很快意识到他们协助出兵伐齐实际上是以自己的军队来对付自己。楚国是首当其冲因此受损的国家。楚顷襄王借取胜齐国之机重夺淮水北部领土，连旧时的宋国也一并收入囊中（公元前283年）；楚王还令曾是齐国封臣的鲁文公对其称臣，鲁文公的继任者鲁顷公也依附于楚，楚王在公元前249年从鲁顷公手中夺取并吞并鲁国；楚王也强迫韩王与其结盟（公元前281年）并准备占领周王的领地；总之楚王成为黄河以南整个中原地区的主人。魏冉在或多或少出于自愿的隐退了一年后，此时重又出任秦国国相一职，他担心留下(太多)时间给楚王收拾战果，决意主动出击进攻楚国：公元前280年掌管蜀地的司马错沿长江出兵，夺取了巫郡及江南；第二年，不久前刚刚升任要职大良造的白起沿汉水而下一直攻入楚都郢城并在公元前278年将郢城攻陷，此时楚顷襄王带着他的军队残部退避到淮水盆地的陈地，楚王在那里一直住到离世（公元前263年）。楚王的迁都使得他们在一段时间内避开了 418-420 敌人的侵袭，但他们因此将自己转移到北方，在失去了汉水河谷的主权后又放弃了对长江谷地的控制权；为了换取和平，楚国不得不出让郢城周边所有的领土，那里很快成为（秦国的）“南郡”，以及上游的土地，即“黔中郡”（公元前 277 年）。公元前 276 年楚国尝试夺回失去的领土但没有成功，之后的再一次尝试算是成功了一半：长江南部洞庭湖附近的省份重新被楚国占有，但国都仍然在秦国手中。楚王送其子公子完到咸阳做质子（公元前 272 年），秦楚终于达成和解；和平一直持续到楚顷襄王去世（公元前 263 年）。楚顷襄王的继任者楚考烈王（公元前 262 年—公元前 238 年）在秦国做了十年质子，他任命在他做质子期间一直陪伴侍奉他的黄歇为大统帅，并分封了淮水边一块可观的封地连同春申君的封号给黄歇；楚考烈王和黄歇两人都清楚他们这个令人敬畏的邻国的真实实力，于是尽量维护与秦国的和平状态：黄歇放弃了长江与汉水交汇处的领土以换取和平，这原是周朝的土地（即今天的沔*阳，在汉阳以西），是周王室祖先的最后一块领地（公元前 262 年）。

与楚国的战争一度使秦国减少了其在北方的活动，现在齐楚这两个仅存的相对强大可以对抗秦国的国家都不再与秦国交战，魏冉可以对北方地区进行更为猛烈的进攻了。邻国中最受威胁的魏国自觉无能力防御，认为只有真正承认秦国的领主地位才

* 沔，音 miǎn。

能拯救自己，而这种承认是以常见的联盟形式实现的（公元前283年）。不过这种联盟只有在秦国觉得有利可图时才能持续，公元前276年，秦国刚刚与楚国和解，魏冉就中断了与魏国的盟约以便利用魏昭王死后魏安釐[*]王即位的这段服丧期重新开始了对黄河北岸的进攻。（秦国）用了十年时间获取了夹在沁水与黄河之间的四边形领土，北边与东边以沁水为界，南边则以黄河为界；公元前275年魏冉亲自带领秦军直至魏国都城大梁城下，大梁多亏韩国派来的援兵相救 $_{420-421}$ 而未被攻破，但（魏国）被迫割让温地；三晋联合（抗秦）但也未能取胜——他们的军队在华阳被白起全面击败，损失十五万人（公元前274年）。赵韩联军在阏与城取得的胜利（公元前269年）一刻也没能阻止秦军的步伐：公元前268年秦军夺取怀城（即今武陟），不久后又夺取附近的邢丘（公元前266年），到达沁水以及韩国边界；又过了没多久秦军越过沁水从韩国手中夺取了垣雍城（即今原武）（公元前259年）。

魏冉谨慎及坚韧的政策取得了成效；虽然公元前265年太后之死迫使魏冉离职，但任何人都已经无法阻挡秦国。就算齐国加入三晋联盟也无法阻止事件的进程：公元前263年白起率军从韩国手中夺得南阳以及穿越太行山脉的狭长的太行道，太行道连接黄河平原和赤狄旧地上党（山西东南），这次胜利意义重大，

* 釐，音xǐ。

因为从此以后韩国被分割成两部分，一部分在太行以北，另一部分在黄河以南，已无实力可言。韩王进行了一年的战争试图夺回太行道但未能成功，反而又失去了他在黄河左岸的领土，至此韩王已完全无力拯救上党，仅凭一己之力的上党郡守将此地赠予赵国，被后者接受（公元前 262 年）。（赵国）如此介入如狼的秦国以及被它视为已经到手的猎物之中是非常危险的。赵国几乎立刻就遭到入侵：赵国将军赵括在长平峡谷（潞安府西南）被白起包围，因无法突破敌人的防线，赵括忍受着饥荒奋力抵抗，等待着赵孝成王*紧急招募的救兵前来；但征兵因粮草短缺而拖延了，虽然齐王的大臣比他更有远见，（建议齐王帮助赵国），但齐王还是固执地拒绝提供粮草；赵括在四十六天后在两军交锋时被杀，失去首领的赵军终因粮草匮乏而投降，他们得到（秦国）的承诺可以保全性命。然而白起并未遵守诺言，将赵军斩尽杀绝——据说 421–422 斩下的首级超过四十万个。随后白起前去围攻赵都邯郸，并调遣两支军队，一支从东北，一支从中部，进攻上党（公元前 259 年）。赵王提出割让此郡六个城池以换取和平，但就在达成和解之前，赵王成功说服齐王与其结盟，于是终止了（和秦国）的谈判。战争重又开始，八月秦军围攻赵国都城邯郸。邯郸城非常牢固，可长时间抵御外敌：上一个世纪魏国军队就曾围攻邯郸

---

* 此时赵国国君为赵孝成王，马伯乐在原文中作“roi Siang”（即襄王），疑有误。——译注

达两年之久。这一次的围攻也非易事，此时的白起因前一年的宫廷阴谋而失宠，他认为攻城之举不妥因而坚决拒绝再次担任统帅，最终自尽身亡（公元前 258 年）。秦军眼见自己的投入被无限期地延长。赵（孝）成王的叔父平原君是赵国国相，他娶了魏安釐王的姐姐为妻，此时平原君向魏王求援。魏安釐王既担心如果帮了赵国会被秦国报复，又害怕如果自己不作为到时赵国彻底胜利了（会对自己不利），于是他派将军晋鄙带领一支军队到边境观察事态的发展；魏王的弟弟信陵君魏无忌比魏王精明，他此时已经明白如果赵国灭亡会给自己的国家带来怎样的灾难，于是采取了大胆的举动：信陵君武装好自己的门客，组成了一支一百辆战车的军队，他率军来到晋鄙的营地，将魏将军晋鄙杀死，掌握了指挥权，向秦军开战；秦军被这意料之外的进攻击溃。

赵国得救了，但魏国却为这次胜利付出了沉重的代价：尽管信陵君为了明确表明他的出兵之举并未得到哥哥魏王的许可，选择在胜利后留在了赵国，但秦国此时已将所有的精力都转向了信陵君的祖国——魏国。此前秦国沿黄河征战的政策用尽了它的资源，使得它无暇进攻魏国西部汾水下游的城池，这里非常靠近秦国旧时的边境；此时秦国便集中力量进攻此地，没有费太大周折就取得了胜利（公元前 255 年）。与此同时，赵国在防御它东北边的邻国、秦国的盟友燕国；燕国也曾参与了围攻[422–424]邯郸的战役，并在此后为了自身利益继续（与赵国）作战。公元前 251 年，双方开始谈判，燕国丞相栗腹和将军乐间（战胜齐国的乐毅的儿子）前去赵国进行谈判，他们回国后一致认为赵国历经太多磨难已无力抵抗，两人极力推动继续与赵国开战：他们组织了一次双重出征，却以燕军的大败告终，燕国将军被俘；指挥赵国胜利的将军廉颇（率军）直至燕都城下；燕王喜求和（公元前250年）。不过这只是短暂休战，依靠秦国的支持，燕王喜几乎没过多久就又再开战。公元前248年，赵国求助魏国共同抗燕，与此同时秦国借机出兵讨伐赵魏两国，秦军的一支到达汾水河谷并直入太原盆地，夺取三十七个城池（公元前248年），同时间另一支秦军在黄河北岸攻打魏国，但被魏王的弟弟信陵君阻拦；在国家有难之时信陵君从他的流放之地被急速召回并成为（魏国）军队的统领（公元前247年）。（各方）达成了和约，但这不稳固的和平并没有持续太久。

秦国在公元前249年铲除了周王朝仅存的残余，但此事在上述众多的事件中未被引起注意。从公元前367年起周王已经既无土地也无权力了，周显王和周慎靓*王为东周公掌控，之后的周赧**王则在西周武公的控制下。（西周）武公因其不走运的尝试而自取灭亡：因惊恐于秦国的贪婪，武公觉得为自己找一个保护者是精明之选，于是求助于魏、韩、赵三国。然而他本人也被三国遭受的灾难所吞没；公元前256年，秦军占领了西周武公的

* 靓，此处音 jìng。

** 赧，音 nǎn。

领地，周赧王和武公被流放*，两人不久后死于流放地；周朝从此不复存在。西周武公的表兄没有参与武公（联合三国）的计划，此后的几年他仍保留着他的领地巩，不过他没有称王，只称“东周君”；东周君在公元前249年被废黜。

其他各国的灭亡也都为期不远了。公元前230年，秦国不费气力完成了始于一年前的对韩国的进攻。公元前229年轮到赵国被攻打：赵国的抵抗 424–425 非常激烈，（秦军）两支军队从西部和南部入侵赵国，第三支队伍进攻都城；负责在东阳地区坚持战斗的赵王被俘；经过一年的围攻，邯郸沦陷（公元前228年）。秦王执意要举行隆重的入城仪式以报复赵国长期的抵抗，秦王还下令杀死了部分民众。公元前226年，战胜赵国的秦将王翦击溃燕国，燕都蓟被秦国夺取；在此不久前曾尝试刺杀秦王的燕太子被斩首；他的父亲，燕王喜被迫出逃到满洲，到了他领地最东端的辽东。公元前225年王翦的儿子王贲夺取了魏国都城大梁，吞并了魏国。年迈的王翦在战胜燕国之后本已退休，公元前223年重又被任命为统帅伐楚，他经过两年的战役消灭了楚国，楚王负刍被俘——负刍在五年前的公元前228年杀死哥哥楚哀王而登上王位。公元前222年，燕国最后的残余辽东被王贲攻克，同时间他的父亲将胜利推向南方，南下长江谷地降服了越国之君。最终

* 马伯乐原文中写到两人被流放到一个叫“Tan-hou”的村庄，但翻译中并未查找到相对应的中文。——译注

在公元前221年王贲被派伐齐，齐王建未经战斗就带领全军投降。整个中国都统一在秦王之下。

同一年，秦王为了彰显新秩序，为自己选了一个新的称谓，自称为“皇帝”，这个称谓作为中国君主的称呼一直沿用到1912年的革命时期，我们将这个称谓翻译为“Empereur”。古老的中国彻底地消失了，在它的废墟上一个新的世界开始建立起来。

651 据说是某个出身于周朝都城附近的叫苏秦的人最早提出齐楚应该和解并联合它们周围北部、中部和东部的所有诸侯国，组成联盟联合抗秦。听说在有了这个想法之后，苏秦首先尝试说服他的领主周显王，随后又找到秦惠文王，但都不成功；他在赵侯那里较为成功，赵侯派他去分头游说每一个王侯；苏秦以他的口才说服了这些王侯，六国联盟成立，包括赵、韩、魏、齐、燕、楚，共同抗秦，苏秦成为联盟的首领，六国同时任命他为国相；他只需忠告秦伯就使得后者在十五年的时间里不敢侵犯周边的国家。不过苏秦的杰作因背叛而终结；他个人的对手张仪此时成为秦国的国相，张仪劝说联盟中的两员齐国和韩国进攻第三国赵国，即苏秦居住的国家；赵王恼怒，苏秦不得不逃亡燕国，联盟因失去首领而解散。这个被中国作家精心收录的故事只不过是一个历史小说，作于公元前3世纪中前后，是一个在秦国失宠的作家对其政治理念的诠释。这部小说充斥着年代错误且没有任何历史基础。参见马伯乐《苏秦的小说》（*Le Roman de Sou Ts'in*），刊于《亚洲研究》（*Etudes asiatiques*）法国远东学院成立25周年特刊，XX，127–141。这部作品汉代时仍存在，但现在已经失传；司马迁保留了这部小说的一些节选，见《史记》，卷69；《战国策》的不同章节中也有大量的片段。马丁（Martin）的《古代中国外交》（*Diplomacy in ancient China*），刊于《北京东方学会杂志》（*Journal of the Peking Or. Soc.*）II（1889年），241–262中有对这部小说的很好的总结；另见彭安多的《秦国史》，131–136。

652 有关宋国在（公元前）5世纪及4世纪的历史，见《战国策》，卷10（《宋策》），这里包含了几乎所有人们所知的宋国历史；《史记》，卷38，沙畹，卷V，239–247中针对这个时期只有一个宋国公的世系年表。所有关于宋康王的传说都是史上暴君如殷朝的武乙和纣等的传说的再现。这些（古代）传说是相互影响的，至少其中的一个有关帝王向天射箭的传说似乎源自伊朗，因此它传入中国的时间不会早于周朝末期。参见达马斯特（Darmesteter）的《宁录之箭——在波斯与中国》（*La flèche de Nemrod, en Perse et en Chine*），刊于《亚洲杂志》，VIII，v（1885年），220–228，书中特别强调了东方及远东传说的同一性，不过由于作者过分相信中国古代历史的真实性而做出错误的推论，提出了一个相反的传播方向（从中国传向伊朗），就此孔好古在他的文章中已说明这是不可信的，见孔好古（Conrady）《公元前4世纪印度对中国的影响》（*Indischer Einfluss in China im 4. Jahrh. v. Chr.*），刊于 *Zeitschr. der deutsch.morgenl. Gesellschaft*，LX（1906年），349。

第五部　古代文学与哲学

第一章
文学的起源

427(b51)中国古代文学的雏形最早出现在西周帝国末期。此时，在周宣王和周幽王才华横溢的朝廷里创作出了最早的诗句与散文形式的文学作品，同时最初的反映哲学思想的短文，虽仍有些幼稚，但也已经出现。文学的起源是宗教：古老的作品无一例外地带有宗教礼仪的色彩，是为了常规的庆典或特别场合的仪式所作的圣诗；或是为祭祖仪式而作的散文形式的礼仪文字及大型舞蹈的剧本 427–429；也可能是帝王隆重地向达官贵人授予职位时的纪要，为大史造册之用；还有模仿这些作品的伪作。至今我们仍保留着些许这段非常古老时期的作品的片段，它们在周朝时被称为“诗”和文（“尚书”），今日我们通常称它们为“诗经”及“书经”（这些作品早于墨子及孔子学派编著《论语》的时期，因为《墨子》和《论语》这两部作品都有引述《诗经》和《书经》）。

1. 诗歌

宗教颂歌构成了《诗经》的最后三部分，从古代就被称为“小雅”、“大雅”及“颂”。最古老的篇章似乎是在祭拜周王祖先的庆典上为配合舞蹈和音乐所唱颂的，时间上应上溯到周朝鼎盛时期，即（公元前）9世纪前后[654]。这些篇章为后期周王室本身以及各诸侯国的作品做出了榜样：根据某些佐证，我们所得到的宋国的颂诗作于（公元前）6世纪中叶；鲁国的则据说是鲁僖公（公元前658年—公元前626年）命人所作。这些作品的数量本是非常巨大的，但那些未被收录在《诗经》中的作品今日已经失传，只剩下一些关于禹的传说的诗篇片段，大概是为祭拜这位帝王时所作。这些作品并非全部用于宗庙的祭祖仪式，有些是模拟早期的作品，用于朝廷所有的礼仪庆典，包括宴会、射箭仪式、款待宾客等；也不是只用于定期举行的庆典，有时也为了庆祝 429–430 特殊的场合，正如周宣王令人用诗句书写他率军出征之事，大概就是为了庆祝胜利之用。

不管这些宗教颂歌用于什么场合，主题又是什么，它们都是根据同一类型构建的。诗节是固定的，不过诗句的数目各篇不同；诗句都很短，只有四个字组成，由于中文多是单音节字，也就是说诗句为四音步，极个别的情况下也会出现五个字的诗句——这大概是由颂诗所伴随的舞蹈的节拍（所决定的），舞蹈节拍迫使诗人使用了这种总体上的单调诗句，同时又带了几处例外[655]。这些诗歌中有些是不押韵的，但大部分押韵，不过押韵的方式并不规律，不同的押韵方法，如平韵、两句两句押韵中间又带着不押韵的诗句等，都会组合在一起出现在同一首诗篇中。

说老实话，这些宗教颂歌的诗歌价值并不太高：作者大多受限于音乐或舞蹈的要求以及韵律的单调；此外这些愿望和祝福用语、向神灵祈求的言语以及表达感谢的用语都需要使用惯常的固定用语，这也使得诗人无法做出改变；因此严格与宗教相关的部分是极其平淡的。叙述的部分就好很多，有些如同生动的画像[656]。

其余的诗歌并非长期单纯地为宗教所用，这样创作出来的诗歌形式也用于平民的主题：如一个朝廷高官（根据诗序，苏公的家族在西周担任要职）讽刺他的敌人暴公的讽刺诗[657]；广泛意义上的讽刺诗，讽刺那些诽谤者及阿谀奉承者[658]；或是抨击朝廷治理不善导致日食的诗歌[659]；抑或表达父母对孩子之爱的哀歌[660]；战士抱怨将军带他们打了败仗[661]的诗歌；以及寡妇的哀怨[662]，等等。这些作品不同于宗教作品，作者不用再拘泥于舞蹈节奏的限制，虽然作品的思想不算太深刻，表达手法也有些单调，但这些作品要好于宗教作品。它们作于西周末年，其中的一首准确地提到了公元前 735 年日食的时间，为我们提供了重要的参考依据[663]。

差不多在同一个时期，另一种完全不同的诗歌出现了：这是模拟大众生活的诗歌。依据年轻人在春天庆典上所歌唱的节奏和主题[664]，人们在（公元前）8 世纪和 7 世纪前后创造出了非常精致的宫廷诗歌，它们很快就获得了巨大的成功并在整个中原传播开来。这其中最古老的诗篇可以在《诗经》的第一部分《国风》中找到；《书经》中也收录了一篇；再后期一些的作品则被《左传》《国语》等引述。

这些诗歌比宗教诗歌更为自由：诗的章节并非总是固定的；虽然四字节拍的诗句还是最常见的，但也会经常出现一些不同长短的诗句，不仅有五个字的，还有更长的，如六字、七字甚至八个字的诗句，也可能更短，三个字、两个字甚至一个字的也有；这些诗句与常规的四字诗句交叉在一起，或这些（长短诗句）相互组合；韵律分布则与宗教诗篇差不多。

这些诗歌的特点是借用大众生活的主题和歌谣来影射当代朝廷生活中的事务。这些诗歌本身并非民间歌谣：来自不同诸侯国的诗歌都是用同一种方言写成，仅此一个事实便可以很好地证明这一点，但它们民谣模仿得非常接近。

（诗歌）这种文学形式的不幸之处在于当人们忘却了诗歌创作的背景 431–433 后，诗歌就会变得难以理解，而对创作背景的记忆很快便会被淡忘。评注家们浪费了很多时间试图找出那些诗句的意义但都是徒然：那段时期的历史为人所知的甚少，而且不止是历史，还需要知道朝廷的杂闻逸事。有些诗篇可能是有政治用意的，但更多的诗歌看起来都是爱情诗歌，讲述相约、谴责、断交、因爱伤感[665]、遗憾、抱怨、对年轻男女的描述[666]，等等；大众生活的主题只不过是掩盖着作者情感的一层薄纱——英法珍藏的诗歌也曾使用类似的手法。还有一些诗歌是记录某些场合的小诗，如某个公主的婚礼、孩子的出生、对公主和公子的赞美、一次高调的狩猎或一次胜利的出征[667]等。此外还有各种题材的诗歌：有赞美大树的诗句，据说在周武王统治的鼎盛时期召公坐在这棵树下主持公道；有些诗是来解释成语；还有些是家庭生活的小场景[668]……

2. 散文

史官派

几乎在同一时期，中国的散文由一个封闭的群体创作出来，这是个非常特殊的群体，即朝廷史官。我之前已经介绍过，史官的职责一方面是编写，另一方面是保存官方的文件，他们还负责准备宗教仪式和庆典的安排等。史官需要将行政、礼仪等方面的确切事件以精确的文字取代语言表述出来，正是从他们的这种努力中诞生了中国的散文，其优点在于准确干练，但它的枯燥确实有些违背了其纪实文献的本质；此外因史官工作中不同的需要还产生了不同的文体。

其实从一开始史官就要编写多样化的官方文件，这迫使他们创造出形式迥异的文字。为了编排大型舞蹈以配合对本朝祖先的祭拜活动，史官需要编写剧本，在剧本中将传说加以详细描述，要做到舞者所模仿的每个场景都要在剧本中有相应的解释。由此他们创作出叙述体；为了确保文字能始终跟随舞蹈的变化，这样的文体需要既简洁又准确。这些剧本中的一部，《大武》，是用来庆祝周武王战胜殷朝最后一个统治者的舞蹈，它有一半左右被收入到后来的古文献汇编《书经》中，并构成了《书经》的好几个章节，包括《泰誓》、《牧誓》、《武成》及《分器》[669]；另一部剧本的片段也确定收在《书经》中《商书》的前几章中，从《汤誓*》直到《汤诰》，这是用于宋国国公祭拜胜利者商汤时的舞蹈[670]；此外《夏书》中的《甘誓》肯定是崇拜禹时所用的剧本的一部分。

人们可以从某些描写的细微之处看到对舞者动作变化的必要解释：如“甲子日黎明时分，（周武）王一早来到商郊牧野，在此举行誓师大会。王左手握着黄色的钺，右手挥舞着白色的旗帜用于发布号令，王说到：‘你们远道而来啊，这些来自西方土地的人！’”（“时甲子昧爽，王朝至于商郊牧野，乃誓。王左杖黄钺，右秉白旄以麾，曰：‘逖矣，西土之人！’”）[671]。我们从《泰誓》的一段中也可以看到对舞蹈的描述 434–435（根据《礼

* 马伯乐原文作“T’ang tcheng”，但《商书》中并无此篇，疑为《汤誓》之误。——译注

记》的记载，这是第一幕的结尾）：“八百诸侯，不召自来；不期同时；不谋同辞；诸侯皆曰：‘纣可伐矣！’（周武）王曰：‘汝未知天命，未可也。’”“到了丙午日，王带领他的军队出征，前面的士兵敲着鼓，喊声震天，队伍持剑在手，前面的歌唱，后面的舞蹈；（他们的喊声）上天入地，他们说道：‘冷静些，不用担心；上天会为我们选择父母；人民会有政权，会有和平！’”（“惟丙午，王逮师，前师乃鼓，付鼓噪，师乃掏，前歌后舞，格于上天下地，咸曰：‘孜孜无怠；天将有立，父母民之，有政有居！’”）[672]

这些片段足以显示出这类文字（的特点），既有对舞者的礼仪性舞蹈动作所作的准确细致的描写，也有为了使观众了解英雄的思想而设的对白，两者相互交替。但古代文学中应归功于史官的并不止这些。他们职责中最重要的部分是编写官方文书，这令他们创造出文献体的文章。虽然行政往来文书、报告、信件等的样本都没能流传下来，但我们可以看到为授予职位或封地所作的更为郑重的文章；在这些文章中除了传统一成不变的固定用语外，史官还需书写事件纪要，列明日期、见证人（出席仪式的大臣或高官），简要地描述仪式的过程并详细记录帝王的讲话；原件被保存在大史的档案中，一份复本被交予（仪式的）受益者，后者通常会命人将其铭刻在专门为这个场合所特别铸造的青铜器皿上。记录一场官司的判决是比较难的文章，需要包括诉讼事件的概述、所采取的行动以及最终的判决或和解。所有这些文件的文体都必然是简洁的，直接陈述目的，没有修饰，有些枯燥但非常清晰[673]。

从上述这些文体中产生了一种真正的文学形式，即 435-436 以行政的文体来写作虚构的文章，作者可以自由发挥自己的想象力，展开描述大致确定的主题。有些人会选择以特别重大的宗教仪式为背景进行创作，人们所感兴趣的主要元素都融入在对宗教仪式本身的详述中，如此将舞蹈剧本的叙述体与纯粹的文献体结合起来。有好几部作品都属于这种类型，如《顾命》，由一个不知名的史官所作，借讲述周康王登基之名详细地描述了帝王的登基仪式[674]。在更多的情况下，作者对人物在宗教仪式中的言论比对整个仪式更感兴趣，这使得作者能够对政治、宗教或道德问题进行深入的阐述，作者很乐于在这个过程中表达自己的个人观点；由此又产生了各种不同的文学形式，其中记录帝王与大臣讨论政事的文章是最为简洁也是最为广泛使用的形式之一，它被认为最适合于展开讨论各种问题。人们写作出上古帝王对其臣子的讲话以及大臣与君王的对话：《皋陶*谟》和《益稷》以尧舜帝时期令人敬仰的圣人和贤明之口讲出了周朝不知名的史官对帝王行为举止的看法。哲学的最初元素在这些小册子中形成而中国人的观念也开始为人所知。不过很难对此给出一个时间，似乎应该上溯到周王已迁都东都并在新都城安顿下来的时期，即（公元前）7

* 陶，此处音 yáo。

世纪和 6 世纪前后，此时的周王仍幻想着能行使他的权力但实权已离他越来越远了[675]。

在一个难以确定的时期，这些文学作品中的一部分被收录到一部文集中（传统上这一工作被归功于孔子），但只有一小部分流传了下来，以《尚书》之名为人所知，又通常被称为《书经》。据说文集包括了一百篇文章，公元前 4 世纪时还曾做过一份目录（这份目录现在就成为 436–438 书序）；但超过一半的作品在汉代时已经失传，而当时所找到的文章又约有一半没过多久再次遗失，这部分作品在公元 3 世纪被伪作取代[676]，这些伪作笨拙地以古文字来重建原文；因此目前出版的《书经》大约只有一半的作品是原作。

史官通过这些行政文书形式的小册子逐步构建出一整套政治学说，特别是有关王权的理论，这套理论统治着整个中国的政治发展直至 1912 年的革命。

他们从当时的宗教思想出发，将这些思想用到君王身上以决定君王与上天及民众的关系。君王及其朝代的权力来自上帝，是上帝赋予了他们天命。能否保有天命并非君王或他的大臣所能决定，只有上天能决定一切；而“天命不易”，因“天不可信”[677]：君王如果依仗天命便不用心履行自己的职责就会失去天命。夏朝和殷朝最后的君王便是如此：并非上天预先计划要撤回他们的天命，而是他们自以为不会失去天命，在暴政中没有留意上天给出的警示；上天于是取回了赋予他们的天命，将其交给（商）汤和

（周）武王。要想保持天命，就要努力模仿开创朝代的君王[678]；毫无疑问上天对他们是满意的，因为是上天树立了他们。总之，君王始终要在上帝面前负责，如果上帝对其不满就会惩罚他，使他失去天命；而且上帝在行事时并无任何专断或宿命的成分：是君王每时每刻的举止决定了他的命运。

《皋陶谟》一文就详细叙说了君王举止的要点。皋陶认为最重要的在于知人善用，在于安民，但对此禹反驳到："要想做到这一切，对于上帝来说都是很难的"（"咸若时，惟帝其难之"），皋陶于是给出了解释。人们以九德来审视一个人：能够履行三德的人便能领导他的家庭，能够履行六德的便能领导国家；至于安民，只需严格按照上天所给与我们的去做就能实现：五项职责，即"五典"，用于处理人与人之间的关系；五种礼仪，即"五礼"，用于处理人与神的关系；对于那些违背了这两种条规的人就要处于五种刑罚，即"五刑"。不过这些是执行中的细节，最重要的是君王需要自我完善[679]，他的影响力（他的德行）是极高的；正是如此当蚩尤一开始作乱，所有人就都变成了盗贼、刺客、小偷，等等[680]。《尧典》的作者描绘了两位远古圣帝尧和舜，前者传播他的德行并仅仅以此就能够改变世界；而后者谨记要在合适的时间和地点做合适的事情，以合天意，也就是说不要让他的行为与自然界的现象产生矛盾[682]。

由此无论从政治的角度还是超自然的角度形成了一套王权王德的理论。这些尚有些分散的思想在（公元前）8 世纪时被重新系统化整理，体现在一部重要的著作《洪范》中[683]，其不知名的作者 439–440 试图将不同的道德规范以数字的形式罗列分类，并定义它们在人们生活中，特别是在君王生活中的位置。此处所阐述的理论被置于禹的庇护之下：它来自“洪范九畴”，是上天在禹治水时赐予他的，并由禹传给了他的后代夏人，又由夏人传给了殷人；它被殷朝最后一个君王的弟弟箕子传给了周朝的创立者武王。该理论的基础似乎一方面来自宇宙与人的对立，另一方面又来自两者的相互呼应。宇宙是人们可以感知的世界，这是因为有“五行”水、火、木、金、土的存在[684]；这些并非虚幻的物质，也不代表力量或权力，它们只是真实存在的、以此为名的五种物质，有着各自的物理特性：“水流动而下，火燃烧而上，木亦曲亦直，金可延展，土能播种和收获”（“水曰润下，火曰炎上，木曰曲直，金曰从革，土爰稼穑”）；这些特性会产生滋味：“润下作咸，炎上作苦”，等等。五行的互动在这里并没有做出解释；不过从这个时期开始产生了多种有关五行的理论：近代的一篇文献似乎就暗示了其中一个理论，根据这个理论五行是相行相克的[685]；《洪范》列举五行是按照另一种顺序，将五行所对应的四方两两相对，即北（水）、南（火）、东（木）、440–441 西（金），直至中心（土），因此它们的运动应该是顺序交替永不停息的[686]。在任何一种理论中它们都不会相互渗透及融合。

与物质世界相对应，人（的精神世界）也依赖于五个原则，也可能与五行相关，称为“五事”，即貌、言、视、听、思；与五行的每个元素一样，五事的每一样也有自己的特性：“貌曰恭，言曰从，视曰明，听曰聪，思曰睿。”五事也有它们的产物：“恭作肃，从作乂，明作哲，聪作谋，睿作圣。”

君王以治理国家的八种手段，即“八政”来确保五事按照五行的规律发展，这是每个君王的职责。“八政”首先是人日常的三大需要——一为食，即农业；二为货，即工匠劳作的产物，包括衣物、工具等；三为祀，通过祭祀人与神灵和祖先取得联系并寻求他们的保护。之后是协助君王处理民众事务的三位大臣：四为司空，负责划定封邑的边界，管理灌溉及道路等；五为司徒，掌管农民的文化生活，教育人们他们的职责并安排他们的生活和劳作；六为司寇，负责追捕罪犯。最后是君王与封臣的两种关系：七为宾，即和平；八为师，即战争。

由于精神世界与物质世界是完美对应的，八政的良好运作（精神世界 441-442）在物质世界中以“五纪”的正常运行得以回应，五纪即岁、月、日、星辰、历数。八政与五纪的对应因由“皇极”而得以实现，皇极也就是王室的权威，宇宙和人同时向皇极这个中心靠拢；而君王所处的世界中心的位置，加之他上通下达的特殊关系，都通过一个形象的语句表述出来：“天子作民父母[687]”，这句话给与世间统一与和谐，在其两个组成部分之间建立了必要的等级关系。

君王的行为方式称为“三德”，即正直、刚克、柔克，他们通过三德来执政，前者用于和平时期，刚克用于动荡的时期，而柔克用于和谐秩序的时期，并根据对象的特点而定：对于柔弱无力的人要用刚克，对于聪明的人则用柔克。当遇到困难时，通过龟甲和蓍草占卜来解惑可以解决所有难题。

既然物质世界与精神世界之间、宇宙与人之间有着绝对的和谐，人们总能通过八种验证的方法来知晓事务进行的好或不好：通过观察自然现象雨、旸（阳）、熯*（炎热）、寒、风是否在适当的节气来临就能判断朝政治理得好还是不好：君王为此要观察整年，贵族需要一个月，普通官员只需一日。雨水按时来临显示君王是严肃认真的，如果雨水不断则表示君王不公；炎热来得适时说明君王是明智的，如果炎热一直持续则显示君王是懒惰的；寒冷按时而来表示君王是勤于思考的，等等。

如果一切运行良好，人们最终会得到“五福”：寿、富、康宁、攸好德、考终命；如果运行得不好，则会有六种灾祸“六极”：凶短折、疾、忧、贫、恶、弱。这些都是经过君王从上天传给民众的，君王集五 [442–444] 福而传播给人们，对于六极自然也是如此。

史官并不仅是哲学之父。他们的另一项工作——对档案进行整理分类——成为另一种文学形式，史书的起源。大致是在（公元前）9 世纪和 8 世纪交替的时期，负责保管档案的大史开始以某种年代列表的形式编写目录，目录中有对所收藏的文件的简要

* 熯，音 yù。

描述和总结：这便是官方编年史的开始，这些编年史一方面保留了对于日期人名等的细致和准确，另一方面又极为枯燥，各种叙述之间缺少完整的联系。周王的编年史丝毫都没能流传下来，但鲁国编年史《春秋》的一部分被保存了下来：据说孔子拿在手中的正是这部书，孔子的学校也使用它来教授治理国家的学问；《春秋》涵盖的年代从（公元前）722年到（公元前）480年。秦伯的编年史因被公元前2世纪伟大的史学家司马迁收入《史记》中而得以留存下来。此外，本世纪281年在一次盗墓中偶然发现了梁国或魏国的编年史，编写于公元前3世纪，可惜的是流传给我们的已经是经过了多次修改后的版本。这些文献足以证明这种文学形式一经创立就不会有什么改变，而大史手中的官方史书也保留着从一开始就有的精准和枯燥的特点。

占卜派

散文并不都是从史官的工作中产生的。事实上，与史官同在朝廷的以蓍草占卜的卜官“筮人”[688]致力于编写蓍草占卜的规则而创造出了可被称为哲学体的文章。他们的作品被保留在《易经》中[689] 444–445，从一开始人们便可以看出这种文体的各方面，灵感的来源、方法、文体的习惯等都与大史及其作品不同；占卜派使用的是简明到有些晦涩难懂的语言，还充满了技术性用语；句子都很短小，相互间也没有任何联系。

占卜派使用的工具是一系列的六十四个卦符，（每个卦符是）

由六条线组成的图形，实线根据其所在的位置在技术上被称为数字 9 或 7，其余的虚线被称为 6 或 8[690]；每个卦都有一个名称。六十四卦的起源很明显是非常久远的，如同用蓍草占卜本身一样久远；整个中国使用的都是同一套卦符，名称也相同，宋国、晋国如此，在周朝和鲁国亦是如此，只是占卜用的卜书有所不同。卦符排列的顺序不是随机的：前两个卦符一个全部是实线另一个全部是虚线，另外有六个卦符线条排列的方式是对称的，因此无法颠倒（28–31，61–62），除了这几个卦之位，其余的卦符是双双成对的，每对的第二个卦符由第一个卦符颠倒而来，以第三卦和第四卦为例，前一个卦符最下面的线条变成了第二个卦符最上面的线条，以此类推[691]。

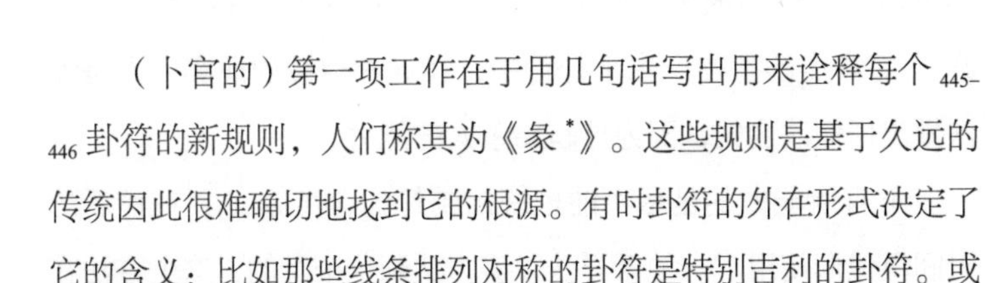

（卜官的）第一项工作在于用几句话写出用来诠释每个 445–446 卦符的新规则，人们称其为《彖*》。这些规则是基于久远的传统因此很难确切地找到它的根源。有时卦符的外在形式决定了它的含义：比如那些线条排列对称的卦符是特别吉利的卦符。或者由线条的相对位置（来决定它的含义）：如第四十四卦中唯一的一条虚线在五条实线下面，这意味着“暴力而强势的女人”。

* 彖，音 tuàn。

一组中互为反

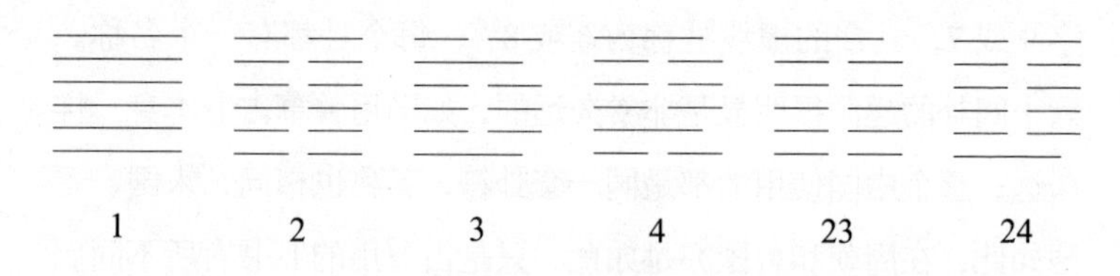

卦符

转的卦符有时也有着相反的含义，如第二十三卦和第二十四卦，但这种情况并不常见。一般来说，卦符的含义出自卦符的名称，它代表的是卦符名称所指代的事物。例如第七卦名为“师”，意即“军队”，它所表现的是行进中的军队；第十卦名为“履”，意思是“脚踩在一件物体上”，因此这一卦表现的是“一个人的脚踩在老虎尾巴上”，等等。不过卦符并不是事物的表象，而是现实中的事物本身[692]，这也是为什么占卜是“神授”的：占卜不是对表象或多或少准确的诠释，它是对真实存在的事实的洞察，将真实的事物产生于卦符中；在这种神授的现实中人是无法做出任何改变的，因为这超出了人的能力。

卜官所能做的是尽可能挖掘出卦符的含义 446–447：在稍后的时间里他们使用了一种新方法以努力达到这个目的，这个方法在于对卦符的每一条线进行分析，被收入在第二部著作《爻》中。这个（新）方法很自然地来自占卜的方法，因为占卜就是通过一系列不同的操作得到每一条线[693]，人们很容易认识到祖先想要表达的意愿赋予了每一条线特定的意义，而这些特定意义的汇总才是全部的意义，而不是仅从本身并没有特别含义的线条排列中突兀地得出一个结论。困难之处在于如何找到规律从而能够从卦符的整体诠释——传统所赋予的唯一诠释并为经验所验证——过渡到对每条线分别进行诠释。卦符中线条所处的六个位置中似乎有某些位置是更为重要的，此外，如果双数行的位置（从卦符最下面的线条开始数）是虚线而单数行的位置是实线，这也是有特别意义的[694]；但人们从来不会因为线条本身的形状、位置或不同位置的线条而给出一个固定的含义，或推导出一个解释方法将线条的意义向整体的意义靠近；（分析的）工作是取每一个 447–448 卦符来进行的，并不考虑其他的卦符。此外人们经常会人为地给整套卦符一个统一性，在每个段落重复卦符的名称或简单地指代它：比如第 19 卦“临”卦（靠近之意）和第 20 卦“观”卦（观看之意）中，用来解释六条线中每一条线的每一个段落都带有与卦名相近的字及不同的修饰语[695]。大致源于西周末年的《象》与《爻》[696]很快成为某种人们不敢触碰的典籍；它成为王室占卜的卜书，人们将它的创作归功于周朝圣贤的创建者周文王和周公[697]。

这些著作的简明和难度使得没过多久 448–450 就需要对其进行注释；注释作品有两部，一部为象而作，称为《象传》，另一部为爻而作，为《象传》，它们逐句对原著作了解释。不过这两部注书并不只是文字上的注释，它们还包含了以新的原则对卦符的含义所作的诠释，旨在消除在同一个位置的同一个线条在不同卦符里有着不同解释这样的随意性。这些卦符不再被视为一个不可分割的整体，而是一个组合体，由两个三条线的图形，即两个卦图组成，卦符的数量变成了基本的八卦，六十四卦则是由此八卦重复组合而形成。八卦或静或动。静止时两个卦图简单的比较就能够得出它们所构成的六十四卦之一的卦符的含义。例如第30卦，“离”卦由两个相似的卦图组成，其含义是“明”；作者此处所指的是最杰出的两个光明之源，太阳和月亮，“离”字是附着之意，整个卦符就被诠释为：“离为附着；太阳和月亮都附着于天。”（“离，丽也；日月丽乎天。”）又或者第36卦名为“明夷”卦，意即“光明受损”，它由两个单卦图组成，日在上，土在下；对此卦的诠释便是：“日没入地，光明受损。[698]”运动时，上面的卦图会经过变动变成下面的卦图，并在那里引入它自己的线条而不是正确对应原则所要求的那些线条。规则还要求（六十四卦）卦符中的第二条线和第五条线（这两条线尤为重要，因为它们是八卦图的中心线）一条为强（实线），一条为弱（虚线）或相反[699]；否则如第6卦，“讼”卦，它的这两条线都是实线，对此的释义是：一条强线（上卦的中心线）在（下卦中）占据了中心位置，引申的意义则为“彼此反对及阻碍”[700]。

由此卜官们通过蓍草占卜和六十四卦构建了一套理性和科学的占卜理论，这套理论能够令他们解释所有触及他们学科的事物，并且该理论在他们看来是经由长期的占卜实践得以验证的。

在长时间致力于这项纯粹技术性的工作之后，卜官在史官著作的影响下也开始着手建立一些有关良政的规则，而这些规则正是他们的学科可以辅助的，特别是对圣贤君王的定义：就这个话题，卜官曾为我们留下一部小册子，其中的片段被分散到另一部作品《象传》中，并成为《象传》中每一篇卦辞的第一段。卜官在朝廷中的职责会使他们对“圣贤君王”的问题产生兴趣，而且《彖》和《爻》的作者也都曾经提及这个话题，毕竟占卜是君王用来“解惑”的方法之一，也因此用来指引君王的行为，对占卜的研究理应提供确定及可行的原则以带出一个圣贤的朝堂。上天选出圣贤，其德行也是上天赋予的、与生俱来的，卜官们惊讶地看到在这些圣贤身旁那些致力于占卜研究的人能够完美掌握这些原则，通过努力这些人可以知晓圣贤自始至终知晓的事物，他们也能获取与圣贤相近的德行，当然要比圣贤的德行低一些；于是卜官们创造出一套特殊的用语，称前者圣贤为“大人”，后者为“君子”。这两者的行为是不同的，从《爻》中的一段我们可以看到他们是如何改变民众并指引民众向好[701]：“大人（所做）的改变（非常清晰）如同虎纹”；即使在问卜之前他也很有信心；君子（所做）的改变（大致清晰）如同豹纹”（“大人虎变，君子豹变”）$_{451–452}$。在他们之下是普通人，即“小人”，是被前两者带领的。

君子是很好地掌握了占卜原则的人，人们通过学习可以变成君子。这也是那本融入《象传》的小册子的作者试图阐述的思想，在他看来，每一个卦符都教授了人们行为的准则。“天行，健：君子以自强不息。地势，坤（坤卦）：君子以厚德载物。上天下泽，履（履卦）：君子以辨上下，定民志。天地交，泰（泰卦）：后以才成天地之道，辅助天地之宜，以左右民……”

“火在天上，大有（大有卦）：君子以遏恶扬善，顺天休命。”由此我们看到君子的形象：他学习先人的言行（第36卦），监督自身的举止并教育他人（第29卦），不带遗憾地离开这个世界（第28卦），培养自己的德行并传播于世（第30卦），从不迈出不合礼仪的一步（第34卦），改正自己的缺点（第42卦及第51卦），准备为理想而献身（第47卦）。这样的君子必然是君王，他制定历法，保有天命（第49、50、22卦等）；此外文章不同段落中统治者、君王和君子的称呼是自由切换的。

通过对六十四卦的研究人们得出了关于圣贤君王品德的全部要素，再通过对占卜的艰难地深入探究和全面的了解，人们便能够成为圣贤之人，至少是自己取得的级别稍低一些的圣贤，而非上天一下子赋予的那种；如此养成的君子能够给与这个世界它所期待的良政。也正是如此，史官派的思想加入到占卜派的哲学中，前者仍有些模糊的一些概念得以澄清；圣贤始终与王室的尊严联系在一起，不过圣贤分为两种，取决于它是否与生俱来还是后天所得；此外人们还确定了获得圣贤品德的方法。圣贤的形象从此树立起来。这些经过几代人默默无闻地努力而总结出来的思想成为孔子思想的中心，并通过孔子思想，经过数个世纪的变迁，成为整个中国思想的主导。

653 《史记》，II，85；IV，145，402；V，96，169，219，272–277；卷80（乐毅传记）；卷82（田单传记）；《战国策》，卷13，1a–4b（《士礼居丛书》刊本）。——这里也有众多小说元素被引入历史；不过我所做的简短概述在我看来是可以接受的。

654 其中的大部分都被归功于周朝的创立者武王和周公；但这种传统看法没有任何基础。在周朝末期，所有与政治、行政及宗教组织相关的文字都被认为是周公的作品。

655 舞蹈实际上比诗句更为久远。

656 见正文下标68处，那里列举的几段译文描述的就是王室宴会上喝醉的朝臣相互争吵的情形。

657 《诗经》，理雅各，343。

658 同上，346。

659 同上，320。

660 同上，350。

661 同上，298。

662 同上，411。

663 同上，320。

664 关于这些庆典，见正文下标115–119，236–237处。

665 《诗经》，理雅各，23。

666 《诗经》，136。

667 同上，10，21；19；22，25；36，129；131。

668 同上，26；84；134。

669 我们知道《书经》中现存的《泰誓》和《武成》并非原作；《泰誓》借助于古代引用得以部分重组（见理雅各《中国经典》，III，298–299中江声的重组）；从《武成》的原作中只留下几处不完整的引述。《分器》是《书经》中的一章，但它的名字只出现在序言中，其作品在汉代以前已经失传。——这四章分别代表了舞蹈一、二、三、五幕的剧本，第四幕和第六幕的剧本没有被收录进来。参加前文下标 259–262 处。

670 我不能说序言中列在这两章之间的所有章节都是这部剧本的一部分，但它们其中的某些是属于这部剧本的；原始的文献被分隔开，如同《大武》中的《武成》和《分器》之间被插入了《洪范》一样。对于宋国的舞蹈无法再进行深入的详述，因为我们对它的细节一无所知。

671《牧誓》（《书经》，理雅各，300；参见沙畹《历史的记忆》，I，223）。

672《泰誓》（同上，理雅各，298）。

673 一些古代铭文为我们保留了这些文章的样本。参见正文下标 86–87 处及注释（1）。

674《书经》，544–568。

675 在我看来，内藤（Naitô）先生（见前述引文）所推断的时间太靠后了，他将《书经》的写作归功于孔子学派并伴随着孔子学派在（公元前）5 世纪、4 世纪及 3 世纪的发展。

676 沙畹，《历史的记忆》，I，引言，CXIII–CXXXVI。

677《书经》，475，476（《君奭》），［ 顾氏，299 ］。

678《书经》，497，498，499，500（《多方》），［ 顾氏，312–315 ］。

679《书经》，70（《皋陶谟》），［ 顾氏，44 ］。——这些文字被认为是掌管刑法的皋陶及司空禹在舜帝面前的对话；如同其他与尧舜相关的章节一样，这一篇似乎也是较后期创作的。

680《书经》，590（《吕刑》），［ 顾氏，376 ］。

681《尧典》是一部短小的作品，大致写作的时间是西周末年，它构成了现在《书经》的前两章《尧典》和《舜典》。其实真正的《舜典》已经失传，原本《尧典》的第二部分在 5 世纪末时被某个叫姚方兴的人从《尧典》中分开并加入了二十八字的前言伪作，取名为《舜典》，一直流传至今（参见理雅各，《中国经典》，I，30）。

682 有关君王的德行，参见前文下标 144–148 处。

683 《书经》，理雅各，320–343。在戴遂良（Wieger）的《中国宗教信仰及哲学观点通史》（*Histoire des croyances religieuses et des opinions philosophiques en Chine*）第六讲，57–63 页有关于《洪范》及其所涵盖的思想的精彩叙述。我本人的叙述与其大同小异，不同之处在于我移走了所有使用阴阳理论所做的解释，因为在我看来阴阳理论的形成时间应更晚（见下文），同时也为了避免过于关注对评述的释义。

684 内藤（Naitô）先生认为五行理论是较后期的发明，是被加入《洪范》中的，我对此无法认同；同时我也不赞同本田（Honda）先生（前述引文 62，63），因此将《洪范》创作的时间推迟至（公元前）3 世纪到 2 世纪，或如新城（Shinjô）先生所认为的，《洪范》作于战国时期中叶，见其《干支五行理论及所谓的颛顼历》（*The Kan chih wu hsing theory and the so-called Chuan hsü Calendar*），刊于《汉学》，II，516。五行理论确定是一个古老的理论，只不过它在星相学、史学等方面的应用是较为后期的。

685 《书经》中失传的一篇但保留在《左传》，250 的文章给出了下列排序：水、火、金、木、土，这是五行相克的排序。这一段被录入在今文《书经》的一篇伪作《大禹谟》中（理雅各，56）。

686 有关五行与其相对应的四方的解释，参见葛兰言，《中国人的宗教》，118，不过在数字化的讨论中加入“系辞”在我看来是个年代错误。沙畹，《历史的记忆》，IV，219，n.5 中提出《洪范》所采用的（五行）顺序中有一个书写错误，应该回归到五行相克的排序，即将土放在木的位置；但我认为《洪范》的文字可由《逸周书》中的一段（卷 3，10b，第 28 段）作为佐证，两者的顺序是一致的。

687 《洪范》（《书经》，理雅各，II，393）。

688 至少在周朝末年人们编制礼仪时，朝廷的人员除了侍从、仓人和仆人外只有两个学士及四个史官（《周礼》，毕欧，I，410）。

689 现存《易经》由两部分组成，正文及七篇附录，这些附录经过随机地分类被中国人称为“十翼”；此处我只关注正文；有关附录，参见正文下标480–485及577处。《易经》有多部译本，但都翻译得很差—以这部作品的特点，几乎无法翻译。我引用理雅各的译本《东方圣书，XVI》（*The Yi King*）。

690 9和6是周朝使用的术语，被用在《易经》中；7和8是宋国的术语，用于该国的官方卜书《归藏》中；后者似乎也为晋国的卜官所使用并收在他们的卜书《连山》中，但这一点不是很确定，因为这部作品在汉代之后已经失传，人们所引述的片段来自一部伪作。

691 这种排列方式在我看来与中国人关于八卦两两重叠得出六十四卦的理论（见正文下标447–451处）相排斥，因为如果将六十四卦的卦符反转，得到的八卦图是完全不同的；如果中国人的理论是正确的，所采纳的顺序应该是基于六十四卦中的两个八卦图上下对调（应以此序列为例：3–40，4–39，5–6，7–8，9–44，10–45，11–12，13–14，15–23，26–24，17–54，18–55，19–45，20–46，等等）。

692 这种说法来自《易经》本身的语言，《易经》从来不会说某个卦符代表或象征了某样事物，而是这个卦符就是这个事物本身；译者从宋朝的评注家那里得到（象征）这种想法并经常引入到翻译中来。从附录中可以更清楚地看到这一点：当《象传》讲述乾坤时说到“乾道变化，各正性命”，“坤载厚物”，这里很明显指的是天（乾）与地（坤）本身，而不是象征物。

693 见正文下标190–192处。

694 整个卦符中的位置都被编了数字。因此卦符是作为一个整体来看待与诠释的。无法证明在如此久远以前已经能够通过两个八卦图的变动来解释卦符并且认为六十四卦都可以分解成八卦图。这是现代的古典诠释：虽然它们第一次出现是在《易经》的第一和第二部附录（《彖传》和《象传》）中，但没有任何理由在古文献的诠释中加入后世评注家的想法。只有一段似乎与八卦图有关：即坎卦开始部分的彖提到"习坎，重险……"但这么独立的一段文字在我看来不足以支持一个假设，且其余六十三个卦符都没有提到；卦符的对称已是一个足够的理由令人联想到"重叠"（如果评注家的说法是对的，那还需解释这个无法理解的"习"字，评注家给了它一个平日没有的但却是与占卜术语相接近的含义。参见《书经》，355及《书经》中遗失的但刊于《左传》，851的一段）。可参见哈斯（Haas）先生在《宗教历史教科书》（*Textbuch der Religionsgeschichte*）14页中尝试做出的不同解释，但他的尝试并不很令人满意。

695 这种排列使得哈雷（de Harlez）提出了《易经》的原始基础是一部六十四字字典的一部分的假设，他认为现存的《彖》是（字典中的字的）定义，而《爻》是一系列的例子，大都来自民间的叙事诗。这个理论近期又被孔好古（Conrady）及其弟子重提：参见何可思（Erkes）先生的《中国》（*China*），128（刊于 *Perthes kleine Völkerkunde*，卷 VII）；及更近期哈斯先生在《宗教历史教科书》（*Textbuch zur Religionsgeschichte*）［作者为雷曼（Lehmann）及哈斯］中国一章的第3页中以权威的方式阐明《易经》是一部"君王字典"（"Stichwörterbuch für Staatslenker"）。他尝试对第29卦坎卦所作的彖与爻的翻译（同前，16–17页）相当令人困惑，但至少清楚地显示出他对于现代"神谕"及古代词典学所做的区分非常武断，而这对作者来说是他研究的基础；例如哈斯先生认为该卦第六条线的爻辞"三年都没有成功"（"上六失道，凶三岁也"）为神示之语并将它从构成两句诗句的两部分中拿走，然而被拿走的这部分本身也是一句诗句，与前面的两句押韵，因此不应被分开。这就是哈斯先生想要做的区分，并将被他拿走的两句诗翻译成某种古代葬礼的习俗。

696 鉴于周王仍在其最早的封地岐山完成祭祀活动的事实（《爻》，第46卦，理雅各，160）以及各种可信性，我们被带回到很久远以前的时代，即周王放弃西都（公元前771年）时，或者可能是秦武公在（公元前）七世纪初攻克渭水河谷的时期。此外在明夷卦的注释中提及了箕子（《爻》，第36卦，理雅各，135），在我看来显示出《洪范》此时已经存在，因为《洪范》是唯一能证明箕子明夷的。《爻》所作的时间因此应在公元前8世纪，接近西周末年或东周初期。

697 指现存《易经》，无附录。

698 《彖传》，刊于《易经》，理雅各，216，219，228（附录I）。——请留意对卦图的解释是从上至下的，而对线条的分析则是由下而上的。

699 参见第13、16、21、33、37卦等，225，227，230，240，242等（《彖传》）。

700 《彖传》，219。

701 《易经》，168。

第二章

孔子、墨子及玄学家

1. 孔子

(b52) 455 在古代史官派和占卜派古老思想的基础上，孔子在公元前 6 世纪和 5 世纪交替的时期建立起了他的道德体系及政治伦理。

我们对历史上真正的孔子的了解非常有限，只有几个名字，几个日期以及他去世的地点；除此之外都是些真实性值得探讨的逸事。孔丘，字仲尼，于公元前 6 世纪中期 [702] 生于陬 * 邑，一个

* 陬，音 zōu。

强盛的小地方 456–457，此地由他的父亲统管。孔子的家族据说代表了宋国国公家族年长的一支，由此可以上溯到殷朝的君王。他们的第一个祖先将王位让给了自己的弟弟，为的是不想杀害篡位的叔父；他们的一个后裔因遭到强势的大臣仇恨而被赶出了自己的国家逃亡到鲁国，在那里他受到礼遇并获得了官职，这便是孔子的曾祖父。孔丘的父亲 70 岁结婚晚年有了这个儿子。年幼的孔丘由母亲抚养，过着清贫的生活；贫穷对于没有私人财富的臣子的遗孀来说是很平常的事；他们只有一小块分配给他们的土地可以耕种；孔子后来将他所掌握的多方面的实用技能归功于这段贫困的日子："我年少时贫贱，所以学会了很多技能，但这些都不是什么重要的事。"（"吾少也贱，故多能鄙事。"）[703] 接近（公元前）6 世纪最后几年时发生在孔子身上的事我们一无所知 [704]；此后，似乎经过多番犹豫，孔子接受了季孙家族大臣阳虎给他的一个官职；阳虎借他的主人、卿士季意如（平子）457–458 之死囚禁了季意如的儿子季斯，为自己夺得了季氏所担任的卿士之职（公元前 505 年），此时的阳虎可能正在努力将那些并非季氏门客的贵族拉拢到自己身边。当阳虎这个篡权者失败并逃亡后（公元前 502 年），孔子可能出于退而求其次的想法，曾一度想过委身于阳虎身边另一个大臣公山弗扰，此人仍占据着季氏的主要领地费邑，并希望孔子前去；孔子的朋友、季氏门客仲由（子路）劝阻了孔子，好像还帮他与季斯（桓子）和解，此时季斯刚刚担任起世袭的卿士一职，孔子便效力于季氏 [705]：有历史显示孔子最初担任的职位是中都宰，中都是季氏的一个城邑，之后他得到了朝廷的官职[706]；孔子曾受命出使齐国，如果从齐景公接见孔子时给予他的排位来看，孔子享受了大臣中很高的礼遇。季斯之死（492年）打断了孔子的仕途：季斯的儿子、继任者肥（季康子）并未如父亲一样恩宠孔子，出于某些不知名的原因，孔子不得不辞任 458–459，甚至离开鲁国。后期儒家学派不希望就孔子失宠之事置若罔闻，于是使用了老生常谈的朝廷中的女色会带来不祥的说法来讲述孔子离任的原因：据说齐侯及其大臣担心鲁国在孔子的正确指引下会成为帝国最强的国家，而齐国会因此受损，于是齐侯给鲁定公送来了八十位乐师和舞者，鲁定公接受了，在接下来的三天里他都没有上朝，朝中政事无人问津，孔子于是辞任。孔子在几个依附于他的门客仲由（子路）、颜回等的陪同下离开了鲁国，这些人之后成为孔子弟子中的核心人物。孔子的一生似乎都没有停止巡游，在卫、陈、宋这几个小国的朝廷中依自己的性情和王侯的款待程度而往复；他在旅途中经历了很多不幸（那些被列举的短小的不幸只不过是很早的时候所作），这使他有机会发掘圣贤的德行[707]。大致就是在这段时间里，孔子最终确立了他的执政哲学以及回归远古圣贤礼仪的思想，这些思想成为孔子学说的基石。也大概是从那时起，孔子开始在他居住的不同地方开办起真正的学校。由于孔子的弟子子有受到季肥的重用，他帮助孔子得到季肥的许可，孔子最终回到了自己的祖国。他在国都安顿下来，并不期望获得任何官职，孔子潜心组织学校和教学，他在旅途中所获得的声望和名誉为他带来了众多弟子。几年之后孔子就在那里故去。

对于这样一位在中国人思想发展过程中扮演了如此重要角色的人物，人们总是想要重塑他的道德画像，了解他的性格以及他如何能保持平易近人。可惜孔子被快速地理想化，使得人们的这种愿望 459–460 难以实现：《论语》中专门用于讨论这个话题的章节实际上描述的是一个理想之人，一位君子，并非一个真实的活生生的人物[708]。不过孔子的某些特点会从某些特殊日子里这样或那样的事件中显现出来，为我们所了解。孔子和苏格拉底一样有着某种家族的守护神，孔子的守护神是周公，周文王贤良的儿子，鲁侯的祖先，周公托梦孔子，给他提出建议，似乎也向他传递古人的智慧[709]。

孔子身后并没有留下任何著作；要了解他的思想就要从他的学校所传授的知识中去发掘。孔子的学校和当时所有师傅办的学校一样，是最严格意义上的学校：它坐落在第二个院子，即家中主厅堂所在的院子，院子的后面是通向内院寝宫的大门[710]。老师应该是面向南坐在厅堂中，厅堂有几级台阶使其高于院子，弟子们就聚集在院子里；老师授课的情形就如同王侯在隆重的朝会中向他的封臣颁布指令一样；而其他较随意的交谈时间老师则会与学生在一起。前来向孔子学习的弟子会付他一些报酬，但只要来到的学生孔子都会接受，就算报酬再少也如此[711]。在学习中，孔子特别要求他的学生要思考：他希望学生自己能完成他所要讲授的课程[712]。他的授课范围似乎是依据官方学校的框架[713]：这边结束了舞蹈、射箭及驾车，即夏季学期的课程，那边就开始冬季学期的课程，包括礼仪、音乐和文学。孔子让学生学习《书经》和《诗经》，特别是后者；他还举办真实的[460-462]礼仪课程，《礼记》虽然明显是较为后期的作品但其中的某些章节至少反映了孔子的教学方式。此外，有人认为是孔子首先使用鲁国官方编年史《春秋》作为政治科学和哲学的教材，他在教学中关于这些问题所作的许多评述都保留了下来[714]。《易经》也是孔子教学的一部分，一说是孔子在晚年时对这部作品产生了兴趣，将其加入其他传统书目中；一说《易经》之所以成为孔子教学的书目之一是因为孔子的弟子编写了《易经》附录的其中一部并对另一部附录做了评注。

孔子在他的学校里教授一套完整的课程，但这些学习内容有一个显著的特点，它们都是非常传统墨守成规的内容。孔子并不教授某一哲学学说：他授课讲解古代典籍、礼仪和政治，有时视课程情况而定他会向弟子阐述一些他的学说观点，但他的学说不应被视为一个新事物，而是由古代文献中自然得出的。正是如此，他拒绝所有具有创新性的思想：他称自己只传递（知识）而不作发明（“述而不作”）；他所创建的体系，不管其中包含多少新元素，在孔子看来都只不过是对古代圣贤思想的正确诠释而已，而其中所加入的个性化的内容始终被掩盖着。

孔子的目标[715]是统治民众的良政：这是对古代史官派及其

462–463 统治学说的延伸；至于每个个人，这是完全被排斥在孔子的研究范围之外的，如同史官所做的一样；个人独善其身的思想甚至从未在孔子那里出现过。统治者的德行是他的职责所赋予的超自然的影响力，是从“天命”而来的，是由它来决定民众的行为是好是坏。

“统治意味着做正确的决定。如果你率领人民走正确的路，谁敢做不正确的事呢？”（“政者正也。子帅以正，孰敢不正？”）[716]

这个主题以不同形式反复出现：

> “其身正，不令而行；其身不正，虽令不从。”[717]

与君王的每一项品德相对的是民众相应的品行：

> “季康子问应该如何做才能得到人民的尊重、忠诚以及努力向德。孔子曰：‘当王侯庄重地对待人民，就会得到人民的尊重；当王侯孝顺又富有同情心，人民就会对他忠诚；当王侯选用好的人而教育那些无能的人，人民就会努力。’”（“季康子问：‘使民敬、忠以劝，如之何？’子曰：‘临之以庄，则敬；孝慈，则忠；举善而教不能，则劝。’”）[718]

不过与君王的缺点相对应的也是他的臣民的缺点，君王要对臣子的不良行为负责：

“如果你没有贪欲，即使奖励偷盗人们也不会偷盗！”（“苟子之不欲，虽赏之不窃！”）

上级对下属的影响是无法被阻止的，如同自然界的规律：

“统治者的品德好比风，普通人的品德好比草：风吹到草上，草就必定跟着倒下。”（“君子之德风，小人之德草，草上之风，必偃。”）[719]

并不是君王做出的榜样引导人民变好[720]，而是他的 463–464 德行改变了人民：

“以德行治理国家的人就像北极星一样处在一定的位置，所有的星辰都会围绕着它。”（“为政以德，譬如北辰，居其所而众星共之。”）[721]

这样的德行只有在圣贤身上才是完整的；但在孔子生活的糟糕的时期，圣贤无法自我产生，不过至少可以向圣贤靠近，成为占卜派所定义的第二等级的圣人，即君子，这是不受任何阻碍的。

“人本身的品性是相近的，是他们所获得的品质将他们区分开。”（“性相近也，习相远也。”）

每个人都是可以改变的：

“只有最伟大的智者和最愚蠢的人不会改变！”（“唯上知与下愚不移！”）[722]

第一件要做的事就是要学习，占卜派之前已经肯定了这个说法，孔子也借用这个观点；不过孔子所说的学习完全是另一种方式，占卜在其中已不再扮演重要的角色：

“（希望成为）君子之人博学典籍，以礼仪约束自己，那么就不会离经叛道了。”（“君子博学于文，约之以礼，亦可以弗畔矣夫。”）[723]

但要选择学习的内容，因为：

“专注于异端教义的学习是危险的！”（“攻乎异端，斯害也已！”）[724]

应该学习的典籍是古代圣贤留下的文献，特别是《诗经》[725]；此外还需要礼、乐来补充学习的内容[726]。

学习并不是全部：为了成为君子，人们需要达到道德上的完善，其目的是掌握孔子学说的道德根基“仁”，即“爱人”[727]。464–465 君子的完善可以这个品质来总结：

“君子如果离开了仁，又怎么能满足君子之名的要求呢？君子即使是一顿饭的时间也不能背离仁！”（“君子去仁，恶乎成名？君子无终食之间违仁！”）[728]

这项品德应该是约束人与人之间关系的行为准则基础：

“己所不欲，勿施于人！”[729]

对父母的敬爱，“孝”，以及对兄弟的尊敬，“悌”，则是仁德的基础[730]：事实上，人们通过在对亲人的义务中实行仁德而学会将其扩大到其他人身上。这种仁德不是没有差异的，不是对亲人或外人都相同的对全人类的爱（在这一点上它不同于稍后的墨子所宣传的“兼爱”）；相反，仁德应是非常鲜明的对正确事物的赞同以及对恶的反感：

“子曰：‘唯仁者能好人，能恶人！’”[731]

实现仁德的方法主要是：

“克己复礼为仁。”[732]

所谓“克己”，就是要消灭自己身上对于别人的优越感，不自夸，不怨恨，不贪婪，虽然做到这些已经很难，但这可能还不足够[733]。而礼仪所划定的道德范围能够给予人们准确的指引：非礼勿视，非礼勿听，非礼勿言，非礼勿动[734]。由此可以看出礼仪在儒学中是极其重要的：它不仅是在人际关系的特殊情况下推行仁德的实用准则，由于它源自远古的圣贤，它还与生俱来地带着一种命令式的力量。

这些便是想要成为君子的人所需要做的465–467双重努力：学术上的和道德上的。学术本身是不够的：

“人而不仁，如礼何？人而不仁，如乐何？”[735]

智者能够清楚地知道他所缺的是什么：

“仁者安仁，知者利仁。”[736]

同时，道德上的努力应该排在第一位：

“弟子入则孝，出则弟（同‘悌’——译注），谨而信，泛爱众，而亲仁，行有余力，则以学文。”[737]

孔子将这种双重的努力以一个词语来概括：“修己”[738]。当君子完成了这样的修炼到达终点，他就与天降的圣贤几乎一样了。不过也还不是完全一样：

“生而知之者，上也；学而知之者，次也！”[739]

上者，圣贤；次者，君子。

不过这种个人的修炼并不是目的，而只是方法：

“子路问君子。子曰：‘修己以敬。’曰：‘如斯而已乎？’曰：‘修己以安人。’曰：‘如斯而已乎？’曰：‘修己以安百姓。修己以安百姓，尧舜其犹病诸。’”[740]

人们之所以要努力地完善自己，不是为了让个人受益而是要让全体民众受益（这与仁德相符）。而民众受益并非要求每一个人改变，每一个人的改变久而久之会逐步地变成一场整体的变革。事实上，在这里并不需要民众的智慧：

“民可使由之，不可使知之。”[741]

因此并不依赖于民众。改变只能由上而来，来自统治者，因为统治者拥有这种经过圣贤加持的美妙的权力 467-468，孔子也将此权力赋予他的君子。如果统治民众的君王或大臣是一位君子，那他一下子便能以他的德行重树世界的秩序：

> “如果一世有一个（真正的）君王，仁德将会统治。”（“如有王者，必世而后仁。”）[742]

由此可以看出，孔子的道义不适用于普通人：与他所处时代的社会一样，孔子的道义也是彻底贵族化的，它只适用于民众的主人；而只有当君子成为统治者的一员，他所付出的努力才能产生结果；如果他始终只是一个普通人，所有的努力都将付诸东流。但这并不意味着普通的大臣或一般的贵族无须修炼；每个贵族都有可能被统治者授予大臣的职责，他们应该为这种可能性做好准备，并非刻意要求，但以此为目的而修炼。

以上便是孔子学说的主要内容，就算不完全是孔子一人构想的，也至少是在他死后一个世纪人们仍在他的学校中教授的。除了圣贤和圣德在其中所占据的近乎宗教理念的重大影响外，它主要的特点在于它是一个社会道德体系，而非个人体系：人从未作为个体被考虑，而始终以他的社会关系，主人（君主或大臣）或庶民，来衡量。个人的完善在孔子学说中只是附带性地出现，作为一种君子养成的方法，而君子可能因其神秘的德行突然之间成为世间秩序与和谐的统治者。不过孔子学说也正是因此而独特：首先，它第一次在中国明确提出学术和道德是两个不同的范畴；其次，并非出自本意，在它研究君子行为的过程中描绘出了一些真正的个人道德的线条，在这个并不重视个人的体系中若隐若现。有些观点（特别是由于孔子学说与圣贤品德的古老理论相近）认为孔子与他非常欣赏的古代史官是联系在一起的，但另一些人则持相反的观点，认为孔子影响了他之后的更为独特的哲学家并预示出他们的存在。孔子使得中国的哲学走出了孩提时代。

2. 墨子

468–469 孔子的著述在（公元前）5 世纪被一个更为独特的天才，墨翟，所延续，人们也尊称他为墨子。人们对墨子一生的了解比孔子的还要少；唯一似乎可以肯定的——也并非不无争议的——就是墨子也出身鲁国[743]，以及他生活的时间为（公元前）5 世纪后半叶。不确定在何时何地，墨子成立了一间学校，正是他作为学校之长的声望为他带来了机遇：他弟子中的一位，鲁阳文子，是楚平王（528 年—515 年）的孙子、楚国司马子朝（死于 478 年）的儿子，鲁阳文子本人是楚惠王（487 年—430 年）的谋士[744]。这位公子沉迷于师傅的学说，让师傅来到自己的封地并带他一起上朝；甚至在楚惠王统治末期将墨子介绍给楚惠王[745]。不过与楚惠王的见面并不成功，墨子于是在公元前 5 世纪最后的几年回到了鲁国[746]。墨子将他的学校 469–470 长期地设在了那里，之后在公元前 4 世纪初去世[747]。

墨子并没有像孔子那般热衷于远古事物[748]；墨子很爱书，

对此人们也有些相关的调侃；据说墨子出使卫国时就带了满满一车的书。但他憎恨音乐，认为音乐是当时所有腐败及道德败坏的源头。墨子学说其中的一个特点是（对上天的）极度尊崇：他相信上帝的力量并[470–471]经常使用“上帝”这个较人性化的词而不用“上天”这个词；他相信死者有灵魂，并坚信亡灵无时不刻不在干预这个世界上的事物，为了事物向好的方面发展。不过墨子不喜欢外在的礼仪表现：他批判长达三年的服丧期并希望以三个月取而代之，他批评过于复杂及冗长的仪式，特别是其中的音乐。墨子所追求的是个人的信仰，其首要之处是要符合天意，因其个人主义的特征，他的信仰与中国古代群体的信仰相对立。这是墨家与儒家最大的不同；儒家认为礼仪本身是有价值的并热衷于礼仪的完成甚至忽略了崇拜的对象；墨子推崇的是信仰，而儒家推崇的是礼仪。

从文化的角度来看，墨子更是一个辩证论者，一个逻辑论者。首先，他会考虑逻辑思维的连贯性。在他之前的书籍中，一系列的段落之间互不相关，所要表述的思想随意而杂乱地摆放在那里，从没有一个整体的描述；例如《系辞》便是一部这样的作品，这部作品的时间略早于墨子。相反，墨子会如同授课般调配他的思想，将他学说中的要点逐一展开；在每一个章节中，他会尽量全面地诠释某一个特别观点，定义相关的用语并提出所有反对的意见。他并不满足于确认（某个事物），而是要加以证明，这在中国绝对是前所未有的。这也正是他的学校获得了巨大成功的原因之一。墨子的学校是一个真正意义上的学校，学生们来此学习辩论的艺术。他们很快从中受益，且受益匪浅。墨子死于（公元前）4世纪初，在他死后没多久，先是他的学校，之后是其对手的学校，都向中原世界灌输辩者的思维，即辩论术是一切之重，相关的思想反而成了附属品。虽然这些人滥用他们的导师所创造的工具，但这个工具确实帮了中国人一个大忙，令他们学会如何逻辑性地组织他们的思想。

现存一部厚厚的文集以《墨子》为名，包含53篇，分布在15卷中[749]。其中的10卷（第8–37篇）构成了 471–472 这部文集的核心，以老师直接授课的方式讲述墨子的学说：它们的风格如此统一，出自同一人之手，而这风格又是如此独特，因此不得不承认这是墨子本人所作[750]。此书的特别之处还在于每一篇都由三段不同的文字组成，但三者通常很相似；令人感觉有可能为同一人所作；但事实上由于墨子的弟子在（公元前）3世纪分成了三派，这三段文字应被看成是分别属于三派的不同文字[751]。

472–473 这些篇章都是以明确的演说体写成的：墨子坚持在他的课堂中保留这种他很擅长的口语演说形式。这使得这些文章时常显得节奏较慢又有些犹豫，此外还有这种形式必然会有的重复和冗长的句式。

除了这10卷大师在他有生之年亲自完成的作品之外，弟子们在他去世之后还收集了一系列短小的教人行为处世的文章，包括弟子间、与君王或与各种不同人的对话及讨论，与孔子的《论语》

属同一类型：这些篇章构成现存的第46到48篇[752]。第49和50篇是同样类型的小故事（类似《礼记》所收集的关于孔子的故事），但收录的时间更晚。第40–45篇是短小的逻辑学的教材，被认为是墨子所作，但收入的时间很迟，还附带了评注。此外还有学派里各种不同的作品被加在这部书的前后。由此墨子学派直至周朝结束的约两个世纪间的全部活动都被记录了下来。

墨子体系的根本是对孔子学说的逻辑性的发展，尽管有各种分歧，它还是紧贴孔子学说的。它们最主要的不同点在于墨子从不试图以古代圣贤的权威来为自己的理论辩护，而是通过推理和逻辑来解释。孔子虔诚地保留下来的史官和卜官对于圣贤、君子及其品德的古老观念被彻底摒弃；墨子只借用了孔子独创的、被视为君子最根本的品德的“仁”这个概念；墨子 473–475 将之发扬光大，推广到极致的“兼爱”，并赋予抽象的“德”以积极的影响力，而他的前辈一直将德归功于圣贤超自然的能力：（墨子认为），只要行德，一切都会变好。兼爱比孔子的仁意义更为深远：它不再是按照排行和阶级来爱人，并非当离自我和家庭的中心越来越远时所爱的人就越来越少；在兼爱中，身边的人和远方的人都被同等对待；有区别的爱，“别爱”并不是一种品德，它反而是不好的事物的根源；只有不作区分的爱才能拯救世界。

“圣人以治天下为事者也，必知乱之所自起，焉能治之；不知乱之所自起，则不能治。譬之如医之攻人之疾者然：必知疾之所自起，焉能攻之……当察乱何自起，起不相爱……虽至天下之为盗贼亦然。盗爱其室，不爱异室，故窃异室以利其室；贼爱其身，不爱人身，故贼人身以利其身。此何也？皆起不相爱。虽至大夫之相乱家，诸侯之相攻国者亦然……天下之乱物，具此而已矣。察此何自起？皆起不相爱……若使天下兼相爱，国与国不相攻，家与家不相乱，盗贼亡有，君臣父子皆能孝慈，若此则天下治……故子墨子曰：‘不可以不劝爱人’……曰：‘然！乃若兼则善矣；虽然，天下之难物于故也。’子墨子言曰：‘天下之士君子，特不识其利、辩其故也。今若夫攻城 475–476 野战，杀身为名，此天下百姓之所皆难也；若君说之，则士众能为之。况于兼相爱、交相利，则与此异！’……此胡自生？此自爱人、利人生与？即必曰：非然也。必曰：从恶人、贼人生。分名乎天下，恶人而贼人者，兼与？别与？即必曰：‘别也。然即之交别者，果生天下之大害者与？是故别非也……[753]’是故子墨子曰：‘兼以易别……’曰：‘即善矣，虽然，岂可用哉？……故兼者，直愿之也，夫岂可为之物哉？’今若夫兼相爱、交相利，此其有利，且易为也，不可胜计也。我以为则无有上说之者而已矣。苟有上说之者……，我以为人之于就兼相爱、交相利也，譬之犹火之就上、水之就下也，不可防止于天下……[754]”

这种兼爱的原则应推行到底，直至自我牺牲："杀一个人可以拯救世界，但这并不是有利于天下的；牺牲自己来拯救天下才是对天下有利的。"（"杀一人以存天下，非杀一人以利天下也；杀己以存天下，是杀己以利天下。"）

正是兼爱这个抽象的原则构成了墨子学说的核心，他以这个原则来衡量君王及其统治，批判他们过度的挥霍、劳民伤财的庆典以及他们强制臣民的久丧[755]：他希望 476–477 君王能回归古代圣贤的简朴生活，满足于粗衣淡饭；希望他们通过取消无用而奢华的音乐来简化礼仪。也是以兼爱为原则墨子将战争批判为"大为不义"的行为：

> "杀一人，谓之不义，必有一死罪矣；杀十人，十重不义，必有十死罪矣；杀百人，百重不义，必有百死罪矣。当此，天下之君子皆知而非之，谓之不义。今至大为不义攻国，则弗知非，从而誉之，谓之义，情不知其不义也……[756]"

只有实行兼爱，世上的一切才会变好。圣贤能够良好地统治世间是因为他们实行了兼爱；圣贤的影响力和良政也都归功于兼爱。人之初，每个人都希望自己的私念能取胜，自私统治着世界：父子、兄弟为了个人的利益相互争斗，如同原始的野兽。为了改变这一切，人们选出这世上最富有智慧、最好、最具贤能的人，立他为天子，并让其他智者协助他，从此秩序开始取代混乱[757]。

人们无须成为统治者或大臣，只有实行兼爱就会为世界带来幸福；兼爱有其影响力和自身的品质，不像孔子的仁德必须在统治者身上才有效。

“视弟子与臣若其身，恶施不慈？故不孝不慈亡有。犹有盗贼乎？故视人之室若其室，谁窃？[758]”

因此实行兼爱是每一个人的责任，以帮助世界得到幸福。

如何才能做到兼爱呢？这就需要实行“仁”和“义”。和孔子所说都一样，实行 477–478 仁义必须以道德完善为条件：

“必去喜，去怒，去乐，去悲，去爱，去恨[*]”

即去除欲望；“手足口鼻耳眼[**]，从事于义”。不过不能任意实行“义”，需要了解正确的方法。

“子墨子曰：‘为义而不能，必无排其道。譬若匠人之斫而不能，无排其绳。’”

在艰难地寻找方法的过程中，人们不应该拒绝他人的帮助：“子墨子曰：‘世之君子欲其义之成，而助之修其身则愠。是犹欲其墙之成，而人助之筑则愠也。岂不悖哉？’”[759]

为了找到道德完善的真正方法，孔子一味简单地研究古代，

* 《墨子・贵义》原文中并没有“去恨”，为作者所加。——译注

** 《墨子・贵义》原文中并没有“眼”，为作者所加。——译注

要么是研究以书面形式残留下的古籍，要么是研究传统保留下的未经加工的礼仪，墨子则与孔子不同。对于墨子来说，道德是更深层的东西，人们应该以天为榜样，“天之意不可不顺也[760]”。

然而什么才是天喜欢的，什么又是天所不欲的呢？墨子补充道：

“天欲义而恶不义。然则率天下之百姓，以从事于义，则我乃为天之所欲也。我为天之所欲，天亦为我所欲。”[761]

对于墨子而言，天便是上帝，是有人格的神，上帝无所不能，无所不知；他的眼睛是太阳，能看到一切，照亮一切，以至于：

“夫天，不可为林谷幽门无人，明必见之。”[762]

《墨子》中用了一整篇专门讲述这个顺从天意的理论，其主旨是要正确地诠释天意并按天意行事[763]。这正是人们需要学习，需要了解的，这才是人们应该找到的正确方法。正因如此墨子主张 479–480 哲学在于敬天神和爱他人[764]。对于墨子来说，敬天神并不意味着要准时完成常规的礼仪，而是要顺从天意，按天意行事，同样，爱他人即是兼爱。

总体来说，墨子所做的无非是跟随孔子开创的道路，但他更注重于独特性，少了些对古代的崇拜。墨子的思想比他的前辈更深入，他试图到达更远的境地，即所有社会关系的第一原则，他认为在他的“兼爱”思想中找到了这个原则。将兼爱作为道德的根源，墨子成功地将孔子认为无关联的各种元素结合在一个绝对一体且逻辑的学说中——而孔子是在意识之外的礼仪中寻找道德的根源，而又在意识之中，即仁德中寻找社会关系的根源。

3. 玄学家

正当孔子研究古代史官的著述并以自己的方式将其发展之时，古代卜官的著述为另一个学派所继承并加以深入发展，从中提炼出一套玄学理论。这个学派的所有建树都集中在一个小册子《系辞》中，现被保留为《易经》的附录之一。《系辞》的叙述不似教义，以其现存的形式是非常难以理解的。它主要由一些短小的文字组成，中间夹杂了一些评述的片段。此书的创作经历了相当长的时间，但最终全部完成应是在公元前 5 世纪末左右[765]。随后它被用作子思的儒家学派的经典书目 $_{480\text{-}481}$，而正是子思赋予了《易经》最终的形式；该学派的老师们所做的注释和添加的内容导致了《系辞》现存的不协调及不连贯的状态。

古代卜官始终认为六十四卦是真实存在的，如同可感知的事物一样；这是它们能够与现实世界完全对应的原因。不过他们没有解释占卜之物（卦符）与可感知的事物之间的关系，也没有解释相互间的对应是如何建立的。《系辞》的作者们也承认六十四卦的真实性，但他们意识到这种真实性与普通物件的真实性是不同的，因此他们设想将六十四卦放置在另一个理想世界中，这些卦符构成了那个理想世界的基本元素。于是，与物质构成的可感知的世界相对应，《系辞》的作者建立了一个占卜的理想世界；宇宙被构想成在两个层面中存在，一是物质的层面，那里的人及物共计 11520 件[766]，统称为“万物”；另一层是占卜的理想层面，那里有六十四卦。这两个世界同样真实，它们能够准确地相互对应，如同占卜所验证的，因占卜可随时从一个世界转向另一个世界。

此外，八卦的理论也得到补充。人们首先将它们按现有的顺序排列开，从中找出图形和意义完全相反的两个卦，轮流将这了两卦置于整列的顶端或尾端，如第一卦“乾”和第八卦“坤”（分别为三条实现和三条虚线，代表天与地），第二卦“兑”和第七卦“艮”（分别为一条虚线，两条实线和一条实线，两条虚线，代表泽与山）。

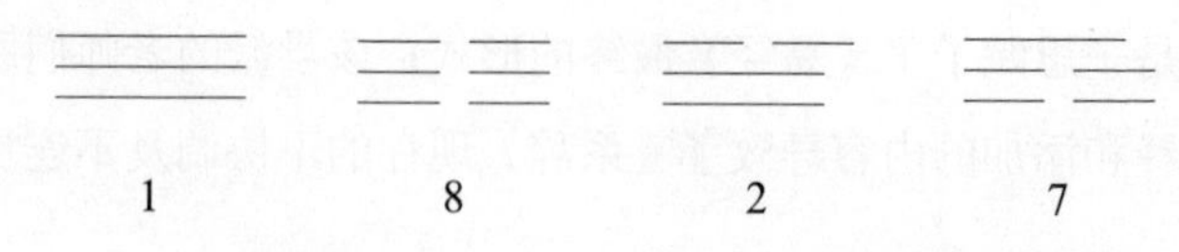

1　　8　　2　　7

随后人们设想将这些卦图排列成类似一个家谱的形状，以乾（天）为父，坤（地）为母，其余的依据其形状为子女；这样排列后八卦便由乾和坤而生，而更为重要的是六十四卦也都 481–483 因此来源于乾和坤，由这两者相互作用而生。《系辞》的作者正是以此为基础；不过由于世界是双重的，因此不能简单地说一切都来自八卦中的乾和坤，这适用于占卜的理想世界，但不适用于可感知的世界。此外，乾和坤代表天与地，但人们需要区分六十四卦中的乾坤与八卦中的乾坤，前者对应的是物质的天与地，而后者在某种意义上是天与地的原型。由此需要在天与地之外再做探寻：人们将八卦中的这两个卦为原型的概念用于物质世界，并给予由此扩展开的观点——两个哲学上的新名词，“阴”和“阳”[767]。阴（对应坤）和阳（对应乾）是两种物质[768]，各自有各自的品德，它们相互而生：

“（阴）生（阳）（阳）生（阴）之谓易”[769]；

相互转化，并由它们的转化产生出世间所有的事物。（阴与阳）往来不穷谓之“通”；见乃谓之“象”[770]。这一来一往还有一个特别的称谓：

“一阴一阳之谓道”[771]，

由此可以用“道”来更准确地描述阴阳转化之后的情形：

“是故形而上者谓之道，形而下者谓之器。”[772]

事物的“道”因此而连续 483 不中断；这是一个逐步转化的过程，从无形的道到有形的事物，中间还会经过无形但可见的阶段；物质世界的事物就由道终极转化而成；阴和阳并不是这种转化的主导力量，因为阴和阳本身就是道；在《系辞》中道从未被单独定义过，它始终与阴阳相关，是阴阳的总和[773]。

相应地，理想世界中的事物也由同样的转化而生成；在这个完全由线条组成的世界中，与可感知的世界的两个原始物质阴和阳相对应的是基本的两条线，虚线和实线，也被称为弱的线“柔”线和强的线“刚”线，两者为“仪”；转化的第一个阶段，即从无形转化为可见的“象”的阶段所对应的是线条的最初组合，此时还没有形成最终的形状，只是两条线的组合，称为“四象”；第二个阶段，即生成“器”的阶段，与此对应的是三条线的组合，即“八卦”，这是最初确定的占卜的图形；第三个阶段，即人与物明显区分的“万物”的阶段，相对应的最终的卦符六十四卦的形成。由这两个层面组成的宇宙可以通过某种图表来总结（见下表）。

	可感知的世界	理想的世界
不可见及无形：	两种物质，阴和阳，两者之和为道	刚和柔两条线，其和为太极
可见，无形：	象	四个两条线的组合，四象
可见，有形：	器	八卦
可明显区分的事物：	人或物，万物，总数为 11520	最终的图形——六十四卦

由于两个世界准确地对应，可以通过触及一个世界来改变另一个；不过凭经验也很容易知道要想触动可感知世界的 11520 个事物中的每一个从而改变了另一个世界是不太可行的，而六十四卦的理想世界则是有限的；懂得对六十四卦实行转化的人可以对484–485理想世界采取行动而他的行动会反映在物质世界。《系辞》的主人正是由此发展了他们的前辈占卜派的理论，他们认为圣贤是懂得占卜原则的人：圣贤对理想世界的六十四卦有着完整的理解，能够通过对理想世界进行改变从而改变物质世界；圣贤是完美的智者，可以其哲学助上天完成使命：

> “（圣贤）仰以观于天文，俯以察于地理，是故知幽明之故；原始反终，故知生死之说……与天地相似，故不违；知周乎万物，而道济天下，故不过。[774]”

《系辞》的作者们由此成功地创造出一整套玄学理论，其前辈的占卜技巧理论以及伦理道德学说都能从中找到相应的位置。玄学派的学说认为圣贤应该先通过对理想世界六十四卦的改变来改变物质世界，由于宇宙的统一，良政必然会因此到来。虽然这一部分观点很快就失去了说服力，但玄学派有关阴阳的理论却得到了迅速的传播；从（公元前）5 世纪末开始，阴阳理论为所有哲学家采纳，它直至今日仍支配着中国人的思想。

702 官方确认的孔子生卒日期，至少是截至1912年革命前的官方确认，分别为公元前551年和公元前479年。但这些日期远没有人们所认为的那样准确。关于出生日期，不同史料有不同说法，一说是鲁襄公21年（公元前552年）的十月（《穀梁传》，卷9，10a）或十一月（《公羊传》，卷9，12a），一说是鲁襄公22年（公元前551年），但没有其他细节（《史记》，V，289）。去世的日期根据我们所称的《春秋》后传以及据此在《史记》中的记载，被定为鲁哀公16年（公元前479年）四月己丑日（第26日）。有关孔子出生日期的分歧困扰着很多中国学者；朱熹选择了《史记》记载的日期，他的权威使得这个日期成为官方承认的日期；不过从18世纪开始相关的争论就一直不断。江永在《群经补义》中倾向于两传的日期，在这一点上狄子奇在他的《孔子编年》中也表示赞同；不久后，孔广牧在其《先圣生卒年月日考》中采纳了《史记》的年份、《穀梁传》的月份及《公羊传》的日期。不过总体而言现在的学者大都忠实于《史记》及朱熹。

事实上上述任何一个日期都没有确定性。关于孔子去世的时间，日和月是唯一可能准确的时间，它们有可能因每年同一时间的家族祭拜而被保留下来；年份则是稍后根据日月这两者重新计算的。由于（公元前）5世纪错误的日历与计算年份时（公元前4世纪到3世纪）的数学日历之间存在差别，所得出的天干地支周期中的日期与前述的不符，因为通过这些不断添加了闰月的日历（见正文下标612–620处）而重新计算出来的日期与5世纪时人们凭经验使用的真实日期之间是毫无共通性的。也有可能是（公元前）481年捕获独角兽的传说令人们选择了公元前479年，该传说被视为将有圣贤去世的先兆；这是因为公元前479年是在公元前481年之后第一次有己丑日出现在十一月。至于出生日期，两传中的日期似乎是后期才加入的：《史记索隐》（卷47，11b）承认因《春秋》及其评注都没有给出孔子出生的日期，其确切的年纪是不确定的；7世纪一位评注家陆德明也对此予以了确认，他指出直至他生活的年代有些《公羊传》的版本中都没有这些描述。天干地支的日期没法得到，而且更为谨慎的《穀梁传》的添加者将月份放在十月而非十一月。唯一来源古代的日期是《史记》中的日期，但没有月和日，这大概是要将孔子去世的日期依据传统所认为的孔子活了七十三年来与两传的日期相靠拢。与孔子相关的日期并不比与其他中国作家相关的日期更为准确；我们所能确定的是孔子生活在（公元前）6世纪后半叶及5世纪初期，再无更多细节；在我看来就算把传统认为的时间向后推迟四分之一个世纪左右也不会产生任何无法逾越的难题。

703 《论语》，82。

704 我尝试仅以《论语》为依据写出孔子的生平，因为《论语》是有关孔子的最古老的文集：毋庸置疑以这样的文献来重塑孔子的一生是很难的；不过它的优点在于它从不单纯陈述事实，而是以事实来解释或定位那些有关学说的对话，由此在某种程度上它摆脱了叙述性作品所受到的民俗主题或宗教主题过多的影响。此外我认为孔子（未被书写出来的）的生活是在《论语》写作之后很久才在学派中成形的，《论语》模仿了周朝末年风行的哲学小说。——在理雅各的《中国经典》，I，Proleg，56–90中有传统的孔子生平的很好的叙述，来自江永（18世纪）所做的工作：它包含了一些较后期的历史，大部分收集在《礼记》中；而第一个按年代编排的传记是司马迁在《史记》，卷47，V，283中所做的尝试；之后所有的作品都以此为基础。根据历史记载，孔子先是侍奉鲁侯，之后孔子的母亲去世，服丧期后孔子没有再担任官职而是开始着手于教育并开办了他的第一所学校；根据史料，在这个时期孔子还曾前往周王的朝堂。

705 孔子被任命为中都宰这个事实在《墨子》（卷9，39节，佛尔克，

409）中被清晰地指出并为历史所确认，但后来却被认为与人们心目中的孔子形象不符：人们无法接受孔子还曾侍奉过除了鲁侯之外的人；因此《论语》中所有与季氏家族首领对话的段落都被诠释为与鲁侯的对话，有时甚至违背了常识。有关与季氏的对话，参见《国语》（《鲁语》），其中有关于季康子的介绍，另见胡培翚《研六室集著》中对此所作的论述（《皇清经解》，卷 1302，1a）。

706 孔子学派给予了孔子很高的官位，先是司空，然后是司寇（《吕氏春秋》，卷 14，18b；《左传》定公元年，顾赛芬，III，490 中写道："孔子之为司寇也，沟而合诸墓"）。但这很不可信：这两个职位都是世袭的，前者由孟氏执掌，后者为臧氏。此外人们还让孔子在齐侯和鲁侯在（公元前）500 年夹谷会面时担任了相的职位（《左传》，776–777；葛兰言，《舞蹈与传说》，171–213）；并认为是孔子为了尝试重建君王的权力强迫大家族拆除他们的城邑（《左传》，781）。值得一提的是在这个时期鲁国官方编年史《春秋》中孔子的名字根本没被提及。

707 孔子在游历中所经历的四大磨难（宋人桓魋 命人伐木，孔子正在树下；被迫离开卫国；穷于商周；困于陈蔡七日）构成了一个系列——可与四方相对应：东（宋）、北（卫）、西（商与周之间）、南（陈与蔡之间）；中部没有相对应的代表——其顺序是在（公元前）4 世纪后确定的（《庄子》，卷 20，373；《列子》，卷 7，175）。

708 《论语》，X，91–100 页［CSS《论语》］。

709 《论语》，VII，5，60 页［CSS《论语》］。"子曰：甚矣吾衰也！久矣吾不复梦见周公。"

710 这便是弟子被称为"门人"的原因（《论语》，XI，14，106 页），亦或"门弟子"（同前，IX，2，80 页）。此用语在中文中很常见。

711 《论语》，VII，7，61 页［CSS《论语》］。

712 《论语》，VII，8，61 页［ CSS《论语》］。

713 关于学校，见前文下标 131–132 处。

714 指《公羊传》、《穀梁传》这两部评注以及《左传》中非叙述的部分。

715 我尽量以《论语》中的叙述来讲述孔子的理论，因为这是在孔子的学校中写成的关于孔子的最古老的对话录，我没有使用《礼记》中所记录的，原因是这一部较后期的作品受到了（公元前）4 世纪思想家的影响。就算《礼记》中最古老的篇章，如《中庸》《大学》，都有缺陷，其缺陷就在于将这些思想变成一种体制（孔子似乎从没有将他的学说变成为体制），从而带给我们经孔子弟子重新思考和修改后的思想。《论语》本身的价值仅在于它是一部原始反映孔子的作品：虽然较迟才汇录而成，但它代表了我们所能掌握的孔子学说的最古老的状态。

716 《论语》，XII，16，122 页［ CSS《论语》］。

717 《论语》，XIII，6，139 页［ CSS《论语》］。

718 《论语》，II，20，16 页［ CSS《论语》］。

719 《论语》，XII，18，122 页［ CSS《论语》］；XII，19，123 页［ CSS《论语》］。前一处引文出自同一个段落。

720 欧洲的译者认为“君王的典范作用可以改变人民”这个理论是孔子的［参见理雅各，《中国经典》，I，*Prolegomena*，106；德沃夏克（DVORAK），《中国宗教》（*China's Religion*），I，188 及其后段落，等］。但《论语》（及其后的《中庸》《大学》等作品）中没有任何文字提及君王的榜样能够成为民众改变的源泉。孔子的理论来自《洪范》以及当时有关王室品德的整体宗教思想，榜样之说与此全无关系。在《墨子》中出现了“民众通过模仿好的人从而改变自己”的理论。该理论后来被儒家所采纳，可在《礼记》的《坊记》中找到相关的叙述（顾赛芬，II，406–409，等）。不过《书经》的《召诰》中有这样的文字（理雅各，432）："他可以君王之位将他的德行赐予民众。在这种情况下整个国家的民众都会模仿君王，君王将变得更为显赫。"

721《论语》，II，1，9 页［CSS《论语》］。

722《论语》，XVII，2，182 页；XVII，3，182 页［CSS《论语》］。前一处引文出自同一段落。

723《论语》，VI，25，57 页［CSS《论语》］。

724《论语》，II，16，14 页［CSS《论语》］。关于这句话的含义有众多讨论，参见哈斯（Hass）《论语》（Lun yü）11，16，刊于《泰东》，初刊，145–164。

725《论语》，11，15，16，14 页。

726《论语》，VIII，8，75 页［CSS《论语》］。

727《论语》，XII，21，124 页［CSS《论语》］。人们通常将"仁"翻译成"humanité"（人性），大概是希望保留中文的"人"与"仁"两个同音字的文字游戏的痕迹；但这样的翻译使得《论语》中的很多段落变得难以理解。我借用了戴遂良神父在《中国宗教信仰及哲学观点通史》第 134 页中的翻译，将"仁"翻译成"altrusime"是对这个词最好的诠释。

728《论语》，IV，5，30 页［CSS《论语》］。

729《论语》，XII，2，115 页［CSS《论语》］；V，11，41 页［CSS《论语》］；XV，23，156 页［CSS《论语》］。后两段中这句格言出自弟子子贡之口。

730《论语》，I，2，2 页［CSS《论语》］。

731《论语》，IV，3，30 页［CSS《论语》］。

732《论语》，XII，1，114 页［CSS《论语》］。

733《论语》，XIV，2，140 页［CSS《论语》］。

734《论语》，XII，1，114 页。

735 《论语》，III，3，19 页［CSS《论语》］。

736 《论语》，IV，2，29 页［CSS《论语》］。

737 《论语》，I，6，4 页［CSS《论语》］。

738 《论语》，XIV，45，156 页［CSS《论语》］。

739 《论语》，XVI，9，177 页［CSS《论语》］。

740 《论语》，XIV，45，156。

741 《论语》，VIII，9，75 页［CSS《论语》］。

742 《论语》，XIII，12，131 页［CSS《论语》］。

743 有人认为墨子生于宋国，这应该是个错误；甚至有人认为他生于楚国，这是站不住脚的。墨子出身鲁国，这虽不是绝对确定，但可能性最大，也有理由成为最为普遍接受的观点；参见孙诒让，《墨子后语》，卷 1，1b；佛尔克，之前所引述书目，29。墨应为家族的姓，翟是他个人的名；但这也不确定。江永认为翟才是姓。参阅陈柱，之前所引述书目，5–8。

744 《国语》，卷 18，3a（《楚语》）。——此人真实的姓名不得而知：文子只是谥号。孙诒让先生在他的《墨子后语》卷 1，5a（佛尔克，见上述引文，8）中假设此人是司马宽，在公元前 478 年继承了他父亲子朝的职位，但这个假设可信度不高，文子可能是司马宽的兄弟。

745 《墨子》，卷 12，552。人们通常把（墨子与楚惠王）会面的时间放在公元前 438 年，唐代余知古的《古渚宫旧事》（《平津馆丛书》刊本）卷 2，15a 中有提及，似是引用比现存版本更为完整的《墨子》卷 12。但这个日期在引言的开始部分，应该是作者加上去的，因为《墨子》卷 12 中所有的故事都没有日期。不过，即使这个日期不能确定，它还是有一定可能性的，因为文中提到楚惠王年事已高，而楚惠王在公元前 430 年去世。

746 有一个故事讲述墨子召回在齐国任职的弟子胜绰，因为齐国在公元前 412 年，公元前 411 年和公元前 408 年三次进攻他的祖国鲁国(《墨子》，卷 13，10a–b，581）；在另外两个故事中墨子因齐国计划伐鲁而与齐太公及其将军项子牛交涉（同前，579），这里所说的大概是公元前 412 年到公元前 403 年间齐国对鲁国的入侵，因为田和在篡夺王位之前已经统治齐国很久；此处使用他的谥号太公只是因为写作这一篇文章的时间较晚，是在墨子死后很久由他的弟子收录的有关墨子的故事及回忆。这些日期与《非攻》中的日期并无矛盾，墨子在《非攻》中提到“此时”鲁国已被齐晋楚越四国瓜分；虽然晋国在公元前 453 年智伯被杀后已经消失于政治舞台，但官方承认的晋国分裂的时间是在五十年之后，在此期间，在一个远离晋国生活的人眼中晋国的威望还是很强大的。

747 《墨子》原作中令人联想到与此时间最接近的段落是墨子关于郑国人的一句话，他说“郑人三世杀其父”，这里指的是郑哀公（公元前 456 年）、郑幽公（公元前 423 年）及郑繻公（公元前 396 年）被杀。有一个故事（卷 13，49 篇，佛尔克，581）讲述墨子与鲁阳君讨论“郑人三世杀其父”，这里指的也是是郑哀公（公元前 456 年）、郑幽公（公元前 423 年）及郑繻公（公元前 396 年）被杀之事。鲁阳君如果真是公元前 478 年死去的司马的儿子，他不太可能谈论发生于公元前 396 年的事件（见佛尔克，581，注释 1），不过这个事实并不重要，因为第 49 篇是后期所作，有很多年代错误。而使用齐康公的谥号（卷 8，32 篇，佛尔克，369）也不足以证明有关音乐的篇章（32 篇，原作之一）作于齐康公死后（公元前 379 年），这应该是弟子在编辑时加入的；不过齐康公在公元前 404 年即位，因此墨翟之死不会早于 5 世纪末，正如佛尔克所指出的，27。至于与吴起相关的段落（卷 1，1 篇，佛尔克，162）以及他在公元前 381 年去世都不重要，因为这些段落为伪作，并与《吕氏春秋》中的故事相矛盾，参见陈柱，之前已引述的书目，12。

748 《墨子》对古典典籍所作的引述有一部分被陈柱收录，见之前已引述的书目，33–77。

749 《墨子》最初有 71 篇（《前汉书》，卷 30，15 b）；但 18 篇已失传。在保留下来的 53 篇中只有 24 篇（8–39，其中 22–24，29–30，33–34 以及 38 失传）可以被追溯为原作，但可惜是以经过改动的形式被保留下来；第 46–48 篇收录的是墨子的逸事和对话（类似于孔子的《论语》），大约汇编于（公元前）4 世纪过程中；第 49–50 篇是同一类型的文集，但更为后期；第 1–7 篇也是墨子学派的作品（陈柱也持此观点，见之前已引述的书目，21 及其后段落，此处的论点非常精彩；胡适和梁启超认为第 1–3 篇不属于墨子学派，我认为这是错误的，他们因此只选了第 5–7 篇），应该是作于 3 世纪；40–45 篇也作于 3 世纪，胡先生将它们归于墨子学派的一支，这似乎是有道理的，《庄子》33 卷的作者将其称为“别墨”（详情请见正文下标 537–541 处），其特长是辩证法；52–71 篇讲述的是防守和攻城的艺术，应该也是源自墨子学派的一支。参见胡适的《中国哲学史大纲》，I，151–152，及《中国古代逻辑方法的发展》，53–54（胡先生对墨子篇章的编号与我的不同，因为他改变了传统的编序，不计入已失传的章节，这个方法是有缺憾的）。

750 中国的学者通常是不接受这一点的，因为文中有“子墨子曰”的表述，由此中国学者得出结论这是墨子弟子的作品（如《四库全书存目》，卷 117，1a）。在这个时期所有的哲学作品中都有一个模式，是弟子在学习和传播这些作品时出于尊敬而加入的，但仅以此为理据不够有力，特别是每个章节的风格都有显著的统一性，就算不是全章，至少是其中的一些段落。

751 俞樾，《俞楼杂纂》，卷 34，17 b。佛尔克（见前文引述，22–23）采纳了这个可信性很高的假设；不过他还认为这大概是不同的弟子留下的三个不同口述版本，其中的部分差异是由口语转为书面文字时所产生。不过在当时口语与书面语应不会有如此大的差异。此外佛尔克先生也承认有原始文本的存在，如果是这样他的这个（口语与书面语差异的）假设就更不成立了，而且我们也无法理解学生有误的课堂笔记如何能够取代老师亲自所写的原始版本。在我看来（有三种版本）不难理解，墨子的弟子分成三个学派后，他们用这些文本作为教材，大致精准地传播墨子的思想加之后续老师们的评注和思考，最后形成了我们所看到的三个显著不同的版本。——关于墨子弟子的三个学派，见正文下标 529–531 处。

752 将这些篇章和墨子本人的作品相对照是很有意思的，可以看出这些故事如何很好地保留了大师的学说；可以此为指标来考量《论语》之于孔子教学的价值。

753 这里指爱自己和家人胜过爱他人及他们的家人。

754《墨子》，卷 4，佛尔克，240；理雅各，《中国经典》，II，Proleg，104–105。亦可在戴遂良的《中国宗教信仰及哲学观点通史》，211 中找到对此篇的简洁概述。

755《墨子》，卷 6，佛尔克，301。这是墨子学说中对深受孔子礼仪教义影响的后代触动最大的一点，参阅吴虞的《荀子所看到的墨子学说被忽略的一面》（*A neglected side of Mo Tzü's Doctrine as seen through Hsün Tzu*），刊于《汉学》，II，VII（1922 年），1–18。

756《墨子》，卷 5，1b–2a，佛尔克，267。参阅戴遂良，见上述引文，210–211。

757 同前，卷 3（12 篇），2b，佛尔克，219；参阅 2 及 13 篇。

758 同前，卷 4，3a，佛尔克，242。

759《墨子》，卷 12，4a；555，556（这一段的四处引述）。

760 同前，卷 2，4；173。

761 同前，卷 7，26 篇；315。

762 同前，卷 7；315。

763 同前，卷 7，26–28 篇；314–342。

764 《墨子》，卷 12，48 篇，n 4；566。

765 理雅各在他的《易经》引言，第 46 页中发现《系辞》的风格与《中庸》有相似之处，而且理雅各认同传统所认为的《系辞》为子思所作，因此理雅各将《系辞》成书的时间放在了（公元前）5 世纪后半叶。——阴阳的理论曾被《墨子》提及（卷 7，27 篇，佛尔克，324）；尽管这一段落属于原作篇章之一，也很难得出一个肯定的结论：由于它只出现在了三篇文章其中的一篇（这一篇和其他同类型的篇章一样共有三篇保留下来），因此有可能是写作这一部分的弟子后期加入的。

766 这个数字是将卦图和线条的象征性数字组合而成，参见理雅各，《易经》，368–369 注释。

767 这是两个常用的字，用来形容山脉或山谷背阴的一面“阴”及向阳的一面“阳”；它们在《系辞》中第一次以哲学含义出现。

768 人们通常将阴和阳定义为力量：参见铃木（Suzuki），《中国早期哲学简史》（*A brief history of early Chinese Philosophy*），15–16；戴遂良（Wieger），《中国宗教信仰及哲学观点通史》（*Histoire des croyances religieuses et des opinions philosophiques en Chine*）；胡适，《中国哲学史大纲》，卷 1，78–79；图齐（Tucci）的《古代中国哲学故事》（*Storia della filosofia cinese antica*），15 等。这是将现代思想强加于对此完全陌生的中国古代思想，是没有根据的。

769 《系辞》，见《易经》，理雅各，356。

770 同前，372–373。

771 同前，355。

772 同前，377。“器”的本义为“器物”，我用了“corps”（物体）来翻译这个字，因为我觉得器与万物之间的关系犹如简单的化学物体与日常各种人和物之间的关系；不过无须过多纠结于这个比较。

773 这里说的总和自然是在时间过程中的总和，而非阴阳相互交替的某一特定空间中的总和。道家学者是最先将道本身视为一个事实的，并由此改变了看待道的方式。

774《系辞》，353–354。

第三章

道家学派

（b53）486 大致是在墨子在世的最后几年间，一位不知名的作者写了一部名为《老子》的短篇作品，某一哲学学派的主要思想第一次在这部作品中出现，而这个学派在（公元前）4 世纪和 3 世纪之交时发出璀璨的光芒，甚至与儒家学派一起成为仅存的从古代废墟中延续下来的学派，在汉代的宗教生活中扮演了重要的角色，这个学派就是道家学派。

道家学派的创立应追溯到什么时期呢？它声称自己从始至终都存在着，是所有古代圣贤的教义，古代圣贤之一的黄帝有时甚至被人们视为《老子》的作者。我们可以确定的是，在（公元前）5 世纪末前后，一位神秘主义大师建立了一套以当时开始被世人广为接受的占卜派的玄学体系为哲学基础的相关学说，大师对该体系只做了些许改动，主要是有关苦行和自我暗示的做法，这些做法大多是模仿巫师而得来的[775]；这套学说第一次展示在世人面前便是在《老子》，也就是现在人们通常所说的《道德经》中。但作者的名字、出身、准确的日期[776]都$_{488}$无人知晓；大约一个世纪之后，该学派给出了老聃这个名字作为学派的代表人物，并讲述老聃在周朝都城长期担任王室藏书馆的史官，之后退居沛地（今山东南部），在那里建立了他的学说；据说孔子就曾前往那里拜访过老聃。虽然有关老聃生平的资料贫乏而不确定，但他个人的形象$_{488-489}$却因其自己的描绘而很好地展示出来，并使人们清楚地看到他那带着忧郁的隐匿的性格：

“众人都兴高采烈，如同去参加盛大的宴席或在春天里登台（眺望美景）；而我却独自静处，无动于衷，如同婴儿还不会发出笑声；我感觉伤感和疲倦，如同没有归宿！众人都有所剩余，而我却像失去了一切；我的思想如同一个愚蠢的人；混沌不清！众人聪慧，唯我懵懂；众人都能体察一切，唯独我这样迟钝。我仿佛被波浪推动着，如同无处停留。世人都有他们的用武之地，唯独我如同野蛮人般无能。我唯独与人不同的，是我懂得尊重食母（即‘道’）。”

（“众人熙熙，如享太牢，如春登台；我独泊兮，其未兆，如婴儿之未孩；傫傫兮，若无所归！众人皆有余，而我独若遗；我愚人之心也哉；沌沌兮！俗人昭昭，我独昏昏；俗人察察，我独闷闷。澹兮，其若海，飂兮，若无止。众人皆有以，而我独顽似鄙。我独异于人，而贵食母。”）

庄子是将道家学派的学说阐述得最好的作家，他生活的年代是（公元前）4世纪后半叶。庄子名庄周，据说出生于魏国东部。有些逸事故事将他与魏国的魏惠王（公元前370年—公元前318年）以及中山国的公子联系起来，该公子在（公元前）343年担任魏国大臣；庄子似乎还曾游历楚国[777]。以《庄子》为名 490–491 的著作并非全部由他所作：最后的四章应该是3世纪中期左右由他的弟子完成的；其余的，例如第十九章，似乎很久以前就已经失传，被其他著作的片段，特别是《列子》的片段取代或补充；不过绝大多数的篇章确定是原作[778]。庄子是古代中国最出色的作家：他的风格极具文采，对韵律有卓越的掌握，其灵活的语言可以体现出各种细微的差别[779]；他生动的想象力令他所写的所有故事都极富色彩及生命力；同时，庄子也可以被视为他所处的时代最深刻的思想家。

庄子似乎弟子众多并组成一个重要的学派：庄子之死也没有影响学派的发展，它至少延续到公元前3世纪中期。在这个时期，人们收集并刊印了学派中流传的所有文章，这些文章形式多样：有些是对庄子已经发表的文章的简单改写；491–492 其余的是庄子弟子的作品；人们将这些文章分成不同的章节，有些章节被收录到庄子的原作最后，另外的一些构成了独立的一本小册子，名为《列子》，取自庄子故事中一个或真实或虚拟的主人公[780]。如此编制而成的作品无论在风格上还是思想上都有很大不同，有些段落很精彩，而有些连平庸都谈不上。此外人们还编辑总结了当时不同哲学学派的教义，似是用来为道教辩护，这部分作品的片段一直保留到今天[781]。除了庄子还有其他道家神秘主义思想家自称是老子的弟子，其中一位 492–493 不知名的人士在4世纪末写了一篇颇具教义形式的短文并署名为老子及其所谓的弟子尹喜，后者又被称为关尹子，他曾陪同老子游历西域。这篇文章很快闻名于世；至少从目前保存下来的很短的片段来看[782]，它的主要思想与庄子的思想相同。

老子和庄子学派[783]有其独特性，它们不同于孔子或墨子的学派纯粹建立于智慧之上，老庄学派的根基是践行神秘主义生活[784]。老庄学派与所有古代学派一样，其目的是达成圣贤，但无论是知识还是哲学思想论辩都不足以达成此目的。

“黄帝在赤水北岸游历，登上昆仑山巅向南观望，返回后失落了玄珠。派（象征智慧的）知去寻找未能找到，派（善于洞察的）离朱去寻找未能找到，派（善于言辩的）喫诟去寻找也未能找到。于是让（若有若无的）象罔去寻找，而象罔找回了玄珠。黄帝说：‘奇怪啊！象罔方才能够找到！’”

（“黄帝游乎赤水之北，登乎昆仑之丘而南望，还归，遗其玄珠。使知索之而不得，使离朱索之而不得，使喫诟索之而不得也，乃使象罔，象罔得之。黄帝曰：‘异哉！象罔乃可以得之乎！’”）[785]

（老庄学派还认为）人们不可依赖于书籍，因书籍乃“古人之糟粕”[786]。推理本身也应该被抛开，因为它会遮掩靠本能得来的真正的知识[787]。真正的哲学其实并非对可感知的事物的了解 493–494，这些事物如占卜派已经指出的，是阴阳相生的不稳定的产物；真正的哲学在于对“终极实在性”的认识，这是超越可感知事物之外的，以及对老庄学派所称的“道”，即“绝对性”的理解；这种认识和理解是无法通过知识和学习获得的：“那些希望通过学习获得道的人必须寻找学习所不能给予的东西；那些希望通过努力获得道的人要知道努力所不能给予的。”

只有通过神秘主义的生活，在超越了所有时代所有国家的神秘主义思想家都描述过的重大阶段后才能得道。这些阶段包括：与外部世界隔绝的阶段；相对较长的克己的阶段，类似于基督教作者所写的“心灵净化”的阶段；之后是“沉迷”的阶段，有时以巫师鬼魂附身的通俗语言来定义，有时又被定义为意象本身；最后到达与道的融合，即“道集”。神秘主义生活除了冥想之外还包括了各种常规的练习，如呼吸的练习能保持年轻，还有同一类型的练习，如练习养身，能使人长寿[788]。

因此，加入道家学派和加入其他学派不同，不是简单的获得知识，它涉及一个人的整个生活，需要一个真正的转变，一种感悟，新加入的弟子能感受到真正的变化，之前普通的哲学平衡被打断，取而代之的是一个全新的状态[789]。

颜回说道:“没有得到感悟时，我还是颜回自己；得到感悟后，就不再是我自己了。”（“颜回曰：‘回之未始得使，实自回也；得使之也，未始有回也。’”）

这种转变之后是长期的心灵净化阶段，庄子称其为“心斋”：

“必须摒除杂念，专一心思。不用耳去听而用心去领悟；不用心去领悟而用气去感应。耳的功用仅只在于聆听，心 494–496 的功用仅只在于集中。而气是虚无的，能掌握终极的存在。只有与道结合的道集才能获得虚无。所谓虚无，就是心斋。”

（“若一志。无听之以耳而听之以心；无听之以心而听之以气。听止于耳，心止于符。气也者，虚而待物者也。唯道集虚。虚者，心斋也。”）[790]

总而言之，所有神秘主义者都需要做到的是：放弃并隔绝于外部事物，简化、统一并集中精神以使灵魂不受外界的干扰，这样的灵魂才能掌握实在性，立即并直接地与绝对联为一体。为摆脱外部影响所做的努力并不容易，如同一个人与自己的争战，一方面是被这种转变所唤醒的人格，老子称其为“天”，另一方面是普通的人格“人”，后者会自我保护，需要被征服。每个个体所表现出来的形式都不同：有些人放弃一切过上隐居的生活[791]；另一些人则认为无须前去荒芜之地生活，他们在自己的家中也可尽力修身养性[792]。对所有人而言，这个阶段是新弟子通过“治人事天[793]”而摆脱人为的影响达到返朴归真的“朴”的阶段。

做到这一点之后就到达了“虚”，沉迷是对长期艰苦努力的第一层回报：此时人们能感受到如同见到晨光一般的透彻，即“朝彻”，也能够见到独有的事物，即“见独”。此时人的呼吸会变得缓慢，人的躯体似乎与灵魂分离[794]；

“形如槁木，心如死灰[795]”。

所有不同的认知都消失或混为一体：

> “内外进矣。而后眼如耳，耳如鼻，鼻如口，无不同也。心凝形释骨肉都融；不觉 496–497 形之所倚，足之所履，随风东西，犹木叶干壳。竟不知风乘我邪？我乘风乎？[796]”

这个沉迷的阶段会不知不觉地将人带到完美的道集，在那里人的精神“入于无间”，与神融为一体，与神秘的天连在一起（“乃入于寥天一”）。直至此时人才真正“得道”，也就是说人们不再以短暂的沉迷与道结合，而是以永久的方式与道结合。但这并不意味着人们因此而了解道，因为道是不可知的：“道可道，非常道”；人们最多可以尝试通过比较来形容它：

> “大方无隅，大器晚成，大音希声，大象无形[797]”。

或如庄子所描述的：

"我的宗师啊！我的宗师啊！你毁灭万物但并不残忍，施恩万世而并不仁爱，生命长于远古但并不衰老，覆天载地、塑造众物之形而不灵巧。这就叫作天乐。"

（"吾师乎，吾师乎！赍万物而不为戾；泽及万世而不为仁；长于上古而不为寿；覆载天地、刻雕众形而不为巧。此之谓天乐！"）[798]

知天乐者就是道家所称的"圣人"，或又常以道家发明的词汇"真人"来指代。与道融为一体，真人便和道一样永恒而无所不能。

并不是道家学派所有的大师都能达到道集，但至少他们都完成了最初的几步：转变、心斋、沉迷。同时，神秘主义的经验支配着他们所有的哲学：从中他们得到玄学家所讲的独特之处，从中产生出他们的心理学，也是这些经验为他们提供了统治哲学的基本原则。

神秘主义的经验还教会道家学派的这些大师们以完全对立的两个层面来看待世界以及由此引申出来的人性的问题。这两个层面一是感官 497–498 所感知的事物，一是在神秘沉迷阶段凭直觉认知的事物。他们本可以像西方人那样从中发现精神与物质相对立的理论，但这种区分对此时的中国人来说是完全陌生的；他们只是满足于以占卜派的学说来诠释他们的经验[799]。如果说能够感知的事物，即世界的外部事物，对他们来说与对占卜派来说基本是一样的（在这一点上六十四卦并没扮演任何角色），事物通过阴和阳的循环往复相互作用而不断产生的解释也为他们所接受，那么通过直觉获得的认知给了他们过于清晰和强烈的统一印象，使得他们觉得没有必要在占卜派的二元论之外寻求他们在沉迷阶段直接获得的原始的统一。他们无须自己发明，占卜派至少给了他们一个名字“太极”，或如道家所称的“道”——道家的前辈也曾使用过“道”这个字，但占卜派使用“道”纯属为了方便，以此指代两种原始物质的最简单的组合，“一阴一阳之谓道”，并没有指出玄学的实质，而道家学派的神秘主义经验所产生的一元论倾向使得他们将“道”放在第一位，在阴阳之外，“道”从阴阳的最初产物变成了它们的源泉和基础，而阴阳由此而生。“道”因此成为沉迷和神秘道集的至高原则，相对于多变的物质世界，它是恒久不变的绝对实在；相对于多种多样的形式，它是单一的实质；阴和阳失去了具体的现实性，只是道的两种表达方式，通过作用和相互作用生成可感知世界的各种事物，“无形”的或是“有形”的。

这个理论从老子开始已经形成：“一生 498-500 二，二生三，三生万物；万物负阴而抱阳，冲气以为和。”［这里一是道，二（双数）是阴，三（单数）为阳。］[800] 不久后，庄子这样描绘：

“天和地是形体之中最庞大的；阴和阳是气中最庞大的；道可与（天地阴阳）相通……阴阳互相辉映、互相遮盖又互相调和，四季（因此）互相更替、互相产生又互相衰减。欲念、憎恶、靠拢、离弃带着各自的特点相互兴起，雌雄的分开、交合便从此刻产生。”

（“天地者，形之大者也；阴阳者，气之大者也；道者为之公……阴阳相照相盖相治，四时相代相生相杀。欲恶去就，于是桥起。雌雄片合，于是庸有。”）[801]

总而言之，万物的产生（这不是一次性完成的动作，而是处于无限循环中）来自通向道的状态，或是从静态的“阴”向动态的“阳”的转化；此外，这只是形态，是表象，实际上它是静止不动的。由此，道成为万物之源，“深乎！为万物宗”，老子如是说。他还说道：

“有物混成，先天地生，寂兮寥兮，独立而不改，周行而不殆，可以为天地母！[802]”

不过这是一个现实的源泉，其运行无休无止。

“大道氾兮，其可左右；万物恃之以生而不辞，功成而不有。[803]”

道是事物的实质。

“东郭子问于庄子曰：‘所谓道，恶乎在？’庄子曰：‘无所不在。’东郭子曰：期而后可。’庄子曰：‘在蝼蚁。’曰：‘何其下邪？’曰：‘在稊稗。’曰：‘何其愈 500–501 下邪？’曰：‘在瓦甓。’曰：‘何其愈甚邪？’曰：‘在屎溺。’东郭子不应……无乎逃物[804]”

圣人或真人就是由此得出他们与生俱来的超自然的能力：与道结合，与道一起分享自然，真人便如道一样无所不在，无所不入，通过对事物的实质“道”的改变而改变事物的表象，即可感知的事物：从道至万物是连续的，被称为“均”[805]。

总之，占卜派认为事物源自阴阳，即世上所有有形或无形的事物都必然是阴阳深入浅出的转化状态，老子学派则将其归于“道”，所有事物的本质都无一例外的是道，只是因阴阳虚幻的转变而显示出不同的表象；从“道”自身来看，它是唯一的实质，阴和阳是它的表现形式；从每一个具体的事物来看，“道”是其本质，人们通过感官所认知的只是其偶然性。

《列子》一书明确地指出世界是虚幻的并用“幻”这个字来定义世界[806]。而且所有的事物都不停地变换着，因而这个幻景也是处于不停的运动中的。

对个人来说，这些变化中最显著的、个人最为关切的是生与死。但生与死也只是一个表象，而非实质；生或死所代表的只是阴阳转化的一面，并无其他：

> “有生则复于不生，有形则复于无形……生者，理之必终者也。终者不得不终。[807]”

于是生与死便是恒久变换中连续的不可避免的阶段：

"死之与生，一往一反。故死于是者，安知 501–502 不生于彼？[808]"

又如：

"古者谓死人为归人。夫言死人为归人，则生人为行人矣。[809]"

又或者如庄子所做的绝妙的比喻：

"人生天地之间，若白驹之过隙，忽然而已。注然勃然，莫不出焉；油然漻然，莫不入焉。已化而生，又化而死……[810]"

还有一个通俗的谚语也表达出同样的意思：

"古者（有关生死）谓是帝之县解。[811]"

不过在这个充满虚幻的世界中，生与死只不过是无足轻重的阶段：就算我们活着的时候真的知道自己是谁吗？

"庸讵知吾所谓'吾之'乎？[812]"

庄子通过一个很有意思的故事来阐述这一点：

"昔者庄周梦为胡蝶，栩栩然胡蝶也。自喻适志与！不知周也。俄然觉，则蘧蘧然周也。不知周之梦为胡蝶与？胡蝶之梦为周与？[813]”

对于一个醒来时痛苦，睡梦中幸福的人，哪个状态应被称为真实的呢[814]？面对所有这些变数：生与死、梦与醒，真人都不予重视：

“古之真人，不知说生，不知恶死。其出不欣，其入不距。[815]”

列子指着路边捡回的一具颅骨对他的弟子说：“唯予与彼知而未尝生未尝死也[816]”；构成生物的元素会在他（它）死后变成其他事物，《庄子》中一个行将死去的人物这样说道：

“假如造物者（道）把我的左臂变成公鸡，我便用它来报时；假如它把我的右臂变成弹弓，我便用它来打斑鸠 502–503 烤熟了吃；假如它把我的臀部变成车轮，把我的精神变成骏马，我就用来乘坐。”

（“浸假而化予之左臂以为鸡，予因以求时夜；浸假而化予之右臂以为弹，予因以求鸮炙；浸假而化予之尻以为轮，以神为马，予因以乘之。”）[817]

一切都应归于本源而不必担心偶然发生的事情：

"工匠铸造金属，如果金属跃起说'我要成为良剑镆铘！'工匠必定认为这是不吉祥的金属。如果我一旦有了人的外形，便说'成人了！成人了！'造物者一定会认为我是不吉祥的人。如今把整个天地当作大熔炉，把造物者当作高超的工匠，我可以去往哪里呢！"

（"今大冶铸金，金踊跃曰：'我且必为镆铘！'大冶必以为不祥之金。今一犯人之形而曰：'人耳！人耳！'夫造化者必以为不祥之人。今一以天地为大炉，以造化为大冶，恶乎往而不可哉！"）[818]

为道家大师们提供了玄学基础的神秘主义经验还为他们带来了心理学的根基。正是神秘主义的经验使他们开始意识到"自我"；在此之前的学派将自我当作由自身而产生的事实，并未尝试对其进行定义；道家学派的大师们一方面界定了自我与其他事物的关系，如自我与其他的"我"不同（庄子将他人称为"彼"[819]），另一方面界定了自我与绝对的关系，自我不同于绝对。但如此定义的自我很容易使人困惑，它既是阴阳转化的产物，有着不同的形态，又参与到本源的自然中，能够与本源结合[820]。神秘主义经验能够给予"自我"的这种双重性质一定的解释：在自我身上存在这样两个不同的要素，一个寻求与道结合而另一个反抗道集。道家学派将构成自我的这两个要素分别取名为"天"和"人"[821]，庄子通过 503–505 比喻这样定义它们：

“牛马四足，是谓天；落马首，穿牛鼻，是谓人。[822]”

“天”是人的本质，是真实的本性，是人身上的道；“人”则是掩盖了实在性的所有表象，是文明、教育、礼仪、道德等造就出来的，它改变了人，令人失去如婴儿般的本性。这堕落的第一个源头是五种感觉：

“且夫失性有五：一曰五色乱目，使目不明；二曰五声乱耳，使耳不聪；三曰五臭熏鼻，困惾*中颡；四曰五味浊口，使口厉爽；五曰趣舍滑心，使性飞扬。此五者，皆生之害也。[823]”

这些感觉是祸害的根源，这是因为它们使人感受到不同，将人带向分化，从而远离道；而人的感情也只会带来分化。人们将“情”分为四类，每类有六种：先是激起人的意愿的感情（追逐高贵、富有、尊显、声名或利禄）；其次是扰乱精神的感情（改变容貌、举止、美色、辞理、气调和思考）；三是阻碍道德影响的感情（憎恨、欲念、自满、愤怒、痛苦和快乐）；四是成为道之障碍的感情（厌恶、同情、仁慈、自私、聪颖和才能）[824]。所有这些感情都可以用一对基本的词语来概括：即爱与恨，“好恶”；

---

* 惾，音 zōng。

爱或恨是一种选择，意即分化，是对道的背离。因此感情是属于“人”的，是为了达成圣贤而需要摒弃的东西之一。这也可以用来解释为什么道家的心理学历史如此之短，刚一起步就停止了：因为道家对分析“人”不感兴趣；他们更愿意尝试 505–506 分析神秘主义的不同阶段，即如何回归本性；但由于缺乏足够的对非神秘主义的普通人心理学的认知，他们的分析只能限于几个最重要的发展阶段，而无法像基督教、穆斯林或印度教神秘主义者那样分析意识的形态。

中国古代的哲学学派不能没有统治学说：道家有关统治者的理论自然来自他们的哲学体系。道家圣人及真人的统治应该以道为标准，因为真人与道是合一的。道以不动产生万物：“道常无为而无不为。侯王若能守之，万物将自化。”同时真人甚至要做到“无为”，避免以帮助他人或造福世界为借口使用他的超自然能力：

> “是以圣人处无为之事，行不言之教。”

庄子通过一个例子很好地指出了道家真人与孔墨君子之间的差别。黄帝在位十九年，他的法令在整个帝国实施，此时他听说广成子在崆峒山之巅，就前去看望他，并对他说：

> “我闻吾子达于至道，敢问至道之精。吾欲取天地之精，

以佐五谷，以养民人，吾又欲官阴阳，以遂群生。为之奈何？”

广成子回答说：

“而所欲问者，物之质也；而所欲官者，物之残也。自而治天下，云气不待族而雨，草木不待黄而落，日月之光，益以荒矣！[825]”

黄帝欲 506–507 有所作为，如儒家的圣人一样；道家的圣人告诉他这将会使天下大乱，如果想让世界恢复秩序，则应该无为。

有为是不好的，应让人们顺其自然，由于人固有的质朴，人自然能够与道合一，放弃“人”，自然而然地成为“天”。因此所有使人抛开原始的质朴的指令都是不好的。

“是以圣人之治，虚其心，实其腹，弱其志，强其骨。常使民无知无欲，使夫智者不敢为也，为无为，则无不治。[826]”

而理想的社会被描述为：

“夫赫胥氏之时，民居不知所为，行不知所之，含哺而熙，鼓腹而游，民能以此矣。[827]”

道家学派的体系无疑是古代中国哲学体系中最完整及最具相关性的。同时它所带来的影响在各方面都很显著：它不仅拥有众多弟子——在那个混战的年代，很多职业生涯受创的人（如诗人屈原）都成了道家的门徒；而且它的体系还作用于其他的体系，甚至是那些既不接受神秘主义实践也不赞同它的基本理论的体系。道家体系为那些更具实用性的学派，如杨子和法家学派，提供了一个玄学基础，它对这些学派的影响是巨大的；更值得一提的是，（公元前）4 世纪及 3 世纪的儒家学派，特别是孟子和荀子也从道家借鉴了很多学说。

775 在公元前 3 世纪中叶，庄子学派将神秘的道教创始人视为老子和关尹子(《庄子》, 卷 33, 305)；当时流传着一部据传是关尹子所作的著作，此书似乎在汉代时仍存在（《前汉书》，卷 30，12b）；老子前往西域游历及其与关尹的会面很明显都是出自这本书，关尹便是书的作者。由于庄子不知道这个故事而讲述了老子之死［《庄子》的一篇故事(卷 19, 357)中曾出现过关尹子的名字，但我认为这是从《列子》卷 2，85 中添加到卷 19 的，如同卷 19 大约三分之一的内容一样］，《列子》的作者反而知道这个故事（卷 3，107），因此我认为《关尹子》的写作时间很有可能是在 4 世纪末或 3 世纪刚刚开始的时候。老子出发前往西域的故事应该是这部哲学作品具有传奇色彩的引言，这在当时是很常用的方法。——现存的名为《关尹子》或《元始真经》的著作都是公元 8 世纪的伪作。

776 人们对《老子》的作者一无所知。我之所以使用“le Lao-tesu” 是因为可以确定有一本以此为名的书，但从来无法确定有一个被叫作这个名字的人，对于列子也是同样的情形。司马迁为老子所写的传记几乎是空泛的［《史记》，卷 63，1a－2a，由理雅各翻译于《东方圣书》（*Sacred Books of the East*）XXXIX，道教文献（Texts of Taoism），I，34–36；德沃夏克，见前文已引述的书目，2–3 页；费德尔曼（Federmann），《老子道德经》（*Lao-tse Tao têh king*），VII–IX，等］。有关老子学派在公元前4世纪末的记叙，见《庄子》卷3，229；卷7，265；卷13，313–315；卷14，325–329；卷21，381；卷22，393；《列子》，卷2，98；卷3，107，115等；也可参见《韩非子》，卷18，6a。老子被认为是与孔子同时代的人，略为年长过孔子（《庄子》，卷14，325–329）。司马迁赋予老子的名字为李姓、名耳，传统的旧名聃变成了他死后的谥号（现存《史记》还加入了一个字“伯阳”；但这个字出自河上公对《道德经》的错误评注，应为后期加入，因为唐代的引文中还没有包含伯阳这个字。（参见章怀对《后汉书》的评注，卷7，7a）。司马迁认为孔子的出生地为楚国苦县。我们知道在公元前2世纪中叶，汉朝创建者的孙子胶西王刘印的师傅李解声称是老子后人（《史记》，卷63，2a）：这个说法可能来自家族的簿记，家族世系表也是如此，还经解释《道德经》的学派作了如此评述；这个学派据说源自河上丈人，当时闻名于齐国和胶西，李解与其也有关联。上述有关老子身世的内容应无太大价值。即使我们接受这些内容也不足以将老子视为一个南国人、一个生活在北方中原人中的长江边野蛮部落的代表，因为这里所说的楚国是汉初的楚国，在江苏以北，而苦县靠近现在的陈州，古时属于中原诸侯国陈国。遗憾的是过于精炼的《道德经》没有反映任何历史事件，也没有提及任何名称，因此很难确定它的时间。不过从（公元前）4世纪末开始，《道德经》就经常被《庄子》《列子》《韩非子》等引述，这为我们提供了一个时间的下限；另一方面，在我看来对《道德经》最古老的引述应是《论语》中的引述，这就将时间带回到公元前5世纪末或4世纪初（见正文下标545–546处）；以《道德经》的语言和风格，它（创作的时间）不太可能再早于这个时期。我认为崔东壁（1740年—1816年）在他的《洙泗考信录》中将《道德经》

的成书时间放的过晚，将它放到了杨子及其弟子的时期，也由此《道德经》的作者成了与庄子同时期的人。妻木直良（Tsumaki）先生的《道教研究》（*Study on Taoism*），［刊于《东洋学报》，I（1911 年），1，第 9 页］则满足于将《道德经》的时间模糊地置于孔子之后及韩非子之前，即公元前 5 世纪及 3 世纪之间。这部作品的真实性遭到翟理斯（Herbert Giles）先生的否认，他的文章《老子的遗迹》（*The Remains of Lao Tzû*）引发了一场激烈的论战（可在德沃夏克 Dvorak 前文已引述的书目 17 及其后文字中找到相应的概述）；翟理斯认为《道德经》应被视为公元前 2 世纪末的伪作。他的论据不是很有说服力，充其量只是证明了一个众所周知的事实，即在公元前 3 世纪除了《道德经》之外还流传着其他几本或被认为老子所作，或是关于老子的书籍，而当时的作家们也有引用这些书目的片段。

777 这是我们对庄子的全部了解。他的名字曾多次出现在他的作品中。中山公子牟在 17 篇，345 页及 28 篇，461 页中被提及；参见正文下标 371 处。18 篇，353 页暗示庄子前往楚国；魏惠王（公元前 370 年—公元前 318 年）以其名“罃”指代（在他身边的齐王名为我们没听说过的“牟”，这个名字大概是经过修改的），与《史记》卷 25，431 页讲述的公元前 314 年—公元前 310 年前后的犀首（公孙）衍同时期（翻译中没有标注特定称谓）：因此这一篇应作于（公元前）4 世纪的最后二十五年间。17 篇，341 页讲述的是燕哙王（公元前 320 年—公元前 314 年）在公元前 316 年让位给他恩宠的一位大臣，以及哙王之死及齐王在公元前 314 年攻克燕国，燕国灭亡（《史记》，IV，142），这将我们带到（与前一篇）相同的时间。至于极具争议的第 10 篇，277 页的一段讲到自从公元前 481 年齐侯被田成子（恒，见正文下标 374–375 处）杀害后，田氏后裔共十二代占据了王位，但与庄子同时期的齐闵王只是田恒的第八代后裔，人们由此认为这一篇是后来加入的，甚至怀疑这一篇的真实性；不过最后一位齐王建（公元前 264 年—公元前 221 年）本人只不过是田恒第十代后裔的代表，致使十二这个数字放在哪个时期都不对，而我们所能得出的结论就是如果此处无文字错误，那就是作者搞错了。相反，第 30 篇全篇以“昔赵文王……”开篇，将统治时间为公元前 298 年到公元前 266 年的赵王放在过去式，在我看来这一篇不应归于庄子，而是他的弟子所作，最后三篇 31–33 大约也是如此；而 29 篇《盗跖》经常被无端质疑，但肯定是原作。至于第 19 篇，大约三分之一的内容是从《列子》卷 2 节选而来的故事，其风格与庄子截然不同：这大概应被视为对脱文的补充。总而言之，《庄子》应是作于（公元前）4 世纪最后的几年，不过这部著作在之后的半个世纪中一直得到添加。这在《吕氏春秋》卷 33，7a；卷 14，21b，22a 中已被提及（公元前 3 世纪）。

778 现存《庄子》为 33 篇，汉代时为 52 篇，但我们无从确定这是由于对作品的不同划分，还是其中的 19 章确实在公元 1 世纪至 4 世纪期间失传。同样也很难知晓内经（1–7 篇）、外经（8–22）及杂经（23–33）的划分可上溯到几时。公元前 742 年此书被尊称为《南华真经》。

779 贾柏莲（G. Von der Gabelentz），《庄子的文字对中国语法的贡献》（*Beiträge zur chinesischen Grammatik, Die Spräche des Chuang-tsï*）(Abhandl. d. Sächsischen Gesellesch. d. Wiss.，1888 年)。

780 列子是否真有其人是备受争议的话题：刘向所作的序言中称列子名为御寇，并认为他于公元前 7 世纪末生于郑国。如果这个人确实存在，他与这本以他的名字命名的书应没有任何关系，因为这本书比他生活的年代晚许多。这在唐代已为人所知，柳宗元在《辩列子》中就提议将序言中的郑穆公（公元前 627 年—公元前 606 年）以鲁穆公（公元前 403 年—公元前 377 年）取代。现存《列子》共八章，但第七章疑为汉代编者错误引入，实为杨子（见下文）著作的一部分；第八章是各式逸事合集，有些是《庄子》或《列子》前几章内容的简单变体，有些则没有清晰的哲学内涵；因此只有前六张章值得研究。《列子》（73 页）中曾引述《国语》卷 1、卷 15，8 a（《晋语》）的片段或更确切地说是引述《国语》的某一参考书目；77 和 161 页还引用了《晏子春秋》卷 1，20 b、卷 1，19b；第三章的 105–107 页似是来自《穆天子传》，109 页引用了《周礼》的一段；不过这些文字都没有清楚的日期因此很难被用作准确的参考依据。邹衍只被提及（卷 5，143 页）生活在 4 世纪下半叶或 3 世纪上半叶。最近期的年代出现在卷 2，103 页，其中以谥号提到宋康王（328 年—286 年）。此外，《列子》还曾被《吕氏春秋》（卷 9，7 b–8 a、卷 16，5a–6a）引述（3 世纪后半叶）。最近北京大学教授马夷初在他的《列子伪书考》（《国故》，1919 年，no 1 和 3）中试图说明《列子》是一部伪作，由王弼及其学派作于公元 3 世纪末；武内（Takenouchi）先生较轻易地在其《列子的研究》（*A textual criticism of Lieh tzu*）中反驳了这篇文章［《列子的研究》刊于《汉学》，I，1920 年，no 4，1–16 页］。

781 它构成了现存《庄子》的第 33 篇。

782 《列子》，卷 4，128；《庄子》，卷 33，505。作品共有五篇（《前汉书》，卷 30，12b）。

783 《道德经》因其篇幅短，难以从中提取出有关老子学说的论述：德沃夏克（Dvorak）、史陶斯（Strauss）及格利尔（de Grill）等人的尝试都不太令人满意。我倾向于从《老子》成书的时间直至《列子》的写作时间这一个半世纪的时间来看待道家学派整体的有规律的发展。

784 马伯乐《〈老子〉和〈庄子〉中的圣人和神秘主义生活》（*Le Saint et la vie mystique chez Lao-tseu et Tchouang-tseu*）（此处没有提及的出处请参考我的这篇文章）。——最近胡适先生在《古代中国逻辑方法之进化》（*The development of the logical method in ancient China*）

142–148 中尝试以反论的方法将庄子学说解释为一个逻辑体系。

785 《庄子》，卷 12，296–297 页。

786 同前，卷 13，317 页。

787 同前，卷 22，395 页。

788 《老子》，52 章，49 页；参见《荀子》，卷 1，17a。

789 发自内心的感悟不是一种程序，不能在加入学派时强求：时间到了它自然就会产生，或早或晚因人而异。庄子的转变发生时他已经是一位大师并拥有众多弟子了（同前，卷 20，377 页）。

790 《庄子》，卷 4，233 页。

791 同前，卷 20，373。

792 同前，卷 7，267。

793 《老子》59 章，53 页；戴遂良（Wieger）神父对此句的理解与史陶斯（Strauss）（264 页）和德沃夏克（Dvorak）（119 页）一样，都是依据河上公的评述，他们的理解（与我的）很不同，并将这句话变为了一句政治格言。理雅各的理解（102 页）与他们相反，与我的理解基本一致。

794 《庄子》，卷 2，215；卷 24，421。

795 同前，卷 22，391。

796 《列子》，卷 2，85。

797 《老子》，41 章，45 页。

798 《庄子》，卷 13，309。

799 马松－乌尔塞（Masson–Oursel）先生在《比较哲学研究，II—中国逻辑学的演变》（*Etudes de logique comparée*, *II.*, *Evolution de la logique chinoise*），刊于《哲学杂志》（Revue philosophique），LXXXIV（1917 年），71 页中已经注意到了“道家学说与易经理论的前后联系”。

800 《老子》，42 章，45–47 页。我是根据《淮南子》的引述来翻译的；

现存《老子》版本中多出三个字“道生一”，我同意大多数中国现代评论的观点，认为这是衍文，因此不予考虑。

801 《庄子》，卷25，437。

802 《老子》，25章，36页。

803 同前，34章，41页。

804 《庄子》，卷22，395页。

805 我借用了戴遂良神父对“均”这个字的翻译：“continuité”，他是第一个将注意力集中到“均”这个概念的人并指出了它在道教中的重要性。

806 《列子》，卷3，109页。

807 同前，卷1，73页。

808 《列子》，卷1，77页。

809 同前，卷1，75，77页。

810 《庄子》，卷22，395页。

811 同前，卷3，229页。

812 同前，卷6，261页。

813 同前，卷2，227页。

814 《列子》，卷3，111页。

815 《庄子》，卷6，251页。

816 《列子》，卷1，71页。

817 《庄子》，卷6，257页。

818 同前，卷6，259页。

819 同前，卷6，261页。

820 尽管有很多细节上的类似，我们还是可以看出如此定义的“自我”与印度教的“自我”“l’ âtman”有诸多不同［参见这套世界历史的第三部，德拉瓦莱－普桑（La Vallée-Poussin）的《印欧和印度－伊朗，公元前3世纪前后的印度》（*Indo-européens et Indo-iraniens, L'Inde vers 300 av. J.-C.*），272页］。道家和印度教的两套哲学体系都是以神秘主义经验为基础，而这些经验在各处都是一致的，因此两者不可能没有相通点。但图齐（Tucci）在《古代中国哲学故事》（*Storia della filosofia cinese antica*）（博洛尼，1922年）的附录《老子与印度》（*Lao Tze e l'India*），110–118中已经非常准确地阐述了这一观点，即将老子的哲学与印度教教义同化的做法是没有根基的。

821 《老子》，59章，53页。

822 《庄子》，卷17，343页。

823 同前，卷8，269页。

824 同前，卷23，411页。

825 《庄子》，卷11，287页。

826 《老子》，3章，20页。

827 《庄子》，卷9，275页。

第四章

带有道教色彩的学派：杨子及法家

（b54）$_{508}$神秘主义的道家从古老的占卜派那些深奥难懂的理论中总结出一套更为广泛的玄学；道家的玄学可以与教派的神秘主义实践分开单独被采用，从而成为其他极其不同的学派的基础。（公元前）4世纪和3世纪的哲学家们正试图为他们的体系寻找一个玄学基础，以便将他们的体系作为一个整体展现出来，不仅具有相关性，而且还很完整；道家的理论正好为他们提供了这样的基础。其中有两个学派明显地受到道教及其玄学理论的影响，虽然被影响的层面完全不同，这便是杨子学派和法家学派。

1. 杨子

$_{508-509}$ 杨子的学说既接近又远离道教[828]。从道教继承而来的碎片给人以阴暗的感觉，杨子对神秘主义经验的尝试以失败告终，他的尝试未能回应他所做的努力，这失败中带着深深的苦涩。杨朱生活的年代在（公元前）4世纪中期，稍晚于墨子——杨子曾引述墨子；但早于孟子——孟子并不认识杨朱，只遇见过杨朱的弟子；也早于庄子，因为庄子经常提及杨朱的名字。杨子的一生游历于中原东部的小国如鲁国、宋国、魏国，不同的逸事故事都提到他与王侯大臣交谈[829]。他的著作除了很短的片段多已失传[830]。

从保留下来的杨子著作中 $_{509-511}$ 可以看出杨子的哲学是悲观和宿命的混合，比墨子的哲学更加个性化。杨子并不掩饰他对生命的深深的厌恶："百岁是寿命的最高极限。能活百岁的，一千人当中也不到一个。假设有一个人能活到百岁，他幼年被抱在手中的时间和年老衰弱的时间就几乎占据了一半……疾病和痛苦、悲伤和难过、损失和破坏、恐惧和不安又占据了差不多一半的时间。在仅剩的区区十几年中，没有一刻是完全没有烦恼的。那么人的一生是为了什么呢？又有什么快乐呢？"（"百年，寿之大齐。得百年者，千无一焉。设有一者，孩抱以逮昏老，几居其半矣……痛疾哀苦，亡失忧惧，又几居其半矣。量十数年之中，逌然而自得，亡介焉之虑者，亦亡一时之中尔。则人之生也奚为哉？奚乐哉？[831]……”）。人生如此悲哀，不值得刻意将其延长：“且久生奚为？[832]五情好恶，古犹今也；四体安危，古犹今也；世事苦乐，古犹今也；变易治乱，古犹今也。既闻之矣，既见之矣，既更之矣，百年犹厌其多，况久生之苦也乎？”但也不可以缩短生命，杨子严厉地谴责自杀。那么人到底应该怎么做呢？应该接受上天所赋予的生命，并将其延续到命运的终结；应该在死亡来临时接受死亡，接受（命运安排的）死亡的时刻。“既生，则废而任之，究其所欲，以俟于死。将死，则废而任也，究其所之，以放于尽。无不废，无不任，何遽迟速于其间乎？[833]”：从这里我们可以看出对道家学说的回应，但并没有提及道。

人不但不应该缩短自己的生命，反而应该珍惜生命，使 511-512 它不受损耗：中国文学中有一个著名的故事，讲的就是（杨子）拒绝牺牲一根毛发来拯救世界。“禽子问杨朱曰：‘去子体之一毛，以济一世，汝为之乎？’杨子曰：‘世固非一毛之所济。’禽子曰：‘假济，为之乎？’杨子弗应[834]。”因此无论出于什么理由都不应做任何自我牺牲，这是人的职责。为什么呢？根据杨子的观点，生命不是由个人决定的。生命并不属于个人，它是命运安排的，死亡也是如此；生命所有的品质是用来区分不同的人的。“万物所异者生也，所同者死也。生则有贤愚、贵贱，是所异也；死则有臭腐消灭，是所同也……然而万物齐生齐死，齐贤齐愚，齐贵齐贱；十年亦死，百年亦死；仁圣亦死，凶愚亦死。生则尧、舜，死则腐骨。腐骨一矣，孰知其异？且趣当生，奚遑死后[835]？”

最好的保存生命的方法是排除所有外部的约束并彻底放弃个人的感情。这是杨子从道家借鉴的另一个理论，不过杨子将其置于更重要的位置，而道家认为最好是克制自己的感情。杨子不畏惧提出有悖常理的观点，他借此歌颂臭名昭著的暴君——夏朝最后一位君王桀及殷朝最后一位君王纣，并嘲笑圣人尧、舜、禹及孔子。“杨朱曰：‘天下之美归之舜、禹、周*、孔，天下之恶归之桀、纣。然而舜耕于河阳，陶于雷泽，四体不得暂安，口腹不得美厚。父母之所不爱，弟妹之所不亲。行年三十，不告而娶。乃受尧之禅，年已长，智已衰。商钧不才，禅位于禹。戚戚然以至于死。此天人之穷毒者也！’”杨子继续描述禹所有的不幸、周公及孔子动荡的生活，接着他展示无恶不作的暴君夏桀和商纣的生活：“桀藉累世之资，居南面之尊；智足以距群下，威足以震海内。恣耳目之所娱，穷意虑之所为。熙熙然以至于死。此天民之逸荡者也。”杨子于是总结道：“凡彼四圣者，生无一日之欢，死有万世之名。名者，固非实之所取也…… 彼二凶也，生有从欲之欢，死被愚暴之名。实者，固非名之所与也。虽毁之不知，虽称之弗知。此与株块奚以异矣[836]。”无论前者还是后者，相同的命运便是死亡。

512–513

但就算智者的生命与遁民一样都是以死亡终结，但这并不代

* 指周公。——译注

表两者是相同的。舜、禹、孔子是用尽自己做好事的遁民，而桀、纣是用尽自己做坏事的遁民。智者不可模仿这两者："生民之不得休息，为四事故：一为寿，二为名，三为位，四为货。有此四者，畏鬼，畏 513–514 人，畏威，畏刑，此谓之遁民也。可杀可活，制命在外。不逆命，何羡寿？不矜贵，何羡名？不要势，何羡位？不贪富，何羡货？此之谓顺民也。天下无对，制命在内。[837]"

从这里可以看出杨子心目中理想的圣人；他的圣人远离这世上的一切，以至于没有任何事能影响到他；生或死只是生命中二者居一的状态，是简单的事实，只需在它们到来时接纳它们，圣人始终是命运的主人，不论外部的事物为他带来什么，他始终能够主宰外部事物。比道家更甚，杨子是一位个人主义者：他所寻求的不是统治世界的规律，而是管理自身的定律；他所关心的是个人而不是社会。尽管如此，杨子也制定了一套政治理论，这套理论自然是他的观点的反映，但无不浸透着道教的影响：王侯不应有任何作为，一切听任命运的安排，允许每个人做他喜欢做的事，这样一切就都会完美运行。这与道家学派的结论是一致的。杨子曰："君见其牧羊者乎？百羊而群，使五尺童子荷箠而随之，欲东而东，欲西而西。使尧牵一羊，舜荷箠而随之，则不能前矣！[838]"

人们通常将杨子体系视为伊壁鸠鲁学派，但并非如此，相反，杨子学说是达到极限的悲观宿命论，它认为生命是痛苦的，死亡则是另一种痛苦，两者均由命运安排，都需要同样的忍耐；而命运放置在生命之路上的快乐就要在它们到来时 514–516 接受它们，痛苦亦是如此，接受它们而不做任何反抗，为了做到这一切，人应该彻底放弃来自命运的情感；命运才是一切的主导，懂得这个道理的人就是真正的圣人，外部的事物无以对圣人产生任何影响。虽然大量借鉴了道教的理论，但杨子的这套体系与不久之后经庄子发展起来的老子体系不同，它没有任何神秘主义的实践。杨子的个人主义立场与当时的潮流相去甚远，因此无法产生深远的影响；它只能被视作中国哲学史上一个孤立的存在。

2. 法家

（公元前）4 世纪的大动荡，加之这个时期大国内部为变法和重建所做的努力使得此时的一些思想家不再在既成的原则（如孔子的古老教诲、或如墨子的兼爱的抽象原则，以及道家之道）中寻求良政的基础，而是在不断变化的发展中，以及视环境而做出的改变中寻求治国之道：他们将法治视为统治的原则。由于社会每况愈下，腐败日日加剧，离各个学派都认可的一切都很完美的黄金时代越来越远，如果再尝试用旧有的管理并不腐败的人们的方法来治理今天腐败的人群将是不合逻辑的，正是这种尝试本身造成了社会的混乱；反之应该不断地改变治理的方法，将其应用于每天的新形势中; 应以新的法令取代旧有的法律并废止旧法。法家之所以得名正是由于他们赋予法律的重要性，法家的成员来自各个学派：他们中有道家的尹文子和韩非子；有身为儒家弟子但更倾向于墨家学说的尸子；有墨子的弟子如宋钘，等等。因此法家从严格意义上来说并不是一个遵从于某个创立者的原则的学派，它是致力于以某种方式治理国家的思想体系 516–517，将他们对世界的经验主义认知与各自所属学派的原则联系起来。

（法家的）基本原则似乎是在（公元前）4 世纪下半叶由学者在齐国都城临淄的稷门建立起来的。这是一个类似学院的地方，被称为“华山会”，其成员为了与他人区分而戴上特别的、上下扁平的冠帽；齐宣王将被他吸引前来齐国朝堂的不同学派的哲学家安置在这里，并给与他们重要的职位。他们中有阴阳学说的大师邹衍；墨子的弟子宋钘[839]；道家的田骈，别名“天口骈”、彭蒙、尹文等；孟子也一度是他们中间的一位，庄子可能也是如此。大概就是这些人在（公元前）4 世纪的公元前 350 年—公元前 325 年间*写出了法家最古老的作品之一，《管子》：这是一部含历史、哲学、传奇的乌托邦作品，部分基于齐国的制度并被归功于（公元前）7 世纪齐桓公的大臣管夷吾；然而所保留下来的片段并非其重要的部分，因此无法从中得出法家主要的学说[840]。

通过一个田骈、宋钘和彭蒙在一起讨论的故事我们可以看出他们如何表达他们的理论：“田子读书，曰：‘尧时太平。’宋子曰 517：‘圣人之治，以致此乎？’彭蒙在侧，越次答曰：‘圣法之

---

* 马伯乐在原文中所写的时间是“4 世纪的第三个二十五年”（le troisième quart du IVe siècle），但这不符合中文的习惯，故在翻译时将年代范围列出。——译注

治以至此，非圣人之治也！’”然后田骈这样说道：“人皆自为而不能为人，故君人者之使人，使其自为用，而不使为我用。[841]”

稍晚些时候有位作家尹文，他生活在齐国，其生活的年代为（公元前）4世纪的最后几年[842]，他也在一部小册子中表述了类似的思想，可惜这本小册子以一种并不确定的形式流传至今[843]。尹文也有道家倾向 517–519，但不属于神秘主义学派，因此道家学派对他有些轻视。他将“道”——唯一的实在性作为所有事物的源头：最理想的方式就是以道来管治，即无为之道，世界的一切都会因此变好；然而在现实世界中直接用道来统治是不可行的，需要使用八种政治方法“八术”——此名来自远古圣贤——即仁、义、礼、乐、名、法、刑、赏。这八术是无可抗拒的，只要实施了八术，不管统治者是圣贤还是无知的人，国家都可以被治理好，因为良政来自八术，而非君王。那要如何实施八术呢？在尹文看来，与他同时代的人赋予了“名”极强的神秘力量，他们还将这个著名的字归功于孔子。为了建立良政，首先要做的事情便是“正名”[844]；519–520 由此还成立了一个学派“名家”，将正名作为其根基；同时法规正确与否也取决于其名是否正确，是否准确回应了所对应的事物；因此人们应着手修正名称并确认它们所适用的范围，区分哪些适用于有形的事物，哪些适用于无形的品德，哪些适用于人，哪些适用于物……辩证法由此显示出它的重要性。对名的修正将所有事物置于它们应有的位置，无论是好的还是坏的，这便是秩序；秩序并非通过消除坏的事物而来（事实上道对此是中立的，而好坏也只是相对的概念），而是将它们放在确切的位置上。然而值得注意的是，八术既能产生圣贤曾经预见的所有人类的美德，同时也能制造出与之相反的缺点和罪恶："故仁者所以博施于物，亦所以生偏私；礼者所以行恭谨，亦所以生惰慢……"因此人们应该记住八术只是统治的方法，目的是通过道进行治理。

（公元前）3世纪法家学说风行一时，出现了一系列法家著作，这些作品通常都被归功于古代的重要人物：一部讲述八术的书是以韩昭侯（公元前358年—公元前333年）的大臣申不害之名而作；另一部以郑国大臣邓析之名而作——邓析与子产有矛盾，在（公元前）6世纪末被杀。另一部书是李悝*向魏文侯（公元前424年—公元前385年）详细讲述国家富强之道。还有一部书是间接地讲述秦孝公的大臣卫鞅的，书中是一个虚构的人物，尸佼，据称他是启发了卫鞅的人之一；差不多在同一时期或稍晚些时候，3世纪的一个不知名作家将自己的思想直接归于商鞅名下并将自己的作品起名为《商子》，借用了卫鞅被赐予的商君之名[845]。《商子》同《管子》一样，是一部半历史半哲学的作品，作者利用国君采取赏罚行为的理论来论证秦国确实存在的法律，这些法令中的一部分可上溯到或可归功于卫鞅。上述所有这些作品今天都已失传或为现代的伪作所取代[846]。

520–521

* 悝，音kuī。

整个法家学派只有一部作品被近乎完整地保存了下来，这便是《韩子》，从公元10世纪开始又被人们称为《韩非子》。其作者韩非来自韩国王室，据说是荀子的弟子，而荀子是继孟子之后最著名的儒家大师。（公元前）234年，韩非作为韩王安的使臣出使秦国，此时的秦王即未来的始皇帝。韩非被留在秦王的朝堂，但不久后因其外来者的身份遭到质疑被投入监狱并在狱中自杀（233年）；据传韩非失宠的原因是由于他的同窗、秦国极具权势的丞相李斯的嫉妒和诽谤，虽然秦王在最后一刻后悔 521–522 了并派信使赦免韩非，但为时已晚[847]。

韩非的著作是在秦王胜利统一中国[848]的历史背景下，在法家取得短暂的辉煌前夕的一部对法家理论的集成。如《尹文》和《邓析子》一样，《韩非子》借鉴了道家学说作为其 522–524 玄学和心理学理论的基础；道家的影响力是如此之大以至于《韩非子》中的两个章节专门通过引述老子来解释道家的术语及论证道家的思想。

“道”为万物之本，由道衍生出名及有形的事物，当名与事物相吻合时，君王便可以毫无难度地治理国家。此外人的精神是由“天”与“人”来分享的；天是简单的感知，人是思考、判断及感情。良好的治理在于克制感情，减少思考；而人的感情源自两个主要的动机：对好的事物的向往（如财富、尊贵、长寿等）及对不好的事物的恐惧（如贫穷、早亡等）。针对这两个动机轮换采取行动就能达到良政，而采取行动是通过使用刑和赏这二“柄”来实现的：“明主之所制导其臣者，二柄而已矣。二柄者，刑德也。何谓刑德？曰：杀戮之谓刑，庆赏之谓德。为人臣者畏诛罚而利庆赏，故人主自用其刑德，则群臣畏其威而归其利矣。”不过只有君王本人能够分配刑赏。“今人主非使赏罚之威利出于己也，听其臣而行其赏罚，则一国之人皆畏其臣而易其君，归其臣而去其君矣。此人主失刑德之患也。夫虎之所以能服狗者，爪牙也。使虎释其爪牙而使狗用之，则虎反服于狗矣。人主者，以刑德制臣者也。今君人者释其刑德而使臣用之，则君反制于臣矣。”这将是统治的终结。“权势不可以 524–525 借人……君臣之利异，故人臣莫忠，故臣利立而主利灭[849]。”

刑与赏必须严格与事实相符，这是遵循了为达成良政所需的名与物相符的大原则。因此如果有人过于谦逊，掩盖自己的功德，从而没有从君王那里得到应有的奖赏，这个人应该同一个因吹嘘而得到过多奖赏的人一样受到惩罚；在这两种情形中，人们惩罚的是值得奖赏的行为与所获得的奖赏不相符，而名与实之不符是大错，甚于最大的功德，因此需要惩罚。在整个过程中，君王只是常规秩序的守护者而不应采取任何主动行动，也不应在刑赏中加入任何个人感情：君王应与道一样不偏不倚。

君王和大臣各自的职责也有清晰的划分：君王如同道，应施行无为，即自己不行动而使其大臣行动。“明君无为于上，群臣竦惧乎下。”大臣们所做的好事其荣耀是属于君王的：“臣有其劳，君有其成功”；但对于大臣的失败君王是不接受的[850]。

君王在上以“术”统治大臣，大臣在君王的指挥下以“法”统治人民。不论是君王的术抑或大臣的法都是良政必不可缺的，申子（申不害）只关注术而不关注法是错误的，同样商子（卫鞅）只注重法而不注重术也是不对的[851]。

525–526以客观的不偏不倚的法律管治人民是不会产生矛盾的。“法之所加，智者弗能辞，勇者弗敢争，刑过不避大臣，赏善不遗匹夫。”事实上，法的特点就是从上至下强加于所有人，使得所有人都平等地置于法之下，没有人能够逃脱：“法者，宪令著于官府，刑罚必于民心，赏存乎慎法，而罚加乎奸令者也。此臣之所师也[852]。”君王本人虽然在某种意义上高于法律，因法律是他所制定的，但从各种法律不时出台开始他就应该尽己所能小心地按法律行事，否则如果“人主释法用私，则上下不别矣”，将会产生混乱。但当法律不利于统治时，君王应该废黜或修改这些法律，因法律不是一成不变的，它不是古人留下的表率必须盲目跟从。“今有构木钻燧于夏后氏之世者，必为鲧、禹笑矣；有决渎于殷、周之世者，必为汤、武笑矣。然则今有美尧、舜、汤、武、禹之道于当今之世者，必为新圣笑矣[853]。”法律也应随着时间而改变：“故治民无常，唯治为法。法与时转则治，法与世宜则有功……时移而治不易者乱[854]。”古代人口较少，人们无须劳作也能得到大部分的物质需求，这与时下每个家庭都有526–528至少五个孩子，人口过量的情形大不相同；此时的人们即使非常辛苦的劳作也无法完全满足自己的需要。古时的人不费气力就能得到自己所需，人因此而平和，也无需严格的刑赏体制；但现在的人们为了生存相互争斗，时刻处于焦躁中，因而需要增加刑赏以便管治好这些人。一味模仿古代圣贤治国的方法而忽视环境的改变将只会造成混乱[855]。这与孔子和墨子的理论刚好相反，我们也看到韩非子并不吝惜嘲讽孔墨之道。

法律不是建立在一个固定的权威之上，如何证明其价值呢？是通过“功用”：能产生好的结果的法律必然是好的。不过以此为原则的功用不应自相矛盾，为达到最大的功用应将与之不匹配的小功用排除在外。“故不相容之事，不两立也。斩敌者受赏，而高慈惠之行；拔城者受爵禄，而信廉爱之说……举行如此，治强不可得也。国平养儒侠，难至用介士，所利非所用，所用非所利……是世之所以乱也[856]！”

韩非的学说，或广义来说法家的学说，也同样试图减少个人生活所占的比重；个人观念在古代中国几乎未被发掘且时时刻刻都要让位于社会生活。此外法家的学说还有一个缺陷，即牺牲道德，让位于法，如同孔子牺牲道德于礼仪，墨子牺牲道德于兼爱，道家牺牲道德于神秘主义道集。看起来在极端的理论中摇摆且不重视个人主义倾向的中国古代哲学家在很长时间里[528]都没能建立起一个道德体系，甚至没有认识到在社会关系和统治伦理之外还存在着道德。秦国用法家的理论统治帝国，虽然秦朝的时间不长，但法家理论对于现代中国人思想的形成还是起了重要的作用。

828 当时的人很清楚杨子教诲中某些道家的倾向。如禽子曾回应说："吾不能所以答子。然则以子之言问老聃、关尹，则子言当矣；以吾言问大禹、墨翟，则吾言当矣。"（《列子》，卷 7，10b，戴遂良，173）。

829 杨子将田氏在齐国篡权之事作为一个既成事实提及（《列子》，卷 7，163 页）；他还讲到他受到梁王的接待，而梁王的称谓在 336 年才出现（同前，170 页）；他与墨子的亲传弟子禽子（禽滑离）的对话（同前，173，另见 171 页）将时间又向前推进了一些；墨子也曾出现过一次（同前，卷 7，173 页）。此外杨子的名字在《孟子》158、340、367 等页中被提及，在《庄子》269、279 等中也有提到。《庄子》27 篇，453 页中讲述了老子与某位阳子居见面的故事，《列子》卷 2，99 页认为这个故事中的人物是杨朱，这是个误解，或只是誊写者的简单错误，参见翟理斯（Giles），《姓氏族谱》（*Biographical Dictionary*），no 2370。

830 它构成了《列子》的第七章。

831 《列子》，卷 7，165 页。

832 因找不到更好的翻译，我将"久生"翻译成"vie éternelle"（意为"永生"），这是个近似的翻译：杨子并不认为人能够不死并做过阐述。"久生"是指生命延续很久到达极限。

833 《列子》，卷 7，173 页，上一条注释中的引文也出自于此。

834 《列子》，卷 7，173 页。

835 《列子》，卷 7，165 页。

836 《列子》，卷 7，175 页。

837 《列子》，卷 7，179 页。

838 《列子》，卷 7，177 页。

839 有一部 18 章的《宋子》曾传至汉代并被认为是宋钘所作（《前汉书》，

卷 30，18 a）。《荀子》第 18 篇（卷 12，《正论》）的结尾处是与宋钘的论战部分，似乎是误入《荀子》的，因其中多次使用“子宋子”的字样。这里讨论和驳斥了宋钘的两个观点，不过这两个观点都属于心理学范畴（亦可参见《庄子》，33 篇）：1. 如果人们看到受到侮辱并不耻辱，争斗就会停止；2. 人的本性并没有太多欲望，但所有人都错误地认为自己的本性中有很多愿望。宋钘似乎很坚持世界和平以及消除战争，这是墨子的学说，但被染上道教的色彩。

840 有关这部著作（《管子》）的历史作用，见正文下标 585 处。

841 《尹文子》，马松－乌尔塞（Masson−Oursel）及朱家熞译作，592−593。

842 尹文子曾先于公孙龙与齐宣王（342 年—324 年）交谈（《前汉书》，卷 30，15a）；刘向（公元前 1 世纪末）的目录中将尹文子列为稷门学院的大师之一（同前），虽然《史记》卷 46（V，259）及卷 74 没有将尹文子置于该学院成员中。《说苑》（同样出自刘向）将尹文子与齐宣王联系起来;《吕氏春秋》(公元前 3 世纪中）将他与齐闵王(公元前 323 年—公元前 284 年）联系在一起；《公孙龙子》2b 中的一个故事提到过尹文子年长公孙龙；上述所有这些资料都较一致地认为尹文子生活的年代在（公元前）4 世纪下半叶及（公元前）3 世纪初。仲长氏所作的序将尹文子视为公孙龙的弟子，这篇序文是伪文，因此不值得参考。

843 古老的《尹文子》是只有一个章节的小书(《前汉书》，见上述引文)；它在公元最初的几个世纪中被添加了大量内容：流传到公元 6 世纪末的一个刊本有两个章节（《隋书》，卷 34，3a）。在唐代流传的也是这个刊本并多次被引用：这个刊本有一篇序言，据说由仲长（统）（公元 3 世纪）所作，还有据说是刘歆所作的评注（《意林》，卷 2，18 a）；不过序言中带有年代错误，明显是伪文。这个刊本在 10 世纪时失传，现存的作品大概是11世纪时所作的笨拙的复原本。魏征（8世纪）知道有古刊本的存在（《群书治要》，卷37，14a–21a），与他同时期的马总（《意林》，卷2，18 a–19 a）及稍晚期的赵蕤（《长短经》）也都知道，因为他们都做了大量引述；以及984年出版的《太平御览》（也提到古刊本），相反到了1151年晁公武所看到的就是现存的作品了《郡斋读书志》，卷11，17 b）；稍后的高似孙（《子略》，卷3，3a）及与他同时期的洪迈（《容斋随笔》）等亦如此。唯一传到我们手中的便是宋代的这个复原版本，它被引入道家书籍总汇《道藏》而流传下来，或以单独刊本的形式流传下来（宋朝末期的一个版本曾在明初重印，之后成了《四部丛刊》刊本的原版），也出现在较后期的合集中（如《守山阁丛书》等）。编纂者将从《群书治要》《意林》《太平御览》等书中节选的文字一节节拼凑在一起；他删除了第二章的标题，大概是为了与《前汉书》的史料一致；他以自己的方式补充了保存在《意林》中的仲长氏的序言；不过对于他拼凑来的文字似乎未作添加。由此就产生了我们今天所看到的作品，一方面有六朝时期添加的众多内容，另一方面可以看到经宋代编纂者编排后的整体布局；其中的部分内容一定是真实的（如《道德经》中所引用的第二章9b，591页），只是不容易识别。

844 《论语》，XIII，3，127页［CSS《论语》］——《论语》从整体来看应该作于公元前5世纪和4世纪交替之时；不过在《论语》的其他部分都没有与前述这一段落类似的文字，令人联想到这是（公元前）4世纪末才产生的学说，而这段文字是由孔子弟子在后期添加进去的；在我看来，由于中国现代学者意识到很难将“正名”理论上溯到孔子时期，但另一方面他们又希望保留住这些文字，于是他们找到一种将正名理论排除在外的解释，并尝试以文字的特点来表述“名”；参见沙畹《司马迁的历史记忆》，卷V，378–385，440–442。

845 《韩非子》卷 17，43 篇，7 b 中所提及的这部作品在公元元年前后还存在（《史记》，卷 68，4b；《前汉书》，卷 30，14b）；它大概是在汉朝末期失传，现存《商子》为伪作。

846 现今流传的名为《邓析子》《申子》《商子》的书目均为六朝时期的伪作。现存《尸子》为张宗元尝试所作的复原本，原著在 10 世纪或 11 世纪时失传：复原版包含了原著二十章中十六章的重要节选（《前汉书》，卷 30，17a），几乎全部来自《群书治要》卷 36 及《诸子汇函》，这些内容构成卷 1；其他一些很短的片段无从分类，构成卷 2。还有两部经过修正和增加的校本，一部为孙星衍所作（1799 年；1806 年于其《平津馆丛书》再刊）；另一部更好的为汪继培所作。可惜流传下来的内容不够完整，我们无法清晰地了解作者的理论。在戴遂良的《中国宗教信仰及哲学观点通史》238–239 中有关于此书的概述。《尸子》成书的时间不会早于（公元前）3 世纪中：所保留下来的片段令人联想到邹衍有关宇宙的理论，但并没有提到他的名字（卷 2，12a）；书中提及燕国将军乐毅在（公元前）286 年攻克齐国（卷 2，4b）；（公元前）3 世纪公元前 250 年—公元前 225 年间所编纂的《列子》的名字也出现在书中（卷 1，17a）。参见伯希和（Pelliot）《牟子理惑》（*meou-tseu ou les Doutes levés*），刊于《通报》，XIX（1918 年—1919 年），353–354。

847 《史记》，卷 63，3a，5 b；参见《战国策》，卷 3，80 a–b。司马迁在这章中没有写出日期，但在秦国编年史中指出在公元前 237 年韩王与韩非谋划消弱秦国，随后提到了韩非死于公元前 233 年（卷 5，II，114，116）；在韩国编年史中，司马迁提到使臣出使秦国的时间是在公元前 234 年（卷 45，V，222）。我采纳的就是这些时间。戴遂良神父在《中国宗教信仰及哲学观点通史》中提到韩非死于公元前 230 年，他依据的是刊于《史记正义》卷 63，3a。

848 现存《韩非子》由55篇组成，与汉朝时一样（《前汉书》，卷30，14b）；不过其中部分篇章已失传，大概在六朝时被替换，所替换的篇章基本保留了原样。但第一部分“初见秦”是剽窃《战国策》卷3中被认为是张仪所讲之言。有些古老的引文在现存版本中无法找到，这大概是因为这些引文来自已经失传的章节（参见王先谦，《韩非子集解》开始几篇12–16，《佚文》）；其他篇章也有很多添加；有些部分难以理解（如48篇，卷18，12b，20 b；而且这篇还不完整）；有些章节文字编排有误，由手抄本而来的错误很多，编辑又不敢在不同文本中做出选择，于是就满足于将错误照抄（如卷14，3a–4b，6 b，12a，12b，等）。总体而言，《韩非子》似是作于（公元前）3世纪下半叶，但并非全部出自韩非之手；这与庄子、墨子及同时期大多数哲学家的情况一样，有些重要的部分是由大师的弟子所作：如第6篇讲到齐国、燕国、楚国、魏国都已灭亡，这是发生在韩非死后的事件（卷2，1）。不过只有极少数情况能够区分出哪些是大师的文章，哪些是弟子所作。胡适先生认为只有七篇（40，41，43，45，46，49，50）是真实的（《中国哲学史大纲》，I，365），在我看来不止如此。他的选择除了几个很明确的以外，大部分都很随意；而且他本人也没有将此看得很重要,还曾引述过他认为是伪文的篇章(如381页，54篇，等）。

849 《韩非子》，卷2，10，11（7篇）；10，2（31篇）。

850 同前，卷1，29（5篇）。

851 同前，卷17，13，14（43篇）。

852 《韩非子》，卷17，12（43篇）。

853 同前，卷19，1–2（49篇）。参见吴（国桢），《中国古代政治理论》，202。

854 同前，卷20，14（54篇）。这种改变并非像胡适先生所认为的，是以西方现代思想来衡量的人类的进步（见前述引文，381），它只是基于世界的不稳定：道是恒久不变的，而其余所有的事物都会变化，法律也是这些变化的事物之一。

855《韩非子》，19，2–4（49 篇）；参见图齐《古代中国哲学故事》，88–89 及吴（国桢），《中国古代政治理论》，202。

856 同前，卷 19，11–12（49 篇）。胡适先生对功用在韩非学说中所占的重要性做了清楚的阐述，见前述引文，382–384。

第五章

墨子学派和辩者

（b55）$_{529}$ 墨子学派在墨子去世后仍保持着强大和辉煌；学派人数众多，组织严密，纪律鲜明[857]。墨子死后 $_{529–531}$ 大概是由禽屈釐[858]取代其位，以与先师同样的绝对权威指挥墨家学派；之后孟胜接替了他，定居楚国阳城并于（公元前）381 年于此地离世；孟胜将学派的领导权传给了出身宋国的弟子田襄子；在（公元前）4 世纪末前后，墨家学派的最高领导权属于腹䵍*，他生活在秦惠王（公元前 337 年—公元前 311 年）时期的秦国。墨家学派的这些领袖享有“钜子”的称号，他们被视为圣人，重大的问

---

* 䵍，音 tūn。

题都需要咨询他们并严格服从他们的指令。墨家学派团结在一位钜子之下的情形延续了整个（公元前）4 世纪；然而墨家学说在一个如此动荡的时期在中国各地的发展并不利于维持学派的权威及学说的统一性，各地学派分支开始形成，到了 4 世纪末 3 世纪初时形成了相夫子学派、相里子学派及邓陵子学派[859]；邓陵子明显是一支对墨家学说进行了改革的学派，被称为“别墨”，以示与墨子学派的区别。这些分支在（公元前）3 世纪的部分时间里继续各自发展，但随着它们的影响力逐渐减弱，这些分支似乎重又统一起来，之所以这么说是因为那些历经时间考验在汉代面世的代表墨子基本学说的文集中都细心地保留了三个（分支）学派的三个版本。

不过除了这些发展墨子学派并满足于教授墨子学说的弟子之外，有些人通过对比完善的道教玄学体系，意识到墨子的基础理论如兼爱等只是简单的确定性的陈述，但并无理论基础；墨子成功地将他的基本原则发展成一套相关体系，但就这些基本原则而言，墨子并没有尝试为它们寻找一个根基，于是它们如同在空中飘浮无处可依。

第一位尝试将墨子的理论建立在玄学基础上的人应该是惠子。惠子名惠施，魏国人，并在魏国度过一生；他曾任魏惠王（公元前 370 年—公元前 319 年）的大臣，并且是提议徐州会盟（公元前 336 年）的谋士之一，魏惠王和齐宣王就是在此次会盟中互相称王；魏惠王去世（公元前 319 年）时惠子仍在朝中，不过他也在不久之后去世[860]。惠子思想开放，并深入研究当时的各种学科，如天文学、星相学、阴阳学、数学等；当被“问天地所以不坠不陷，风雨雷霆之故，惠施不辞而应，不虑而对，遍为万物说。说而不休，多而无已[861]”。惠子的口才非常出众，“惠子之据梧也”［即（听）惠子靠在梧桐树上（与人辩论）］被庄子视为最美妙的事之一[862]。惠施的著作非常之多，能够装满五辆车[863]；但这些著作一丝一毫都没能流传下来，我们只能从庄子所讲的一些故事以及被归于惠施的一些矛盾论的论点来评价他[864]。

惠子尝试以源于道家的“事物本质相同只是外观不同”的理论来诠释兼爱的原则。但所谓的本质相同对于惠子来说并不是存在于恒久不变的道中，他为此在他认为是真实的物质世界 532-533 中找到了实在的源头，这与道家是很不同的。他将时空无限的观点作为他的玄学基础。空间是无限的：“南方无穷而有穷”，抑或“我知天下之中央，燕之北，越之南是也[865]。”既然空间是无限的，长宽高之间的关系便没有任何意义：“没有厚度便不能有体积，但却可以扩展至千里之远”（“无厚不可积也，其可千里”），或如另一条矛盾论的论点所说的“天与地同样低，山与胡泽在同一水平”（“天与地卑，山与泽平”）。因此空间的大小似乎变成了一个纯粹的人的命题，只有在与人相关时才有意义，本身并无真实性。时间也是如此，因为它是无限的，我们所做的划分，如昨天、今天，又如生与死等等，同样是不真实的，于是惠子以“合同异”（矛盾论）的形式做出了这样的表述：“太阳在正中时已西斜，事物在出生时已死去”（“日方中方睨；物方生方死”），及“今日去越国而昨日到达”（“今日适越而昔来”）。

如果衡量空间和时间的观念不存在，那么事物如何会有不同或相似呢？这是因为只有将事物相对于人来考量，事物才会显现出相同或不同。如果将事物与无限的时空来比较，事物就会既是不同的也是相同的：“大同与小同异，此之谓小同异；万物毕同毕异，此之谓大同异。”在这种情形下，所有的区分都是虚幻的，由此建立起墨子一视同仁的兼爱 533–534 原则——“泛爱万物，天地一体也。[866]”

惠子的体系因此是墨子学说的玄学体系，它也是中国人所尝试的唯一一套完全建立在道教之外的玄学体系。惠子体系具有独特性，这在很大程度上是由于惠子表达思想的方式，但当时人们所了解和欣赏的并不是惠子体系中的玄学部分。惠子首先是一位逻辑学家及辩证学家，他很重视事物的区分：他并没有像道家一样只满足于重申他所建立的“合同异”学说的根基，而是很乐意探讨不同的案例。就是在这些探讨中他以其看似矛盾的方式来表述他的理论，这种方式吸引了听众的注意力，不过这也有使听众注意形式而忽略了内容的风险。从惠子时代开始，到惠子之后更甚，矛盾论成为学派的方法。从这时起有了一支辩证家和诡辩家的派系，他们被称为“辩者”，原则上辩者可以属于任何学派，他们讨论“名”多过讨论哲学思想，论述名词的概念及区别，这个学派又以“名家”而为世人所知。

惠子在某种程度上仍受到道家玄学的影响，这可以从他对“同异”的论述中看出，他将同异看作主观和不真实的，意即人的精神上的幻想，而这种幻想作为唯一的真实，将任何区别视为观念上的区别，视乎人们将它与 534–536 有限（人）或无限（时空）联系在一起。惠子之后一代的大师如桓团（又名韩檀）、翟翦、公孙龙则试图摆脱道教的影响，为他们所接受的同异的区分找到一个真实的基础。这三个人物中的前两个只留下了名字[867]，第三位则因其作品的片段及《庄子》和《列子》中的引述而为人所知。公孙龙在（公元前）4 世纪的最后几年生活在魏国，他在那里有一位热心拥戴者中山公子牟；之后当齐国攻打燕国（公元前 284 年）时，公孙龙前往燕国与燕昭王（公元前 312 年—公元前 279 年）在一起；随后公孙龙又在赵惠王（公元前 298 年—公元前 266 年）时到了赵国：他在赵国生活了很久，当齐军在公元前 259 年—公元前 258 年长时间围攻赵都邯郸最后无极而返时公孙龙与平原君在一起[868]。公孙龙属于墨子学派；他也部分接受了惠子的思想，并对其进行了改动；曾有一段令人困惑的传说（误）将公孙龙与惠子放在一起。

惠子和公孙龙最大的分别在于对同和异的相对价值的理解。公孙龙保留了事物本质相同的基本理论，但摒弃了惠子半道家似的解释，以一个同样来自物质世界的解释取而代之。他以无限分割的理论取代了时空无法衡量的理论[869]：

"一尺之捶，日取其半，万世 536–537 不竭。"

这种对事物的无限分割将复合的事物变成基本的元素来看待；同样，名词的定义（名和物必须相符）为了做到准确，也需不断细化，将构成名词的成分剥离开来。这便是"白马非马"之由来，因"白马"是"马"和"白"（两个概念）；如果人们承认"马"与"白马"是同一名词，那就不得不接受"马"与"黑马"及"马"与"黄马"也是相同的，这便会导致荒谬的结论即"白马"与"黑马"是相同的名词[870]。不过这种元素的区分需审慎对待。同样，坚白石也有两个元素：由于白色只能由眼睛看到，坚硬只可由手触摸到，因此无法同时感知"白"与"坚"；事实上人们是接连感知了复合物中的两个元素：白石（眼见）及坚石（手摸），再由人的思维将眼和手各自感知的事物结合在一起并做出总结，被称为"离"坚白，人们由此对事物有了认知[871]。以类似的推理人们也可以说"火不热"。正是基于这种对元素的区别对待，公孙龙建立了个体间的差别，与将全部成分汇集在一起的做法相反[872]。

537–538 如果说分割到一定程度可以看到个体差异中固有的本质，分割到极限反而会显示出这些原先显得不同的事物实际上都是相同的。公孙龙似乎是以此来论证"合同异"的。静止与运动是相同的：

"疾飞的箭是既没有停止也没有运动的时刻(的延续)"（"镞矢之疾而有不行不止之时"）[873]；

如果我们将箭从弓到靶所经过的距离作为一个单元，那么在这个单元中箭是运动的；如果我们将箭所占据的空间作为单元，不考虑整个路径，只看箭所在的每一点，那么箭就是静止的。又或者：

"飞鸟之影，未尝动也"；

如果把某一时点鸟的影子占据的空间作为单位，我们就会得到一系列的影像，每一幅都不同于前一幅而且所有这些影像都是静止的，而非运动中 538-539 的一个影子。因此运动和静止是相同的。由此人们可以论证出所有事物都是相同的："犬可以为羊。"

辩者每时每刻都在提示雄辩的重要性及辩论的艺术，在这一点上，惠子及其继承者延续了墨子的传统。墨子的成功在一定程度上得益于他非常细致的推理方式；他甚至创造出一种推理模式，比他的前辈，特别是孔子的推理方法更加灵活也更加严谨，墨子的模式在于从最接近的部分做出论证。墨子懂得如何与不善辩论的敌人论证，也认同雄辩的价值并对自己这方面的能力颇为自豪。

雄辩术的传授从一开始就在墨子学派的学习中扮演了重要

角色。为此使用的一些小册子虽然被保留下来，但却难以诠释。前两册（40–41 篇）收录了非常简短的经文[874]，取名为“经”，有些人认为是墨子本人所做，但成书时间应比墨子生活的年代晚许多。接下来的两册（42–43 篇）是前两部的注解，题名为“说”，同样过于简洁；这并非后期编写的评注，而是为了方便记忆经文所做的简单的扩展。这几册书大致的成书时间在公元前 3 世纪中期，因其中一册中提到货币，这不得不让我们将成书的时间向后移了不少[875]；539–540 此外可以看得出作者在此以浓缩的形式汇集了辩者学派所有有关逻辑学和辩证学的思想：我们可以从中看到公孙龙的某些矛盾命题，有时作者采纳了这些命题，有时在我看来作者又是在驳斥它们，或是以另一种不同的方式来解释这些命题[876]。

这些篇章并非对教义的论述，但也表达出一些基本的原则。如因果关系的原则：“需有缘由才能有后果”（“故，所得而后成也”），并伴有对宇宙缘由的“大故”与部分缘由的“小故”之间的明确区分[877]。同样，相对原则也表达了出来：“牛与非牛不同，但没有任何事物不属于这两者。人们可以将一件事物指认为牛，或者指认为非牛，这两者是相互排斥的……”（“凡牛，枢非牛，两也，无以非也。辩：或谓之牛，谓之非牛，是争彼也……[878]”）相关的论述都尽可能地集中在对概念的讨论，而对概念的讨论主要体现在相似及相异[879]。

除此之外这些小册子包罗万象，既有几何定义[880]，也有道德经文或逻辑及辩证规则中的玄学[881]。它显示出在这些小册子成书之前的时期，墨子学派所涉及的范围已经如此之广，只是稍有些杂乱无章。

这其中只有一篇是说教性的短文，以极具相关性的形式编写，这便是《小取篇》[882]，540–541与前面所提到的几篇作于同一时期。作者在此并没有探讨推理分析及逻辑理论所产生的问题，而是提出了非常实际的雄辩的问题，即如何在辩论中证明对手是错误的。作者认为最好的方法是要将对手推理（如果对手进行推理的话）中的错误暴露出来，为此他基于经验罗列出正确的主张和错误的主张，作者并没有寻求基本的规则，而是给出一系列例证，希望人们通过类比以这些例证为范例（举一反三）。不过理论概念的缺失对作者也有负面影响，以至于他本人所遇到的某些难题也无法得到解决[883]。

之后，墨子学派的变革者别墨派尝试将判断、主张和推理进行区分并试图构建正式的逻辑学，就算不是作为一种理论，至少也可作为雄辩的实际方法，然而他们的时间有限。别墨派和其他很多学派一样，未能逃脱（公元前）3 世纪末文人所遭受的迫害。当汉代初期社会重返和平时，儒家和道家学说重新繁盛起来，但墨子学派的所有分支都已在风暴中沉没了。（墨家的）思想家及其思想全部消失殆尽，只有逻辑和辩证的方法留存了下来并得以发展，在某种程度上为所有思想家所共用，对中国人的精神世界以及对待哲学和科学问题的方式产生了长远的影响。

857 有关墨子的继承人之说，参见孙诒让的《墨学传授考》，其《墨子间诂》中的一篇；参阅佛尔克，《墨翟》（Mê Ti），75；胡适，《中国哲学史大纲》，I，184–186。（关于这个问题），除了相关信息贫乏之外，主要的难题是我们从（公元前）3 世纪收集来的资料（《韩非子》及不知名作家所作的《庄子》33 篇）只有部分相符。

858 他也被称为禽滑釐；参见佛尔克，《墨翟》，76–77。

859 《韩非子》，卷 19，12b。

860 惠子似乎是死于庄子仍在世时（《庄子》，卷 24，419–421），而且不少故事都将惠子和庄子联系在一起（同前，卷 5，249；卷 17，347–349；卷 18，351；卷 26，445；卷 27，449–451）。

861 《庄子》，卷 33，509。

862 同前，卷 2，221。

863 同前，卷 33，507。

864 《庄子》，卷 33，507 中明确地将一个“历物十事”的命题归于惠子。——对这些命题的理解，我主要依赖于章炳麟及胡适的假设，前者见前述引文，191–194，后者见其《惠施公孙龙之哲学》及其两部重要的著作《古代中国逻辑方法之进化》，111–117 和《中国哲学史大纲》，I，228 及其后段落。不过我对惠子体系的重新梳理有几处与他们两位不同，因我尽量消除了西方哲学思想的影响。亦可参阅图齐，之前已引述的书目，57–58；佛尔克，《中国辩者》（*The Chinese Sophists*）。

865 我无法从这个命题中看到胡适先生在《公孙龙之哲学》，91 中所说的“显而易见而又不容置疑”的证据证明惠施认为地是圆的。这条命题只是简单地说明空间是无边无际的，任何一个地点都可以被视为世界的中心。

866 没有任何文献能够令我们假设惠子认为空间是不停运动的（胡适，《中国古代逻辑方法之进化》，114），更加无法证明惠施或别墨派将他们的空间理论建立在相信地球，而不是太阳，处于运动之中的大胆的假设之上（115 页）：并非因为空间不停运动使得上和下，大和小的事物变得相同，事物相同是因为所有有限的衡量相对于无限的空间来说都变得同样不相关。胡先生引用了《墨子》，卷 10，468 页中的一段来支持他的理论，他将此与惠子联系起来是对的，但他将此解释为与空间的运动有关，我认为是错误的（惠子认为空间是无限的，因此空间的运动没有任何意义，我也不知道胡先生是如何构思无限空间中的恒动的），这里讲述的实际上是时空的关系。

867 桓团在《庄子》，33 篇中被提及；翟翦的名字出现在《吕氏春秋》，卷 13，8 b；卷 18，15a。

868 《吕氏春秋》，卷 13，8 b；卷 18，2b，16 b；《庄子》，17 篇，345；《列子》，卷 4，127；《战国策》，卷 20。我所采用的日期与胡适先生的（之前已引述的书目，110–111）基本相同。有人认为公孙龙是孔子的弟子，出生于（公元前）499 年又名子石的公孙龙（《史记》，卷 67，9b）；还有人把他当成《庄子》24 篇，419 中的学派之首；这些看法都是没有任何基础的。

869 这也是埃利亚的芝诺（Zénon d’Elée）理论的基础，因此他们的体系有相似之处也就不足为奇了。但也无须夸大这些相似之处，如果我们对公孙龙的作品有更深入的认识可能就不会觉得这些相似之处特别惊人。

870 《公孙龙子》，3b，5 b（第二，白马论）。参见图齐的译作，之前已引述的书目，146–148。为了理解公孙龙的推理应记住这句话有两重含义："白马与马不是一个概念"及"一匹白马不等于一匹马"；公孙龙不时从一层含义转向另一层。

871 《公孙龙子》，9b，12a（第五，坚白论），图齐译作，之前已引述的书目，148–151［参见服部（Hattori），《儒家及其对手》（*Confucianism and its Opponents*），刊于 *Cosmopolitan Student*，1916 年 4–5 月期，138 页；胡适，见前述引文，125］。最后关于思维运作的一段已被严重破坏，好在对比《墨子》卷 10，3b，17 b 相类似的两个段落后我们可以重组《公孙龙子》最后的这段。参见马伯乐，《有关墨子及其学派逻辑学的说明》（*Notes sur la Logique de Mo-tseu et de son école*），58–64。

872 有些区分是要逐字进行分割的，如“孤驹未尝有母”这个命题被解释为“当它有母亲的时候，它不是孤驹”（《列子》，卷 4，129；另见《庄子》，33 篇，509：“孤驹 ......”）。这里的特别之处是在不同的基本名词“驹”“孤”“有母”之外加入了一个时间元素，这个时间元素也是可以分割的。另一个命题“狗非犬”（小狗不是犬）在我看来也属于同一类型，其中加入了时间分割的概念，这些命题因此与“白马非马”不同，胡先生在之前已引述的书目，119，注释 5 中将两者视为同类，但后者没有这种时间概念。

873《庄子》，33 篇，507–509 页。对这些命题的翻译有时不恰当也不准确。理雅各，之前已引述的书目，230，是这样翻译的：“不管箭的速度有多快，总有一刻它既不是静止的也不是运动的”；胡先生，之前已引述的书目，119 这样翻译：“箭有既运动又静止的时刻“［亦可参见卫礼贤（R. Wilhelm）的译文《庄子》（*Dschuang dsï*）前言，XVIII］。在我看来，这样的翻译使得这个命题变得难以理解，这是因为如果有些时刻箭同时是静止和运动的，那么在这些时刻之间它就会要么静止要么运动，这也就什么都证明不了了。在此过程中必须所有的时刻都同时是静止和运动的：这也是我在翻译时坚持要加入“succession”（意即连续的）一词的原因。确切地说箭并没有停止也没有运动，因为实际上根据我们所参照的对空间的划分，它既是静止的也是运动的。——不管我们尝试以何种方式翻译这句话，为了便于理解，我们需要引入一个原文没有清楚给出的概念，因为“时”这个字可以代表有时，也可以代表时时：可以像胡先生那样通过省略冠词，像中文那样只用两个字来暗示这个概念，只适用于英文（有 ...... 时 = has moment）；或者像理雅各那样明确地以不定冠词“a moment”来表达；或者像上述所说的加入一个特定词语使意思更清楚。不管选用哪个方法都必然会给原文带来外来的个性化的添加，因为欧洲的译者不得不依据其母语的规则在中文这句话所表达的两个含义之间选取一个。

874 这些短句的顺序很不确定。似乎最初时它们不像现在这样混乱：早期的文字在竹简上排列成两列，一列在上，一列在下，每一列是一系列相关主题的句子；很可能是汉朝时编者忽略了这种排列方式，将两列文字混在了一起。就算尽量恢复原有的顺序（这其实是非常困难的），所得到的排序也是极不确定的。此外，这些本已不是很清晰的文字在流传过程中还遭受了重大的破坏，尽管中国的评注家们尽了很大努力，很多段落还是难以理解或至少有待商榷。参见胡适，《中国哲学史大纲》，I，189。——梁启超有一部单本评注，出版于1923年，书名为《墨经考释》。

875 《墨子》，卷 10，15a，43 篇，477 页。——邓陵子及别墨学派在《庄子》33 篇，501 页中被提及；不过这一篇是公元前 3 世纪中由庄子弟子所作的篇章之一。

876 《墨子》，卷 10，12a，43 篇，485 页，参见《公孙龙子》，11b；——469 页“坚与白”，见《公孙龙子》，9b（第五）；——卷 10，3b，17 b，485 页，“目与火”，见《公孙龙子》，11b–12a。

877 《墨子》，卷 10，1a，40 篇第一段，413 页。

878 同前，卷 10，6a，42 篇，441 页；胡适《中国哲学史大纲》，I，

199，及《古代中国逻辑方法之进化》；马伯乐，之前已引述的书目，39–40。

879 《墨子》，卷 10，9 a，42 篇，65 段，454 页。

880 《墨子》，卷 10，2b，40 篇，76，78 段，420–421；卷 10，10b，42 篇，78–79 段，459–460。

881 《墨子》，卷 10，1a，40 篇，18，20 段，415 页，等。

882 它构成了现存《墨子》的第 45 篇，卷 11，526。胡适先生在北京大学月刊第 3 期中为此做了一个单独的版本《〈墨子小取篇〉新诂》；这篇文章也收集在 1925 年出版的《胡适文选》I，II，35–74。

883 《墨子》，卷 11，45 篇，527 页及其后段落。参见马伯乐，《有关墨子及其学派逻辑学的说明》，41–53。

第六章

（公元前）4世纪及3世纪的儒家学派

（b56）542 孔子之死虽然为其学派带来了沉重的打击，但并未减少学派的活动；儒家学派通过他们的学校继续由大师的弟子们授课，培养出众多掌握了孔子学说的学生。虽然儒家学派由此在年轻贵族的知识培养中扮演了重要的角色，但学派本身并不显著；在超过一个世纪的时间里似乎没有一个儒家大师参与到儒家思想的发展中。他们可能过分忠实于创建者的传统。孔子从未想过自己会成为一个哲学家，他自认为是一个行动派，一个行政者和政治家，能够带领世界在真正的轨道上前行；他的梦想不是记录他的思想，而是在某位君主托付给他朝堂上实现他的理念。追随孔子的弟子们希望在他身上找到 543–544 的不是一个哲学体系，而是治国的学问。孔子的弟子们在经过了很长时间之后才意识到他们并不能让远古时代重现，而他们只是思想的操纵者，而非他们曾经希望的，成为人类的操纵者。

1. 孔子的第一代弟子

孔子的第一代弟子几乎全部都任职于中原东部的小诸侯国，相关的历史虽然在某些细节上无法确定，但总体上还是真实的[884]：子我任职齐国；子贡先是在鲁国随后到了卫国，最后来到齐国；子羔和子路在卫国；子有在鲁国；子夏是魏文侯的师傅，等等[885]。

与此同时孔子的弟子们可能也尝试过将孔子的教育扩展 544–545 开来，为此他们成立学校，教授学生；学派的中心始终保留在鲁国，围绕着孔子的家族及孔墓，孔子最忠实的弟子在这里定居，形成了过百人的村庄“孔里”。根据公元前 2 世纪时司马迁的记载，曾有三千学生前来听从大师的教诲；其中七十二个弟子接受了孔子完整的教育；孔子死后这些弟子在孔墓旁服丧三年，如同对待自己的父亲一样；“三年之外，门人治任将归，入揖于子贡，相向而哭，皆失声，然后归。子贡反，筑室于场；独居三年，然后归[886]”。孔子的家人保留了大师的遗骨、官服、冠帽、乐器、车及著作：所有这些都陈列在孔子曾经教学的大殿[887]中；大殿被改变成祭祀的庙宇，鲁侯每年都要前来举行祭拜活动。直至公元前 2 世纪末这些遗物还都保留着[888]，司马迁曾亲眼所见："适鲁，观仲尼庙堂车服礼器，诸生以时习礼其家，余祗回留之不能去云。"

能够使孔子学派维持下来的并不是学派代表人物的个人魅力（在孟子之前学派中没有什么有才华的作家），而是对古代文学的传授。孔子的教育建立在诗（《诗经》）、书（《书经》）、礼、乐之上，他的弟子们也恭敬地遵循同一条道路。道家将内心世界放在第一位，墨子的弟子越来越重视纯粹的辩证学，与他们不同，儒家是传承礼仪和古典的大师；儒家的弟子们并不算出色也不出名，但他们培养出如此众多的学生，并在各种动荡中生存下来，而他们的对手则在这些动乱中被摧毁。

在很长时间里，儒家的弟子们似乎满足于教育家这个有些吃力不讨好的角色。除了孔子的后裔［最著名的代表是（孔）伋子思，他在卫国生活之后定居在鲁国］所领导的位于鲁国的孔子学校的主体之外，孔子主要的弟子还建立起了一些儒家分支学派，其中曾子学派、西河的子夏学派、子有学派、子贡学派在孔子死后的一个世纪中成为非常重要的学派[889]；这些学派对于礼仪中的微小细节有着不同的理解并为此进行过激烈的争论[890]。大概是到了（公元前）4 世纪初前后，他们一致同意选取一些保留在孔子家族和学派里的有关孔子及其亲授弟子的语录，将其结集成书，以便正式建立起真正的儒家学说；这便是我们今天所看到的《论语》[892]。$_{546-547}$ 在编辑《论语》时他们用到了一些更为古老的文献[893]，但有了《论语》之后这些文献便失传了，我们只能在《左传》及《礼记》中看到一些印迹[894]。《论语》的编者似乎满足于将那些古老的文献首尾相接放入书中不做任何改动，只是删除了一些重复的内容或一些在他们看来属于孔子不得志时的逸事；他们没有做任何努力为语录分类或按内容进行编排；整部《论语》于是便成了互不连贯的短小片段的合集。《论语》的风格有着全新的特点：由于编者希望尽可能地重现大师的原话，因此他们没有以问世不久的墨子或老子的作品为参考对这些对话进行书面文字式的编辑，而是在一定程度上保留了口语的形式，或至少是口语中比较突出的特点。由此《论语》的句式结构相当灵活，有大量的词缀及助词，使得这部作品具有独特之处。除此之外引言的部分以及并非出自对话者之口的文字是以书面语的形式写成的。《论语》以及模仿它而作的《孟子》是仅有的采用了这种写作方式的作品。

正当孔子的语录如此杂乱无章地出版之时，学派的一部分人试图将孔子的理论系统化。这项工作部分归功于孔子的后人孔伋，他更加广为人知的名字是子思，或至少也应归功于子思的弟子；流传至今的两部文集《中庸》和《大学》[895]的作者被认为是子思。子思据称是孔子的孙子，但这一点与孟子所描述的不符，子思与孔子的关系有可能要再远一层[896]。关于子思我们所知道的[897]是子思为鲁穆公（公元前407年—公元前377年）的大臣，他也曾在卫国任职[898]；他似乎也教授弟子，因为公元前3世纪

548 在鲁国仍兴盛的一个学校据说就是子思的学校[899]——这个学校的特点在于在教授诗书之外，对《易经》以及卜学也给予了极大的重视[900]。

以现存的作品来看，《中庸》由两部分组成，每一部分为一部独立的著作但两者都属于同一学派。第一部分，即最古老的部分，是简短的教义的论述（只有几行字而已），以有节奏但不押韵的散文体写成，后面紧跟的是对该论述中基本用语的解释以及对某些观点的参差的扩展，其中夹杂了孔子的言论及对诗书的引述。第二部分所作时间较晚，主要是论述圣人的品德，以孔子与鲁哀公对话的形式写成。《中庸》受到《易经》附录第四部《文言》很大的影响，某些段落是模仿《文言》而成，同时也受到《孟子》的影响。从整体来看，《中庸》可能是子思学派教学中残留下来的文字，这与传统所认为的一致。

《中庸》第一部分中所树立的学说是比较简单的，即圣君如何选择完美的施政方法，正确的选择必然会建立起宇宙的良好秩序。孔子的弟子第一次尝试对这个儒家理论做出系统化的论述，这是受到了道家思想的影响[901]。

人出生时从上天得到其天生的本“性”，549–551 人应该服从于他的性，“率性之谓道，修道之谓教”[902]：这是将一个本质为道家的思想移植到儒家体系。“故君子慎其独也”，意即君子要培养上天所赋予的独特的自我[903]。当能够遵循天意的人的思想处于平静之中，人的感情没有表达出来时，人便处于平衡的状态

"中"；当人的感情表达出来时，人是处于和谐的状态"和"；"致中和，天地位焉，万物育焉"。随后的扩展是以例证来阐明这些观点，以使君子的形象变得丰满。

《大学》所作的时间与《中庸》大致相同，至少对于《大学》最古老的部分是如此，但它似乎不属于同一个学派[904]。这部不长的作品由两部分组成，先是以古老的文字写成的短文，其后是较后期所作的注评；注评的部分很有规律，先重复古老的短文中的句子再加以简短的解释。原始的短文似乎完整地保留了下来，但注评部分的很大一部分（特别是开始和结尾的部分）今已失传[905]，只留下了中间的一些段落[906]。相对于《中庸》而言，《大学》无疑是对儒家学说更完整的总结。不过和《中庸》一样，《大学》所关注的也非每一个个体，它所注重的对象始终是551-552君臣。《大学》所教授的是"在明明德，在亲民，在止于至善[907]"。从始至终，只有通过君子的品德才能改变民众。如果一个王侯或负责统治国家的人能够如孔子所说的那样好好地培养自己的品德，他的品德便足以管理他的家族；家族管理好了，他的品德便能加速使每一个人的品德增加，国家便能得到良好的统治。能够产生超自然的改变的，不是榜样的力量，而是品德，孔子也是这样认为的。至于自我培养的方法，《大学》中简要地作了描述："古之……欲修其身者，先正其心。欲正其心者，先诚其意。欲诚其意者，先致其知。致知在格物。[908]"从这里的几个字便能看到儒家学说的所有元素，即对道德的学习及改善，别无其他。这是将孔子的学说系统化，但并未发展其学说。

2. 孟子

儒家学派就这样在平庸中延续，没有耀眼之处，但也不无影响力，直至（公元前）4 世纪下半叶孟子为其添加了些许色彩，同时他为儒家学说引入了新的观点，使其更加符合时代的变迁。

552–553 孟子与孔子一样出身鲁国[909]：孟子属于孟氏家族一个不出名的分支；孟氏家族源自鲁桓公，在几个世纪的时间里，孟氏与叔孙及季氏一起独揽大权，置王侯于不顾。孟子的双亲定居在邹地，孟子便于（公元前）4 世纪公元前 375 年—公元前 350 年*间出生于此地[910]。和孔子一样，孟子由早年丧夫的母亲抚养成人；人们讲述“孟母三迁”以避免孟子受到不良邻里的影响。儒家对孟子的影响大概就是从这个时期开始的，此时距离孔子去世已过了一个世纪，但儒家学说在鲁国的文人中极具影响力，这些文人或多或少都曾师从儒家弟子。传统上人们将孟子与子思学派联系在一起[911]，如果我们相信这种说法，那么孟子似乎曾经尝试从源头，即从孔子的家族接受儒家教育。之后孟子回到邹地，在那里成立了一所学校并以此 553–554 为生，从这时起他已经有了

* 马伯乐在原文中所写的时间是“4 世纪的第二个二十五年”（le second quart du IVe siècle），但这不符合中文的习惯，故在翻译时将年代范围列出。——译注

几个他最出色的学生。不过孟子的境遇并不算太好，因此在四十岁左右时[912]他被齐宣王*（公元前342年—公元前324年）慷慨的美名所吸引（前往齐国）。齐宣王大方地供养了一班学者，如邹衍、邹忌、接子、法家申子、道家田骈（别名“天口骈”）以及其他很多人，这些人被称为“稷下先生”[913]。孟子起初受到齐王的礼遇，与齐王有数次交谈，但没过多久他们之间的关系就恶化了，孟子拒绝了齐宣王送来的每块二十四盎司重的一百镒金[914]这样的重礼，最终离开了齐宣王的朝廷。大概是受到朋友邀请，孟子去了宋国的国都亳，在那里住了一段时间，他被引见给宋国公，后者赐予孟子七十镒金；之后孟子从宋国回到了他的出生地邹地，在那里重新指导他的学校。不过很快他又离开了：孟子在亳都时，他的弟子、滕国太子在出使楚国途中曾前来拜见孟子并邀请 554–555 孟子前去他父亲的朝廷；当他父亲在（公元前）323年[915]去世后，滕国太子再次向孟子发出邀请，这一次孟子接受了。不过孟子并没有在滕国停留太久，滕国朝臣大概担心这位外来者夺权，成功地（向太子进谗言而）影响了太子的想法——孟子几乎刚到滕国就离开了。孟子从滕国去了魏惠王的都城大梁。此时的魏惠王年事已高，在经历了统治初期的辉煌之后，他在很长时间里不停遭受挫败，以至于需要在文人墨客之中寻找能使自己从国家事务的疲惫中解脱出来的方法。孟子因此受到魏惠王礼遇，

* 此处疑为作者笔误，应为齐威王。——译注

不过他并没有多少时间享受这种恩宠，魏惠王便在公元前 319 年去世了；魏惠王的儿子魏襄王对孟子似乎没有如父亲那般的好感，孟子于是离开魏国回到齐国；齐威王的继任者齐宣王[916]非常热情地接待了孟子，并授予孟子荣誉职位[917]，多次任命孟子作为使臣出使他国，还特别派孟子前去他之前的保护国滕国以官方的名义向滕国太子致哀。（之后）孟子因母亲去世回到鲁国，在那里为母亲举行了隆重的葬礼。不过服丧期过后孟子又回到齐国，重操旧职。公元前 314 年，孟子鼓励齐宣王出兵伐燕，但两年后当这个新近被征服的燕国发生暴动，齐军不得不撤退时，孟子便失宠了。他永远离开了齐国回到自己的出生地。不久后，孟子的弟子、身为鲁平公（公元前 316 年—公元前 297 年）大臣的乐正前来邀请孟子去鲁平公的朝廷，但当孟子达到后鲁侯却没有前来拜访孟子，这令孟子感觉受到冒犯，立即返回了邹地。孟子在那里与弟子一起生活直至离世，但他离世的确切日期无从知晓。

孟子认为墨子学说是过于夸张的仁爱，555–556 没有考虑到家庭的联系，杨子的学说又过于自私，而孔子的教义则正好取两者之中。“杨朱、墨翟之言盈天下，天下之言不归杨，则归墨……杨墨之道不息，孔子之道不著，是邪说诬民，充塞仁义也……吾为此惧，闲先圣之道，距杨墨……能言距杨墨者，圣人之徒也。[918]”虽然孟子重拾孔子的理论但并非一成不变的照搬。他抛弃了过时的、在他的时代已无人认可的圣人及其德行的超自然的能力。同时道家以及杨子的心理学对孟子产生了重要的影响。诚然，孟子不敢像杨子那样将个人的发展作为目标，他保留了儒家旧有的理念，即通过良政能令个人（的品德）得到改善。孟子和孔子一样坚信人民只能被引导，如果君王很好地管理人民，无须时日人民自己便会有很好的表现。“无恒产而有恒心者，惟士为能。若民，则无恒产，因无恒心；苟无恒心，放辟邪侈，无不为已。[919]”孟子和孔子一样，并没有过多尝试改变个人；他和大师都相信良政能改变民众，或至少能将他们带到他们所能达到的最高境界。不过孟子对此的解释并非孔子那般半玄虚的，而首先是具有管理实践意义的：这不枉孟子在齐国朝廷生活了那么久，他生活在齐国的时间正是早期法家大师建立法家学说原则的时候；虽然孟子没有接受法家所有的理论但却受到很深的影响。“焉有仁人在位罔民而可为也？是故明君 556-557 制民之产，必使仰足以事父母，俯足以畜妻子，乐岁终身饱，凶年免于死亡。然后驱而之善，故民之从之也轻也。[920]”至于制民之产的方法，孟子和孔子一样从远古时代寻求答案，他提倡回归到共同耕种的井田制[921]，并多方面鼓励商业活动，特别是取消关税[922]。当人们富有之后，孟子和孔子一样，提议教育民众，但教学的范围仅限于国家和家庭中人与人之间的关系“人伦”，即人们在统治者面前的义务：“设为庠、序、学、校以教之……皆所以明人伦也。人伦明于上，小民亲于下。[923]”说到底，孟子在保留了儒家理论外在形式的同时[924]，以较少的刻薄但同样的力度重提了道家理想的统治理念，即老子所总结的“实其复（腹），弱其志”。所有古代中国的哲学都同样是贵族阶层的哲学，所有这些大师们，不论是道家、儒家、墨子的 558-559 弟子、辩者、法家……都认为自身的阶层，即贵族阶层在本质上优于围绕在他们身边的平民阶层的农民，这些学派的教义至少在这一点上是一致的。

不过这并不代表孟子轻视人民，相反，他将民众置于国家的重要位置："民为贵，社稷次之，君为轻。[925]"不过这种重要性只适用于大众，因为大众能够反映出天命的存在："天不言……天视自我民视，天听自我民听[926]"，孟子以《书经》[927]《泰誓》中的这一句来解释自己的看法。天、人、君王的关系在下面这一段话中得到了很好的体现："'尧以天下与舜，有诸？'孟子曰：'否。天子不能以天下与人。'——'然则舜有天下也，孰与之？'——曰：'天与之。'——'天与之者，谆谆然命之乎？'——曰：'否。天不言……天子能荐人于天，不能使天与之天下；诸侯能荐人于天子，不能使天子与之诸侯。昔者尧荐舜于天而天受之，暴之于民而民受之。'——'敢问荐之于天而天受之，暴之于民而民受之，如何？'——曰：'使之主祭而百神享之，是天受之；使之主事而事治，百姓安之，是民受之也。'[928]"既然"民受之"是天命明确的显现，那么失去民意也就是失去了天命：从这时起失去民心的王侯便不再是一个君王，当人们将他杀死时也不是处死一个君王而是处死一个作恶者。"齐宣王问曰：'汤放桀，武王伐纣，有诸？'孟子对曰：'于传有之。'——曰：'臣弑其君可乎？'——曰：'贼仁者谓之贼，贼义者谓之残。残贼之人，谓之一夫。闻诛一夫纣矣，未闻弑君也！'[929]”不过并不是由人民来推翻作恶者，而是由他的臣子，总而言之，这是统治者之间的事务：被统治者通过表达不满显示天命已失，但他们并没有权力采取行动；只有统治者才能处理他们之间的事务。“君有大过则谏，反复之而不听，则易位。[930]”

孟子由此保留了孔子有关良政的一些幻想，孔子希望以此换来大众的转变。不过孟子又与孔子不同，他跟随了墨子的榜样，将这种转变归功于统治民众的基本原则，而非圣贤超自然的品德；孟子以儒家的“仁”来取代（墨子）“兼爱”的原则，并加入了“义”。在孟子看来，仁义是最优秀的品德，是伦理规范的“善”的特点。孟子以他的“仁”来反对墨子夸张的“兼爱”及杨子的自私主义；兼爱和自私抹杀了因人与人之间的关系而产生出的不同，相反，仁义则将这些不同显示出来，因此子女对父母的孝顺是“仁之实”，对兄长的服从是“义之实”[931]。孟子用“义”来反对墨子学派定义伦理规范所用的“利”[932]，孟子以通俗的词义而非 560–562 墨子学派赋予这个字的特殊含义来诠释“利”，因而轻松获得了成功。

人们如何能够获得这些基本的原则呢？孔子曾经说过人需要“克己”，他还陈述了道德的几条规范，是完全以外部的规范来决定人的行为准则，而所有的礼仪规则都来自圣人[933]。孟子与其相反，他为道德寻找内部的原则[934]，即天生的规则。在孟子看来，人性本善：人出生时，婴儿的心灵是纯洁的，是之后才一点点堕落的。孟子声称这个理论来自孔子，并以此意诠释了孔子的几段文章，虽然这几段文章并不是很具有说服力；这个理论实则来自道家的心理分析[935]，通过《中庸》和子思学派间接地传给了孟子。为了在儒家教义中占有一席之位，这个理论自然也有所转变：对道家来说，人的本性是道，而道本身不好也不坏，是中立的；对孟子而言，人的本性是上天所赐予的，因此必然是好的，因为上天不会给我们任何不好的东西。也正是如此，“大人”是能够保留“赤子之心”，即能够保有原始的单纯和善良的人；孟子进一步细说上天给了人们天生的四种品德，以此来指导众人，这四种品德是“仁”、“义”（取其人与人之间的关系之意）、“礼”、“智”：“人之有是四端也，犹其有四体也。”这些品德主导着道德，人们无须像孔子做说的那样，通过学习圣人传递的礼仪来从外部寻找道德的根基，道德的基础就在每个人心中，心便是接受上天赐予的天生的四种品德之处。因此如果人们没有保留赤子之心就应该努力将它找回。“体有贵贱，有大小；无以小害大，无以贱害贵 562–563。养其小者为小人，养其大者为大人。”从这里也可以明显地看出道家心理学的影响：人精神上的这种二元特征正是由老子学派及庄子引入中国哲学的。虽然孟子与孔子一样，也将圣人分为两种，第一种是天生的圣人（如尧和舜），第二种是通过学习成为的圣人（如胜利者商汤和周文王），并认为第一种高于第二种，但孟子认为“人皆可为尧舜”，这是老庄思想影响的结果。不过孟子始终和他的先师一样，他不希望这种个人道德上的转变使个人获益，如果是这样便掉入了杨子自私主义的教义中。个人道德的转变是为了影响诸侯，从而获得良政，因为“唯大人为能格君心之非，君仁，莫不仁；君义，莫不义；君正，莫不正。一正君而国定矣[936]”。

孟子将良政置于至关重要的位置，因此孟子应被视为儒家；个人道德的发展对其个人而言并无意义，但能使他成为王侯的进谏者。面对将治国的忧虑置于其次的道家学派及完全不考虑统治者只看重个人的杨子学派，孟子重拾了儒家的统治哲学，在这种统治哲学中，道德首先是统治者的道德、贵族的道德，社会各阶层之间的义务也有着明确的区分。

由于孟子脱离于儒家学派的常规之外，他未能对儒家学派产生重大的影响；他的学派自成一体，在他离世后仍然延续着，甚至还分成了不同学派，其中他的弟子乐正就成立了一个分支学派。孟子也没有与其他成立已久 563–564 的学派如子张学派、颜回学派等有什么互动，那些学派只关注礼仪问题。虽然孟子声名在外，但在他所居住过的国家（公元前）3 世纪的儒家文学中取自孟子的却很少。

3. 荀子

一个世纪之后的荀子与孟子相近，他尝试在儒家的基础上构建一套通用的哲学体系，但他的做法比孟子更具系统性。

荀况（荀况和孟子一样都曾在齐国得到封号，人们也常以荀况的封号称他为“荀卿”）是荀氏后裔，荀氏家族曾长期为晋国的大家族之一，但在荀氏首领智伯于（公元前）451 年被杀之后荀氏便丧失了权力。荀况所属的荀氏一支在赵国定居下来，荀况便出生于赵国并在那里度过了他的早期生涯。据说[937]在他接近五十岁时他前往齐国，希望求学于著名的稷门文人[938]。564–565 但稷门学院已经没落：当时为齐襄王（公元前 283 年—公元前 265 年）在位时期，著名辩者田骈的弟子都已经去世。不过荀子仍在临淄逗留了一些时日，他受到齐王礼遇，被授予“列大夫”的荣誉职位；列大夫之职是早前由齐宣王为卓越的大师们所创立的。荀子似乎两次从临淄前往秦国，与范雎交往并被秦昭王召见[939]，但并没有得到任用；之后他回到出生地赵国，但在那里也没有获得更大的成功[940]。当荀子再次回到齐国后遭人向齐王恶意中伤，于是他接受了楚国令尹春申君的邀请，前往管治兰陵县。荀子担任兰陵县令一职直至他的保护者（春申君）被杀。李园杀害春申君（公元前 238 年）后为铲除春申君的门客撤了荀子的职[941]。此时的荀子年事已高，他没有离开兰陵，继续生活在那里，他在兰陵的学校因礼仪而闻名，吸引了大批弟子，其中就有哲学家韩非以及未来的秦国丞相李斯[942]。不久之后荀子死于兰陵。他留下一部著作，初时名为 565–566《荀卿新书》[943]，但从 9 世纪开始被简称为《荀子》[944]。

荀子与孟子及其他属于儒家学派的大师一样，其目的是达成良政，原则是以圣人的方式治国。不过他不再像孔子那样相信良政来自圣贤的品德；也不像墨子那样认为良政是圣贤施行兼爱而自发的产物。荀子一生中都在寻找以名家的正名及法家的罚赏这样更直接的原则来实现良政的方法。

就算荀子认同名家所主张的正名乃圣贤首要的职责，而正名需要遵循一套归功于孔子的方式，但这并不代表荀子如名家一样相信名字中所含的道德。对于尹文而言，好的名字便是指代好的事物，不好的名字即为不好的事物，以至于“善有善名，恶有恶名[945]”；但对于荀子而言，“名无固宜，566–568 约之以命，约定俗成谓之宜，异于约则谓之不宜。名无固实，约之以命实，约定俗成谓之实名。名有固善，径易而不拂，谓之善名[946]”。正名就是按照常规并持久地建立起名字与事物之间的关系，并为民众制定正确的称呼和定义，这样便能消除争论和混乱。

另一方面，荀子像法家一样希望有严厉的法律，这并不是因为他如法家一样相信法律中带有的道德。宋子认为法律能够产生良政，荀子则认为宋子弄错了，他不知道良政来自圣贤。荀子希望有严厉的法律是因为他认为人性的本质是恶，与孟子相反。“人之性恶，其善者伪也。今人之性，生而有好利焉，顺是，故争夺生而辞让亡焉；生而有疾恶焉，顺是，故残贼生而忠信亡焉；生而有耳目之欲，有好声色焉，顺是，故淫乱生而礼义文理亡焉……人之性恶，则礼义恶生？凡礼义者，是生于圣人之伪，非故生于人之性也。”由于人性本恶，荀子才认为有必要进行严格的管治，以便让人们学会天生所不知的善。虽然荀子兜了个圈子还是得到了与法家相同的结论，但他并不接受 568–569 宋子及法家的带有道家倾向（道家似乎是唯一理解这些理论的）的观点，即认为法律自身有其必然性，是不可抗拒的，它来自永恒不变的道。和法家一样，荀子尝试从法律中寻找一个基本原则，用以解释法律的价值；但这个原则非但没有加强法律的价值，反而将它推到了次要的位置：礼义被认为是所有道德与伦理的源泉。“直木不待檃*栝而直者，其性直也。枸木必将待檃栝烝矫然后直者，以其性不直也。今人之性恶，必将待圣王之治，礼义之化，然后始出于治，合于善也。[947]”在荀子提出的礼义中可以看到孟子的影响，但荀子比他的先辈看得更加深远。“礼起于何也？人生而有欲，欲而不得，则不能无求；求而无度量分界，则不能不争；争则乱，乱则穷。先王恶其乱也，故制礼义以分之，以养人之欲，给人之求，使欲必不穷于物，物必不屈于欲，两者相持而长，是礼之所以起也。[948]”而义甚至是整个社会的根基，没有义社会就会轰然倒下。“水火有气而无生，草木有生而无知，禽兽有知而无义。人有气、有生、有知，亦且有义，故最为天下贵也。力不若牛，走不若马，而 569–570 牛马为用，何也？人能群，彼不能群也。人何以能群？分。分何以能行？义。故义以分则和，和则一，一则多力，多力则强，强则胜物，故宫室可得而居也。故序四时，

* 檃，音 yǐn。

裁万物，兼利天下，无它故焉，得之分义也。故人生不能无群，群而无分则争，争则乱，乱则离，离则弱，弱则不能胜物，故宫室不可得而居也，不可少顷舍礼义之谓也。[949]”圣贤希望在民众中建立秩序，在此意愿中社会合盘而出，而只有通过礼义，社会才能建成，才能持久。

总而言之，圣贤确保良政，他们通过正名使得所有人都明白他们的指令，之后通过礼来教育民众，使社会秩序井然；为了维护这样的秩序就要严厉惩罚那些不走正道的人，这些人要么有着与正名不符的言论，要么有着与礼不相符的行为。不过与孔孟不同，荀子不认同圣贤的统治方式应该以远古先圣如尧和舜为榜样；在这一点上，法家学派对荀子的影响远多于孟子，不过从法家借鉴来的观点也被荀子做了相当大的改动。并非如法家所认为的，由于现今的世界与以往的不同，因此先圣的统治 570–572 不再适用；正相反，社会是相同的，现今的人们与旧时的人们也很相似，但远古圣贤的先帝距离现今太遥远了，人们对他们一无所知，因此更好的方式应是模仿较近代的圣贤帝王，人们对他们能有更好的了解[950]。

此外，圣人之所以为圣人，可以自己做出判断而无须模仿他人。圣人因此可以分辨真假，并通过思想上的努力来选择善恶。但人的本性是恶的，人如何选择善呢？所有人在本质上都是相同的，不管是圣人禹还是暴君桀：“凡人有所一同。饥而欲食，寒而欲暖，劳而欲息，好利而恶害，是人之所生而有也，是无待而然者也，是禹、桀之所同也。目辨白黑美恶，耳辨声音清浊，口辨酸咸甘苦……是又人之所常生而有也，是无待而然者也，是禹、桀之所同也……[951]”因此，“人之所以为人者”，是人的本性[952]，而人性本恶。圣人因其本质也是向恶的，为了能够辨别善恶并选择善，以中国式的说法，他还需要用“心”努力做出思考。然而，这种努力不是 572–573 纯粹依靠智慧的，不是简单的推理（此乃荀子与道教最接近之处）；荀子借鉴了神秘主义学派的一些方法，尝试不以推理（推理的风险在于“蔽于一曲，而暗于大理”[953]，墨子、宋子及其他很多人都曾遇到这样的情况）而是通过冥想达到真相；荀子对冥想的要求极高，要达到某个时刻，在这个时刻精神摆脱了所有偶然性，能够直接抓住事物的本质，并能毫无错误地识别并命名该本质。通过这样的冥想就算没有达到真正的“沉迷”，至少也到达了一种“鬼魂附体”的状态，精神与人体分离，这便是荀子所称的“大清明”，荀子描述此状态时的用语令人联想到庄子及其学派。在这种状态中的人，“万物莫形而不见，莫见而不论，莫论而失位；坐于室而见四海，处于今而论久远；疏观万物而知其情，参稽治乱而通其度，经纬天地而材官万物……[954]”达到这种状态的方法，以及荀子所使用的术语，也都显示出道家的影响。“人何以知道？曰：心。心何以知？曰：虚壹而静。”我们可以在此看到道家的“虚”；如同神秘主义实践一样，为了冥想精神需要排除日常充塞它的所有一切（外物）。“人从出生就有认知，有认知就有意愿，意愿乃人所包含之物；

然而（虽有所包含之物，心）有所谓虚，不会以所包含之物伤害他将接受之物，这就是人们所说的虚。心从出生就有认知，有认知就有不同，不同就是人们所说的能够同时认知不同的事物；同时认知不同的事物是分散；然而（虽有分散，心）有所谓一，不会以一个（想法）侵害另一个（想法），这就是人们所说的一。心在人睡着时会做梦，在被忽略时会独自行事，当被用到时便会思考。因此心并非不动，然而（心）有所谓静，不会以梦境的幻影扰乱认知，这就是人们所说的静。”（“人生而有知，知而有志，志也者，臧也；然而有所谓虚，不以所已臧害所将受，谓之虚。心生而有知，知而有异，异也者，同时兼知之；同时兼知之，两也；然而有所谓一，不以夫一害此一谓之壹。心，卧则梦，偷则自行，使之则谋。故心未尝不动也，然而有所谓静，不以梦剧乱知谓之静[955]。”

这种贤德正是良政所需的条件，荀子和孟子一样相信所有人都可以要求得到它：只需做到所有圣人都必须做的努力，一个人就能变成“圣”，或至少可以成为“君子”或“大人”。对于圣贤的培养是荀子最关心的问题之一。他和孟子一样，承认人的精神有两种不同的元素（这起源于道家，但成为当时心理学上的共识）：即“性”和“伪”。“生之所以然者谓之性”；性是由上天赋予的，“不可学，不可事”，是“不事而自然的”。相反，伪是思虑的产物：“心虑而能为之动谓之伪。虑积焉能习焉而后成谓之伪。”伪是通过学习而得到的，通过实践而使它完善。

“性”包含了天生的官能，如视觉、听觉等；以及原始的本能，如饥饿了要吃饭，冷了要取暖；除前述之外还有人的感情，“好、恶、喜、怒、乐谓之情”，情是与外界事物接触时产生的反应。“伪”是礼、义、道德，等。情将性推向伪，因为情在某种程度上包含着性与伪；情并非天生而是后天获得，但情自然而然就能够获得，无须主动思虑学习：“情也者，非吾所有也，然而可为也”；情 574–575 是伪的基础：“情然而心为之择谓之虑[596]”；当虑积累起来慢慢就形成了伪。而人性是恶的，人之善是伪。圣人的努力远不是要回归简单的本性，如道家所希望的那样，也不是要重拾“童心”，如孟子所建议的那样，而是要尽量抛弃性而发展伪。圣人通过不断学习积累善的观念，因此贤德是能够（后天）获得的：“百姓，积善而全尽，谓之圣人。”而这个积善的过程可以通过教育来实现。教育的力量非常强大：“干*、越、夷、貉之子，生而同声，长而异俗，教使之然也。[957]”不过教育并不需要动用所有儒家学派的教材：书（《书经》）、诗（《诗经》）、编年史（《春秋》）都无甚用处，唯一重要的是礼仪的学习。但“礼乐只能效仿却不会讲解”（“礼乐法而不说”）。学习最好的方法是师从君子。“学习最快速的方法是与师傅保持友好的关系，其次是要符合礼仪。如果既不能和师傅保持好的关系也不能遵从礼仪，那学习不

* 干，此处音 hán，古国名。马伯乐在原文中写成 Yu-yue，疑是将干与于混淆。——译注

同的学科又有什么用呢？只能是读读诗书而已。穷其一生也只不过是个目光短浅的文人罢了。”（“学之经莫速乎好其人，隆礼次之。上不能好其人，下不能隆礼，安特将学杂识志，顺诗书而已耳。则末世穷年，不免为陋儒而已。[958]”）至于辩者非常重视的能言善辩的辩证术在君子看来并无任何重要性，根本不屑一顾。因此能够使人产生完美转变的学习应该是这样的：“君子之学也，入乎耳，著乎心，布乎四体，形乎动静。一可以为法则。”575–577 但如果没有得到很好的引导，学习便一无是处。“小人之学也，入乎耳，出乎口；口耳之间，则四寸耳，曷足以美七尺之躯哉[959]？”

荀子成功地以其强有力的思想创造出一套既有相关性又有独特性的体系，使儒家思想面目一新。荀子对与他同时代的人产生了重大的影响；他的影响力一直持续到 2 世纪，并在汉代文人身上打上了深深的烙印。直至孟子学说重新为人所重视，荀子的影响力才逐渐消弱。

4. 礼仪派

与（公元前）3 世纪最出色的儒家学派——孟子学派及荀子学派同时期的是一直默默地发展着自己学派的礼仪派。子有、子贡的学派在一个世纪前，即编纂《论语》的时期是非常重要的学派，但似乎已经消失，不过其他多多少少有些名气的孔子的弟子，如子张、子思、颜回、曾子、漆雕启等人的学派仍然繁盛[960]，连同子夏的学派[961]。孔子所提倡的传统教育仍在这些学派中继续，即对书（《书经》）、诗、《春秋》、礼乐的学习[962]，以及对《易经》的学习——至少在子思学派有教授《易经》。这些学派的大师们所教授的礼仪被指枯燥而肤浅，但同时他们又过分害怕做出让步[963]。

577 礼仪派的工作其实功不可没。正是他们其中的一个学派，子思学派，在（公元前）3世纪中整理出《易经》的最终版本[964]，并撰写了这部著作的最后几篇附录，包括《文言》（第四篇）及其他三篇并非如此重要的篇章（第五至七篇），同时为《系辞》（第三篇附录）添加了儒家注评。与此同时子思学派的成员们还撰写了数部有关礼仪的小册子，虽然大部分失传了，但有几篇被保留在《礼记》中。《中庸》的第二部分应该是子思最后的作品之一，作于秦始皇开始对文人进行迫害前夕；它受到了孟子和《文言》的很大影响。子思的竞争对手们也同样做了不少工作，很多（公元前）3世纪儒家的短小作品都出自他们之手。有些作品的形式是为《春秋》从礼仪上或政治上作注，这便是《公羊传》、《穀梁传》以及其他一些今已失传的作品[965]，它们曾被当作孔子口头传授的内容，但实则似乎应该是每个学派分支传统教育的汇编，被冠以了孔子的名字，这些作品写作的时间相对较晚[966]，介于（公元前）4世纪中至 577-578（公元前）3世纪末；《公羊传》大概是作于齐国，可以看到齐国文化的印迹，它对在齐国的孟子也产生了影响；《穀梁传》的时间更加晚，可能是作于南方，受到了荀子及其学派的影响。另外的一些作品是实足的有关礼仪的论述：其中有些也被视作孔子的作品，如《三朝记》，共七篇，据称重现了鲁哀公三次召见孔子时孔子与鲁哀公的对话[967]。不过更多的作品还是由孔子著名的弟子所作：有一部文集被冠以曾子之名，另有一部大约是（公元前）3 世纪作于魏国的作品《孝经》也被归于同一作者[968]；其他一些作品则被视为子思所作。很有可能每个学派分支都将他们所教授的教义以该分支创立者的名义发表出来，而不同学派之间 578–580 关于礼仪细节之争也从中留有一些回响。这些作品中的很多作品都有某些礼仪的完整叙述：有关于诸侯国之间互换使者的礼仪；有关于男子成年冠礼的礼仪；有关于婚礼的礼仪；射箭仪式的礼仪，更有数部作品讲述葬礼礼仪。人们也尝试将儒家教义与当下流行的理论相结合：如《五帝德》和《帝繫》[969]受到邹衍的影响，可以看到邹衍有关阴阳作用以及五行在人类事物发展中的作用及在历史上的应用等观点；另有一部著述标题已遗失，讲述的是孔子与一位不知名的王侯的对话[970]，它试图表达与法家一致的看法——它令孔子说出“古代治国的方法虽然可以作为榜样，但并不适用于当下[971]”这样的话，这其实是法家的原则之一。很多作品在远古时期已经失传，那些留存到汉代的著作随着古文献被发现的偶然性以不同的形式发表出来：有些作品因同时被发现便构成一部特别的著作《仪礼》，另一些作品只是略有不同，但是在不同的条件下被发现的，被加入《礼记》及《大戴礼记》中，这两部作品汇集了不同时期不同来源的很多作品[972]；还有一些独立的作品便全部或部分消失了，如《三朝记》。

虽然孟子和荀子是（公元前）4 世纪到（公元前）3 世纪最著名的儒家代表，但儒家学派能够有生机和力量在（公元前）3 世纪的大危机中劫后余生并变得更加强大并非得益于孟子和荀子，而是多亏了这些不算出众也不算著名的礼仪派，是他们秉承了孔子开启的教育者的角色。哲学学派能否幸存下来，其教义本身所扮演的角色并不太重要，重要的是它所教授的学科的实用性。580 墨子学派因专注于雄辩术而消亡，因人们对雄辩术的欣赏只是一时的爱好，墨子学派最终与它所诞生的社会一起不复存在。相反，儒家所教授的礼仪以及道家所传授的神秘主义在不同程度上回应了社会和政治动荡都无法改变的深层次的需要，这便成为这两个哲学学派以及它们所代表的教义得以生存的原因。

884 墨子也曾指出孔子的几个弟子曾服侍于不同王侯，这一点上与儒家传统所记相符；但墨子指责孔子的这些弟子不管走到哪里都是战乱的始作俑者（卷 9，22b）。

885 有关孔子的弟子，主要参阅《史记》，卷 67；《家语》卷 9（公元 3 世纪的伪作）从前者受到很大启发。理雅各，《中国经典》，I，Proleg.，113 页及其后段落是对孔子官方教育的一个很好的概述。不过有关这些人物的年代表肯定有很多错误：中国的评注家们很早就注意到了与孔子的孙子子思（见正文下标 547–548 处）相关的年代存在矛盾，但除此之外还有很多其他案例。根据历史记载子夏比孔子年轻 44 岁（《史记》，卷 67，5 b），子夏出生的年代因此应为公元前 508 年。但《史记》另一处记载魏文侯 18 年（408 年），子夏向魏文侯教授古籍；此时子夏已有 101 岁；而另一个段落将这件事放到了魏文侯 25 年（公元前 401），即子夏 108 岁时。不止如此，巫马期据记比孔子小 30 岁，因此生于（公元前）521 年，让他生活在（公元前）450 年之后是不太可能的，更加不可能超过（公元前）421 年。但《墨子》，卷 11，17a，547 中将他当成与墨翟及阳文君同时期的人；阳文君在（公元前）396 年任鲁国大臣；由此看来似乎应该将巫马期的出生日期向后推迟 50 年；但这又会产生新的问题，因为《论语》，VII，30，69 页［CSS《论语》］中记录巫马期曾陪伴孔子前往陈国，根据孔子生活的传统安排，他在陈国的时期为（公元前）495 年至 490 年。参见理雅各，《中国经典》，I，Proleg.，79 页。所有这些年代表都是人为的，比起孔子自身的年代表更加缺乏价值。

886 《礼记》，I，146（《檀弓》）；《史记》，V，427。至于孔子的弟子是否如司马迁所说穿戴孝衣还是如《礼记》所说的只是在心中守孝是有争议的。

887 这里是建筑物的第二部分。贵族的屋宇在私人寝宫前只有两个大殿，每个大殿前有一个院子，而不像王侯的宫殿有三个大殿。参见正文下标 459–460 处。

888 《史记》，V，428。

889 正是这些弟子的言论构成了《论语》第十九章，［CSS，《论语》］，这一事实在我看来清楚地说明了这些弟子的学派在当时的重要性。

890 从不同学派掌门人针对其他学派的批评中可以找到对此的回应，《论语》第十九章，［及 CSS，《论语》］。

891 《论语》早于儒家其他著作如《大学》和《中庸》，后者均有引述《论语》的段落；我们在《孟子》中也可以找到对《论语》的引述；《庄子》和《列子》中也有，但相对较少；较后期的墨子学派的两部小册子中也有引述《论语》（卷 9，39 篇及卷 11，46 篇）。《论语》中有引述《老子》的一个段落，但由于后者成书年代不详，无法作为参考。此外，理雅各在之前已引述书目，前言，15 页中已经指出（《论语》）第十一章（101 页）对弟子的分类只会发生在这些弟子死后；传统上认为子夏死于（公元前）406 年，我虽然不像理雅各那样确信这个时间，但可以肯定的是《论语》这部著作结集成书的时间不太可能早于公元前 4 世纪初。

892 在周朝末期似乎有两部不同的《论语》校本，一部据说是鲁国的《鲁论》，共 20 篇，另一部据说是齐国的《齐论》，共 22 篇，分成更多段落。公元前 1 世纪末，张禹确定了最终版本，他以鲁论为基础并借鉴了齐论中的一些添加和修正，此外他还参考了第三部校本，即被称为古文论语《古论》的著作，据称是鲁恭王在公元前 2 世纪准备扩建自己的宫殿时命人摧毁孔子旧居而在孔子旧居找到的书籍之一（参见徐养原关于两个校本不同之处的汇编《论语鲁读考》，刊于《湖州丛书》；此为所有现代版本的来源）。齐论语的第 21 篇应为有关玉的论文（篇名《问王》似乎应该更正为《问玉》，王和玉两个汉字只有一点之差），几处残留的片段被保留了下来。而第 22 篇《知道》没能保留下任何文字。有关汉代确定《论语》内容的问题可参见武内义雄（Takenouchi）的《论语的研究》（*A textual Criticism on the Lun yü*），刊于《汉学》，V（1929），n.1，19–63 页。

893 对《论语》进行评述分析的中国语史学家们能够找到这些文献中的一部分，尽管张禹所作的工作令他们的努力受到些困扰。在两个半章节中（第十章、十六章、十七章开篇以及第二章的 21–24 段）孔子始终以家族的名字“孔子”来指代（而不是如其他章节中被简单地称为“子”），这些章节的风格也表现出共通的特别之处——它们很有可能来源于某一特别出处。除此之外，某些观点认为第十一章的风格也显现出不同的特点，应区别对待。分散在著作中的一些段落（I，第 10 段；X）还包含了齐国方言特有的用语（参见武内义雄，见前述引文，44–50）。第一、四、八、十四及十九章中的部分内容中将曾参称为“曾子”，至少这些部分应是出自曾子学派的文献；第一章中有三处将有若称为“有子”（相对于第十二章，119 页他被直接称为“有若”），这些部分应出自有子学派自家的文献。不过整个作品的绝大部分都经受住了语史学家的分析。

894 《左传》和《礼记》中有关孔子的文字大部分显然出自《论语》之后更晚期的学派。

895 它们构成了今天《礼记》的第 28 及 39 章（顾赛芬，II，427–479；614–615）；它们也是从此处被抽出构成了被称为“四书”的经典。

896 孔子的儿子孔鲤（伯鱼）在他父亲去世之前就离世了，他在（公元前）480 年前后约为五十岁（《史记》，V，430 及注释 1），子思生活了六十二年（同前，431），如果他是孔鲤的儿子，他最晚应在 420 年去世。不过有关孔子自身的年代远不能确定，或许应将他生活的年代推后二十到三十年以便与编年史及家系表相匹配；见前文。

897 《孔丛子》中还有其他细节，不过这部被认为是孔伋的后代孔鲋作于晋代的作品是伪作，由王素在公元 3 世纪中期编纂而成。

898 《孟子》，261–262；264–265；215；《韩非子》，卷 16，1a。《孔丛子》卷 1，53b 的一个故事（《四部丛刊》刊本）将鲁穆公去世的时间放在（公元前）377 年，当孔伋生活在卫国之时。

899 汉代时曾有一部关于礼仪问题的小文集，共 23 篇，取名为《子思子》（《前汉书》，卷 30，9b）。它汇集了所有没被收入其他文集的、分散的有关礼仪的篇章，并加入了《礼记》中归属子思的四篇：《中庸》

《表记》《坊记》及《缁衣》（《隋书》，卷 13，2b）。《子思子》这部作品的句子被《意林》卷 2、《太平御览》等收录（它们被洪颐煊收集在《经典集林》，卷 19，1811 年刊本中，《礼记》里的篇章未被收入）；关于《子思子》这部作品参见武内义雄的《关于子思子》（*On Tzŭ szŭ tzŭ*），74–78。这部作品宋初失传，今天以此为名的书籍是汪晫在 13 世纪复原的作品。

900 武内义雄，《中庸的研究》（*A textual Criticism of the Chung Yung*），24–27。

901 何可思先生在《有关中庸的研究》（*Zur Textkritik des Chung yung*）中提出了道家观点在《中庸》中的重要价值，不过他将此书成书的时间放在（公元前）3 世纪末，我认为这个时间过迟。

902 《中庸》（*Tchong yong*），理雅各，《中国经典》，I，247。

903 同前，248，理雅各将这句翻译为"一个人时也要表里如一"。不过这句话也被《礼记》较后期的两篇《大学》和《礼器》引用，其上下文显示出与我所采纳的翻译相同的意思。

904 现代传统观念认为《大学》是子思的作品是在 15 世纪时参考了 3 世纪中的古籍中一位公元 1 世纪作家的错误引述造成的，这个古籍也有误，因而这个观念应该被摒弃。另外朱熹认为《大学》为曾子所作但理由却不充分。近期武内义雄先生在《〈大学〉是何时写成的》（*When was the Ta Hsüeh written*），26–27 中将此书的写作时间推迟到公元前 1 世纪，但他的论据缺乏说服力。

905 （《大学》的）评注中引述了《中庸》，因此《大学》作于《中庸》之后；孟子（171 页）也做了暗示。

906 现存作品的很大一部分只不过是些相互间无关联的经典引述，是散落无章的文献残余，汉代的编者未能将其恢复原状。

907 这便是中国评注家所称的《大学》的"三纲领"，之后的段落中有"八条目”，以便将三纲领付诸行动。武内先生，见前述引文，23–26，试图证明三纲领的灵感来源于公元前 2 世纪的一部小册子，而八条目部分来自《孟子》的段落，部分来自公元前 2 世纪末的作家董仲舒的言论；不过武内所做的比较只是在观点上，而非文字上，只能证明《大学》作者所表达的观点很快成为儒家学派的共识。

908 《大学》，211–222 页。

909 孟子的出生地名为邹，但不能确定这是指鲁国的邹地还是小诸侯国邹国，邹国也称郰国，离鲁国的邹地很近。

910 官方所采纳的孟子生卒年份为公元前 372 年—公元前 288 年；这些年份因其官方权威而被理雅各、翟理斯及顾路柏等人所接纳——理雅各，《中国经典》，II，Prolegomena，17；翟理斯，《姓氏族谱》（*Biographical Dictionary*），n。1522；顾路柏，《中国文学史》，95–97，等。但这些年代并非为所有中国学者接受：任兆麟倾向于公元前 374 年—公元前 291 年；《四书……年校》（？）* 给出的年代是公元前 375 年—公元前 299 年，等等。这些年代是些大致准确的计算结果，并不能提供任何确定性，因此最好不要纠结于年代的细节。孟子声称他生活的年代为周朝建立后七百年有余（据与孟子同时期的人都遵循的年表，这个时间应在公元前 350 年之后）。孟子曾提及魏惠王（公元前 370 年—公元前 319 年）、齐宣王（公元前 319 年—约公元前 300 年）、燕王哙（公元前 320 年—公元前 314 年）、鲁平公（公元前 314 年—公元前 296 年）。因此人们可以将孟子生活的年代放在（公元前）4 世纪下半叶，对于这个时期的作家而言，这样的大致推断已经足已。参见马伯乐，《公元前 4 世纪齐王年表》

* 马伯乐原文作《Sseu chon lei lien fou nian hiao》，但翻译中未能查找到相应的中文文献。——译注

（*La Chronologie des rois de Ts'i au IVe siècle av. J-C*），刊于《通报》，XXV（1927 年），367–386。

911 司马迁似乎是从《孟子外书》中得到这个信息的，在此书中孟子列出了一系列将其与儒家分离的大师，但声称自己是孔白的弟子。孔白，字子上，是子思的儿子。《孟子外书》曾被认为是孟子的文集，但并非原作，不过有可能出自孟子学派。

912 《孟子》，61。理雅各将孟子游历齐国的时间放在（公元前）324 年之前，理由是孟子称当时已经是周朝建朝后七百余年。根据现代官方年代表，周朝始于（公元前）1122 年，从（公元前）323 年开始周朝已经存在了八百年。不过孟子与其同时期的人一样，将周朝起始的年代视为（公元前）1050 年，因此从（公元前）350 年开始便是周朝建立七百年之后，因此我们无法从中得到任何提示。

913 见正文下标 516–517 处。

914 理雅各，91［ III，1 ］将其翻译成“argent”（即法语的“银”），但“金”这个字只能指代金或铜；2400 或 1680 盎司金在我看来数额过于巨大，虽然加藤繁（Katô Shigeru）先生在类似的情形中毫不犹豫地认为是金，见其《唐宋时期贵金属的研究》（*Researches on the Precious Metals in the T'ang and Song Dynasties*），II，627 及其后段落，东京，1925 年，以日文写作。——在周朝的铭文中，“金”通常是指“青铜”。例如长子钟上的铭文：“我收到贵重的金属，将其做为钟鼎”；又如宋史官簋上的铭文（吴式芬，《捃古录》，卷 3，9 a–b）：“我用贵重的金属铸成煮物的器皿”，等。了解“金”字在孟子时期的齐国的含义也格外有趣。参见《左传 • 僖公 18 年》（顾赛芬，I，317）：（公元前）642 年，郑伯始朝于楚，楚子赐之金，既而悔之，与之盟曰：“无以铸兵”，故以铸三钟。

915 此时大约是齐国加固 Sie* 的前后（《孟子》，50），即（公元前）323 年（《竹书纪年》，刊于《史记索隐》，卷 75，1b）。

916 《孟子》，45，46。

917 《孟子》，95［V，5］中孟子亲自声名他的职位纯粹是荣誉性的，并在 109［XIV，2］中说他没有受到任何特殊对待；在我看来，这并不是说孟子从未从闵王那里受过任何报酬（否则他的财富——如他在 54 页所述，从何而来），只不过孟子倾向于不定期地收取礼物，这样似乎能够使他保持自由。出使滕国在 95 页［VI，1］中再次提及；孟母之死，96 页［VII，1］。我遵循中国学者最常用的诠释，但它并非确定无疑：通常很难区分两次游历齐国时的事件。

918 《孟子》，L，158–159［IX，9］。

919 《孟子》，23［VII，20］，116。

920 《孟子》，23［VII，21］。

921 《孟子》，23–24。“明君”一词是法家最喜欢用的词语。

922 《孟子》，76［V，3］。

923 《孟子》，118–119［III，10］。

924 只需比较《孟子》及《论语》［XIII，9］131 页，［CSS《论语》］便能看出孟子是如何发展孔子理论的——孟子将自己的观点放置于孔子划定的范围内。从那些短小的格言可以分辨出孔子的观点，而孔子有关教育民众的观点更加宽泛，例如他提出的“举善而教不能”（《论语》，［II，20］，16 页），［CSS《论语》］以及“不教而杀谓之虐”（《论语》，［XX，2］，217 页），［CSS《论语》］。孔子所希望的是彻底的道德教育。

925 《孟子》，359。

---

* 翻译中未能查证到 Sie 对应的中文地名。——译注

926 同前，233。

927 《书经》，292。现存《泰誓》篇为伪作；伪造者加入了《孟子》中著名的这句话。

928 《孟子》，231。

929 《孟子》，43。

930 同前，268。

931 同前，189。

932 同前，2；305–306。——孔子也已经有名言将“义”与“利”对立起来（《论语》［IV，16］，34 页），［CSS《论语》］：这大概是孔子学派对墨子理论的反驳——《论语》成书的时间刚好是墨子理论盛行的时期。

933 《论语》，114，［CSS《论语》］。参见正文下标 462–465 处。

934 《孟子》，273–277。

935 参见正文下标 503 处。戴遂良神父在他的《中国宗教信仰及哲学观点通史》中已经注意到孟子心理学中带有细微的道家印记。

936 《孟子》，186–187。

937 这是《史记》的记载；但为了与刘向所给出的日期相吻合，有些中国学者提出应将五十改为十五（中文只需将五和十两个汉字对调就能完成这个简单的改动）；伯希和先生在《亚洲杂志》，XI，II（1913 年），403–404 中也倾向于接受这种改动，但我却不觉得有这个必要。——《史记》中反而有一处修改是必需的：应将荀子生平开始时有关邹衍及其的弟子的一行字删除，这应该是在调整篇幅时不小心加入的，参见胡适，之前已引述的书目，I，303。

938 《史记》，卷 74，2b。司马迁并没有给出荀子准确的生卒日期。汉代古籍整理大家刘向在给帝王的文章（文章不过是抄录《史记》，并借鉴《战国策》做了一些添加和修改）中尝试明确司马迁所做的荀子在齐襄王（公元前 283 年—公元前 265 年）时年事已高的陈述：刘向将荀子到齐国的时间放在威王（公元前 378 年—公元前 343 年）及宣王（公元前 342 年—公元前 323 年）在位期间，随后荀子前往楚国在春申君左右直至春申君去世（公元前 238 年）。由此刘向让荀子活了至少 160 年。这篇摘取了不同出处的不怎么样的大杂烩就算是原作，也配不上中国学者所给予的高度重视。——关于荀子的生平也有很好的研究：如 18 世纪汪中的《荀卿子通论》及其后的《荀卿子年表》（《述学补遗》，5b–14a；这是一部遗作，于 1814 年印刷，1815 年出版，距离作者去世已有二十年）；汪中认为荀子到齐国的时间是公元前 283 年，去世的时间在前 238 年之后不久。更近代的王先谦在他编辑的《荀子》（1891 年）中认为荀子一直活到公元前 213 年之后，这一部分是由于《盐铁论》中的段落，一部分是因为刘向将荀子生活的年代放在晚于孟子一百年。胡先生，之前已引述的书目，I，305 中提出荀子的生卒年代约为公元前 315 年—公元前 235 年：他认为荀子到齐国的时间大致在公元前 265 年—公元前 260 年间，与范雎会面大约在公元前 260 年—公元前 255 年，与赵孝成王会面约为公元前 260 年—公元前 250 年，在兰陵居住的时间为公元前 250 年—公元前 238 年。参见德效骞（Homer H. Dubs），《荀子，古代儒家的锻造者》（*Hsüntze, the Moulder of Ancient Confucianism*），伦敦，1927 年；戴闻达（Duyvendak），《荀子年代表》（*The Chronology of Hsüntze*），刊于《通报》，XXVI（1927 年），73–95。

939 《荀子》，卷 11，11b（16 篇）。范雎在 266 年至 255 年间为秦昭王（306 年—251 年）的丞相（《史记》，卷 79，4b–6 b）。荀子应该是在这段时间内居于秦国。

940 《荀子》，卷 10。

941 人们通常认为此事件发生在公元前 255 年。参见戴闻达，之前已引述的书目，75。

942 《史记》，卷 87，1a。《荀子》卷 10，14b（15 篇）中有提及李斯。

943 此书名来自刘向，不过为了避讳汉宣帝（公元前 73 年—公元前 48 年）的名字，“荀”字以“孙”字代替。评注家杨倞在 9 世纪时将书名改为《荀子》。

944 荀子的著作留存至今共有 32 篇（20 卷）以及杨倞（9 世纪）的评注，不过 12 篇和 20 篇（以及第 9 篇结尾部分）的评注缺失（有关该文献的历史，参见伯希和在《法国远东学院简报 II》发表的《中国书目注释》（*Notes de Bibliographie chinoise*），320。）第 8 篇（卷 4）、15 篇（卷 10）及 16 篇（卷 11）包含了荀子出游的逸事，这些篇章中荀子被称为“荀卿子”，因此这几篇有可能是荀子弟子所做。第 27 篇（卷 19）是一些分散的句子的合集，大概源自一些散落的文献；最后的五篇（28–32）是一些与荀子无关的片段的汇集（有人在其他地方也看到同样的文字，如 31 篇的一部分也出现在《大戴礼记》第 40 篇中）。其他的篇章似乎都是原作。胡适，《中国哲学史大纲》，I，306 中宣称他只承认四篇（17、21、22、23）为原作，但他曾引述了 16 篇中的重要部分，因此可以认为他最终的判断并没有初时那样严格。一些文献杂集所做的文集被称为《大戴礼记》，其中包含《荀子》第 1 篇和 12 篇的内容（《大戴礼记》，卷 7，64 篇；卷 1，42 篇），但我并不认为需因此否认（第 1 篇和 12 篇为原作）。

945 《尹文子》，2a，马松 – 乌尔塞译作，328 页。

946 《荀子》，卷 16，6 b（22 篇），戴闻达译作，234 页；《荀子集解》，卷 16，9。

947 《荀子》，卷 17，1a（23 篇）。前一处引文也来自此篇。

948 同前，卷 13，1a（19 篇）。

949 《荀子》，卷 5，12b–13b（9 篇）。

950 《荀子》，卷3，6a–b（5篇）。

951 同前，卷2，17 b（4篇）；卷3，5 b（5篇）。

952 我将“性”翻译为“nature humaine”（人性），以符合常规用法。事实上，“性”字在此处有其哲学含义，翻译为“essence”（本质）将更为准确，因为性乃“人之所以为人者”。卷3，5 b中的举例更明确地说出了荀子的想法：“人之所以为人者，非特以二足而无毛也”（这与柏拉图的名言不约而同），这是指人的身体特征，但一种叫“狌狌”的动物，有人形，会笑，也是二足而无毛，只有本质“性”才能将人与动物区分开；而每一件事物都以“性”与其他事物不同。

953 《荀子》，卷15，1a（21篇）；墨子、宋子、庄子、惠子等人的“错误”被列于此以及之后的段落，同前，5a。

954 同前，卷15，9 a。

955 《荀子》，卷15，7 b–8 a。

956 《荀子》，卷16，1b–2a（22篇），戴闻达译作，225页；卷17，2b–3a，23篇，理雅各译作，83；卷4，19b。

957 同前，卷4，14b；卷11，18 a。

958 同前，卷1，12a–13b；卷2，1a–2a。

959 《荀子》，卷1，12a– 12b。

960 《韩非子》，卷19，12b中提到在他的年代繁盛的八个儒家学派：子张、子思、颜、孟、漆雕、仲良、孙（即荀子）、乐正。乐正即乐正克，孟子的弟子；我没有找到任何与仲良相关的资料；至于漆雕，有一部据称是他所作的著作在公元前1世纪时还存在（《前汉书》，卷30，9b；另见《墨子》，卷9，39篇，佛尔克，412）。

961 《荀子》，卷3，17a猛烈地批评了子夏学派。

962 同前，卷3，15a。一位3世纪的作家如此描写了一个年轻王侯所应接受的理想化教育，见《国语》，卷17，1b–2a（《楚语》）。

963 《墨子》，卷9，39篇，佛尔克，404；《荀子》，卷3，17a。

964 武内义雄，《对中庸的研究》，刊于《汉学》，II（1922年），IX，24–27将儒家对《易经》的研究归功于子思，我认为他的观点是有道理的。见正文下标547–549处。

965 综合著作《左传》的一部分似乎就是取自这个时期所作的有关《春秋》的礼仪注解；此外《前汉书》，卷30，5 b也引述了一些公元前1世纪已经失传的作品。傅兰克（Franke），《儒家教条与中国国教》（*Das konfuzianische Dogma und die chinesische Staatsreligion*）中的一章是专门讲述《春秋》注评的。

966 武内义雄，《孟子与春秋的关系》（*The Relation between Mêng Tzu and Ch'un Ch'iu*），刊于《汉学》，IV，no 2（1927年），44–45页中指出《穀梁传》至少三次引述《公羊传》中的文字，引述时称其为"另一个注评家"，可见《穀梁传》的时间较晚。这两部作品有相同的缺字情况，表达的观点大多数时候也相同，因此两者不仅源自同样的口述教材，我认为它们还出自同样的文字材料。《公羊传》可能出自曾子学派（参见武内义雄对《公羊传》中关于大师称谓的研究以及这些称谓与曾子学派的关系，同前，38–41页）；不论如何这部作品受到了齐国特殊文化的影响（甚至可以从中看到邹衍的影响），也因此孟子对它特别熟悉。相反《穀梁传》所作时间较晚，并受到荀子及其学派的影响。

967 《前汉书》，卷30，7a；它现已散落，部分失传：《荀子》中保留了一篇，卷20，16 b–24b，31篇，《大戴礼记》中有两篇（其中一篇同前），卷1，5a–10a（40–42篇），另有三篇在《礼记》中，II，362–375，600–613，即七篇中的五篇；另两篇中的一段有可能保留在《中庸》第XX章（理雅各，268），但这一点较不确定。马国翰认为此书全部都收入在《大戴礼记》68–71篇及74–76篇（《玉函山房辑佚书》）；

但颜师古确认这部著作的一篇存于《礼记》中（《前汉书》，见前述引文），我认为不应忽视颜师古的确认，因为在他生活的年代《三朝记》尚存。另有一带注解的版本为洪颐煊所作，名为《孔子三朝记》，刊于严杰，《经义丛钞》，卷29–30（《皇清经解》，卷178）。

968 汉代时曾有一部《曾子》，共18篇，今已失传。《大戴礼记》，卷4–5（49–58篇）的这10篇在我看来是出自曾子学派，作于（公元前）3世纪；《礼记》的5、10、21章可能也是如此。现存只有一章的《曾子》为13世纪初汪晫复原而成，他也是伪作《子思子》的作者。参见武内义雄，之前已引述的书目，465。另有一部复原之作略有不同（目录顺序不同），分为4章并带有注解，为阮元尝试所作，名为《曾子注释》，刊于《皇清经解》，卷106。

969 《大戴礼记》，《四部丛刊》刊本，卷7（62–63篇）。

970 同前，卷9（68–71篇）；卷11（74–76篇）。

971 同前，卷9，5a。

972 大部分来自（公元前）3世纪；一小部分可上溯到（公元前）4世纪；有些篇章，如《王制》是作于（公元前）2世纪的。

第七章

历史小说及史籍

（b57）$_{581}$大史所记录的官方编年史枯燥无趣，通常也不公之于众；与之共存的是大约在（公元前）5世纪开始出现的一种不那么乏味的文体，供公众之用；在这种文体中作者将真实的历史事件与纯粹出于想象的材料混合起来，形成实足的小说。小说主要分为历险小说及政治哲学小说，以各种各样的形式表现出来；历险小说采用一般的叙述，将某一传奇或历史主题加以小说般的修饰，其主要的元素是历史事件本身；政治或哲学小说则是论述性的，以一个或多或少真实人物的言论作为表现形式，在这种小说中，历史或传奇事件只不过是为表达思想而设的框架。

历险小说中只有一部留下了一些片段，即《穆天子传》[973]。

书中的主人公是穆王，小说讲述了他出征、狩猎、游历及他的爱情故事。小说留存下来的部分主要与两个情节有关：一是穆王前往西部世界的大型游历，直达黄河源头，河神派 582–583 他的孙子为穆王作向导，穆王到达了太阳西沉的地方，也是上帝的女儿、掌管瘟疫的西王母的领地，西王母盛情款待穆王，并与他互赠诗篇；二是穆王在南巡狩猎的过程中遇到美丽的盛姬并爱上了她，穆王娶她为妻，但没过多久盛姬就去世了，穆王为她举行了盛大的葬礼。这部作品大致作于（公元前）5 世纪或 4 世纪，应该是这类作品中最古老的一部；穆王的历险只写出了梗概，而游历的过程却几乎按日描述但却平淡无奇，只有少数情节，如与西王母的会面以及盛姬的葬礼，描述的相对比较详细却也是很枯燥。作者应是参照了官方编年史并努力按照事件的先后顺序来叙述，他的风格似乎是模仿某种样版而来。

另一部讲述晋文公的传记小说大概写作于（公元前）4 世纪中叶，（从留存下来的片段来看）似乎（比前者）有了很大的进步。小说的主人公重耳是晋献公的儿子，因朝廷的阴谋被赶出了他的祖国晋国，在二十多年的时间里过着颠沛流离的生活，从一个国家游历到另一个国家，不过大致上都受到了礼遇，最后在年事已高时终于成功夺得王位，甚至在不久后成为霸主。这段充满戏剧性的经历激发了作者的灵感；为了给主人公一种内在的统一性，作者决定将重耳前后两个时期的生活，即流亡王子的时期与登上王位后的时期联系起来，将后一个时期重耳的所有举止解释为前一个时期所发生的事件的后果，并想象出各种情节的细节以印证这种因果关系：如与齐国签订盟约以及出兵救援宋国公是为了报答这两个国家的国君曾善待重耳；相反，（公元前）632 年将卫侯与曹伯赶下国君的位子是报复重耳在这两个国家遭遇的不幸；这些情节中最著名的一个是城濮之战前晋军在楚军面前退避三舍，这是因为几年前流亡的重耳曾向楚成王 583–584 做出如此承诺，以感谢楚成王对他的礼遇。从仅存的小说概述中[974]可以看出这部小说写得非常之好；但很难判断哲学或政治言论是否使原著变得累赘。

围绕着《书经》及其主人公也发展出一系列小说性质的文学体裁；从与这部作品相关的文集《尚书大传》的残余中还能看到对此的回应——《尚书大传》编纂于公元前 2 世纪初前后，是将《书经》的内容以历史观点重新书写[975]。此外出自周朝的小说几乎全部都保留在了《逸周书》中[976]：这部书是将《书经》中有关周朝初期几位帝王的篇章以同样的风格及同样的理念进行了再创作，叙述的方式更加系统化，并按照周朝与商朝之战、文王与武王的统治以及周公摄政的顺序来写，其叙述模仿了王室舞蹈的叙述，对话则是模拟史官短小的论述的方式。这部作品的文学价值并不高，冗长而含糊的叙述充斥全篇；写得最好的一部分是（周王）战胜殷朝的纣王后，纣王自杀，他的头颅被用来祭祀祖先的情节，但也枯燥乏味，且没有任何戏剧性的特征[977]。这部作品写作的时间较难确定，似乎应追溯到（公元前）4 世纪中叶。

584–585 也是大约在同一时期，除了历险小说之外，哲学小说开始出现，最早出现的形式是将史官派的短小论述加以扩展：主人公自身的故事逐渐失去了重要性，人们讲述主人公主要是为了表达观点，而这些观点才是人们的兴趣所在。很多著名的人物都成为这类小说的主角。

《管子》[978]大约作于（公元前）4世纪下半叶[979]，以（公元前）7世纪齐桓公的大臣管夷吾之名写出了理想化的行政治国之道：书中对管夷吾的经历、长期作为大臣的生涯、他的行政方法、政治理论、与国君的对话、诸侯会盟的盟约等等都做了详细的陈述，而且此书中真实的事件不断地与作者创造的部分相混合，其中对于齐国的建立以及齐桓公的历史等，作者都是在史实的基础上做了理想化的处理。此书仅存留下来一些片段，而这些片段很有可能只是某些章节的概要，因此基本上无法判断此书的文学价值；不过可以肯定的是此书在当时获得了巨大的成功，几乎所有（公元前）4世纪和3世纪的作者都知道这部书并引述它。齐国另一位大臣晏婴生活的年代比管仲晚了一个世纪，他在服侍了三代国君后卒于公元前493年。大约在同一时期晏婴也成为一部（与《管子》）类似的小说《晏子春秋》的主角[980]。《晏子春秋》的作者应该是公元前4世纪中叶齐国的一位作家，他的哲学倾向与《管子》的作者不同，更倾向于墨子学派 587–588 而非孔子学派[981]；不过他的观点并不怎么有趣，有些平淡无奇，这几乎是同时期所有小说家的通病。至于书的编排则有些奇特，所有短篇故事都按照种类划分：先是谏篇，然后是问篇，最后是各种不同故事的杂篇[982]。这部作品的与众不同之处是场景的描绘，至少是部分场景，较为生动，不管是（齐）景公设宴狂欢的场景，还是古冶子渡黄河，因不会游泳差点淹死的场景[983]，还有景公远眺都城，想到自己死后便再也看不到这一切时不禁落泪的著名场景[984]，以及庄公被他的大臣崔杼杀死和晏子在庄公尸体上痛哭的场景[985]都很生动；作者知道如何令他笔下的人物活灵活现，并给予他们适宜的口吻和对话。除此之外的部分并不出色：由于当时的风尚，作者不得不在书中加入治国、道德等方面的论述，使作品变得冗长累赘，而他的哲学观点也非常之平庸。

588–589 周朝时期很多著名人物都成为小说的主人公：想象力得到了自由的发挥，当人物自身的经历略显不足时人们就创造出凭想象而来的情节，《吴子》的作者就是这样来写魏国将军吴起的，他赋予吴起很多不寻常的经历，最后让他在楚国悲壮地死去[986]。有时连小说的主人公也是想象出来的，如（公元前）3 世纪中期的政治小说《苏子》中的苏秦：苏秦虽贫困潦倒但聪明善辩，却遭到家人的嘲笑，他以自己的才华游说秦王却不得赏识，为了报复秦王，苏秦决定联合其他诸侯国共同抗秦；由于被赵国大臣妒嫉，苏秦被赶出赵国，之后他在燕国受到礼遇，燕王甚至资助苏秦，在得知与苏秦为敌的赵国大臣死后让苏秦回到赵国，苏秦说服赵王实施自己的计划后开始周游列国，他成功游说了所有人，成立了抗秦联盟；联盟的每个国家都任命苏秦为国相。在返回赵国之前苏秦衣锦还乡，向他的家人展示自己的成功；随后的十五年间，苏秦在赵国指挥着联盟而秦王未敢出兵进攻；但在此之后，苏秦个人的敌人张仪为报复苏秦成功打破了联盟，秦王因此有了出兵的理由；苏秦逃到燕国，但他与燕王母亲的暧昧关系迫使他很快又离开燕国前往齐国居住；苏秦在齐国仍受到礼遇并很快得到齐王的赏识，但最终却被杀害。这部小说如此成功以至于人们几乎立刻就为它写出了续集，续集讲述的是苏秦兄弟的经历[987]。

589–590 小说的兴起并没有完全淹没纯历史性的著作：首先官方编年史增加了很多，不但新兴国家如魏国有自己的《纪年》，古老的国家如秦国似乎也是从（公元前）4 世纪才开始有规律地编制他的编年史《秦记》。但小说的风行激发出一种新的体裁，类似于古代希腊和罗马人所写作的历史，其中以小说的方式进行的详细而生动的描述避免了官方编年史的枯燥，但又保留了编年史应有的细致和准确。孟子就提到除了鲁国编年史《春秋》之外晋国和楚国两个大国也有编年史，晋国的名《乘》，楚国的名《梼*杌》[988]：与此同时期的《左传》的作者使用了两部完整的编年史，将它们混合而成为《左传》的框架，他所使用的正是晋国和楚国的编年史，也应该就是孟子所提到的作品，这并非偶然。前者是晋国的大型编年史，记述了从家族年幼的一支、曲沃伯爵登基到

* 梼，音 táo。

晋国灭亡三国分晋，或只是截止到智伯被杀这段时期的历史；后者是楚国的编年史，从楚国起源记录到一个未能确定的时期。这两部编年史都已失传，但《左传》不时用到这两部作品，其中一些重要的段落也可在《国语》中找到——《国语》是编纂于（公元前）3 世纪中叶的由不同文献节选而成的文集。同样写作于（公元前）3 世纪的还有一部赵国编年史，与晋、楚编年史属同一类体裁，但准确性不如前者，有较多小说的成分，《史记》中有对这部编年史的概述。

此外，著名人物的传记也成为一种时尚的文体：它大概起源于人们在王侯将相的葬礼上所咏诵的颂词，《左传》中保留了一些样本。（公元前）3 世纪的战国四君子“四雄”便有他们自己的传记，在《史记》中有概述[989]，他们分别为：孟尝君田文，齐闵王（公元前 326 年—公元前 284 年）的大臣；平原君 590–591 赵胜，赵惠文王的弟弟、孝成王（公元前 265 年—公元前 245 年）的大臣，卒于公元前 252 年；信陵君魏无忌，魏安釐王（公元前 276 年—公元前 243 年）的弟弟及大臣，卒于公元前 243 年；春申君黄歇，楚考烈王（公元前 262 年—公元前 238 年）大臣，卒于公元前 238 年。人们也为更古老的人物作传：如（公元前）8 世纪及 7 世纪交替时郑国的大夫祭*仲就有有关他的传记，其中讲述的是郑国的建立；人们还从古老的传说中寻找上古的英雄，

* 祭，此处音 zhài。

似乎有一部小说是关于伊尹的，他是胜利者商汤的丞相，逃离夏朝的朝廷后曾以厨师为生[990]。

小说与史籍的分别并不明显：如果说《苏子》是一部凭想象而成的作品，那么重耳（晋文公）的小说则是掺杂了小说性质的描写及历史的描述。祭仲的传记是小说还是史书呢？《管子》又是以何种形式在描写齐国行政时将乌托邦的想法加入到现实之中的呢？当时的人们对此并不确定且会犯错：就连纯粹文献性质的作品也难免受到小说的影响。《周礼》是周朝的礼仪之书，编纂于（公元前）4 世纪和公元前 3 世纪相交之时，此时周王的角色已被削弱成只剩下宗教意义上的角色，他们残余的权力也被考王兄弟的后代、两个分支的新周公篡夺；《周礼》中不时也会讲述当时盛行的乌托邦式的管治，《管子》的作者及孟子也曾（在他们的著作中）给出与此相关的其他例证[991]。至于 591–592 历史学家，如《左传》的作者，也同样使用了小说和史书作为他的大型编年著作的来源。

《左传》[992] 是留存至今的唯一一部周朝末期的巨作，但并不完整，更糟糕的是它在汉代被做了大量改动。今天我们所看到的《左传》是由最初两个不同的部分组合而成，一是对《春秋》所作的短小的常规注解，即主要讨论礼仪方面的问题；二是厚重的编年史部分，这一部分（大概是在公元前 2 世纪时）被切分，切分后的每一部分被放置在《春秋》的语句后面，成为这部习惯上被认为是孔子所作的鲁国短小编年史的历史注释。这两部分作品的作者原本是相互独立，并不相识的，但传统上将这两部分都视为某位左丘明（因不确定他的姓氏，不知是复姓左丘，名明，还是姓左，名丘明）所作，据说他是孔子的弟子，晚年失明，他作此书是为师傅的著作作注评。事实上这两部分都是更加后期的作品，均不会早于（公元前）4 世纪末或公元前 3 世纪初[993]。

593 现存《左传》最主要的部分，即编年史的部分[994]最初时应该就是一部中国历史论著，讲述的是晋国的历史，时间覆盖范围从曲沃武公在（公元前）678 年篡权直至（公元前）453 年智伯被杀，并带有一篇引言概述了曲沃的伯爵从（公元前）8 世纪中获得封地时开始的历史。作者写作的基础是我之前提到的晋国编年史，并在其中加入了楚国编年史的内容以及其他大量讲述这一历史时期的史籍或小说的概述或节选。作者似乎并不知道《春秋》的存在，因为他对鲁国的事件知之甚少 593–595，有时还与《春秋》所记述的相矛盾。有两部小说为作者写作齐国历史提供了素材，即《管子》和《晏子春秋》；另外两部作品为郑国历史提供了资料来源，其一是或多或少带有传奇色彩的祭仲的传记，祭仲从（公元前）743 年起历任郑庄公、郑厉公和郑昭公的大臣直至（公元前）682 年去世，其二是关于（公元前）6 世纪中期郑国大臣子产的哲学和政治故事文集；似乎还有两部作品与吴国有关，一是关于巫臣的作品，讲述了这位楚国大夫为爱情而使出的阴谋，继而逃亡到晋国，后又来到吴国并训练吴国对付自己的祖国，二是关于最后几任吴王的大臣伍子胥的作品，讲述了吴国与越国的战争。

作者还使用了魏国和田齐编年史中早期的部分，即这些王侯家族的祖先在晋国和齐国担任大夫的时期。作者还选取了星相学逸事文集《师春》[995]，《师春》以郑裨灶、梓慎以及蔡国史官墨为主人公；同时也选取了当时非常著名的、被认为是周成王的大臣及史官尹佚所作的礼仪逸事文集。所有这些以及其他未提及的元素被《左传》的作者融为一体，虽然这部作品在汉代时被作了改动，但《左传》仍不失为一部出色的著作。可能从文学的角度来看《左传》胜于从历史的角度来看：它风格简洁，描写生动灵活；对话既不冗长也不平淡无奇；作者擅于处理戏剧性的情节，懂得如何吸引和引导读者的注意力。作者最欠缺的是心理学方面的处理：他笔下的人物，就算是最重要的人物也总是刻画得比较表浅；人们只是看到他们激动焦虑的一面，但看不到他们真正生活的一面。从历史的角度来看，由于作者一视同仁地使用了小说 595–596 及史料作为素材，这使得作品的历史价值因素材而不一；但这部作品仍为我们提供了一幅不可多得的中国古代生活的画卷。

《左传》的作者所使用的某些素材也被另一个同样不知名的作家以不同的方式用在了他的作品中，这位作家应该与《左传》的作者生活在同一时期，或者至多晚过《左传》的作者半个世纪。此人只是一个汇编者，将他收集来的历史逸事、对话等按国家分类，并未花费心思以连贯的编年描述将这些资料串联起来，由此他保留了《管子》及其他多部小说的大段的节选。这部从汉代起名为《国语》的作品并没有任何独创性及统一性，只需连续翻阅有关晋文公、郑国、吴越之争等的章节便可看出各章节叙述的方式，特别是风格，都极为不同。总体来说这就是一部由作者选取的文献片段文集，所选的主要是些概述及摘要。这种体裁也获得了成功，在（公元前）3世纪下半叶另一位不知名的作家就模仿它将当时著名政治人物的对话收集成文集，取名《战国策》；遗憾的是源于小说的元素在此书中占据了比前几部书都要多的位置。应该说这种类型的作品是受到中国人欢迎的，它因选取了最有趣的片段，在当时丰盛的文学作品中（为读者）起到了指引的作用，也正是如此，它经受住了汉代的历史变革并不乏成功的继承者。

周朝末期的历史学家似乎在寻找一种（适合自己的）模式，但由于缺乏批判性，他们未能如愿以偿：对他们而言，历史从某种意义上来说要么是枯燥的编年史，要么是充满想象的作品；直至汉代，才华横溢的司马迁才懂得将小说与史籍彻底分开（就算不是在所有的实践中，至少在原则上将它们分开），而在此之前两者一直是混淆在一起的。

973 由艾德（Eitel）翻译，刊于《中国评论》，XVII，223–240，247–258。亦可参阅沙畹《历史的记忆》，V，附录II；——久米（Kume）《对昆仑西王母的研究》（Konron Seiôbô kô），刊于《汉学杂志》，IV，197–214；——利奥普·德·索续尔（L. de Saussure），《穆王突厥斯坦之旅》（*Le Voyage du roi Mou au Turkestan*），刊于《亚洲杂志》，1920年，151–156；《穆王游历之间的关系》（*La relation*

des voyages du roi Mou），刊于《亚洲杂志》，1921 年，247–280；《穆天子传中的日历》（*The Calendar of the Moh tien tso chuen*），刊于《新中国评论》，1920 年，513–516；《穆王的游历及沙畹的假设》（*Le Voyage du roi Mou et l'hypothèse d' Ed. Chavannes*），刊于《通报》，1920—1921 年，19–31。——上述这些作者都将《穆天子传》视为真正的历史编年史，因此他们都尽力在中亚寻找一块地方作为西王母的王国或部落，这在我看来是错误的。

974 《左传》，186–187，［顾氏，TT1–341］保留了（重耳）多年游历的年代概述；在《韩非子》《吕氏春秋》等的不同段落中也能找到相关片段；《国语 · 晋语》中的一些逸事故事应该也被作者采纳了。不过晋国曾有一部编年史（也已失传），因此较难确定这些文字的出处。

975 《尚书大传》在 14 世纪时失传；部分片段被不同学者收集并从 18 世纪开始陆续发表。

976 《逸周书》12–31 篇及 36–50 篇（其中 13–20 篇及 41–42 篇失传）确定是这部小说中的章节；51–59 篇虽然也讲述的是周公，但却出自另一个作家，来源也与前者不同。小说的作者有一个非常详细的直至每月每日的年代表，与《书经》中的年代时有出入，对这个年代表的研究可能有助于较为准确地确定此书写作的时间。

977 虽然这部小说的文学价值不高但它却有着非常重要的史料价值，特别是以宗教观点来看：它修饰的成分比《书经》少，描写周朝最后几个世纪的习俗时所带的倾向性也比较少。

978 现存一部名为《管子》的著作，共 24 卷，分为 86 篇（其中约有十几篇已经失传），据称为管夷吾所作。不过就算这部作品不完全是现代的伪作，其古籍的部分也都已淹没在大量的大约作于公元 4 世纪或 5 世纪的篇章中：书中引述《泰誓》（卷 5，6a，《四部丛刊》

刊本），而《泰誓》非《书经》原作，被引述的是3世纪伪作的文字；作者拷贝《左传》，386（卷7，3a），甚至还保留了原有的鲁国年代，这对于齐国的大臣来说是荒谬的："九年，公孙无知虐于雍廪，雍廪杀无知也。桓公自莒先入，鲁人伐齐，纳公子纠……"等。九年为鲁庄公九年，而且整段都是截取《左传》。这部作品唐朝时已经存在，从当时的一些引述可以证明，《隋书》只将其分为19卷，应是对篇幅的不同分配而已。开始的部分有一篇刘向关于公元前1世纪对该书所作修正的说明，这完全是不可信的，因它已经提及现代作品才有的86篇，而在刘向所作目录的原作中提到《管子》只有18篇（张守节为《史记》所做的《史记正义》，卷62，2b，这表明《前汉书》，卷30，12a中提到的86篇这个数字应该是受到现代伪作影响而加入的）。

979 远古的《管子》在公元前1世纪时尚存，不过今已失传并被公元4世纪或5世纪的伪作所取代。远古《管子》由18篇组成（《史记》，卷62，2b；参见上一条注释）。有一些段落仍保留在《公羊传》《穀梁传》《孟子》《史记》等中；另有同一段文字经不同方式概括后存于《左传》和《国语》中，将两者对照能够找出原始文字。这些引述证明《管子》一书早于公元前4世纪末；此外，书中提到72帝王完成了封禅祭祀（《史记》，卷28，III，423）使人联想到《山海经》卷5中的段落；《论语》中有两处很清楚地是影射《管子》中的情节，因此《管子》成书的时间不会早于公元前4世纪初。——哈隆（G Haloun）先生在 *Seit wann kannten die Chinesen Tocharer oder Indogermaner überhaupt*（刊于《泰东》）中认为可以假设《管子》有一系列更加古老的原型，这些原型已经消失或被取代，他甚至尝试为此制作一个表格，不过我认为他的这种方式并不正确，参见《亚洲杂志》，1927年，210卷，142–152。

980 现存的《晏子春秋》共八章，不过它经历了宋末明初的大量改动——如果我们不把这个时期的改动看作对已经失传的原作的重组（元代的版本是重刊并加入了学者孙星衍的注评《晏子春秋音义》，除了几处微不足道的修改之外它几乎已经和现存版本一样）。所幸原作在汉唐时经常被引述（加之《左传》的作者也曾长篇截取或概括书中内容，参见《韩非子》，卷15，§37，10b）：魏征在他的《群书治要》卷33中重现了《晏子春秋》前六章中几乎一半的内容；《意林》（卷1，4b–6 b）中也有多处节选；李善在为《文选》作注时也经常引用《晏子春秋》的片段；章怀太子为《后汉书》作注时提及了十几个《晏子春秋》中的完整的故事，等等。我所使用的引文都是宋代之前的，以确保其真实性，在我看来这是面对现阶段的问题唯一确定的方法；为方便起见我为我所使用的引文加入了明代版本的参考文献，该版本由《四部丛刊》重印。

981 书中多次提到墨子的名字——墨子生活的年代为（公元前）5世纪下半叶至公元前4世纪初的几年（柳宗元，公元773年—819年，《辩晏子春秋》，刊于《增广注释音辩唐柳先生集》，卷4，6a，元代版本，《四部丛刊》重印；参见《晏子春秋》，卷3，7 b；卷5，8 a），书中还预见到田氏在公元前386年篡夺齐国王位（《左传》，589；参见《晏子春秋》卷4，38b）以及晋国灭亡（根据人们选择的不同事件，可为公元前403年或公元前375年），因此此书写作的时间不可能早于（公元前）4世纪中。此外，《左传》中大量使用了《晏子春秋》的内容（如（齐）庄公在公元前548年被杀的故事，《后汉书注》卷58 A，5 b–6a；《左传》，514；参见注释985）；《孟子》（理雅各，34–36）也引用过一段；《吕氏春秋》也提及此书（卷20，7a，等）。由此可见此书在（公元前）4世纪末时流传甚广——其成书时间也因此可知。《墨子》中也有几处对《晏子春秋》的引述，卷9（佛尔克，

407），但这并不会削弱上述结论，因为这些引述全都在《非儒》篇，该篇应为后期学派弟子所作，写作的时间也相对较晚。

982 这是现存版本的顺序，不过魏征也跟随这个顺序，因此可以保证（这是原作的顺序），魏征也同样将每一部分分为两章。

983 《后汉书》，卷 90 A，4b；《晏子春秋》，卷 2，20 b–22a。

984 《文选》，卷 13，2a；卷 28，3a；卷 48，4a；《晏子春秋》，卷 1，19b–20 a。

985 《左传》，514［顾氏，TT1–424］；《后汉书》，卷 58 A，5 b–6a；《晏子春秋》，卷 5，4b–5 b。

986 《史记》，卷 65 是对这部小说的概述；《吕氏春秋》卷 20 也暗示了这部小说。现存《吴子》也许并非全部为伪作。——但吴起的小说中带有年代错误，因此轻易地暴露出所写的并非历史人物，参见上述 305 页，n.1，319，n.1。

987 马伯乐,《苏秦的小说》(*Le Roman de Sou Ts'in*),刊于《亚洲研究》——法国远东学院成立25周年特刊,II,141,另可参见上述正文355页,n.2。

988 《孟子》，IV，n.21，理雅各，203。

989 《史记》，卷 75–78。

990 《墨子》，卷 8，佛尔克，192。

991 现存的《周礼》可惜经过了重要的改动：不仅是整篇《冬官》篇在汉代时失传，以同一时期或稍晚些时候的另一篇文章取代，另外一些较短的片段也都被改动了［例如有关大司乐的篇章——一位窦公将大司乐献给了汉孝文帝（公元前 179 年—公元前 157 年），这位窦公据称有 180 岁，曾在（公元前）4 世纪任魏文侯的大司乐，参见《前汉书》，卷 30，5a］；此外似乎还被添加了很多细节。这部作品受到了中国和日本学者的猛烈抨击，被视为汉代的伪作；另一方面，传统上认为这部作品是周朝的创立者周武王的弟弟周公所作；上述两种观点在我看来都同样地夸大其词。

992 欧洲对《左传》所作的最近期的研究是傅兰克（Franke）的《儒家教条与中国国教》（*Das konfuzianische Dogma und die chinesische Staatsreligion*）（1920年）的第一部分，1–86页；以及特别需要一提的高本汉（Bernhard Karlgren）先生的重要研究，《有关〈左传〉的真实性及其性质》（*On the authenticity and nature of the Tso chuan*），刊于《哥德堡大学期刊》（*Göteborgs Högakolas Arsskrift*），XXXII（1926年）。

993 当卫成公于（公元前）629年在帝丘建立都城时曾有预言向他承诺新都将会延续300年（219页）：到了（公元前）320年卫嗣君自贬称号为君，因他所有的土地只有濮阳一处了（《史记》，IV，211）。另一个段落（293页）提及周成王置鼎于郏鄏，当时有预言周朝将持续30世700余年：置鼎于郏鄏是在（公元前）1027年（《竹书纪年》，理雅各，146页），（公元前）327年鼎失于泗水中（同前，174–175；很显然置鼎的时间是在鼎丢失后倒推回去的，以便与《左传》中所讲述的预言相吻合，这是众人皆知的，因此置鼎的时间不存在任何历史事实）；此外周成王之后30世是周显王在位（公元前367年－公元前319年）。由此可以看出写作《左传》的最早的时间应在（公元前）4世纪末前后；同时，其写作的时间也不会迟于（公元前）3世纪中，因为过了这个时间，秦国东征无法取得胜利的预言（《左传》，244）就不应被写在书中了。值得一提的是高本汉（Karlgren）先生在之前已引述的书目，65中凭借纯语言学的论证独立得出的《左传》写作的时间与我所得出的时间相差不多。

994 我在这里用几句话来概括一系列有关《左传》及其素材的研究所得出的结论，这些结论在不久后将会单独出版。高本汉（Karlgren）先生在《有关〈左传〉的真实性及其性质》（*On the authenticity and*

nature of the Tso chuan），65 中认为通过他对《左传》语言的研究可以得出的结论是“这部作品由同属唯一一个学派并使用唯一一种方言的一个或几个人写成”。我认为他的结论超出了他的调研结果：他的调研结果至多可以证明（公元前）3 世纪的编纂者对所使用的文献风格进行了修饰以使语言具有统一性，高本汉还推断（50 页）此种修饰的方式与《书经》编者所作的一样。——我们知道很多中国现代批判家在康有为之后都重提 19 世纪初刘逢禄的理论，即《左传》是在公元前 1 世纪末由汉代著名学者刘歆所作的伪作；傅兰克（Franke）先生在他的《儒家教条》（*Das konfuzianische Dogma*）中采纳了这个观点并较好地总结了主要的论据；此外，饭岛（Iijima）先生，《以汉代历法观点批判〈左传〉》（*The Tsochuan criticized from the View Point of the Calendar System of the Han Dynasty*），刊于《东洋学报》，II（1912 年），28–57，181–210；以及《再论〈左传〉写作的时间》（*A Further Discussion on the date when the Tsochuan was written*），同前，IX（1919 年），155–194 中尝试以天文学论据来支持（刘逢禄的）这一理论。但他们都未能加强该理论的可信度；相反高本汉先生在之前已引述的书目中指出有强有力的推断支持《左传》为远古文献。

995 《师春》是在公元 279 年前后在汲郡的汲冢中被发现的预测天相的文集；人们发现它的叙述与《左传》中相对应的叙述几乎完全相同便认为它是从《左传》中节选而来的。事实上基于汲冢大致的时间，《师春》应为《左传》所使用的素材之一。《师春》今已失传。

第八章

（公元前）4世纪及公元前3世纪中国的新诗歌：屈原

（b58）597 当各种文学体裁从一个世纪到另一个世纪不断发展变化之时，（公元前）5世纪及公元前4世纪的诗人们仍继续写作着与《诗经》类似的诗篇：包括以民歌为基础的短小诗篇以及取材宗教颂歌的大型诗篇。（公元前）4世纪为彰显秦王荣耀而书写并铭刻在大石上的大型颂歌通常被称为“石鼓”，它属于宗教类型的诗歌但也非常接近地模仿了《诗经》中的一些段落[996]。一些大众化的简单的诗歌充溢着 598《左传》和《国语》；《老子》中的几章也有这样的诗句；庄子虽然偏好散文，但他的作品中也有一些段落以诗文写成；在《穆天子传》等小说中也能看到诗句。

一位源于野蛮部落的诗人在（公元前）4世纪末前后重新发

展了中国的诗歌，使得中国的诗歌无论是从创作灵感还是内容及形式都有了新的发展。屈原（也称屈平），又名正则及灵均，源自楚国王室一个大家族，即楚武王（公元前 740 年—前 690 年）后裔的家族，其姓来自封地“屈”。屈原出生于（公元前）3 世纪中期前后[997]；因家世显赫，他在朝廷谋得 598–599 高官的职位：他曾任楚怀王（公元前 328 年—公元前 299 年）的左徒[998]。由于一位朝臣上官大夫的阴谋诽谤，屈原被剥夺了职位；此时楚国正与秦国进行一场惨烈的战争，屈原被派出使齐国以期说服齐王与楚国结盟对抗西部的敌人；但当屈原在临淄时得到楚国于蓝田战败的消息（公元前 312 年），这使得原本就微乎其微的成功说服齐王的机会不复存在；屈原只得无功而返（公元前 311 年）。虽被罢官，屈原似乎仍继续在朝中生活，家族的影响力令他仍然是一位重要人物。公元前 299 年，屈原试图阻止楚怀王前去武关与秦王会盟但未能成功，这次会盟对楚怀王来说是致命的，他被秦王掳走；此后不久屈原作了一首讽刺诗讥讽楚怀王和顷襄王，并特别针对后者的弟弟令尹子兰，这首诗令屈原被驱逐出朝廷（公元前 297 年）；他隐居于长江以南湘水附近的汨罗河边，那一带大概也是他家族的领地；屈原在那里生活了十几年[999]，其间发泄作为朝臣被流放至荒芜之地的遗憾 599–600，年事已高时[1000]在流放之地默默无闻地离世，去世时间大致是公元前 285 年前后[1001]；屈原虽然热切地希望能重返朝廷，但余生未能如愿。除了似乎为官方所用的宗教诗歌集《九歌》之外，屈原的其他作品都是晚年不得志时所作；他的长诗《离骚》应为流放初期的作品[1002]；《远游》和《九章》是晚年所作[1003]。

楚国人屈原是野蛮部落之人：汉语并非他的母语，可能因此中国人从一开始就注意到了他在表达上的些许笨拙；也可能是因此，屈原身上有着那种学究想要炫耀自己古代历史知识的愿望，从中可以看到一个好学生对于自己来之不易的渊博知识的自负[1004]。但如果我们忽略这些外在的缺点600–601，屈原实为中国历史上最伟大的诗人之一。他创造出了一种新的诗歌体裁，即自由韵律的长诗，诗句的顿挫人为地由感叹词“兮”标识出来，这个感叹词不计入诗句的节拍中。

这种第一次出现的诗歌形式与同时期北方诗人的诗歌形式截然不同，后者仍或多或少较为成功地延用着《诗经》的韵律；也许屈原是模仿了他的国家当地的民间诗歌韵律[1005]。他最早期的诗歌集《九歌》已经是以这种形式写作的——它由一系列宗教诗篇（事实上共十一篇）组成，为宗教仪式而作，这些宗教仪式通过巫师的协助向神灵致敬，这些神灵包括大司命、少司命、东君、太阳女神、河伯、湘夫人（湘水是长江的分支）等等。这些诗篇的特点各不相同，诗人通过巫师之口讲述他们寻找神灵的旅程以及与神灵相处的日子；诗句时而带着庄重的沉静（如《河伯》或《东君》），时而喘息而奔放（如《大司命》），如同巫师被孤魂附体时的感受。

除了形式之外，屈原诗歌的独特性更在于它的内容：屈原是中国第一个写作抒情诗的人，正因为如此，虽然他的《九歌》有其价值，但他的其他作品更加出名。他本人是他所有作品的主人公，他歌咏的是自己的感情、痛苦、遗憾，更是流放中的绝望，他没有以带着寓意的轻纱来遮掩自己的情感，601–602 而是坦然地以无休止的“我”将自己至于舞台中央。虽然屈原失去王室的赏识并被迫离开朝廷，但他并没有自我安慰，并作了一首诗名为《惜往日》，另一首为《哀郢》。其实屈原所有的作品都带着对这一主题的深深的哀怨：

“我自少就喜欢这奇妙的服饰，年老时却不能（因离弃了它）而自我安慰。

我的长长的宝剑在腰间摆动，头上戴着高高的切云帽，身上披如明月般的珍宝。

这个混浊的世界没有人了解我，我却高傲阔步，置之不理。

坐上配着青龙由白龙驾驭的车子，我要同重华（传说中的舜帝）一道去周游仙境。

我登上昆仑吃着玉英，我要与天地同寿，我要和日月同光。

可悲啊，南方的野蛮人没有人了解我！”

（“余幼好此奇服兮，年既老而不衰。

带长铗之陆离兮，冠切云之崔嵬，被明月兮佩宝璐。

世溷浊而莫余知兮，吾方高驰而不顾。

驾青虬兮骖白螭，吾与重华游兮瑶之圃。

登昆仑兮食玉英，与天地兮比寿，与日月兮同光。

哀南夷之莫吾知兮！”）[1006]

这些诗篇中最常出现的题材是游历，要么是去寻找圣人，要么是与圣人在一起。这是他最主要的作品《离骚》的主题，也是一首小诗《远游》的主题，在《九章》中的《惜往日》及《怀沙》中也有提及[1007]。这很明显是道家的主题，屈原只不过将庄子的这段话做了诗化的扩展：

“（圣人）乘云气，骑日月，而游乎四海之外。[1008]”

充满寓意形式的《离骚》是作者真实的传记，讲述了屈原的童年，早期在朝廷的成功，之后的失宠、隐居，似乎还有他被道家哲学所吸引的迹象，他尝试重得楚怀王及其继任者顷襄王的赏识但徒然无果，最终长期过起了隐居的生活。屈原之所以不被赏识是因为他讲话过于坦率：

“结党营私的人只知享乐，道路黑暗而险阻。

我怎能因害怕而后退，我担心 602-604 皇舆（即君王）将会受损。

我急忙前后奔走，希望君王赶上先王的脚步。

你不了解我的忠心，反而听信谗言对我发怒。

我早知道忠言直谏有祸，但却又控制不住。

我要求助九天将其改正，这一切都为了（君王的）品德远扬。”

（“惟夫党人之偷乐兮，路幽昧以险隘。

岂余身之殚殃兮，恐皇舆之败绩！

忽奔走以先后兮，及前王之踵武。

荃不查余之中情兮，反信谗而齌怒。

余固知謇謇之为患兮，忍而不能舍也。

指九天以为正兮，夫惟灵脩之故也！”）[1009]

尽管有姐姐的告诫但屈原不愿意屈从他人，最后不得不离开了朝廷。从这一刻开始，以女神为主导的寓意出现在他的诗歌中，有时并不很容易理解[1010]。屈原因其不被赏识而痛心，但他并不是为自己痛心，而是替君王感到悲哀。他到先圣舜帝的墓前发泄哀怨；不多时，一辆龙马驾驭的车前来接他，把他带到了昆仑山；太阳车带着他四处游历，随后他尝试进入上帝的宫殿，但阍者傲慢地将他拒之门外——这里似乎是在讲述屈原希望皈依道教进入神秘生活的愿望，但这一次他未能获得“道集”。在天上未获成功之后，屈原回到地上，接连想追求两位神话时期的女神，伏羲之女宓妃及有娀*氏之女、殷王的祖先；但他放弃了前者，因其乖戾而放荡；又离开了后者，因不好的媒妁之言，并且他知道高辛帝已先他一步得到有娀氏女，美人已不再是自由之身。从叙述的方式来看，我认为这个有些古怪的寓言讲述的是屈原与楚怀王及顷襄王的关系，高辛则暗指他的敌人，顷襄王的弟弟、令尹子兰，子兰在屈原之前成功夺得了王室的信任。从此屈原彻底放弃了朝廷，他也不再惋惜，径自生活在孤独中，沉思神秘主义生活的原则。

事实上在屈原被流放及独居的时间里他 604–605 重又投入道教的怀抱，他认识到：

“惟天地之无穷兮，哀人生之长勤”，

为了减轻自己的痛苦他投入到神秘主义的实践中。他的《远游》不同于《离骚》，不再追寻王侯，而是寻找统一性，寻找希望与之结合的最初原则，即“道”：

“超无为以至清兮，与泰初而为邻[1011]”。

* 娀，音 sōng。

《远游》很显然是《离骚》的神秘主义之重塑，而且为了更好地显示他在这条道路上的进步，曾经在他第一次到来时[1012]紧闭的天宫大门这一次由同一个阍者为他打开，雷神丰隆在他的车前为他引路，直达太微宫，他进入上帝的宫殿，观望着上帝的清都。在他离开之前，他的向导向他讲述“道”[1013]，我们从他的诗句中可以看到逐字逐句引用的老子和庄子的文字[1014]。

屈原是一小群楚国贵族诗人的领袖，这些人包括了他的亲戚、弟子、朋友等，他们都会写作一些形式与风格和屈原相似的诗歌；有一首关于屈原之死的奇特的诗歌据称是屈原后人宋玉[1015]所作，诗名为《招魂》[1016]，宋玉还写作了一些不太出名的短诗，如《讽赋》《舞赋》等；景差有时被认为是《大招》及其他一些诗歌的作者。屈原个人的声望似乎并没有超出楚国：（公元前）3 世纪时只有荀子引述过屈原，而荀子的晚年是在 605–606 楚国度过的。不过屈原所开创的“赋”这种文学体裁却逐渐传播开来：荀子曾作赋十篇，其中五篇留存了下来，这五篇中至少有两篇作于 3 世纪下半叶的作品很明显是在模仿屈原的韵律[1017]；大约在同一时期据说赵幽王也曾作赋一首——赵幽王在（公元前）228 年被秦军赶下王位；再后期有一部文集由九篇此文体的作品组成，均出自秦朝诗人之手[1018]。一个世纪之后，蜀国大诗人司马相如将其发展成汉代朝廷风尚的文体，屈原之名得以远扬；从这个时期开始，虽然屈原的作品难以诠释，但他个人的光辉却从未消失，而以他的作品为先河的“赋”这种诗歌体裁[1019]一直受到欢迎并流传至今。

996 卜士礼（Bushell），《石鼓》（*The Stone Drums*），刊于《皇家亚洲学会北中国分会学报》（*Journ. of the North China Branch of the Roy. As. Soc.*），VIII（1873 年），133 及其后文字。

997 《史记》，卷 84 没有记述任何日期；翟理斯（Giles）先生的《中国文学》（*Chinese Literature*），50–53 也跟从了《史记》的做法；沙畹，《屈原的日历》（*Le Calendrier des Yn*）（《亚洲杂志》，1890 年，489–491 页）根据《离骚》开篇的诗句认为可以将（屈原出生的）时间定在（公元前）322 年（但沙畹后期放弃了这个时间，他那么做是有道理的），顾路柏（Grube），《中国文学史》（*Geschichte der chinesischen Literatur*），173 页跟从了沙畹的看法；遗憾的是《离骚》中有关日期的指示虽然详细但并不清晰，很难由此得出确切的时间。如果我们抛开上述的推断，屈原在《惜诵》（《九章》，刊于《楚辞》，卷 4，7a）中自称年事已高——这首诗是屈原在最后失去朝廷赏识（公元前 297 年）后所作的一系列诗歌之一，其中提到被流放的第三年（公元前 295 年）及第九年（公元前 289 年）；就算屈原有可能在很年轻的时候在朝廷担任世袭的要职，但（楚王）应该不会将公元前 312 年出使（齐国）这样一个艰巨的任务交给一个年轻人。因此屈原出生的时间不太可能迟于公元前 350 年。陆侃如先生的《屈原》，4–5 从《离骚》的同一诗句出发，在这句诗中诗人声称自己出生在某一寅年，如果将他出生的年份放在公元前 331 年，那么他在公元前 313 年出使齐国时则太年轻了，于是陆先生将屈原出生的时间提早十二年到公元前 343 年（如果再早，即公元前 355 年，那么屈原去世时的年龄将会太大）并认为他在 54 岁时，即公元前 290 年去世。这些年份有些可信性，但对于这些年份的推算却无甚价值，仍都是假设性的。

支伟成先生在之前已引述的书目，3中较为谨慎，认为屈原出生的年代在“公元前340年前后”。张惟骧先生在1925年的《疑年录汇编》（卷1，2a；这一段是作者自行加入的）中认为屈原的生卒年代为公元前343年至公元前277年，但并没有给出他的理由。郭沫若先生在《屈原》，15页提到《吕氏春秋》中秦始皇帝八年（公元前239年）为申年，由此推断《离骚》中的寅年应该是公元前341年；但由于无法在公元前341年找到与《离骚》相对应的日期，他便随意在日历上作了些把戏，将屈原出生的年份放到了公元前340年；郭先生认为屈原去世的时间在公元前278年。——胡适先生，《读楚辞》，139–143中指出《史记》屈原传记中有些段落令人质疑，因而得出结论认为历史上并无屈原此人，这只是一个虚构的名字，是人们在汉代时将不同出处的著名诗篇汇集到此人名下，如同希腊的《荷马史诗》。（《史记》）传记中的缺陷是无可否认的，但并不足以支持胡适先生的假设；郭沫若先生在他的《屈原》中特意逐条反驳了胡适先生的理论。根据（公元前）6世纪当地《水经注》的记载，屈原（家族）的领地在距离秭归县（清朝的归州）东北几十里的长江边，位于湖北，纪念屈原姐姐女媭的庙宇在秭归县北160里（即从楚国都城逆水而上约150公里，近今日的江陵）。

998 《史记》，卷84，1a。司马迁在《史记》卷84所作的屈原传记由马古里（G. Margouliès）翻译于《中国古文》（*Le Kou-wen chinois*）（巴黎，1925年，论文）83–89页中。虽然屈原没有在他的作品中提及谋士这个职位，但以他讲述他所担任的职位的方式可以肯定在一段时期内他是楚王信得过的谋士之一。“惜往日之曾信兮，受命诏以昭时。奉先功以照下兮，明法度之嫌疑。国富强而法立兮，属贞臣而日娭。”（《惜往日》，刊于《九歌》，《楚辞》，卷4，31b）。即使有些夸大成分，文中所写应有部分是真实的。

999 《哀郢》一篇作于屈原被流放的第九年："哀见君而不再得……至今九年而不复。"

1000 《涉江》(《楚辞》, 卷 4, 7a)："余幼好此奇服兮, 年既老而不衰。"

1001 传统上认为屈原在汨罗河投河自尽，这可能是人们对于《惜往日》一诗中关于自尽的主题的戏剧化解读（《楚辞》，卷 4，25a）。

1002 《离骚》通常被认为是屈原第一次不得志时所作，但并无理由因此将它与屈原的其他作品分开；此外在我看来此诗不仅明显暗讽楚怀王，也讽刺了顷襄王。

1003 胡先生，之前已引述书目，144–145 认为这些诗歌的写作时间跨越了几个世纪：《九歌》是最古老的，《离骚》和《九章》的一部分被他视为大致同时期的作品；随后是《渔父》和《卜居》，作于秦国攻克楚国之后，因此最早的写作时间为（公元前）3 世纪末；最后《远游》《九章》的另一部分及《天问》为汉代的作品。他对此的论述只有区区八行文字，大多是一系列断言，但几乎任何一条都无法真正被认同。令人不解的是胡先生本人也是诗人，但他却没有感受到这些被他分割的作品中的统一性及来自个人的灵感；此外汉代对这些作品的模仿（如司马相如的《大人赋》是对《远游》的模仿，以及《楚辞》最后几章中的作品均为模仿之作）也未能说服他任何屈原及其派系的作品的写作时间应早于汉代。

1004 传统上人们将屈原的不幸归咎于他的自负："上官大夫见而欲夺之，屈平不与，因谗之曰：'王使屈平为令，众莫不知，每一令出，平伐其功，以为非我莫能为也。'王怒而疏屈平。"（《史记》，卷 84，1a；马古里，《中国古文》，83）

1005 同时期北方及中部作家如庄子（我不明白为什么庄子生活在魏国但人们却经常将他视为南方人）所作的诗歌性散文的韵律有着非常不同的特点，更加自由也更具有演说性质，不过结束时往往使用诗歌惯用的韵律。有关庄子的韵律，参见贾柏莲（G. Von der Gabelentz），《庄子的文字对中国语法的贡献》（*Beiträge zur chinesischen Grammatik, Die Spräche des Chuang-tsï*），刊于 *Abhandl. d. Sächsischen Gesellesch. d. Wiss.*，1888年，VIII，629–635。

1006 《涉江》（《楚辞》，卷4，7a–8 a）。

1007 《楚辞》，卷4，4b，19b。

1008 《庄子》，223。

1009 《楚辞》，卷1，7a–8 a，理雅各，848。

1010 中国学者对此各有各的诠释，但对于主线条大家的看法还是一致的，特别是将女子解释为象征楚王；我同意他们的看法，只是将寓言更加拉近诗人生活中的真实事件。

1011 《远游》（《楚辞》，卷5），10b。

1012 《离骚》（《楚辞》，卷1），24a。

1013 《远游》（《楚辞》，卷5），5 b–6a。在第二次远游时他的向导是不死的仙人赤松及真人（同前，2a）。

1014 同前，4a; 参见《庄子》，331; 同前，5 b; 参见《老子》，26（§10）。

1015 我们对宋玉的了解并不多［参见何可思（Erkes），《招魂》（*Das Zurückrufen der Seele*），3］，对景差的了解则更少。

1016 这首诗由何可思翻译。——有关招魂的礼仪，参见正文下标180–182处。

1017 《荀子》，卷18，11b–15a; 《前汉书》，卷30，20 b提及《孙卿赋》十篇，即荀子的作品。——其中一篇赋还模仿了《九歌》及《九章》中的字句（同前，12a）。前两篇是以常规四字诗句（《诗经》的形式）混合了散文的形式。

1018 《前汉书》，卷30，19 a；同前，20 b，《秦时杂赋》。但这些秦诗未能流传下来。

1019 人们通常认为“赋”是一种散文的形式，而中国人将“诗”这个字留给了以《诗经》形式写出的诗歌以及现代的五言或七言诗。虽然人们可以给出很好的理由来支持这种分类，但在我看来很难将有节奏的、押韵的文章称作散文（我们的自由诗远比它们松散），否则该连法语也不会说了。

第九章

科学的发展及外国的影响

(b59) 607（公元前）4 世纪和公元前 3 世纪中国社会的激烈动荡及独特之处是之后的中国历史所未再见到的，它们得以持续的部分原因是受到了新思想 607–609 的影响，当时与地中海文明的最初接触——虽然遥远而有限——为中国人带来了这些新思想，它们逐渐传播，最终使中国的科学观念发生了巨大的变化。

中国人似乎是在（公元前）5 世纪前后第一次与西方世界有了直接接触。当时波斯人吞并了所有周边的古代帝国，带军队向东挺进，将所有伊朗部落统一在他们的统治之下；大流士攻克了作为伊朗高原东部及北部缓坡的大平原，向东占据了印度旁遮普邦，向北占领了巴克特里亚及粟特。在新政权统治的有序及相对安全的背景下，持续及常规的对外关系得以建立起来。沙漠商队穿越塔里木河盆地的印欧语系地区，开始将商品和观念，至少是非常简单的商品和观念，从西方带到远东。有一个较为特殊的事实值得一提，在远东进行运输的是印度人而非伊朗人；不过印度商人大概也没有到达中原的疆土，他们应该在兰州附近就停下了，那里是中国黄河内河航运的终点。根据《禹贡》[1020]记载，中国的内河航运可以上溯到更远，直至积石，在今河州（甘肃）附近，市集应该就在那里，（公元前）3世纪初野蛮部落被降服后，秦王在那里设立了陇西郡。

中国人由此而接收到的是一些非常简单的观念：来到那里的外国人不是哲学家，他们想得更多的还是他们的买卖；而且他们在那里所遇见的中国人也不是很有文化的中国人。这些外国人首先带来的是地理方面的认知：中国人突然了解到在西方还有一个他们从未揣测过的未知的世界，他们也从未进入过这个世界；他们接受了远游而来的人向他们讲述的一切，既有真实的地理事实又有虚幻的地理假说（向他们传授这些的人自己也不懂得区分两者）；中国人学会在西方寻找印度圣山——[609-610]梅鲁山及其四条河流，这四条河流绕山流淌之后分别从四个方向流入大海；他们甚至将此山认定为他们自己地理中的一个地方——昆仑，虽然两者并无共通之处，但表面化的类比拉近了两者的差距。此外梅鲁山进入中国后具有了两重性：从简单的地理事实上看它成为昆仑；而作为大海中央栖息于龟背之上的圣灵之山，它成为长生不老者的岛屿，同样被置于大海中及龟背之上，不过是中国人唯一知道的大海——东海。（公元前）3 世纪末时人们应派过远征船队在海上寻找这些岛屿，如同之后的一个世纪中张骞徒然地前往中亚寻找昆仑。

外国人教授了中国人一些迄今为止他们不知道的事物，不过中国人在几个世纪以前就已经懂得创建某些地理学的元素，他们几乎将他们所寻求的所有东西都放入了这门科学中，既有行政方面的描述，也有山川河流的名册。这两种类型的文献来源不同，作品的特点也肯定截然不同。

由于治国的需要从而产生了政治地理学：应该是在西周时期，史官就以行政文书的形式建立了帝国整体形势的报告，按州划分，特别着重于税赋、土地的收成等。正是这些报告中的一篇，或更有可能是以此形式而作的一篇文学作品构成了《书经》的一章——《禹贡》中散文的部分，写作的时间大致为（公元前）8 世纪。文中对九州中的每一个州都进行了总结，列出了该州的山脉、河流，土地及税赋的等级，最后是前往神话中尧帝的都城进贡的路线；文中描述的疆界似乎是周朝在其鼎盛时期的疆界。另有一篇类似的但更为短小的作品记述的是另一种领土分布，应是较后期的，被收入《周礼》之中。

与这些行政文献并行的，是应宗教需要而作的 610–611 河流山脉的目录：一年四次，天子派使臣前往各地进行官方的祭祀活动，因此需要将这些祭祀地点的名单固定下来。最初的目录应是作于非常久远的时期；东周末期一份这样的目录——《五臧山经》构成了现存短小文集《山海经》的开篇部分[1021]；《山海经》在描述遥远的西方的山脉时明显受到了外国的影响。

《五臧山经》记述了二十六座山脉，南边三座、西部四座、北边三座、东边四座、中部十二座。作者一定是洛邑人士，文中对洛邑城和周王室领地及其周边地区的大量描述可以证实这一点[1022]，他生活的年代大概应为（公元前）4 世纪末[1023]。该作者记述的地理范围并不太宽广：他的北部边界为沙漠的边缘并将北海、流沙置于一百多里之外；南部，他很了解越国境内、以浙江北部沿海小平原为界的山脉，南侧与洞庭湖盆地相接的山脉以及四川成都地区蜀国的山脉；再远些为两座不很清晰但跨越很广的山脉，它们从西边的西海开始一直延伸到东海，其东边的部分是与长江盆地相接的山脉，而长江盆地以南的部分未作任何记载。西部，作者只知道一座在渭水源头之外的山脉，即崦嵫山，它位于西海边，是太阳西沉的地方，作者将它置于距离渭水源头 360 里之处；他将另一条巨大的山脉置于黄河源头以西，同样延伸到西海，对此山的描述夹杂着外国的元素及中国的传统：他特别尝试将当时的小说《穆天子传》中的信息系统化。这个神话传说的地区有西王母生活的玉山，也有四条河流发源自四个方向的昆仑山；这其中的一条河流就是黄河，它在绕过了山脉，穿过了无达水后，经积石山下的石门向西南流去（积石山也在《禹贡》中被提及，但被指在很远的西方），之后经西国向东流直至注入泑泽

（罗布泊？），此处有一段河道在地下，但很快又回到地面，将黄河引向中原。整个地区也为“流沙”所覆盖，作者将它想象成液体的沙般的河流，要越过流沙才能到达玉山。

大约在同一时期开始流传有标识的世界地图，这些地图被认为是仿制大禹刻在九鼎上的图案[1024]，比起《五臧山经》612–614，它们似乎受到更多外来的影响。地图上表现的是方形的大地被四海所包围，并伴有神灵、外国人和居于世界边缘的鬼怪的图案，图案旁是他们的名字。这些地图已经失传，只有概述几经辑校保留了下来，即《山海经》中的《海外经》和《大荒经》，以及《淮南子》的“海外三十六国”。在这些概述里，古老的中国传说与印度甚至古希腊的神话融为一体，以极其简明的形式表现出来[1025]。所有这些作品向我们展示了这个时期中国人的思想受到外来影响的奇特的一面。

中国人的地理视野由此而扩展，尽管不甚准确，却迫使中国人改变了他们对于世界的幼稚的观念；又是从印度人那里中国人知道了世界由七块大陆组成，这些大陆是巨大的被海洋包围的岛屿，排列在中央山脉梅鲁山周围，日月围绕着梅鲁山运转，中国人的地域并非“天下”的全部，只是这些大陆中的一块，如同印度人的地域属于另一块大陆一样。这些观点逐渐被人们接受，到了（公元前）4 世纪末邹衍[1026]将它们与中国古老传统中将中国划分为九州的观点结合在一起，他 614–615 教授人们有九块大陆围绕着世界的中心昆仑，这些大陆被海洋带包围，彼此互不相通，之外有大瀛海环绕着所有这些大陆；被中国文人称为“中国”的中央帝国只不过是这九块大陆中东南大陆的九分之一；日月是在天空中不停地运转的，从不会沉入地平线下，它们从九块大陆上经过，看起来就像日月升起及落下，而日与夜的现象只不过是距离造成的，太阳离得近时就能看到它，离得远了就看不到了。邹衍将这些描述引入中国人看待世界的体系中——这一体系为中国人所独有：他首先尝试将阴阳及五行的理论放入其中，想象着按照阴阳五行相生相克的顺序排列它们；之后他将阴阳五行的影响扩展到人类事物中，将朝代的更替与五行交替联系起来——每个朝代都是以五行之一的品德来统治（舜为土，夏为木，殷为金，周为火），而一个朝代战胜前朝就如同代表它的五行元素战胜了前朝的五行元素。

此时的中国人正在西方的影响下更新他们对天文学的认知，邹衍的理论在这个时期获得了很大的回响和成功。在此之前中国人对天文学只有些非常模糊的概念，只是为了让他们在天体运动与并不精确的历法之间建立起联系。天空中只有几颗闪烁的星星以及民间凭想象得出的划过天空的图像有了它们的名字，它们成为中国人辨别季节的标志：在太阳落山星星开始出现的时候观测心宿二星、昴宿星或水夫星[1027]，当星宿越过[615-616]观象台正南方时，人们就认为可以准确判断出二分（春分、秋分）和二至（夏至、冬至）的日期，日夜长短的交替会提示人们（何时）进行观测，不过对于日夜不等的划分只是大致的划分，又缺乏测定时间的工具，因此人们很难准确地辨认出（一年中）白天最短或最长的一天。此外，他们的观测水平也很一般，因为他们只能大致地推测出一年为366个整天[1028]。两个新月之间的时间计算得稍好一些，但也不够准确以至于有时日食发生在新月第一天之外的时间。至于日历，根据不同的季节人们将每日分为五个不等的时段，分别为黎明，即“昧爽”，或称“鸡鸣”；“朝”；“日中”；“日侧”；“昏”，又称“日入”。日入之后是夜晚的五个时段，长度也各不相同。在此基础上中国人建立了一套并不怎么准确的阴阳历，基本上每五年就要加入两个闰月[1029]。这种五年加闰月的方法在理论上几乎是整个周朝使用的历法；但毋庸置疑在实践中人们并没有遵守它；也许在初期尝试过，但到了（公元前）7世纪末便不再使用，不论是《春秋》$_{616\text{–}617}$还是《左传》都记述了极不规则的添加闰月的做法。人们认为理论和实践无法达成一致是由于当时的腐败和治国无方造成的，并以此自慰：国家的混乱扰乱了季节的常规运行，因此需要改变的不是历法，而是政权；如果圣王重回人间，那么理论上的历法就会与现实一致。

外国人给中国人带来了有关天文学的科学观点。他们也让中国人认识了古代天文学使用的基本工具，如日晷，可能还有漏刻。他们教会中国人星宿与行星之间的差别以及它们的运行方式。似乎有两次外来影响的浪潮（内容）大致重合，但并非不无先后，第一次浪潮是在大流士攻克印度和中亚的时期，第二次是亚历山大取胜的时期。第一次浪潮应该是带来了以二十八宿为坐标观测天象的方法。外国星相学家试图在中国的天空找到他们在自己的国家惯常观测的大部分的星群，不过他们也要顾及到中国人已经想象出的星宿组合；经过几番犹豫他们达成了最终的改编方案[1030]。他们还教会中国人从[617–618]星宿中分辨出行星，可能还教授了行星运行的方式，至少是木星的运行方式；外国人教给中国人木星每十二年绕行天空一圈，并在公元前4世纪上半叶从中首先得出了一个星相学的周期，之后还有一个年代学的周期[1031]。

第二次浪潮带来了更加精确和数学化的观点：中国人学会了以太阳每日在二十八宿中运行的位置对天穹作出相等度数的划分，而二十八宿绕行天空的周朝应是一年，还学会了在某些星群的帮助下确定冬至的准确日期；他们采纳了巴比伦人将每日划分为昼夜各12个小时的做法；他们还在（公元前）4世纪中前后编定了中国最早的星象目录，包括齐国甘德的星表、魏国石申的星表以及被归功于传说人物巫咸的星表[1032]；他们也开始观察到金星与火星的逆行[1033]。大约在（公元前）4世纪末时，西方的星相学家教授中国人根据春分的时间来科学地确定一年的开始并采用巴比伦人的闰月添加时间，即添加的月份总是在秋分之后：在此基础上形成了中国最早的天文历法，人称“颛顼历”，颛顼历中为了符合中国人将二至及二分置于季节中间的习惯，日期的计算从不定的立春[618–620]开始，即春分前的四十五天。（之后）对颛顼历的改革被称为“殷历”[1034]，改革大概是为了简化计算，使其从确定的时间开始，也可能很大程度上出于星相学的考虑：

日期的计算被改为从冬至开始，这成为欧洲理论传入之前中国历法的计算基础。（公元前）3 世纪上半叶颛顼历被秦国定为官方历法[1035]，一直使用到公元前 104 年汉代进行历法改革之时。

与天文学同时被外国人传入中国的还有星相学的原则。《左传》和《国语》中充满了星相学方面的记述，《国语》中可能更多。天空被分为九个区域，称为“分野”，每一个对应地上九个区域中的一个；也可作十二分野（与地上十二区相对应），甚至十三分野，但后者似乎流传的不广。人们观测行星的运行，包括它们的逆行，连接，某些星体的光线和颜色的改变，等等：天空中某个区域发生的变化可以用来预测与之对应的地上的区域将要发生的事件。对日月光晕、风、云、彩虹等的观测是对星相体系的补充。（中国）古老的观念认为良政与物质世界之间是相互影响的，这些星相理论正好与此观念相吻合，从而获得了广泛而持久的成功，它们在（公元前）4 世纪末之后广为流传。

620–621 这些带有科学倾向的天文学和星相学要求认知者有一定的几何学基础，事实上正是在这个时期数学的基本概念被引入中国。外国人向中国人传授几何体的特性，特别是圆形和方形的特质：“圜，一中同长也。”这些特性不论大小或物质是相通的：“小圜之圜，与大圜之圜同”，以及“一方尽类，俱有法而异；或木或石，不害其方之相合也”。同时外国人也带来了基本的数学工具，如可以画出直角的角尺，可以画出弧形的圆规，等等[1036]。

由此经外国传入中国的主要是已成体系的科学及新技术：

在一段时间内，中国成为来自印度和伊朗的星相学家、炼金术士、医生、预言家等的顺利的开垦地，他们在中国谋求生财之道。之后（这些科学技术）形成了本地派系，他们努力将这些新学说引入到土生土长的理论框架中，如五行和阴阳等的框架，并声称这些新学说与古代的圣贤，如神农、颛顼、尧、舜，特别是黄帝有关。这些新派系逐渐与古老的派系融合在一起，后者通常会让出位置给他们：（公元前）4 世纪末星相学家获得了官方的职位，与以龟甲和蓍草占卜的卜官及释梦者平起平坐。慢慢地这些源自外国的新学科适应了新的环境，得到了认可，一些西方的观念也渗入到了本土的科学中。（公元前）3 世纪末帝国的统一以及与西方外国人的直接联系更加速了这一进程。

无论从思想的范畴还是从社会制度的层面，（公元前）3 世纪都见证了旧有时代的彻底完结，一个新的中国正破土而出。

1020《书经》，理雅各，127。

1021 神田（Kanda），《从〈山海经〉中看中国古代的山脉崇拜》（*Mountain-Worship in Ancient China, as seen in the Shan Hai Ching*），刊于《汉学》，II（1922 年），332–348。——现存《山海经》汇集了不同出处的文字并于不同时间被收入。其基础是《五臧山经》的 26 篇，每一篇讲述一座山脉（现存文字分为五章，每章代表一个方位），由刘向在公元前 1 世纪末编纂出版，出版时还加入了其子刘歆在公元前 6 年编辑的另外三部作品：《海外经》（卷 5–9），《海内经》（卷 10–13），及一篇作于公元前 2 世纪及 1 世纪交替时的论述河流的文章（13卷末）（有关这篇文章参见《通报》，1925年，377）；评注家郭璞在公元4世纪将《大荒经》（卷14–17）及另一篇《海内经》（卷18）加入其中，后者其实是属于《大荒经》的片段，被移到此处［特别应参见小川（Ogawa）先生之前已引述的书目，不过在我看来他的结论不应全部被采纳］。

1022 在中部的12座山脉中有8座位于黄河和汉水之间，基本上是他记述的所有中国山脉的三分之一；这个区域中最小的山岭及最小的河流都被提及，洛水的任何一条小支流也没被落下；这里山脉之间的距离大约15里，而出了这个区域之后他便将距离加大，以数百里计算。

1023 《五臧山经》的作者不了解渭水和泾水源头之外的地区，秦伯攻克这个地区以及义渠戎的投降发生在（公元前）310年到公元前265年之间；不过他对蜀国的山脉知道得很多，而蜀国是在公元前316年被秦王攻克，秦王又是从公元前334年开始与周王保持友善的关系；因此我认为作者生活的年代是公元前4世纪末前后。作者对中亚地区的模糊认识与前述日期并不矛盾，因为这属于另一个范畴，是由于外国商人讲述国外的地区所带来的影响。

1024 九鼎在（公元前）327年的丢失将人们的注意力吸引到这些地图上，使它们在公元前4世纪末时重又受到重视，这也是人们将这些地图同九鼎联系起来的原因。

1025 劳费尔，《中国的民族志传说》（*Ethnographische Sagen der Chinesen*）（*Festschrift für Kuhn*，199–210页）。

1026 邹衍在魏惠王统治时期（前370年—前318年）在魏国居住过一段时间，《史记》，V，158；燕昭王（前312年—前279年）即位初期邹衍从魏国前往燕国，同前，IV，145；他是齐宣王在位期间（前319年—前300年前后）临淄的稷门学者之一。邹衍曾与赵国大臣平原君（卒于公元前251年）交往，平原君请他与自己的门客、辩者公孙龙辩论

（《史记》，卷 76，2b）。邹衍生活的年代应为公元前 4 世纪下半叶，卒于公元前 3 世纪 275—250 年间的前几年。《史记》中没有邹衍的传记，只有一个简短的段落是关于邹衍的，在有关孟子的段落之后（卷 74，1b–2a）；邹衍的作品也已失传。——邹衍的理论在孔好古的《印度的影响》（*Indischer Einfluss*），342–343 中有被论述，这部作品已使人们注意到邹衍的理论中所包含的源自印度的重要元素。

1027 《书经》，理雅各，19–21（《尧典》）；书中提到四个星象，只有三个以古代传统较模糊的方式进行了认定：现代非常精准的认定要得益于僧人天文学家一行在公元 8 世纪初所作的工作，那时对分点岁差的认识使得人们能够准确重现任何一个日期的星象；所选择的日期自然是当时的历史学家指定的尧帝时代的日期。——观测的时间没有被提及；周朝常规观测星象的时间是晨曦和黄昏，这里指的肯定是黄昏。《尧典》的记述非常欠缺准确性，因为黄昏的时间会因季节而变化。

1028 《尧典》，21。

1029 《系辞》，刊于《易经》，理雅各，365。尽管写作《系辞》的时间较晚，我仍然不相信五年加闰月的做法是在如此晚期，如（公元前）5 世纪末前后才被发明出来（或由外国传入）；这是不准确地计算阳历年为 366 整日所使用的元素之一，在《书经》的《尧典》中已有记载，因此很难将它认定在如此后期的时间。5 × 366 = 1830 天，5 × 12+2 = 62 个月，如果我们承认大月（30 天）和小月（29 天）交替出现而添加的两个月均为大月，就得到:（30 × 29）+（30 × 30）+（2 × 30）=1830 天。这与日月的运行表面上看起来是相符的，虽然这种计算是不准确的。

1030 我们知道中国的“宿”等同于印度的“纳沙特拉”（nakshatra）以及阿拉伯的“马纳吉尔”（manâzil）；这三个体系有着共同的起源，这一点无须质疑，但它们被发明的时间和地点一直以来都有争议。我们可以在利奥普·德·索续尔的著作中找到对不同观点的论述和汇总，德·索续尔得出的结论认为起源地为中国；从这时起，奥登伯格（Oldenberg）就在他的《纳沙特拉与宿》（*Nakshatra und Sieou*）中为共同起源点应为另一个中心（巴比伦）辩护。虽然德·索续尔的文章有其价值，但我还是不得不否定他的结论。对二十八宿的认知较晚才出现在中国文学中，大约在（公元前）4 世纪末的《左传》及《周礼》中有记述；不过有些（公元前）4 世纪大型星相学著作残存下来的片段显示一个世纪之前已有使用某些星宿。（公元前）5 世纪以前二十八宿中有些星宿的名字被提及（如《尧典》中的昴宿星、水夫星；《诗经》中的牧夫星、织女星，等），但这些单独被提及的名字并不能证明整个体系在当时已经存在。

1031 利奥普·德·索续尔，《木星的周期》（*Le Cycle de Jupiter*）清楚地证明了木星的运行周期是在公元前 375 年前后传入中国的；新城先生（Shinjô）较后期也独立得出同样的结论，我对此并无异议。饭岛先生（Iijima），《〈左传〉写作时间的进一步论述》（*A Further Discussion on the date when the Tso chuan was written*），155–194 中极力想要证明《左传》及《国语》中提及木星周期的故事是作于汉代，更确切地说是显示了刘歆关于此方面的理论；在我看来饭岛先生所建立的联系是正确的，但他的结论应被推翻：是基于《左传》和《国语》中已经存在的记述，刘歆才创立了他的理论，但这些记述是伪作，却被刘歆视为原作。

1032 《史记》，III，402–403。

1033 《前汉书》，卷 26，6a。汉代时对明显的火星运行的认识还是很初步的（同前，卷 21B，5 b）。参阅利奥普·德·索续尔，《中国天文学起源》（*Les Origines de l'astronomie chinoise*），刊于《通报》，XV（1914 年），647。

1034 饭岛先生，《有关中国古代天文学认识的进一步研究》（*Further*

Notes on the Chinese Astronomical Knowledge）提出十二干支的周期最初是以“寅”（现在排为第三位）为首的，后期出于不同的考量将“子”放在了首位并一直作为十二干支之首。殷历记录下了这个变化，将历法的起始日期和干支的开始列为“甲子”，因此殷历应该是晚于颛顼历的，颛顼历的起始为“甲寅”。新城先生，《干支五行理论》（*The Kan Chih Wu Hsing Theory*），12，认为颛顼历和殷历被引入的时间与木星周期被引入的时间相同。

1035 至少《秦纪》（《史记》，卷 5，沙畹，II，90 及其后段落）中似乎是这样记载的，即从公元前 265 年开始，第十个月总是被视为每一年的开始。

1036《墨子》，卷 10，40 篇，18 段，415 页；同前，卷 11，44 篇，29 段，513 页；同前，43 篇，58 段，491 页；同前，42 篇，52 段，452 页。

参考书目

综合参考书目

一些中国和欧洲的著作在我写这本书时经常被用到，为方便起见，我将这些著作列表于此。在每一章节的开始我为读者标注了哪些著作被引用到该章节。我在此列出的只是最重要的书籍及文章。

中国古代书目

《书经》，创作于公元前 9 世纪至公元前 6 世纪讲述远古中国的散文总集。现在留存的刊本中只有约一半是原作；剩余的是由古文［即被理雅各（Legge）称为“old text”的文字，而所有注解是以孔安国的名字所作——孔安国是一位作家，他生活的年代为公元前 2 世纪。］演变而来，为公元 3 世纪下半叶所做的伪作。——参考理雅各所翻译的《中国经典》，III 相关文字，及中文版阮元*编纂的十三部经典作品及其注解(《十三经注疏》)，1887 年重刊的脉望仙馆刊本。

《诗经》，与《书经》几乎同时期的诗歌总集。——参考理雅各《中国经典》，IV。

《春秋》，（公元前）722 年至（公元前）481 年鲁国（山东南部）编年史。——参考理雅各《中国经典》，V。

《左传》，由两部分组成的综合作品：1. 公元前 722 年至公元前 450 年的中国通史（最后几年很不完整），作于公元前 4 世纪末，汉代出版时被切分，以便作为《春秋》的注解；2.《春秋》的礼仪注解，写作时间大致与前者相同或稍晚一些。—参考理雅各《中国经典》，V。［css 编者按：马伯乐使用的是理雅各译本，css 出版的是顾赛芬（Couvreur）译本。我们无法取得理雅各的原始刊本，也无法找到理－顾的对照表。下表是我们手动一条一条找到的两个译本相对应的页数，其中不免会有错误，甚至是明

* 阮元（1764—1849），清代学者，其主持校刻的《十三经注疏》是研究中国古代文化的重要参考资料。——译注

显的错误。读者可以三率法的原则按自己的需求使用下表。]

理雅各	顾赛芬 TT1	理雅各	TT1	理雅各	TT2	理雅各	TT3
19	34	204	396	353	43	593	81
33	58	210	398	364	64	598	89
34	63	224	427	366	69	618	142
46	84	295	584	373	84	619	152
95	166	309	605	396	131	629	175
109	189	319	635	443	254	648	218
140	240	320	627	465	290	649	219
144	247			479	331	652	235
154	270			508	412	664	257
168	300			514	424	722	424
177	320			528	476	750	501
180	327			547	520	754	499
181	338			556	547	769	541
186	343					810	632
191	354					814	645

《公羊传》及《穀梁传》，编注于（公元前）3 世纪的两部《春秋》正式的注解书，代表了孔子的两种教学方法。——参考《四部丛刊》* 影印重刊的 1131 年余仁仲版本。

《周礼》，公元前 4 世纪的行政文集，但在汉代做了各种修订和增添。——参考毕欧（Biot），《周礼》（*Le Tcheou-li ou*

* 《四部丛刊》由近代张元济主编，由上海商务印书馆编辑，1919 年初编问世，1936 年续编、三编印成。——译注

Rites des Tcheou），1851 年。

《礼记》，汉代编纂的记录不同年代（公元前 4 世纪至公元前 1 世纪）礼仪的文集。——参考顾赛芬（Couvreur），《礼记，有关礼节和仪式的记载》（*Li-ki ou Mémoires sur les Bienséances et les Cérémonies*）。

《仪礼》，记载普通贵族和大夫礼仪的文集，其中的有些文字与《礼记》非常相似。——参考顾赛芬（Couvreur），《仪礼》（*Yi Li*，*Cérémonial*）。

《大戴礼记》，与《礼记》类似的文集。——参考《四部丛刊》重刊的嘉趣堂刊本（1533 年）的重印本。

《逸周书》，与《书经》类似的文集，但较后期，与周朝相关。——参考《四部丛刊》重刊的 1534 年刊本（后者为 1354 年刊本的复制版）。

《竹书纪年》，公元前 4 世纪末所作的魏国编年史，并在同时期补充了晋国及上古时代的编年史。——参考理雅各（Legge）《中国经典》，III，《书经》（*Chou King*）Prolegmena，第四章。该书亦有毕欧（Biot）的法文译本，见《亚洲杂志》III，XII（1841 年），537–578；XIII（1842 年），381–431。

《国语》，公元前 3 世纪编撰的国别语录集，所使用的很多资料来源大多与《左传》相同。——哈雷（C. de Harlez）对此书做了简要的翻译但其译本多有不准确之处，第一部分见《亚洲杂志》IX，II（1893 年），37，373–419；III（1894 年），5–91；

第二部分在鲁汶（Louvain）另行出版（1895 年）。——参考《四部丛刊》重刊的泽远堂（1528 年）刊本，后者为 1021—1033 年刊本复制而成。

《战国策》，与《国语》类似的文集，编撰于公元前 3 世纪后半叶。——参考《四部丛刊》重刊的 1365 年刊本。

《楚辞》，不同时期的诗词选集，最古老的为屈原及其朋友及弟子的作品（公元前 4 世纪末至公元前 3 世纪初）。——参考《惜阴轩丛书》。

《史记》，记录了中国从起源到公元前 1 世纪的历史，由司马迁于公元前 2 世纪末至公元前 1 世纪前后所著。其中约一半的作品已由沙畹（Chavannes）翻译，见《司马迁的历史记忆》（*Les Mémoires historiques de Seu-ma Ts'ien*），以此作为《史记》第 1–47 章的参考资料；其余的部分参考上海重印的乾隆四年（1739 年）的《二十四史》。

现代书目

孔好古（Conrady），《中国》（*China*），收于普夫卢克哈通（Pflugk-Harttung）的《世界历史》（*Weltgeschichte*），第 III 部（柏林，1908 年）。

考狄（Henri Cordier），《中国通史及中国与其他国家从远古到清朝结束的关系》（*Histoire générale de la Chie et de ses relations avec les pays étrangers depuis les temps les plus anciens jusqu'à la chute de la dynastie mandchoue*）（巴黎，1920 年—1921 年）。

顾赛芬（Couvreur），《书经》《诗经》《春秋》《左传》《四书》《礼记》《仪礼》等的评注及翻译。（河间府，1913 年—1916 年）。

夏德（Friedrich Hirth），《至周朝末年的中国古代历史》（*The Ancient History of China to the end of the Chou dynasty*）（纽约，1908 年）。

胡适，《中国哲学史大纲》，第 I 部，上海，1917 年。

——《古代中国逻辑方法之进化》（*The Development of the Logical Method in Ancient China*）（英文版的《中国哲学史大纲》简写本。），上海，1922 年。

《皇清经解》，由阮元负责编纂的清代作家所书有关中国典籍的文集，出版于 1829 年，广东。

《皇清经解续编》，前者的续编，由王先谦负责编纂，出版于 1888 年，江阴。

顾路柏（Grube），《中国文学史》（*Geschichte der chinesischen Litteratur*）（莱比锡，1909 年）。

夏雷鸣（Havret）、尚波（Chambeau*），《中国编年史注释》（*Notes concernant la chronologie chinoise*）（《汉学丛书》第 52

* 马伯乐在原文中误写为 Chambreau。——译注

期，1920 年）[1037]。

理雅各，《中国经典》，对以下作品的注解和翻译：卷一，《孔子论语，伟大的学习和中庸的教义》（*Confucian Analects*，*the Great Learning and the Doctrine of the Mean*）；卷二《孟子》（*Mencius*）；卷三《书经》（*The Shoo king*）；卷四《诗经》（*The She king*）；卷五《春秋及左传》（*The Ch'un ts'ew and the Tso chuen*）（香港、伦敦，1860 年—1872 年）。

张璜*神父（Mathias Tchang），《欧亚纪元合表——完整地将远东（中国、日本、越南、蒙古等）各历史时期与天主教西历对照的纪年表》［*Synchronismes chinois*，*chronologie complète et concordance avec l'ère chrétienne de toutes les dates concernant l'histoire de l'Extrême-Orient*（*China*，*Japon*，*Annam*，*Mongolie*，*etc.*）］，涵盖的时间从公元前 2357 年至公元 1904 年。（《汉学丛书》第 24 期，1905 年）。

彭安多（Tschepe），《吴国史》（*Histoire du Royaume de Ou*）（《汉学丛书》第 10 期，上海，1896 年）。

——《楚国史》（*Histoire du Royaume de Tch'ou*）（同上，第 22 期，1903 年）。

——《秦史》（*Histoire du Royaume de Ts'in*）（同上，第 27 期，

* 张璜（1852—1929），西文署名为 Mathias Tchang，华人传教士，在《汉学丛书》发表多篇著作。——译注

1909年）。

——《晋国史》（*Histoire du Royaume de Tsin*）（同上，第30期，1910年）。

——《韩魏赵三国史》（*Histoire des trois royaumes de Han*，*Wei et Tchao*）（同上，第31期，1910年）。

戴遂良（Léon Wieger），《汉学入门》（*Rudiments*）X，《历史文献》（*Textes historiques*）卷I，从起源到后汉时期（河间府，1902年）。

——《中国宗教信仰及哲学观点通史》（*Histoire des croyances religieuses et des opinions philosophiques en Chine depuis l'origine jusqu'à nos jours*），献县，1917年。

《通报，或关于东亚历史、语言、地理和民族学的档案》（*T'oung Pao*，*ou Archives concernant l'historie*，*les langues*，*la géographie et l'ethnographie de l'Asie Orientale*），莱顿，始于1890年。

《艺术丛编》，中国考古杂志，上海，始于1916年。

《汉学》（*Sinology*），日本汉学杂志，东京，始于1920年。

《东洋学报》（*Reports of the Oriental Society*）[1038]，东京，始于1911年。

以下三部著作是对上述欧洲或中国著作的补充：

——考狄（Cordier），《中国学书目》（*Bibliotheca Sinica*）第二版，巴黎，1904—1908年；及增订本，巴黎，1922—1924年。

——戴遂良（Wieger）《中国通史》（*La Chine à travers les âges*）（参考书目索引），献县，1920 年。

——伟烈亚力（Wylie）《中国文献录》（*Notes on Chinese Literature*），上海，1867 年。

我提供了译文参考书目以方便查找，但并不代表我的译法与这些译文作者所做的相同。

缩写

BEFFO = Bulletin de L'Ecole française d'Extrême-Orient.（《法国远东学院简报》）

Ch. Cl. = Chinese Classics de Legge.（理雅各所著《中国经典》）

J. As. = Journal Asiatique.（《亚洲杂志》）

J. Roy. As. Soc = Journal of the Royal Asiatic Society.（《皇家亚洲学会学报》）

k. = kiuan（chapitre）.（卷，即（章））

Tp. = T'oung Pao（《通报》）

Var. Sin. = Variétés sinologiques.（《汉学丛书》）

中国的书籍是按"卷"来分章节的。此外每一页书的正反面只有一个页数，我在此将同一页书的正反面用字母 a 和 b 来区分。

特别参考书目

（按章节）

第二部　社会及宗教生活

第一章：中国古代社会

（b21）葛兰言（Marcel Granet），《中国古代的节日与歌谣》（*Fêtes et chansons anciennes de la Chine*）（高等学院图书馆《宗教科学》第 XXXIV 部，巴黎，1919 年）。

葛兰言，《中国古代一夫多妻（姐妹间）制及在姐妹中续弦的制度》（*La Polygynie sororale et le sororat dans la Chine antique*），1920 年。

葛兰言，《中国古代婚姻习俗》（*Coutumes matrimoniales de la Chine antique*）（《通报》N S，XIII 1912 年，517–553）。

葛兰言，《被放在地上的孩子》（*Le dépôt de l'enfant sur le sol*）（《考古杂志》*Revue archéologique*，1921 年，305–361）。

葛兰言，《生与死》（*La vie et la mort*）（高等学院年报《宗教科学》，1920—1921 年）。

孔好古（Conrady），《中国》（*China*），收于普夫卢克哈通的《世界历史》，第 III 部。

克斯托普（*Quistorp*），《古代中国的父系社会及年龄组别》（*Männergesellschaft und Altertumsklassen im alten China*）（*Mitteil Semin. f. Orient. Spr.*， XVIII，1915 年）。

哈隆（Gustav Haloun），《对中国部族定居史的贡献》（*Beiträge zur Siedlungsgeschichte chinesischer Clans*）（《泰东》*Asia Major*[*]，初刊，164–184）。

哈隆，《对古代中国部族定居史的贡献》（*Contribution to the History of Clan Settlement in Ancient China*）（同前，I，1924 年，76–111，587–623）。

马伯乐，《“明”这个字》（*Le mot ming*）（《亚洲杂志》，1927 年）。

古代参考文献为“综合参考书目”下列出的古籍。

第二、三、四、五章：所有与宗教相关的章节的参考书目

（b22）高延（de Groot），《中国的宗教体系》（*The Religious System of China*），卷 I–VI（莱顿，1921 年）。

高延，*Universismus*，1918 年。

顾路柏（Grube），《古代中国宗教》（*Die Religion der altern Chinesen*），1911 年（《宗教历史读本》*Religionsgeschichtliches Lesebuch*）。

戴遂良（Wieger）神父，《中国宗教信仰及哲学观点通史》（*Histoire des croyances religieuses et des opinions philisophiques*

* 《泰东》Asia Major，德国亚洲研究的著名期刊。这份在莱比锡出版的国际学术期刊因为创办人和发行人都是犹太人，在纳粹政权日益猖獗之时被迫流亡海外而停刊。——译注

en Chine depuis l'origine jusqu'à nos jour），1917年。

沙畹（Chavannes），《中国古代的土地神》（*Le Dieu du Sol dans la Chine antique*），1910年（《泰山》（*Le T'ai chan*）的附录，437–525，吉美博物馆图书馆文集，XXI）。

葛兰言，《中国古代的节日与歌谣》，巴黎，1919年。

葛兰言，《中国古代的舞蹈与传说》（*Danses et légendes de la Chine ancienne*），巴黎，1926年。

辛德勒（Bruno Schindler），《中国古代的祭司》（*Das Priestentum im alten China*），第一部分，1918年。

辛德勒，《中国人对圣贤认知的发展》（*The Development of the Chinese Conceptions of Supreme Beings*）（《泰东》，引言卷，1922年，298–366）。

辛德勒，《中国古代出巡、路旁及对风的祭拜》（*On the travel*，*Wayside and Wind Offerings in Ancient China*）（《泰东》，I，624–657）。

劳费尔（Berthold Laufer），《玉器，中国考古与宗教研究》（*Jade*, *a study in Chinese Archaeology and Religion*），1912年（Field Museum Publi，154）。

何可思（Eduard Erkes），《论〈淮南子〉的世界观》（*Das Weltbild des Huai-nan-tze*），（《东亚研究季刊》*Ostasiat*, *Zeitschr*，V，1916—1917年，27–89）。

马伯乐，《书经中的神话传说》（*Légendes mythologiques*

dans le Chou king），（《亚洲杂志》，CCIV，1924年，1–100）。

第三部　霸权时代

（b31）这个时期的历史因两部古老的官方编年史而广为人知，一部是鲁国的《春秋》（公元前5世纪），另一部是魏国的《竹书纪年》（公元前3世纪）；同时还有很多详尽的著作，但不能确定其真实性，如《左传》和《国语》（公元前4世纪至3世纪），这些著作的缺点是经常（令史实）让位于小说；此外《史记》的数个章节也讲述了这段历史。

第四部　战国时期

（b41）《春秋》和《左传》缺乏（公元前）5世纪之后的史料：前者止于（公元前）480年，后者止于463年。（公元前）5世纪到4世纪主要的资料来源为《秦纪》，即秦国的官方编年史，由司马迁收录在他的《史记》第五卷（沙畹，第二部，第一页），以及晋国和魏国的编年史，作于公元前3世纪初前后，以《竹书纪年》的名称为人所知；《战国策》汇集了各种不同文献中的对话，成书于公元前3世纪末，涵盖了（公元前）4世纪到3世纪，但可惜的是此书中小说时常占据了史料的位置。

第五部　古代文学与哲学

（b51）第一章 文学的起源

古代文献：《书经》《诗经》《易经》。

现代文献：

葛兰言，《中国古代的节日与歌谣》，11–154，第一章

内藤（Naitô），《有关书经的写作》（*On the Composition of the Shoo king*）（刊于《汉学》，I，1921 年，495–5160）。

本田（Honda），《有关易经编纂的时间》（*On the Date of Compilation of the Yi king*）（同前，I，96–111，184–199）。

（b52）第二章 孔子 – 墨子 – 玄学家

1. 孔子

《论语》：理雅各，《中国经典》，I［《哲学传记及理论》（biographie et théories philosophiques），同前，Prolegomena，56–128］；顾赛芬，《四书》（*Les Quatres Livres*）。

德沃夏克（Dvorak），《中国宗教，I，孔子及其学派》（*Chinas Religionen*，*I*，*Confuzius und seine Lehre*），1895 年（*Darstellungen aus dentGebiete der nichtchristlichen Religionsgeschichte*，XII）。

沙畹，《孔子》（Confucius）（刊于《巴黎杂志》Revue de Paris，1903 年，827–844 页）。

武内义雄（Takenouchi Yoshiô），《论语的研究》（*A textual Criticism on the Lun-yü*），刊于《汉学》，V，n° 1（1929 年），19–63。

2. 墨子

《墨子》，1553 年刊本的复制本，源自宋代刊本，刊于《四

部丛刊》；佛尔克译作《社会伦理学家墨翟及其哲学著作》（*Mê Ti, des Sozialethikers und seiner Schüler philosophische Werke*），1922 年（《柏林大学东方语言研讨会公告》*Mitt. des Seminars für Oriental. Sprachen*，Beiband zum Jahrgang XXIII–XXIV，1922 年）。

理雅各，《中国经典》，II，Proleg，103–125。

孙诒让，《墨子间诂》，1894 年，修订本刊于 1907 年（有关墨子的最好的评论）。附录：《墨子后语》（墨子传记及学派历史）。

李笠，《墨子间诂校补》（s.1.，1922 年），对前者的注释及补充；开篇有关于评论墨子的著作的书目。

陈柱，《墨学十论》（中文墨子文集），上海，1928 年。

梁启超，《墨子学案》（墨子研究），上海，1921 年。

3. 玄学家

《易经》，参见前文。

（b53）第三章 道家学派

（古代）文献：《老子》《列子》《庄子》，由戴遂良（Wieger）神父翻译于《道家体系之父》（《道教》，卷 II）*Les Pères du système taoïste*（Taoïsme，t. II），1913 年。——此章中除另行说明，所有参考资料都来自这部配有中文原文的法语译作。

翟理斯（Herbert A. Giles），《庄子：神秘主义者、伦理学家、社会改革家》（*Chuang Tzû*，*Mystic*，*Moralist and Social*

Reformer），伦敦，1889 年，并伴有摩尔（Aubrey Moore）的哲学引言《第一至七章的哲学论述》（*Note on the Philosophy of Chap.* I– VII）。

理雅各，《道教文献》（*The Texts of Taoism*），刊于《东方圣书》（*Sacred Books of the East*），XXXIX–XL（《道德经》与《庄子》的翻译）。

卫礼贤（R. Wilhelm），《庄子的〈南华真经〉》[*Dschuang dsĩ, das wahre Buch vom südlichen Blütenland*（*Nan hua dschenging*）]，耶纳，1920 年；

——《列子的〈冲虚真经〉》[*Liä dsĩ, das wahre Buch vom quellenden Urgrund*（*Tschung hü dschenging*）]，《哲学家列御寇和杨朱的教诲》（*Die Lehren der Philosophen Liä Yü kou und Yang Dschu*），耶纳，1921 年。

现代文献：

翟理斯（Giles），《老子的遗迹》（*The Remains of Lao Tzû*），刊于《中国评论》（*China Review*），XIV–XVII（1886 年—1889 年）。

翟理斯，《老子及道德经》（*Lao Tzû and the Tao tê Ching*），刊于《耀山笔记》（*Adversaria Sinica*），n° 3，1906 年—1909 年。

德沃夏克（Dvorak），《中国宗教，II，老子及其学派》（*China's Religionen, II. Lao- tsû und seine Lehre*），明斯特，1903 年。

格利尔（Julien[*] Grill），《老子最出色的作品》（*Lao tzû's Buch vom höchsten Wesen und höchsten Gut*），1910 年。

考狄（Cordier），《老子》（Lao–tseu），吉美博物馆普及图书馆藏书（*Bibliothèque de vulgarisation du Musée Guimet*），卷 XXXVI，巴黎，1911 年。

马伯乐，《〈老子〉和〈庄子〉中的圣人和神秘主义生活》（*Le Saint et la vie mystique chez Lao-tseu et Tchouang-tseu*），刊于《法兰西东方学协会通报》(*Bull. del'Association des Amis de l'Orient*)，1922 年，n° 3，69–89 页。

（b54）第四章 带有道教色彩的学派

古代文献：

《杨朱篇》，见《列子》，卷 7，这是杨子著作的片段，收录在《列子》中。

《尹文子》，守山阁丛书刊本；马松–乌尔塞（Masson–Oursel）及朱家熞翻译（《通报》，XV，1914 年，557–622）。

《尸子》，孙星衍刊本，刊于《平津馆丛书》。

《韩非子》，扫叶山房书馆刊本，上海，1925 年（及王先慎的“集解”——不完整的俄文译本 5t u：1896 年）。不完整的俄文译本由伊万诺夫（Ivanov）先生所作（圣彼得堡大学东方语言系刊物（Publ. Fac. Langues Orient. Uni. Saint–Pétersbourg），

* 格利尔名为 Julius，而不是原文所写的 Julien。——译注

39期，1912年）。

现代文献：——除综合参考书目中已提及的文献之外，参阅：

铃木（Suzuki），《中国早期哲学简史》（*A brief History of early Chinese Philosophy*），（1914年），第III章，《伦理》（Ethics），3。《享乐主义的自我主义》（*Hedonistic Egoism*），84–92页《杨子》（*Yang-tseu*）。

理雅各，《中国经典》，II，Prolegomena，95–102。

佛尔克（Forke），《伊壁鸠鲁学派的杨朱与泛神论派列子的关系》，（*Yang Chu the Epicurean in his relation to Lieh-tse the Pantheist*），（《北京东方学会杂志》（*Journal of the Peking Oriental Society*），III，213及其后段落）。

胡适，《中国哲学史大纲》，I，176–184，《杨子》；360–338，《法家》；《中国古代逻辑方法之进化》，卷IV，第五章《法律的逻辑》（*The Logic of the Law*）170–184页。

本田（Honda），《法家与儒家的关系》（*The Relation between the Jurists and the Confucians*）（《汉学》，III，1922年，184–197，293–303，538–552）。

爱斯嘉拉（Jean Escarra）及日尔曼（Robert Germain），《秦朝前夕的法律概念及法家的理论》（*La Conception de la Loi et les théories des Légistes à la veille des Ts'in*），北京，1926年（梁启超《先秦政治思想史》的节选译本）。

戴闻达（J. J. L. Duyvendak），《商君书，中国法家经典》（*The*

Book of Lord Shang, a Classic of the Chinese School of Law），伦敦，1928年（《商子》的译本）。

（b55）第五章 墨子学派及辩者

古代文献：

《庄子》，卷33。

《公孙龙子》，守山阁丛书刊本；这部作品重要的部分被图齐（Tucci）翻译于他的《古代中国哲学故事》（*Storia della filosofia cinese antica*），146–151。

《墨子》，卷10–11，40–45章，佛尔克（Forke），413–535页。

现代文献：

章炳麟，《国古论衡》，《明见篇》；《原名篇》。

胡适，《惠施公孙龙之哲学》（《东方杂志》，卷XV，5–6期）。

秋桐［=章行严］，《名学他辩》［*La < Logic of middle terms> dans l'école Nominaliste*］（同前，XVII，n° 20，1920年）。——章先生本人将“他辩”的英文翻译成“Logic of middle terms”（44页）。

佛尔克（Forke），《中国辩者》（*The Chinese Sophists*）（《皇家亚洲学会北方分会学报》*Journal of the North-China Branch of the Royal Asiatic Society*，XXXIV，1901年，1–100页）。

傅兰克（Franke），《关于中国教条》（*Uber die chinesische Lehre von den Bezeichnungen*）（《通报》，1906年）。

马松－乌尔塞（Masson–Oursel），《孔子之论证》（*La*

Démonstration confucéenne)(《宗教历史杂志》*Revue de l'Histoire des Religions*，卷 LXVII，1913 年，49–54)；

——《比较逻辑研究》(*Études de Logique comparée*)(《哲学杂志》*Revue philosophique*，卷 LXXXIV，1917 年，57–76；LXXXV，1918 年，148–146)。

马伯乐，《有关墨子及其学派逻辑学的说明》(*Notes sur la Logique de Mo-tseu et de son école*)(《通报》，1927 年，1–64)。

另可参阅胡适先生的著作，他有几个非常出色的章节讲述这个时期的辩者、辨证论者及逻辑学家；并可参阅图齐先生翻译的这些作者作品的节选。

(b56) 第六章 公元前 4 世纪和 3 世纪的儒家学派

(这一章) 所参考的主要著作已经在综合参考书目中介绍过了，主要是四书(《论语》《大学》《中庸》《孟子》)；《礼记》，理雅各及顾赛芬译作；《大戴礼记》；《史记》卷 67。

此外还有：

《荀子》1181 年刊本，重刊于《古逸丛书》，第 7 期及《四部丛刊》。

德效骞(Homer H. Dubs)译作，《荀子作品》(*The Works of Hsüntze*)，伦敦，1918 年；戴闻达(Duyvendak)，《对德效骞荀子译作的注释》(*Notes on Dubs'Translation of Hsüntze*)，刊于《通报》，XXIX(1932 年)，1–42。

《荀子》第 23 篇由理雅各翻译，《中国经典》，II，

Prolegomena, 82–91; 第22篇由戴闻达翻译,《荀子正名》(*Hsüntzü on the Rectification of Names*), 刊于《通报》, XXIII (1924 年), 221–254。

王先谦的《荀子集解》(1891 年) 是一部很好的评论和注释, 在上海重新编辑出版 (1924 年)。

何可思 (Erkes),《有关中庸的研究》(*Zur Textkritik des Chung-yung*), 刊于 *Mitt. d. Seminars f. Orient.* Sprachen XX (1917 年), Ite. Abt., 142–154。

武内义雄 (Takenouchi Yoshiô),《关于〈曾子〉》(*On the Tsêng Tzu*),《汉学》I, VII (1921 年), 35–45;

——《〈大学〉是何时写作的》(*When was the Tai-hsüeh written*), 刊于《汉学》III, IX (1924 年), 20–27;

——《对〈中庸〉的研究》(*A Textual Criticism of the Chungyung*) 刊于《汉学》II, IX (1922 年), 16–28;

——《关于〈子思子〉》(*On Tzu ssu tzu*), 刊于《汉学》, I, VI (1921 年), 78–84。

吴虞,《荀子的政治理念》(*Political Thoughts of Hsün Tzu*), 刊于《汉学》, III (1923 年), IV, 1–10, V, 50–60。

(b57) 第七章 历史小说及史籍

——《左传》《国语》《战国策》, 刊本与译作前文已有引述。有关其他作品的引用随着行文在注释中有必要的说明。

(b58) 第八章 公元前 4 世纪及 3 世纪中国的新诗歌

屈原作品：《楚辞》（《惜阴轩丛书》刊本），卷 1–7。

《离骚及九歌》［*Das Li sao und die Neun Gesänge*（*Kieou ko*）］，费茨梅尔（Pfizmaier）译本，刊于 *Denkschr. Phil.-hist. Cl.Kais. Ak. Wiss.*，维也纳，1852 年。

《离骚》（*Le Li sao*），德理文（Hervey de Saint Denys）译本，1870 年。

《离骚》（*The Li sao*），理雅各译本，刊于《皇家亚洲学会学报》，1895 年，77–92；571–599；839–864。

宋玉作品：《楚辞》，卷 8–9；——《古文苑》卷 2。

《宋玉的〈招魂〉》［*Das Zurückrufen der Seele*（*Chao hun*）*des Sung Yü*］，何可思译本，1914 年。

现代文献：

胡适，《读楚辞》（*Tou Tch'ou ts'eu*），1922 年，刊于《胡适文选》II，I，139–148。

陆侃如，《屈原》，上海，1923 年（1925 年第二版）。

支伟成，《楚辞之研究》，上海，1925 年（1929 年第 28 版）。

郭沫若，《屈原》，上海，1935 年。

铃木虎雄（Suzuki Torao），《论骚赋的生成》（*The Development of Sao and Fu*），刊于《汉学》，III（1925 年），II，1–48 页。

仓石武四郎（Kuraishi Takejirô），《读铃木教授近作〈论骚赋的生成〉有感》（*On reading Pr. Suzuki's latest Work on the*

Development of Sao and Fu），同前，XII，1–28 页。

（b59）第九章科学的发展和外国的影响

孔好古（Conrady），《公元前 4 世纪印度对中国的影响》（*Indischer Einfluss in China im 4. Jahrh. v. Chr.*），刊于 *Zeitschrift der Deutsch.Morgenl. Geselsch.*，1906 年，335–351 页；

——《古老的东西方文化词汇》（*Alte westöstliche Kulturwörter*），刊于 *Berichte überd. Yerhandl. d. Sächs. Ak. Wiss. Leipzig*，*Philol.-Hist.* KI.，LXXVII（1925 年），n° 3，1–19。

拉古柏（Terrien de Lacouperie），《中国早期文明的西方起源》（*Western Origin of the early Chinese Civilization*），伦敦，1894 年。

小川琢治（Ogawa Takuji），《有关〈山海经〉的研究》（*Étude sur le Chan hai king*），刊于《艺文》（*Geibun*），II（1911 年），899–942；1363–1371。

杰斯特罗（Jastrow），《亚述与巴比伦的宗教》（*Die Religion Assyriens und Babyloniens*），II，745 及其后段落（巴比伦与中国星相学之间的关系）。

贝佐德（Bezold），《司马迁和巴比伦星相学》（*Szema Ts'ien und die babylonische Astrologie*），刊于《东亚期刊》Ostasiatische Zeitschrift，VIII（1919—1920 年），42–49。

利奥普·德·索续尔（L. De Saussure），《中国古代天文学》（*L'Astronomie chinoise dans l'antiquité*），刊于《理论及应用科学杂志》（*Rev. générale des Sciencespures et appliquées*），1907 年，

135–144；

——《〈尧典〉中的天文学》（*Le texte astronomique du Yao tien*），刊于《通报》，1907 年，301–390；

——《木星周期》（*Le Cycle de Jupiter*），刊于《通报》，1908 年，455–475；

——《中国天文学起源》（*Les Origines de l'astronomiechinoise*），刊于《通报》，1909 年，121–182，255–305；191，221–292，457–488，583–648；1911 年，347–374；1913 年，387–426；1914 年，645–696；1920 年—1921 年，86–116；1922 年，251–318；

——《中国天文学体系》（*Le systèmeastronomique des Chinois*），刊于《物理及自然科学档案》（*Archives des Sciences physiques et naturelles*），I（1919 年），186–216; 461–588; II（1920 年），214–231，325–350。

奥登伯格（Oldenberg）*，《纳沙特拉和宿》（*Nakshatra und Sieou*），刊于 *Nachr. k. Ges. Wiss. Gôttingen*，*Philol.-Hist. KI.*，1909 年，544–572。

饭岛（Iijima），《希腊对中国古代文明及孔子典籍编纂的影响》（*Greek Influence on the Ancient Civilization of China and the*

---

* 奥登伯格（Hermann Oldenberg），1854—1920，德国印度学家。——译注

Compilation of the Confûcian Classics)，刊于《东洋学报》，XI（1921年），1–68，183–242，354–404；

——《有关中国古代天文学认知的进一步研究》（*Further Notes on the Chinese Astronomical Knowledge in Ancient Times*），同前，XII（1922年），46–79。参阅前文引述的他所作的与《左传》有关的文章。

新城新藏（Shinjô Shinzô），《中国古代历法》（*Les calendriers de l'antiqu ité chinoise*），刊于《艺文》，IV（1913年），n° 5–9；

——《汉代出现的各种历法》（*Les divers calendriers apparus àl'époque des Han*），同前，XI（1920年）；

——《干支五行理论及所谓的颛顼历》（*The Kan Chih Wu Hsing Theory and the so-called Chuan-hsü Calendar*），刊于《汉学》，II（1922年），n° 6，1–28；n° 7，29–50。

桥本增吉（Hashimoto M.），《对〈书经〉的研究》（*A Text-critical Study of the Shu-ching*），刊于《东洋学报》II（1912年），283–316；III（1913年），331–394；IV（1914年），49–76。

1037 对于秦朝之前的历史，黄神父 的《中西历合璧》（*La Concordance des chronologies néoméniques chinoise et européenne*）（《汉学丛书》第29期）给出了一个纯理论的年表，无法使用。

1038 这两本日本期刊中文章的标题都同时以日文和英文出现，我引用的是英文标题，但文章本身都是日文的。

汉学家人名译注

（按西文姓氏字母排列——由译者整理）

原名	译名	生卒	译者注
Andersson, Johan Gunnar	安特生	1874—1960	瑞典考古学家，中国现代考古学的奠基人之一
Arne, Ture Algot Johnsson	阿恩	1879—1965	瑞典考古学家
Bezold, Carl	贝佐德	1859—1922	德国东方学家
Biot, Edouard	毕欧	1803—1850	法国铁路工程师及汉学家
Black, Davidson	步达生	1884—1934	加拿大古人类学家
Bushell, Stephen Wooton	卜士礼	1844—1908	英国医生、东方学家
Chalfant, Frank Herring	方法敛	1862—1914	美国传教士，曾进行甲骨文的研究
Chambeau, Gabriel	尚波	1861—1918	法国传教士
Chavannes, Edouard	沙畹	1865—1918	法国人，19世纪末20世纪初学术界公认的中国学大师，欧洲汉学泰斗。法国著名汉学家马伯乐、伯希和等均为沙畹的弟子
Conrady, August	孔好古	1864—1925	德国语言学家，汉学家
Cordier, Henri	考狄	1849—1925	法国语言学家、历史学家、汉学家。法国著名汉学家沙畹的导师。第一份法国国家汉学期刊《通报》的创始人
Couvreur, Seraphin	顾赛芬	1835—1919	法国传教士、著名汉学家，编写了法汉辞典并翻译研究了大量经典古籍

Darmesteter, James	达马斯特	1849—1894	法国作家，东方学家，古董学家
Demiéville, Paul	戴密微	1894—1979	法国汉学家，东方学家
Doré, Henri	禄是遒	1859—1931	法国传教士、汉学家
Dvorak, Rudolf	德沃夏克	1860—1920	捷克东方学家
Dubs, Homer	德效骞	1892—1969	美国汉学家
Hasenpflug			
Duyvendak, Jan Julius Lodewijk	戴闻达	1889—1954	荷兰汉学家，曾从师于沙畹及考狄
de Harlez, Charles	哈雷	1832—1899	比利时东方学家
deLaValleePoussin, Louis	路易・德拉瓦莱－普桑	1869—1938	比利时学者，著名印度学家、佛学家
de Saussure, Léopold	利奥普·德·索续尔	1866—1925	法籍汉学家，最早研究中国古代天文学的学者之一
Edkins, Joseph	艾约瑟	1823—1905	英国传教士、汉学家
Eitel, Ernst Johann	艾德	1838—1905	德国汉学家
Erkes, Eduard	何可思	1891—1958	德国汉学家、人种学家
Escarra, Jean Joseph	爱斯嘉拉	1885—1955	法国法学家及汉学家
Eumorfopoulos, George	尤摩弗帕乐斯	1863—1939	英国收藏家
Federmann, Hertha	费德尔曼	1882—不详	德国翻译家
Forke, Alfred	佛尔克	1867—1944	德国著名汉学家
Franke, Otto	傅兰克	1863—1946	德国汉学家，汉堡大学汉学奠基人
Fujita, Toyohachi	藤田丰八	1869—1929	日本东洋史学家
Giles, Herbert Allen	翟理斯	1845—1935	英国汉学家、翻译家。剑桥大学第二任汉学教授
Gotô Asatarô	后藤朝太郎	1881—1945	日本近代汉学家
Granet, Marcel	葛兰言	1884—1940	法国著名汉学家
Grill, Julius	格利尔	1840—1930	德国汉学家

Grube, Wilhelm	顾路柏	1855—1908	德国语言学家，汉学家
Haas, Hans	哈斯	不详	德国历史学家
Haenisch, Erich	海尼士	1880—1966	德国汉学家。曾在“二战”期间积极营救被纳粹德国逮捕的马伯乐，但未能成功
Haloun, Gustav	哈隆	1898—1951	捷克东方学家，汉学家
Hamada	滨田耕作	1881—1938	日本考古学家
Hashimoto Masukichi	桥本增吉	1880—1956	日本汉学家
Hattori Unokichi	服部宇之吉	1867—1939	日本教育家、汉学家，日本新儒家创始人之一
Havret, Henri	夏雷鸣	1848—1901	法国传教士、汉学家。《汉学丛书》由其创办，由上海土山湾印书馆出版
Hervey de Saint Denys	德理文	1822—1892	法国汉学家
Hirth, Friedrich	夏德	1845—1927	德裔美国汉学家
Honda, Shigeyuki	本田成之	1882—1945	日本汉学家，京都学派第二代学者
Hopkins, Lionel Charles	金璋	1854—1952	英国汉学家，19 世纪末 20 世纪初英国驻华外交官
Iijima Tadao	饭岛忠夫	1875—1954	日本汉学家
Jastrow, Morris	杰斯特罗	1861—1921	波兰裔美国东方学家
Kanda Kiichiro	神田喜一郎	1897—1984	日本历史学家、东方学家
Karlgren, Klas Bernhard Johannes	高本汉	1889—1978	瑞典汉学家、语言学家
Katô Shigeru	加藤繁	1880—1946	日本汉学家、经济学家
Kingsmill, Thomas William	金斯密	1837—1910	英国汉学家
Kuraishi Takejirô	仓石武四郎	1897—1975	日本汉学家
Laufer, Berthold	劳费尔	1874—1934	美国东方学家，人类学家

Legge, James	理雅各	1815—1897	英国传教士、近代著名汉学家。第一个系统研究、翻译中国古代经典的人。牛津大学第一任汉学教授
Margouliès, Georges	马古里	1902—不详	法国汉学家
Masson-Oursel, Paul	马松–乌尔塞	1882—1956	法国东方学家、哲学家，比较哲学的先驱
Matsumoto Nobuhiro	松本信広	1897—1981	日本民族学家、人种学家
Moore, Aubrey	摩尔	1848—1890	英国传教士
Mueller, Herbert	米松林，又译米和伯	1885—1966	德国汉学家、收藏家、记者
Natiô, Torajiro (Konan)	内藤虎次郎（内藤湖南）	1866—1934	日本历史学、汉学家
Ogawa Takuji	小川琢治	1870—1941	日本地理学家、汉学家
Ojima Sukema	小岛祐马	1881—1966	日本汉学家
Parker, Edward Harper	庄延龄	1849—1926	英国著名汉学家
Pelliot, Paul	伯希和	1878—1945	世界著名的法国汉学家、探险家
Pfizmaier, August	费茨梅尔	1808—1887	奥地利东方学家，翻译家
Plath, Johann Heinrich	普拉斯	1802—1874	德国著名的历史学家、语言学家，德国 19 世纪最重要的汉学家之一
Pope-Hennessey, Una	蒲博轩尼诗	1875—1949	英国作家，历史学家
Puini, Carlo	皮伊尼	1839—1924	意大利汉学家
Quistorp, Martin Christlieb Wilhelm	克斯托普	1890—1976	德国家谱学家
Schindler, Bruno	辛德勒	1882—1964	德国汉学家，汉学杂志《泰东》的出版人
Segalen, Victor	谢阁兰	1878—1919	法国著名诗人、作家、汉学家和考古学家，同时也是一名医生

Shigematsu Shunshe	重松俊章	1883—1961	日本东洋史学者，著名东洋史学家白鸟库吉的学生
Shinjô Shinzô	新城新藏	1873—1938	日本天文学者、东洋学者
Shiratori Kurakichi	白鸟库吉	1865—1942	日本著名历史学家，东洋史学奠基人
Suzuki Torao	铃木虎雄	1878—1963	日本著名汉学家
Takata, Tadasuke	高田忠周	1861—1946	日本汉学家
Takeuchi Yoshiô	武内义雄	1886—1966	日本哲学家、中国古代思想研究家
Terrien Delacouperie, Albert	拉古柏	1845—1894	法国东方学家
Tschepe, Albert	彭安多	1844—1912	法国传教士
Tsumaki Chokuryō	妻木直良	1873—1934	日本汉学家
Tucci, Giuseppe	图齐	1894—1984	意大利著名藏学家、汉学家
von der Gabelentz, Georg	贾柏莲	1840—1893	德国语言学家、汉学家
von Pflugk-Harttung, Julius	普夫卢克哈通	1848—1919	德国历史学家
von Richthofen, Ferdinand	李希霍芬	1833—1905	德国旅行家、地质地理学家、科学家
von Strauss, Victor	史陶斯	1808—1899	德国汉学家
von Zach, Erwin	查赫	1872—1942	德国汉学家
Warren, Gilbert G.	任修本	1861—1927	英国汉学家
Wedemeyer, Andre	魏德迈	1875—1958	德国汉学家、日本学专家，莱比锡大学教授
Wieger, Léon	戴遂良	1856—1933	法国传教士、医师、汉学家
Wilhelm, Robert	卫礼贤	1873—1930	德国传教士、著名汉学家
Wylie, Alexander	伟烈亚力	1815—1887	英国传教士、汉学家

图书在版编目（CIP）数据

古代中国 /（法）马伯乐著；肖菁译 .—北京：北京理工大学出版社，2020.6 （2023.4重印）

ISBN 978-7-5682-8316-8

Ⅰ.①古… Ⅱ.①马… ②肖… Ⅲ.①中国历史－古代史 Ⅳ.① K22

中国版本图书馆 CIP 数据核字（2020）第 051094 号

出版发行 / 北京理工大学出版社有限责任公司
社　　址 / 北京市海淀区中关村南大街 5 号
邮　　编 / 100081
电　　话 /（010）68914775（总编室）
　　　　　（010）82562903（教材售后服务热线）
　　　　　（010）68944723（其他图书服务热线）
网　　址 / http://www.bitpress.com.cn
经　　销 / 全国各地新华书店
印　　刷 / 唐山富达印务有限公司
开　　本 / 850 毫米 ×1168 毫米　1/32
印　　张 / 20.875
字　　数 / 412 千字
版　　次 / 2020 年 6 月第 1 版　2023年 4 月第 4 次印刷
定　　价 / 128.00 元

责任编辑 / 田家珍
　　　　　顾学云
文案编辑 / 朱　喜
责任校对 / 周瑞红
责任印制 / 边心超